TRIBUTAÇÃO, DESIGUALDADE
E DESENVOLVIMENTO

FERNANDO FACURY SCAFF
MISABEL DE ABREU MACHADO DERZI
ONOFRE ALVES BATISTA JÚNIOR
HELENO TAVEIRA TORRES
Coordenadores

TRIBUTAÇÃO, DESIGUALDADE E DESENVOLVIMENTO

Belo Horizonte

2025

© 2025 Editora Fórum Ltda.

É proibida a reprodução total ou parcial desta obra, por qualquer meio eletrônico, inclusive por processos xerográficos, sem autorização expressa do Editor.

Conselho Editorial

Adilson Abreu Dallari
Alécia Paolucci Nogueira Bicalho
Alexandre Coutinho Pagliarini
André Ramos Tavares
Carlos Ayres Britto
Carlos Mário da Silva Velloso
Cármen Lúcia Antunes Rocha
Cesar Augusto Guimarães Pereira
Clovis Beznos
Cristiana Fortini
Dinorá Adelaide Musetti Grotti
Diogo de Figueiredo Moreira Neto (*in memoriam*)
Egon Bockmann Moreira
Emerson Gabardo
Fabrício Motta
Fernando Rossi
Flávio Henrique Unes Pereira

Floriano de Azevedo Marques Neto
Gustavo Justino de Oliveira
Inês Virgínia Prado Soares
Jorge Ulisses Jacoby Fernandes
Juarez Freitas
Luciano Ferraz
Lúcio Delfino
Marcia Carla Pereira Ribeiro
Márcio Cammarosano
Marcos Ehrhardt Jr.
Maria Sylvia Zanella Di Pietro
Ney José de Freitas
Oswaldo Othon de Pontes Saraiva Filho
Paulo Modesto
Romeu Felipe Bacellar Filho
Sérgio Guerra
Walber de Moura Agra

Luís Cláudio Rodrigues Ferreira
Presidente e Editor

Coordenação editorial: Leonardo Eustáquio Siqueira Araújo / Thaynara Faleiro Malta
Revisão: Bárbara Ferreira
Projeto gráfico: Walter Santos
Capa e Diagramação: Formato Editoração
Colaboradores: Ana Carolina de Souza Tognarelli

Rua Paulo Ribeiro Bastos, 211 – Jardim Atlântico – CEP 31710-430
Belo Horizonte – Minas Gerais – Tel.: (31) 99412.0131
www.editoraforum.com.br – editoraforum@editoraforum.com.br

Técnica. Empenho. Zelo. Esses foram alguns dos cuidados aplicados na edição desta obra. No entanto, podem ocorrer erros de impressão, digitação ou mesmo restar alguma dúvida conceitual. Caso se constate algo assim, solicitamos a gentileza de nos comunicar através do *e-mail* editorial@editoraforum.com.br para que possamos esclarecer, no que couber. A sua contribuição é muito importante para mantermos a excelência editorial. A Editora Fórum agradece a sua contribuição.

Dados Internacionais de Catalogação na Publicação (CIP) de acordo com ISBD

T822	Tributação, desigualdade e desenvolvimento / Fernando Facury Scaff, Misabel de Abreu Machado Derzi, Onofre Alves Batista Júnior, Heleno Taveira Torres (coord.). Belo Horizonte: Fórum, 2025. 442p. 14,5x21,5cm
	ISBN impresso 978-65-5518-100-5
	ISBN digital 978-65-5518-997-1
	1. Direito tributário. 2. Reforma tributária. 3. Desigualdade social. 4. Desenvolvimento econômico. I. Scaff, Fernando Facury. II. Derzi, Misabel de Abreu Machado. III. Batista Júnior, Onofre Alves. IV. Torres, Heleno Taveira. V. Título.
	CDD: 341.39
	CDU: 336

Ficha catalográfica elaborada por Lissandra Ruas Lima – CRB/6 – 2851

Informação bibliográfica deste livro, conforme a NBR 6023:2018 da Associação Brasileira de Normas Técnicas (ABNT):

SCAFF, Fernando Facury; DERZI, Misabel de Abreu Machado; BATISTA JÚNIOR, Onofre Alves; TORRES, Heleno Taveira (coord.). *Tributação, desigualdade e desenvolvimento*. Belo Horizonte: Fórum, 2025. 442p. ISBN 978-65-5518-100-5.

SUMÁRIO

APRESENTAÇÃO 13

PARECER DE APROVAÇÃO E CERTIFICAÇÃO DA ABRADT 17

TRIBUTAÇÃO, DESIGUALDADE E DESENVOLVIMENTO:
AS CAPACIDADES FINANCEIRAS CONTRIBUTIVA E RECEPTIVA
FERNANDO FACURY SCAFF 19
    Introdução 19
    As capacidades financeiras 22
    O princípio da capacidade econômica ou contributiva 23
    A capacidade receptiva 33
    Conclusões 39
    Referências 39

PROGRESSO DIGITAL OU RETROCESSO NA CIDADANIA?
DO SILÊNCIO AO EMUDECIMENTO: A RELAÇÃO
FISCO-CONTRIBUINTE NA REFORMA TRIBUTÁRIA
MISABEL DE ABREU MACHADO DERZI, VALTER DE SOUZA LOBATO, JOSÉ ANTONINO MARINHO NETO 43
    Introdução: a possibilidade moral da autonomia da pessoa e do consentimento ao tributo 43
    A autonomia da vontade ou da pessoa. O dever é sempre condicionado (assim como o direito). As regras: universalidade (no dizer kantiano) ou generalidade à la Schauer 47
    O "silêncio" anterior à reforma tributária 51
    Reforma tributária: o "silêncio" e a fragilidade do consentimento ao tributo foram mantidos com o amesquinhamento do federalismo cooperativo 53
    Breve síntese de pontos relevantes da reforma 54
    A simplificação e a generalização do dever de pagar os tributos sobre o consumo rompidas em numerosas exceções, já previstas na Emenda Constitucional nº 132/2023 57
    O federalismo derrotado: razões pelas quais, apesar do *cashback*, da imunidade/isenção da cesta básica; apesar de a

tributação correr para o destino; e ainda, apesar dos fundos de desenvolvimento, o consentimento ao tributo permanece fragilizado.. 62

O novo emudecimento: as plataformas digitais de pagamento; confissões automáticas de dívida e a figura do *split payment*...... 67

Considerações finais.. 74

Referências... 75

TRAVAS TRIBUTÁRIAS AO DESENVOLVIMENTO
ONOFRE ALVES BATISTA JÚNIOR, SAMUEL GIOVANNINI CRUZ GUIMARÃES 79

Introdução.. 79

Justiça, desenvolvimento, liberdade e tributação na Constituição de 1988 80

A distorção da redistribuição, o peso das contribuições de difícil repercussão incidentes sobre folha e o efeito cascata da CSLL sobre instituições financeiras 89

O grave problema trazido por um tributo fraudulento chamado CSLL 99

Considerações finais.. 107

FUNÇÃO SOCIOECONÔMICA DA TRIBUTAÇÃO: AGROTÓXICOS DIANTE DA REFORMA TRIBUTÁRIA DO CONSUMO
BRUNO BASTOS DE OLIVEIRA, RENATO RAMALHO 109

Introdução.. 109

A função socioeconômica da tributação... 110

Tributação e incentivos fiscais 114

Breves considerações sobre riscos e prejuízos do uso excessivo de agrotóxicos 115

Incentivos fiscais para agrotóxicos no Brasil 117

Agrotóxicos no contexto da reforma tributária do consumo 118

Considerações finais.. 123

Referências... 125

SEGURANÇA JURÍDICA EM MATÉRIA TRIBUTÁRIA COMO VETOR DE IGUALDADE
GRACE MENDONÇA, SUZANA MENDONÇA....................................... 127

Introdução.. 127

Segurança jurídica em matéria tributária à luz do entendimento do STF 128

A relação entre segurança jurídica e igualdade em matéria tributária 131

Conclusão 133

Referências 134

A NÃO CUMULATIVIDADE DO ICMS E A ISONOMIA TRIBUTÁRIA
GUSTAVO DA GAMA VITAL DE OLIVEIRA 137

Introdução 137

O crédito físico e o crédito financeiro 138

As relações entre a não cumulatividade, a isonomia, a capacidade contributiva, a livre iniciativa e a neutralidade fiscal 144

Considerações finais 147

Referências 148

PROGRESSIVIDADE NA TRIBUTAÇÃO DAS HERANÇAS E O CRITÉRIO DO PARENTESCO
HUGO DE BRITO MACHADO SEGUNDO 151

Introdução 151

Algumas definições como premissa 151

Tributação de heranças e justiça fiscal 156

Progressividade e ITCMD: critérios 158

A proximidade do grau de parentesco do herdeiro como critério 159

Conclusão 169

Referências 172

FUNÇÃO DO SISTEMA TRIBUTÁRIO
IVES GANDRA DA SILVA MARTINS, ANA REGINA CAMPOS DE SICA 177

Introdução 177

Da norma de rejeição social 177

Da perspectiva filosófica 179

Da justiça tributária 182

Do Sistema Tributário Brasileiro 184

Conclusão 187

INOVAÇÃO TECNOLÓGICA, TRIBUTAÇÃO E
DESENVOLVIMENTO: INTERSEÇÕES ENTRE OS REGIMES
TRIBUTÁRIOS PREFERENCIAIS BRASILEIROS E A
PROPRIEDADE INTELECTUAL: REQUISITO DA SUBSTÂNCIA
**JOSÉ ANTONIO DIAS TOFFOLI, LUCILENE RODRIGUES
SANTOS** 189

    Introdução 189

    Proteção constitucional à inovação tecnológica: conteúdo
    mínimo 190

    Interseções dos regimes tributários preferenciais brasileiros
    com a propriedade intelectual (PI) e o requisito da substância .. 193

    Regimes tributários preferenciais verticais: setores de
    semicondutores e de tecnologia e comunicação 195

    Regime fiscal preferencial para a pesquisa e o
    desenvolvimento tecnológico (Lei do Bem) 197

    Regimes preferenciais tributários brasileiros e
    desenvolvimento econômico e social 198

    Propriedade intelectual e proteção do conhecimento 200

    Conclusão 204

    Referências 206

BREVE ENSAIO SOBRE O PRINCÍPIO DA
JUSTIÇA TRIBUTÁRIA (EC Nº 132/23)
LUCIANA GRASSANO DE GOUVÊA MELO 211

INTELIGÊNCIA ARTIFICIAL, DIREITOS HUMANOS E
TRIBUTAÇÃO: NOTAS PARA BREVES REFLEXÕES E UMA PERSPECTIVA
**LUIZ EDSON FACHIN, ROBERTA ZUMBLICK MARTINS DA
SILVA** 223

    Introdução 223

    Inteligência artificial e um futuro possível 224

    Visão multidisciplinar e o papel do Direito Tributário 231

    Conclusão 233

FUNDO NACIONAL DE DESENVOLVIMENTO REGIONAL
(FNDR): INSTRUMENTO FINANCEIRO PARA A MITIGAÇÃO DAS
DESIGUALDADES DIANTE DO DIREITO AO DESENVOLVIMENTO
LUMA CAVALEIRO DE MACEDO SCAFF 235

    Introdução 235

    Atividade financeira do Estado: o desenvolvimento e as
    políticas públicas 237

Fundos fiscais: instrumentos financeiros para a mitigação das desigualdades.. 239

Política Nacional de Desenvolvimento e o combate às desigualdades: questão delicada entre a arrecadação, a gestão e o destino dos valores públicos.. 241

Fundo Nacional de Desenvolvimento Regional e desigualdades regionais e sociais.. 242

Considerações finais... 244

Referências... 246

O DESINTERESSE DOS ESTADOS BRASILEIROS QUANTO À EFETIVA CONCRETIZAÇÃO DA PROGRESSIVIDADE DO IMPOSTO SOBRE HERANÇAS E DOAÇÕES EXIGIDA NA EMENDA CONSTITUCIONAL Nº 132/2023

MARCIANO SEABRA DE GODOI 249

Introdução... 249

Perfil geral das legislações do imposto sobre heranças e doações: capacidade contributiva às avessas e resistência de nove Estados à progressividade de alíquotas................................... 250

Medidas da EC nº 132 no sentido da transformação do imposto sobre heranças e doações num imposto efetivamente progressivo 254

Obrigatoriedade de alíquotas progressivas.. 256

Competência para a cobrança do imposto no caso de bens móveis, títulos e créditos 257

Autorização constitucional expressa para a cobrança do imposto em situações com elementos de conexão no exterior.... 257

A inércia dos Estados quanto ao cumprimento da EC nº 132 durante o ano de 2024 258

O caso de Minas Gerais.. 260

Conclusão... 263

Referências... 264

A EVASÃO TRIBUTÁRIA COMO UMA CAUSA CENTRAL DA DESIGUALDADE

MARCOS CINTRA.. 267

O impacto estrutural da desigualdade no desenvolvimento econômico 268

Os efeitos aumentativos da tributação na desigualdade 270

Rompendo o círculo vicioso... 271

Em busca de soluções... 272

O combate à desigualdade 273

O resgate da previdência: um bem-vindo subproduto 275

O PAPEL DAS HERANÇAS NA DESIGUALDADE INTERGERACIONAL
MARIANA CORRÊA DE ANDRADE PINHO 279
    A desigualdade é uma expressão em que cabe muita coisa 281
    A contribuição das heranças na formação de uma elite mundial 285
    A desigualdade vista do topo no Brasil 288
    O papel redistributivo do imposto sobre heranças 296
    Conclusão 299
    Referências 301

FEDERALISMO EM TRANSIÇÃO: O FIM DOS INCENTIVOS FISCAIS DE ICMS PARA O DESENVOLVIMENTO REGIONAL COM A REFORMA TRIBUTÁRIA DO CONSUMO
PAULO ROSENBLATT, CAIO DE SOUZA LEÃO 305
    Introdução 305
    Incentivos fiscais e desenvolvimento regional: fim da guerra fiscal em detrimento da competência tributária 307
    Reforma tributária com deformação federativa 311
    Desenvolvimento regional pós-reforma tributária: coordenação e integração nacional? 314
    Conclusão 316
    Referências 317

SISTEMA TRIBUTÁRIO JUSTO E A CONCRETIZAÇÃO DA FRATERNIDADE NO FEDERALISMO FISCAL BRASILEIRO
REYNALDO SOARES DA FONSECA, RAFAEL CAMPOS SOARES DA FONSECA 321
    Introdução 321
    O federalismo fiscal na Constituição Financeira 322
    Federalismo fiscal de equilíbrio 325
    Federalismo fiscal cooperativo 327
    Federalismo fiscal fraternal 330
    Considerações finais 333
    Referências 333

REFORMA TRIBUTÁRIA, CAPACIDADE CONTRIBUTIVA NOS IMPOSTOS SOBRE O CONSUMO E A REGRESSIVIDADE SISTÉMICA DA EC Nº 132/2023
RICARDO LODI RIBEIRO 337
    Introdução 337

A seletividade como manifestação da capacidade contributiva
nos impostos sobre o consumo 338
Concessões à justiça fiscal durante a tramitação da reforma
tributária 342
Conclusão: a regressividade sistêmica da EC nº 132/23 348

IMPOSTOS SOBRE A RENDA GANHA E A RENDA
GASTA. REGRESSIVIDADE SISTÊMICA
SACHA CALMON NAVARRO COÊLHO 351

JUSTIÇA TRIBUTÁRIA E CAPACIDADE CONTRIBUTIVA
SOLON SEHN 357
    Introdução e delimitação do tema 357
    Princípio da capacidade contributiva como expressão da
    imposição justa 358
    Progressividade 362
    Mínimo vital 363
    Dimensão negativa do princípio 365
    Idoneidade ou consistência econômica do pressuposto de fato . 365
    Capacidade econômica objetiva e subjetiva 366
    Abuso de presunções legais 366
    Mitigação dos efeitos inflacionários 367
    Vedação de tributação sancionatória 368
    Coerência interna 370
    Limitação na definição da sujeição passiva 372
    Neutralidade intertemporal 373
    Vedação ao confisco 374
    Referências 378

REFORMA TRIBUTÁRIA E OS AVANÇOS NA
MITIGAÇÃO DA DESIGUALDADE DE GÊNERO
**TARSILA RIBEIRO MARQUES FERNANDES,
LUIZA SOUZA DANTAS MARTINS TORRES** 381
    Introdução 381
    O sistema tributário brasileiro: como ele impacta (e amplia) a
    desigualdade de gênero? 382
    Propostas e soluções adotadas na reforma tributária para a
    mitigação da desigualdade de gênero 387
    Considerações finais 393
    Referências 394

TEORIA DOS SISTEMAS E A FUNÇÃO *EXTRAFISCAL* DA TRIBUTAÇÃO: PERSPECTIVA DE REDUÇÃO DE INTERCONEXÕES COMPLEXAS NA REFORMA TRIBUTÁRIA
ULISSES SCHWARZ VIANA 397

    Introdução 397

    A tributação como fenômeno inserido em conexões intersistêmicas complexas (*komplexe strukturelle Kopplungen*) 398

    A função social da tributação para além da *arrecadação*: políticas fiscais e desenvolvimento econômico como interconexões sistêmicas 404

    EC nº 123/2023 e reflexões sistêmicas sobre seus efeitos na *extrafiscalidade* como instrumento de desenvolvimento regional e de redução de desigualdades regionais 406

    Notas conclusivas 408

    Referências 409

FORMALISMO E REALISMO NA MATRIZ TRIBUTÁRIA BRASILEIRA: TRIBUTAÇÃO, DESIGUALDADE E DESENVOLVIMENTO
FRANCISCO GASSEN, MARCIO AUGUSTO CAMPOS, VALCIR GASSEN 411

    Introdução 411

    Formalismo e realismo no Direito Tributário brasileiro 412

    Origens exclusivamente jurídicas do debate tributário no Brasil 413

    Efeitos da ausência de uma dualidade entre Direito e Economia 415

    O contexto da segunda metade do século XX 417

    As funções da tributação: sua importância no campo tributário 418

    Função alocativa 419

    Função estabilizadora 421

    Função distributiva 421

    Tributação, desigualdade e desenvolvimento: os desafios em face de uma matriz tributária regressiva 423

    Concentração de renda no Brasil 424

    Matriz tributária regressiva 427

    Tributação, desigualdade e desenvolvimento 429

    Considerações finais 431

    Referências 433

SOBRE OS AUTORES 437

APRESENTAÇÃO

TRIBUTAÇÃO, DESIGUALDADE E DESENVOLVIMENTO
Este livro surge após o **FEDERALISMO (S)EM JUÍZO**, de 2019, organizado pelo mesmo grupo de Professores e lançado pela editora Noeses, com o apoio da Fundação de Amparo à Pesquisa de Minas Gerais (FAPEMIG) e da Fundação de Desenvolvimento da Pesquisa (FUNDEP), ocasião em que se buscaram as raízes do problema federativo brasileiro, sobretudo por meio de um olhar feito por estudiosos do Direito Tributário e Financeiro. Em seguida a mesma equipe coordenou o **DE/RE FORMAS TRIBUTÁRIAS E FINANCEIRAS: POR QUE, PARA QUE, PARA QUEM E COMO?**, em 2020, quando, na companhia de renomados estudiosos, foi exposto ao público e lançado pela editora Letramento (Casa do Direito) o ponto central das eternas reformas financeiras e tributárias que assolam o país, reformando ou deformando a Constituição de 1988, a depender da ótica de cada autor. Posteriormente, também pela Letramento/Casa do Direito, os quatro Professores, da USP e da UFMG, lançaram, em 2021, em dois volumes, o livro **A CRISE DO FEDERALISMO EM ESTADO DE PANDEMIA**, com a participação de ilustres pesquisadores e Ministros, que juntos pensavam, sofriam e buscavam soluções para as barreiras e dificuldades jurídicas trazidas pela pandemia de covid, bem como a já clássica coletânea **SUPREMOS ACERTOS**, de 2022, com diversos artigos que apresentam e comentam decisões do Supremo Tribunal Federal que muito bem fizeram ao Direito pátrio. Em 2023, os quatro Professores lançaram, ainda, a coletânea **POPULISMO E O ESTADO DE DIREITO**, buscando as causas fundamentais das dificuldades políticas enfrentadas pelas modernas democracias, no Brasil e em outros países ocidentais, capazes de trazer sustos e sobressaltos para os estudiosos do Direito e das Ciências Políticas. Por fim, em 2024, novamente juntos, os Professores de Direito Tributário e Financeiro da USP e da UFMG lançaram o **A REFORMA TRIBUTÁRIA DO CONSUMO NO BRASIL: ENTRE CRÍTICOS E APOIADORES**, no qual avaliam a Reforma Tributária do Consumo levada a cabo pela Emenda Constitucional nº 132, de 20 de dezembro de 2023.

Agora, em 2025, novamente juntos, pela editora Fórum, os **Professores Fernando Facury Scaff, Onofre Alves Batista Júnior, Heleno Taveira Torres e Misabel Abreu Machado Derzi** coordenam a presente obra intitulada **TRIBUTAÇÃO, DESIGUALDADE E DESENVOLVIMENTO**, que congrega grandes nomes do Direito pátrio e que estuda o Sistema Tributário Brasileiro, incluindo a recente Emenda Constitucional nº 132/2023, que reformou integralmente a tributação sobre o consumo em nosso país, sob a perspectiva do desenvolvimento e da desigualdade que esse sistema proporciona.

É por todos sabido e ressabido que o Sistema Tributário Brasileiro agrava a desigualdade social já existente e não favorece o desenvolvimento econômico, sobretudo porque, quase sempre, as alterações na legislação são feitas para atender interesses arrecadatórios imediatos, sem qualquer planejamento ou verificação dos efeitos de médio e longo prazo.

Por isso, o livro aborda temas, direta ou indiretamente, relacionados aos problemas centrais da desigualdade e desenvolvimento, buscando responder a alguns questionamentos postos logo a partida: (i) Como se concretiza o princípio da isonomia em face da carga tributária brasileira ocorrer majoritariamente em razão da tributação do consumo? É diferente em outro país? (ii) O *cashback* é um mecanismo eficiente para identificar a capacidade contributiva? (iii) O sistema tributário brasileiro é regressivo ou progressivo, observado pela ótica da carga tributária? Esse fato gera crescente desigualdade? (iv) A alta carga tributária do consumo impede o desenvolvimento econômico? (v) Como é a tributação sobre a propriedade e/ou sobre herança e doações no Brasil, sob a ótica da capacidade contributiva? (vi) Como seria possível adotar um sistema de tributação mais justo, que alavancasse o desenvolvimento? (vii) Como interpretar o novo princípio da proteção ao meio ambiente em matéria tributária? (viii) Como interpretar o novo princípio da simplicidade em matéria tributária? (ix) Como interpretar o novo princípio da justiça fiscal em matéria tributária? (x) O Sistema Tributário Brasileiro coloca "travas ao desenvolvimento"? (xi) A única função do Sistema Tributário é arrecadar? Isso se aplica às incidências sobre a propriedade, o consumo e a renda?

Nesse compasso, aproveitando o âmbito das pesquisas dos participantes, renomados juristas e economistas foram convidados a participar deste projeto, elaborando textos que integram a obra coletiva que agora se traz a lume.

Esperamos que o leitor goste da obra tanto quanto nós gostamos de organizá-la e a apresentar para o debate.

São Paulo/Belo Horizonte, janeiro de 2025.

Fernando Facury Scaff
Misabel de Abreu Machado Derzi
Onofre Alves Batista Júnior
Heleno Taveira Torres

Parecer de Aprovação e Certificação da ABRADT

A Associação Brasileira de Direito Tributário – ABRADT, entre outras atribuições, tem como função institucional apoiar e fomentar a pesquisa científica. Por isso, a Entidade criou o selo de qualidade para atestar a importância de determinadas obras para o estudo do Direito Tributário.

Neste sentido, os Professores Fernando Facury Scaff, Onofre Alves Batista Júnior, Heleno Taveira Torres e Misabel Abreu Machado Derzi coordenam a obra TRIBUTAÇÃO, DESIGUALDADE E DESENVOLVIMENTO, que congrega grandes nomes do Direito pátrio e que estuda o Sistema Tributário Brasileiro, incluindo a recente Emenda Constitucional no 132/2023, sob a perspectiva do desenvolvimento e da desigualdade que porventura ele pode proporcionar.

No presente trabalho, abordou-se temas, direta ou indiretamente, relacionados aos problemas centrais desigualdade e desenvolvimento, buscando responder aos seguintes questionamentos: (i) Como se concretiza o Princípio da Isonomia em face da carga tributária brasileira ocorrer majoritariamente em razão da tributação do consumo? É diferente em outro país? (ii) O cashback é um mecanismo eficiente para identificar a capacidade contributiva? (iii) O sistema tributário brasileiro é regressivo ou progressivo, observado pela ótica da carga tributária? Esse fato gera crescente desigualdade? (iv) A alta carga tributária do consumo impede o desenvolvimento econômico? (v) Como é a tributação sobre a propriedade e/ou sobre herança e doações no Brasil, sob a ótica da capacidade contributiva? (vi) Como seria possível adotar um sistema de tributação mais justo, que alavancasse o desenvolvimento? (vii) Como interpretar o novo Princípio da Proteção ao Meio Ambiente em matéria tributária? (viii) Como interpretar o novo Princípio da Simplicidade em matéria tributária? (ix) Como interpretar o novo Princípio da Justiça Fiscal em matéria tributária? (x) O Sistema Tributário Brasileiro coloca "travas ao desenvolvimento"? (xi) A única função do Sistema Tributário é arrecadar? Isso se aplica às incidências sobre a propriedade, o consumo e a renda?

A publicação estrutura-se de forma didática e elucidativa, com a discussão pautada na sobriedade que envolve o estudo, e alcança o objetivo almejado de trazer novos olhares aos desafios do Direito brasileiro.

Feitas essas considerações, fica deferida a certificação Selo Abradt para a publicação supramencionada.

Belo Horizonte, 17 de fevereiro de 2025.

RAFHAEL FRATTARI
Copresidente da Abradt

TRIBUTAÇÃO, DESIGUALDADE E DESENVOLVIMENTO: AS CAPACIDADES FINANCEIRAS CONTRIBUTIVA E RECEPTIVA

FERNANDO FACURY SCAFF

Introdução

Este texto se insere no grande tema *Tributação, Desigualdade e Desenvolvimento*, verdadeiro latifúndio cuja produtividade se busca melhorar com esta obra coletiva. Nele é analisada a tributação como um fenômeno financeiro, que congrega duas espécies de capacidades, a *contributiva*, bastante conhecida e analisada pelos tributaristas, isto é, aqueles autores que predominantemente se ocupam de um dos múltiplos aspectos da arrecadação, e a *receptiva*, menos conhecida e usualmente analisada pelos jusfinancistas, que são aqueles autores que, além da arrecadação, analisam também como o Estado gasta, se endivida e reparte, bem como tudo isso é organizado e controlado.

A junção dessas duas capacidades, que denomino de *capacidades financeiras*, é o foco deste trabalho, considerando que será financeiramente mais republicano[1] o país que melhor arrecadar de quem tem mais riquezas e gastar com quem mais necessita.

Isso aponta para três aspectos centrais ao grande tema.

---

[1] SCAFF, Fernando Facury. *Orçamento Republicano e Liberdade Igual*. Ensaio sobre Direito Financeiro, República e Direitos Fundamentais no Brasil. Belo Horizonte: Fórum, 2018.

O primeiro é que a *desigualdade* financeira é um conceito relacional entre quem possui mais e menos riquezas, o que é diferente de *pobreza*, patamar medido por critérios fixos. Logo, a compreensão das duas dimensões da capacidade financeira permite identificar se o país arrecada e gasta de forma adequada visando combater essa desigualdade.

O segundo é que o *desenvolvimento* não é um critério meramente econômico, medido pelo PIB *per capita* de um país, mas um critério humano, mensurável em diversas dimensões de bem-estar populacional, dentre eles saúde, educação, saneamento, segurança pública, segurança alimentar, combate ao desemprego, acesso à moradia e muitos outros que se caracterizam como direitos sociais. Logo, o singelo conceito de *progresso* não é sinônimo de *desenvolvimento*.

O terceiro é que, sendo a *tributação* a principal fonte da arrecadação na esmagadora maioria dos países, ela só permitirá que se atinja o verdadeiro *desenvolvimento* se buscar a redução das *desigualdades*, dentre elas, as financeiras. E, para isso, o papel do Estado é fundamental, por meio de seus múltiplos governos, ao longo do espaço e do tempo.

Sob esse prisma, para a análise da capacidade *contributiva* deve-se usar o *total* da arrecadação tributária, isto é, o *conjunto* de *todas* as bases econômicas sobre as quais incide a tributação, basicamente a propriedade, a renda e o consumo, e não cada qual isoladamente. Analisar apenas a tributação da renda ou da propriedade é algo parcial, considerando-se que a tributação do consumo não permite a identificação de capacidade contributiva.

Como a maior parte da *carga tributária* brasileira provém da base econômica do consumo, que não permite identificar a capacidade contributiva dos indivíduos, mesmo que as demais fontes (renda e propriedade) sejam tributadas de forma a obedecer tal capacidade, pode-se afirmar que, no Brasil, sob o prisma da *arrecadação total*, não se cumpre a capacidade contributiva *globalmente* considerada.

Por outro lado, para identificar a capacidade *receptiva*, deve-se analisar o *conjunto* dos gastos realizados pelo Estado e compará-lo com o custo de serviços e bens públicos dirigidos à população menos aquinhoada de riquezas.

Existem no Brasil diversas políticas públicas voltadas aos hipossuficientes, como as de saúde, pelo SUS; as políticas habitacionais, como as adotadas pelas COHABs; o fornecimento de educação pública e gratuita; as políticas de nivelamento de renda, como o Bolsa Família; o acesso gratuito ao Poder Judiciário, com o auxílio das Defensorias

Públicas, e por aí vai. Caso a maior parte do gasto público seja utilizado em favor da redução das desigualdades, em busca de desenvolvimento humano, será respeitada a capacidade receptiva.

Caso se *tribute* mal, arrecadando mais de quem tem menos, e gastanto mais com quem tem mais, o país aprofundará as *desigualdades* e não haverá efetivo *desenvolvimento*, apenas concentração de riquezas, que podem até mesmo ser expressas pelo aumento do PIB. Havendo concentração de riquezas, haverá um país que arrecada e gasta mal, por meio de um orçamento *centrípeto*; o reverso demonstrará um país que arrecada e gasta bem, revelando um orçamento *centrífugo*, isto é, que esparge as riquezas dentre sua população.

Uma característica que perpassa esse tipo de análise dessas capacidades financeiras está vinculada aos aspectos *macro* e *microjurídicos*, analisados em outro texto.[2] Constata-se que, como regra, os autores que tratam da capacidade contributiva observam o fenômeno pela ótica microjurídica, isto é, consideram as relações individuais ou setoriais da incidência tributária. De outra banda, na análise da capacidade receptiva, consideram-se sempre relações macrojurídicas, de políticas públicas voltadas aos gastos para suporte à parcela hipossuficiente da sociedade.

Essa diferença decorre do fato de que a tributação que permite a identificação da capacidade contributiva é sempre um fenômeno que atinge a pessoa física ou jurídica que *individualmente* possui bens ou rendimentos, o que impõe uma análise de sua incidência de forma *isolada*, o que ocorre pelo prisma microjurídico. Por outro lado, a análise das políticas públicas dirigidas a grupos vulneráveis impõe o uso de uma lente macrojurídica.

Existem várias possibilidade de análise jurídica macro e micro, como no uso de microscópios e telescópios, que focam em determinados aspectos do todo a ser observado. A análise do fenômeno jurídico também permite esse tipo de recorte, como será exposto ao longo do texto.

Adiante, passa-se à análise das referidas capacidades financeiras, âmbito teórico-jurídico que se constitui em um dos múltiplos aspectos do problema em questão.

---

[2] SCAFF, Fernando Facury. *Da Igualdade à Liberdade*. Considerações sobre o princípio jurídico da igualdade. Belo Horizonte: Fórum, 2022.

1 As capacidades financeiras

É na correlação entre a *capacidade contributiva* e a *capacidade receptiva* que se insere a análise do que se denomina de *orçamento republicano*.[3] Quem possui mais riquezas deve contribuir com mais recursos para a arrecadação pública (*capacidade contributiva*) e quem faz parte da população fragilizada deve ser objeto de mais gastos públicos (*capacidade receptiva*), visando reduzir as desigualdades socioeconômicas existentes em cada país. Ao conjunto dessas duas capacidades passa-se a denominar de *capacidade financeira*, conceito que se aplica ao governo que consegue utilizar adequadamente, em um nível ótimo, o conjunto dessas duas capacidades: a *contributiva* e a *receptiva*.

Trata-se de análise amparada em normas consagradas na Constituição brasileira, o que traduz uma prevalência da força normativa da Constituição, e que coloca o princípio republicano como um vetor jurídico inafastável, tanto no campo da arrecadação quanto no âmbito do gasto público, intermediado pelo orçamento – em prol da análise republicana do *orçamento*.

Pode haver desvios na aplicação da capacidade contributiva que atinjam uma única pessoa, os quais devem ser corrigidos na forma das leis processuais em vigor, mas o que se analisa neste texto deve observar sua universalidade e abrangência social, e não meramente o individual.

Aqui se insere *uma* das funções *de Direito Financeiro*, que é o da *regulação da atividade financeira do Estado*, que estabelece o montante que deve ser arrecadado da sociedade e gasto com esta, de forma a cumprir as determinações do ordenamento jurídico, regulando, dessa forma, a quantidade de dinheiro que fica nas mãos dos particulares para executar as finalidades que são próprias do setor privado da economia. É o que Musgrave e Musgrave denominam de *função alocativa*.[4]

A análise das *capacidades financeiras* é atinente a esse equilíbrio financeiro entre o quanto deve ser arrecadado e gasto para cumprir as finalidades constitucionais. Isso pode ser visualizado no orçamento, e quanto mais for arrecadado com observância da *capacidade contributiva*, e gasto de acordo com a *capacidade receptiva*, mais republicano será o orçamento.

---

[3] SCAFF, Fernando Facury. *Orçamento Republicano e Liberdade Igual*. Ensaio sobre Direito Financeiro, República e Direitos Fundamentais no Brasil. Belo Horizonte: Fórum, 2018.

[4] MUSGRAVE, Richard; MUSGRAVE, Peggy. *Hacienda publica teórica y aplicada*. 5. ed. Tradução Juan Francisco Ramon et al. Madrid: McGraw-Hill/Interamericana de España, 1999. p. 7.

2 O princípio da capacidade econômica ou contributiva

O princípio da *capacidade econômica*, expressão consagrada na Constituição brasileira, ou princípio da *capacidade contributiva*, fórmula mais usual nos textos acadêmicos, já foi analisado por incontáveis autores ao longo do tempo, podendo ser visualizado em diversos textos históricos do Direito Constitucional e em muitos autores clássicos de filosofia política. Onofre Batista indica que desde a Grécia antiga e a Roma clássica esse princípio pode ser identificado.[5]

Observe-se, como regra, o uso da perspectiva individual na análise da capacidade contributiva, própria da ótica microjurídica.

Heleno Torres aponta a existência de diferenças entre essas duas expressões, afirmando que:

> A revelação da capacidade contributiva faz-se a partir da esfera de capacidade econômica do contribuinte, limitadamente ao âmbito das manifestações materiais suscetíveis de serem oferecidas à tributação e preservada a reserva do mínimo vital em matéria tributária.[6]

Para esse autor, a *capacidade econômica* "é um dado empírico de contornos jurídicos",[7] enquanto a *capacidade contributiva* é um dado jurídico, *utilizado* para delimitar a capacidade que as pessoas possuem para o efetivo pagamento de tributos, considerando-se isoladamente cada qual.

A linha adotada por Heleno Torres é a mesma seguida anteriormente por Francesco Moschetti, para quem

> capacidade contributiva não é portanto, qualquer manifestação de riqueza, mas somente aquela que se deve considerar idônea para concorrer à despesa pública, à luz das exigências econômicas e sociais fundamentais acolhidas na nossa Constituição.[8]

Roque Carrazza, com acerto, vincula esse conceito ao *princípio republicano*, afirmando que:

---

[5] BATISTA Jr. Onofre Alves. *Manual de Direito Tributário*. Belo Horizonte: Casa do Direito, 2023. p. 372.
[6] TORRES, Heleno Taveira. *Direito constitucional tributário e segurança jurídica*. São Paulo: RT, 2011. p. 599.
[7] *Idem*, p. 600.
[8] MOSCHETTI, Francesco. *Il principio della capacita contributiva*. Padova: Cedam, 1973. p. 238.

O princípio da capacidade contributiva hospeda-se nas dobras do princípio da igualdade e ajuda a realizar, no campo tributário, os ideais republicanos [...], sendo um dos mecanismos mais eficazes para que se alcance a chamada Justiça Fiscal.[9]

Em igual passo é a afirmação de Ricardo Lobo Torres, para quem a capacidade contributiva se subordina à ideia de *justiça distributiva*, a despeito de vinculá-lo, na sequência, a uma ideia de *justiça comutativa*, apontando sua correlação com o velho brocardo jurídico romano "*suum cuique tribuere*", que significa "dar a cada um o que é seu".[10] Distingue vários subprincípios aplicáveis à *capacidade contributiva*: progressividade, proporcionalidade, personalização e seletividade. A *progressividade* implica o alargamento das alíquotas na proporção da ampliação da base de cálculo e é oposta à *proporcionalidade*, que implica a adoção de uma alíquota única, independentemente da variação da base de cálculo. A *seletividade*, expressamente aplicada no Brasil ao ICMS e ao IPI, acarreta que a incidência deva ser reduzida na razão inversa da essencialidade dos produtos tributados, embora, na prática, isso nem sempre ocorra. E a *personalização* diz respeito à possibilidade de adequação do tributo a situações peculiares dos contribuintes, como, por exemplo, a criação de alíquotas diferenciadas de imposto de transmissão consoante a quantidade de herdeiros ou seu grau de parentes,[11] o que é vedado no Brasil.[12]

Tipke e Lang apontam que "a justiça tributária é deduzida principalmente da regra geral da igualdade",[13] o que ocorre à míngua de maior explicitação sobre a matéria no texto constitucional alemão, que interpreta essa norma como expressão da "proibição de arbítrio".[14]

Álvaro Rodríguez Bereijo é mais explícito afirmando já ter sido reconhecida pelo Tribunal Constitucional espanhol a existência de três âmbitos de isonomia tributária:

---

[9] CARRAZZA, Roque Antonio. *Curso de direito constitucional tributário*. 23. ed. São Paulo: Malheiros, 2007. p. 87.
[10] TORRES, Ricardo Lobo. *Curso de direito financeiro e tributário*. 19. ed. Rio de Janeiro: Renovar, 2013. p. 95.
[11] TORRES, Ricardo Lobo. *Curso de direito financeiro e tributário*. 19. ed. Rio de Janeiro: Renovar, 2013, p. 94-95.
[12] Ver RE 602.256, rel. Ministro Edson Fachin.
[13] TIPKE, Klaus; LANG, Joachim. *Direito tributário*. Tradução Luiz Dória Furquim. Porto Alegre: Sergio Antonio Fabris, 2008. v. 1. p. 191.
[14] *Idem*, p. 193.

a) Igualdade *ante* os impostos, pois todos devem suportar por igual a carga tributária (no sentido expresso pelo art. 150, II, na Constituição brasileira);
b) Igualdade *nos* impostos, que traduz a *capacidade contributiva* (o que se verifica no art. 145, §1º, CF);
c) Igualdade *por meio* dos impostos, que traduz a ideia de tributar mais a quem tem maior riqueza e menos a quem detém menor quantidade dela (o que é consagrado na Constituição brasileira em várias normas e também no art. 145, §1º).[15]

Aponta com correção Rodríguez Bereijo que a igualdade é um conceito relacional, e, portanto, resulta de um "juízo comparativo entre situações que se apresentam como homogêneas, semelhantes ou equiparáveis".[16]

Onofre Batista vê duas possibilidades de aplicação da capacidade contributiva. Na perspectiva *horizontal*, "pessoas que ostentem a mesma manifestação de riqueza (renda, patrimônio ou consumo)" devem pagar a mesma quantidade de impostos. E na *vertical*, indica que os desiguais em riqueza devem pagar com diferentes quantidades pecuniárias, significando tratamento desigual para os desiguais.[17]

Ruy Barbosa Nogueira identifica no conceito de *capacidade contributiva* um conceito jurídico indeterminado, que, se não for "adequadamente observado, a lei será economicamente imperfeita, mas juridicamente válida, a não ser que ultrapasse, em determinado caso, os limites do razoável e atinja as raias do confisco ou limitações constitucionais".[18]

Buscando delimitar essa imprecisão é que Luís Eduardo Schoueri distingue duas feições na capacidade contributiva: a *absoluta*, que reflete um caráter *objetivo*, e a *relativa*, que apresenta um caráter *subjetivo*. É absoluta/*objetiva* quando se verifica um "parâmetro para a distinção entre situações tributáveis e não tributáveis", isto é, quando se identificar uma riqueza apta a ser tributada, e é dirigida ao legislador. E será *relativa/subjetiva* quando houver "um limite ou critério para a graduação

---

[15] RODRÍGUEZ BEREIJO, Álvaro. *Igualdad tributaria y tutela constitucional*. Um estúdio de jurisprudência. Madrid: Marcial Pons, 2011. p. 46.
[16] RODRÍGUEZ BEREIJO, Álvaro. *Igualdad tributaria y tutela constitucional*. Um estúdio de jurisprudência. Madrid: Marcial Pons, 2011. p. 55.
[17] BATISTA JR., Onofre Alves. *Manual de Direito Tributário*. Belo Horizonte: Casa do Direito, 2023. p. 373-4.
[18] NOGUEIRA, Ruy Barbosa. *Curso de direito tributário*. 14. ed. São Paulo: Saraiva, 1995. p. 12-13.

da tributação", isto é, quando se deseja conhecer as condições pessoais do contribuinte, neste caso, "mínimo existencial e confisco são suas balizas, relativamente a cada contribuinte individualmente considerado".[19]

Humberto Ávila tratando especificamente da *isonomia tributária*, sem descer aos aspectos da *capacidade contributiva*, a correlaciona aos critérios de *adequação, necessidade e proporcionalidade*. A norma fiscal será *adequada* desde que sua utilização "provoque efeitos que contribuam para a promoção gradual da finalidade extrafiscal". Será *necessária* na medida em que, "dentre todas aquelas disponíveis e igualmente adequadas para atingir dada finalidade, seja a menos restritiva relativamente ao princípio da igualdade". E será *proporcional* caso "sua utilização provoque mais efeitos positivos do que negativos à promoção dos princípios constitucionais".[20]

João Ricardo Catarino aponta, com precisão, que a capacidade contributiva é um desdobramento da isonomia, e que, sendo consagrada esta nas normas, a menção àquela poderia até mesmo ser retirada do ordenamento.[21]

Sacha Coelho distingue entre isonomia e capacidade contributiva, embora enfatize sua correlação, quando afirma que "o princípio da isonomia tributária não tem condições de ser operacionalizado sem a ajuda da capacidade contributiva".[22]

Domingues de Oliveira aponta que a capacidade contributiva significa tanto "a existência de uma riqueza apta a ser tributada (capacidade contributiva como pressuposto da tributação)" e também "a parcela dessa riqueza que será objeto da tributação em face de condições individuais (capacidade contributiva como critério de graduação e limite do tributo)".[23]

Paulo de Barros Carvalho aponta a *capacidade contributiva* como diretamente relacionada à *base de cálculo*,[24] só indiretamente vinculando-a

---

[19] SCHOUERI, Luís Eduardo. *Direito tributário*. 5. ed. São Paulo: Saraiva, 2015. p. 346-347.
[20] ÁVILA, Humberto. *Teoria da igualdade tributária*. 2. ed. São Paulo: Malheiros, 2009. p. 160-163.
[21] CATARINO, João Ricardo. *Redistribuição tributária* – Estado social e escolha individual. Coimbra: Almedina, 2008. p. 379 e ss.
[22] COELHO, Sacha Calmon Navarro. *Curso de direito tributário brasileiro*. 4. ed. Rio de Janeiro: Forense, 1999. p. 80.
[23] OLIVEIRA, José Marcos Domingues de. *Direito tributário:* capacidade contributiva – conteúdo e eficácia do princípio. 2. ed. Rio de Janeiro: Renovar, 1998. p. 57.
[24] "No Brasil, o sistema de direito positivo exibe, em todas as figuras tributárias conhecidas, a observância do princípio da capacidade contributiva absoluta, uma vez que os fatos escolhidos denotam signos de riqueza. Como decorrência, em todos eles há uma base de

a *alíquota*, outro dos aspectos dimensíveis da regra matriz de incidência tributária.

É na correlação entre a base de cálculo e a alíquota, ambos compondo o *aspecto dimensível* da regra matriz de incidência tributária, que se insere o debate sobre *capacidade contributiva, proporcionalidade e progressividade econômicas*.

É sabido que a proporcionalidade econômica ocorre quando, sobre determinada base de cálculo, é aplicada uma alíquota ad valorem única. Um exemplo de *proporcionalidade* pode ser visto na Contribuição Provisória sobre Movimentação Financeira – CPMF, que vigorou no Brasil por vários anos e consistia em uma alíquota de 0,38% sobre a movimentação financeira bancária que viesse a ser realizada. Fossem movimentados R$ 1 milhão ou R$ 10 milhões, a alíquota permanecia a mesma, incidindo sobre a mesma base de cálculo, qualquer que fosse sua dimensão.

A *progressividade econômica é distinta, pois a alíquota é alterada em conformidade com a variação da base de cálculo*. Um exemplo é o Imposto sobre a Renda no Brasil, pelo qual quem ganha mais não paga apenas proporcionalmente mais, *paga progressivamente mais*, isto é, aumenta a alíquota quando também aumenta a base de cálculo.

Qual das duas fórmulas é condizente com a capacidade contributiva?

Trata-se de uma pergunta que obriga a uma análise mais detalhada, pois dependerá (a) do *enfoque econômico e jurídico* efetuado, bem como (b) da *base de incidência tributária* que está sendo analisada.

As variáveis sobre (a) o *enfoque econômico e jurídico* dizem respeito à análise que se pretende fazer, se microeconômica, o que corresponderá a uma análise *microjurídica*, ou macroeconômica, que implicará uma análise *macrojurídica*.[25]

Olhando sob uma lente *individualista*, microjurídica, a *proporcionalidade* parece ser mais justa e corre menos risco de se tornar confiscatória. Essa é a posição de autores como o barão Bertrand de Jouvenel em uma palestra proferida em 1949, ao afirmar que, "para fins de tributação, a

---

cálculo e, com isso, campo para o exercício da diretriz da igualdade" (CARVALHO, Paulo de Barros. *Curso de direito tributário*. 13. ed. São Paulo: Saraiva, 2000. p. 334). A menção indireta à alíquota como aspecto da *capacidade contributiva* aparece na p. 336, quando menciona ser através dela que "o legislador busca realizar e assegurar o princípio da igualdade tributária".

[25] SCAFF, Fernando Facury. *Da Igualdade à Liberdade*. Considerações sobre o princípio jurídico da igualdade. Belo Horizonte: Fórum, 2022.

igualdade implica em proporcionalidade"[26] e que agir de forma progressiva acarretaria a "redistribuição de poder dos indivíduos para o Estado", e não apenas a redistribuição da renda do mais rico para o mais pobre.[27] Afirmava o barão, dentre outras concepções bastante peculiares,[28] que:

> Os governantes, naturalmente, tendem a crer que quanto maior a fração da renda privada que puderem recolher para o Tesouro, melhor para a comunidade como um todo; pois não são eles os melhores juízes do interesse comum do que o indivíduo, afundado em suas buscas egoístas, não conseguem perceber? [...] A atitude relutante do povo (em pagar impostos) fez o poder do Parlamento.[29]

Outro autor que segue essa linha de raciocínio individualista é Friedrich Hayek, que afirma ser necessário "traçar uma distinção entre o caráter progressivo de um imposto particular, como o imposto de renda, e o caráter progressivo da carga que o sistema tributário, como um todo, impõe sobre as rendas".[30] Isso porque, segundo esse economista austríaco, a tributação progressiva fere o princípio básico da justiça econômica, para o qual deve haver "pagamento igual para trabalho igual". Ocorre que, "quanto mais os consumidores valorizam os serviços de uma pessoa, menos vale a pena essa esforçar-se mais", pois acabará ganhando menos em face da progressividade da tributação.[31] Ao final, propõe Hayek que seja adotado um sistema no qual cada indivíduo seja taxado da forma mais próxima possível do valor que o governo arrecada através da tributação, buscando casar a lógica

---

[26] JOUVENEL, Bertrand de. *A ética da redistribuição*. 2. ed. São Paulo: Instituto Ludwig von Mises Brasil, 2012. p. 25.

[27] *Idem*, p. 73.

[28] Não se pode deixar de registrar a defesa que o Barão de Jouvenel faz da aristocracia ao final da referida conferência: "Tal observação coloca por terra o conceito comum de que os membros da aristocracia são aqueles que, em virtude de sua força, cavam para si uma grande porção dos bens do mundo. As verdadeiras aristocracias jamais gozaram da condição aristocrática porque são fortes – esse conceito darwiniano é inadequado; as verdadeiras aristocracias têm sido voluntariamente favorecidas pelo povo, que entende que os tipos supremos da humanidade, em qualquer campo, precisam de condições especiais, e o povo sempre teve prazer em lhes proporcionar tais condições". JOUVENEL, Bertrand de. *A ética da redistribuição*. 2. ed. São Paulo: Instituto Ludwig von Mises Brasil, 2012. p. 77-78.

[29] JOUVENEL, Bertrand de. *A ética da redistribuição*. 2. ed. São Paulo: Instituto Ludwig von Mises Brasil, 2012. p. 74; os parênteses não são do original.

[30] HAYEK, Friedrich August Von. Reexaminando a taxação progressiva. In: FERRAZ, Roberto (org.). *Princípios e limites da tributação*. São Paulo: Quartier Latin, 2005. p. 746.

[31] *Idem*, p. 756.

micro com a macroeconômica, de modo que, "se o governo toma 30% da renda nacional, 30% também seria a taxa máxima de tributação direta", o que ainda deixaria "existente alguma progressão da tributação total, uma vez que aqueles que pagam a alíquota máxima pagariam também alguns impostos indiretos que levariam a sua tributação total acima da média da comunidade".[32] Observa-se que este raciocínio pressupõe a existência de baixa tributação do consumo (indireta).

Vê-se que esses autores partem de uma visão microeconômica, centrada no indivíduo e com alguma suspeita acerca do poder e das funções exercidas pelo Estado. Para quem vê a *capacidade contributiva* sob essa ótica, justa será a proporcionalidade, e não a progressividade dos tributos.

Por outro lado, analisando a questão sob determinado enfoque macroeconômico, voltado à análise *global* da arrecadação, e não do gasto, a análise será completamente diversa. Neste caso, é necessário deslocar a visão do lado puramente individualista do problema, ampliando-a para englobar uma visão da arrecadação como um todo, pois só quando houver *progressividade é que haverá a efetiva apuração da capacidade contributiva, acarretando que* quem ganhe mais pague *progressivamente* mais tributo. É essa variação *progressiva* entre maior base de cálculo e maior alíquota que permitirá a efetiva apuração da capacidade contributiva.

Esse é o sentido adotado por Roque Carrazza, ao afirmar que

> a progressividade das alíquotas tributárias, longe de atritar com o sistema jurídico, é o melhor meio de se afastarem, no campo dos impostos, as injustiças tributárias, vedadas pela Carta Magna. Sem impostos progressivos, não há como atingir-se a igualdade tributária.[33]

No mesmo sentido, diz Sousa Franco, "se se tributar pela mesma taxa os contribuintes, o sacrifício fiscal será muito maior para os que têm rendimentos muito baixos, uma vez que qualquer sacrifício de rendimento é muito mais sentido por eles".[34] É interessante a trajetória histórica traçada por Sousa Franco, que demonstra o argumento da progressividade a partir da decadência do Estado absoluto, pois

---

[32] HAYEK, Friedrich August Von. Reexaminando a taxação progressiva. *In*: FERRAZ, Roberto (org.). *Princípios e limites da tributação*. São Paulo: Quartier Latin, 2005. p. 764.

[33] CARRAZZA, Roque Antonio. *Curso de direito constitucional tributário*. 23. ed. São Paulo: Malheiros, 2007. p. 89.

[34] FRANCO, António de Sousa. *Finanças públicas e direito financeiro*. 4. ed. Coimbra: Almedina, v. II (os dois volumes encontram-se impressos em um único livro), p. 193.

"aristocratas só podiam ser os filhos dos aristocratas, mas rico podia ser qualquer um, com capacidade para tal", e, a partir daí, ocorre a quebra do Estado Patrimonial e o surgimento do Estado Fiscal, em que o tributo torna-se figura proeminente na arrecadação pública, sendo que, posteriormente, "o poder político foi-se alargando na base; e a introdução do sufrágio universal levou a uma extensão da atuação dos partidos políticos".[35] Essa trajetória culmina na adoção da progressividade tributária como medida de justiça fiscal, inclusive sobre a base impositiva nos tributos sucessórios.[36]

O regime que traduz de forma mais expressiva a *capacidade contributiva é o que estabelece a progressividade* dos tributos, respeitados pelo menos dois parâmetros principais: um *limite inferior* de incidência, que diz respeito ao *mínimo isento*; e um *limite superior*, que se relaciona com a *vedação ao confisco*.

Para tal limite mínimo, considerado como *mínimo isento*, entende Moschetti ser aquele montante suficiente para "assegurar ao indivíduo e a sua família uma existência livre e digna",[37] o qual deverá ficar fora do alcance das normas tributárias.

O *limite máximo*, considerado como *confiscatório*, é expressamente vedado pela Constituição brasileira através de normas tributárias.[38] Registra Heleno Torres, amparando a vedação ao confisco como um corolário da proibição de excesso, que "ainda falta a delimitação precisa de seus contornos", mas que se pode identificar em inúmeras situações concretas, inclusive com amparo jurisprudencial fartamente informado.[39] Hugo de Brito Machado avança um pouco mais ao afirmar que o caráter confiscatório do tributo há de ser avaliado em função da carga tributária resultante dos tributos em conjunto[40] sobre o indivíduo.

Observe-se que as duas conclusões podem variar caso seja acrescida à análise a questão da progressividade sobre diferentes bases de incidência.

---

[35] *Idem*, p. 195-197.
[36] Essa é uma das alternativas propostas por: PIKETTY, Thomas. *O capital no século XXI*. Tradução Monica Baumgarten de Bolle. Rio de Janeiro: Intrínseca, 2014.
[37] MOSCHETTI, Francesco. *Il principio della capacita contributiva*. Padova: Cedam, 1973. p. 228.
[38] Art. 150, IV.
[39] TORRES, Heleno Taveira. *Direito constitucional tributário e segurança jurídica*. São Paulo: RT, 2011. p. 660 e ss.
[40] MACHADO, Hugo de Brito. *Curso de direito tributário*. 36. ed. São Paulo: Malheiros, 2015. p. 41.

Heleno Torres menciona que a progressividade deve ser aplicada a todos os tributos, sem exceção, desde que haja previsão constitucional.[41] O mesmo sentido é adotado por Roque Carrazza[42] e Paulo de Barros Carvalho.[43]

Existem poucas dúvidas acerca da adequação da progressividade tributária como um instrumento de identificação da capacidade contributiva quando apurada a fórmula da *renda*, e remanescem muitas dúvidas quando utilizada a base impositiva do *consumo*, como apontam Tipke e Lang,[44] apresentando ainda algumas peculiaridades quando se utiliza a base impositiva *patrimônio*.[45]

Um divisor de águas acerca da progressividade da tributação sobre o *patrimônio* no Brasil foi o RE 153.771, julgado pelo Supremo Tribunal Federal em 20 de novembro de 1996, através do qual foi decidida a impossibilidade de aplicação do critério de progressividade fiscal[46] no Imposto sobre a Propriedade Predial e Territorial Urbana – IPTU, tendo por foco uma lei do Município de Belo Horizonte. O relator original foi o Ministro Carlos Mário, que votou no sentido da constitucionalidade da lei que previa a progressividade fiscal desse imposto, mas restou isolado e vencido na votação, tendo sido o líder da divergência o Ministro Moreira Alves, que não reconhecia a possibilidade de haver progressividade fiscal em tributos sobre o patrimônio, excetuada a progressividade extrafiscal prevista no art. 182, §4º, e declarava a inconstitucionalidade daquela lei municipal. Tal decisão deu ensejo a uma alteração constitucional, através da EC nº 29/2000, modificando o §1º do art. 156, para expressamente permitir que o IPTU fosse aplicado *progressivamente* em decorrência do valor do imóvel, bem como ter alíquotas diferentes, em função da sua localização e uso, o que, nesse aspecto, consagra a *seletividade*. Com essa alteração constitucional, o STF passou a reconhecer a progressividade fiscal do IPTU, além da extrafiscal, tendo inclusive aprovado a Súmula 668 nesse sentido.

---

[41] TORRES, Heleno Taveira. *Direito constitucional tributário e segurança jurídica*. São Paulo: RT, 2011. p. 603-604.

[42] CARRAZZA, Roque Antonio. *Curso de direito constitucional tributário*. 23. ed. São Paulo: Malheiros, 2007. p. 88.

[43] CARVALHO, Paulo de Barros. *Curso de direito tributário*. 13. ed. São Paulo: Saraiva, 2000. p. 334.

[44] TIPKE, Klaus; LANG, Joachim. *Direito tributário*. Tradução Luiz Dória Furquim. Porto Alegre: Sérgio Antônio Fabris, 2008. v. 1, p. 211-229.

[45] *Idem*, p. 273-279, além das já mencionadas p. 211-229.

[46] Existe a progressividade extrafiscal do IPTU, que consta no art. 182, §4º, CF.

É curioso observar que o STF adota a aplicação de critérios de progressividade fiscal sobre a base impositiva *patrimônio* de forma diferenciada. Admite a progressividade do Imposto sobre Transmissão *Causa Mortis* e Doação – ITCMD,[47] não a admite quanto ao Imposto sobre a Transmissão de Bens Imóveis *inter vivos* – ITBI,[48] e nem para fins de Imposto sobre a Propriedade de Veículos Automotores – IPVA,[49] embora afirme que, desde a promulgação da Constituição de 1988, é admitida a progressividade do Imposto sobre a Propriedade Territorial Rural – ITR.[50]

Uma novidade nesse âmbito foi introduzida pela EC nº 132/23, por meio da qual passou a ser permitida a progressividade da tributação sobre as heranças, mediante o ITCMD, em razão do valor do quinhão, do legado ou da doação (art. 155, §1º, VI, CF). Essa alteração, dentre outros aspectos referentes à tributação das heranças, foi analisada por Mariana Correa de Andrade Pinho, em sua tese de doutorado denominada *"Imposto sobre as heranças no Brasil: maldição ou benção?"*, defendida em junho de 2024, na Faculdade de Direito da USP.[51]

---

[47] Tese fixada no RE 563.045, com repercussão geral, que teve por relatora para o acórdão a Ministra Cármen Lúcia: "É constitucional a fixação de alíquota progressiva para o Imposto sobre Transmissão Causa Mortis e Doação – ITCD".

[48] Ver RE 234.105, relator Ministro Carlos Mário: "I - Imposto de transmissão de imóveis, intervivos – ITBI: alíquotas progressivas: a Constituição Federal não autoriza a progressividade das alíquotas, realizando-se o princípio da capacidade contributiva proporcionalmente ao preço da venda".

[49] Ver RE 601.247, relator Ministro Ricardo Lewandowski: "II - A jurisprudência do STF firmou orientação no sentido de que, mesmo antes da EC 42/03 – que incluiu o §6º, II, ao art. 155 da CF –, já era permitida a instituição de alíquotas de IPVA diferenciadas segundo critérios que não levem em conta a capacidade contributiva do sujeito passivo, por não ensejar a progressividade do tributo. É o que se observa no caso dos autos, em que as alíquotas do imposto foram estabelecidas em razão do tipo e da utilização do veículo".

[50] Ver acórdão RE 720.945, relator Ministro Ricardo Lewandowski, assim ementado: "Agravo Regimental no Recurso Extraordinário. Tributário. ITR. Progressividade de alíquotas em período anterior à EC 42/2003. Lei 8.847/1994. Inexistência de contrariedade à redação original do 153, §4º, da CF. Art. 145, §1º, da CF. Necessidade de todos os impostos guardarem relação com a capacidade contributiva do sujeito passivo, independentemente de possuírem caráter real ou pessoal. Impostos diretos. Utilização de alíquotas progressivas. Constitucionalidade. Agravo regimental a que se nega provimento. I - Nos termos do art. 145, §1º, da CF, todos os impostos, independentemente de seu caráter real ou pessoal, devem guardar relação com a capacidade contributiva do sujeito passivo e, tratando-se de impostos diretos, será legítima a adoção de alíquotas progressivas. II - Constitucionalidade da previsão de sistema progressivo de alíquotas para o imposto sobre a propriedade territorial rural mesmo antes da EC 42/2003. III - Agravo regimental a que se nega provimento".

[51] PINHO, Mariana Correa de Andrade. *Imposto sobre as heranças no Brasil*: maldição ou benção? Tese de doutorado defendida em junho de 2024, na Faculdade de Direito da USP.

A análise da capacidade contributiva individualizada não é contrária à que ora se expõe, sendo complementares e indicando outro enfoque do problema, seja sob a ótica macrojurídica centrada apenas na arrecadação, seja na de espectro mais amplo, focada na dinâmica financeira, acrescendo outro parâmetro para seu estudo.

3 A capacidade receptiva

Como uma espécie de *reverso financeiro* do princípio da *capacidade contributiva*, quase que o *outro lado dessa moeda*, surge o princípio da *capacidade receptiva*.

É curioso verificar como o estudo fracionado entre o Direito Tributário e o Direito Financeiro acarreta algumas perplexidades sistemáticas.

Misabel Derzi, ao criticar a regressividade do sistema tributário brasileiro e sua correlação com programas assistenciais, como o Bolsa Família, apresenta um esboço de análise relativa às capacidades financeiras, embora não utilize essa nomenclatura:

> A aferição da regressividade do sistema tributário deveria ser a meta mínima, numericamente definida, com que os benefícios e programas assistenciais deveriam ser mensurados. Temos todos responsabilidade coletiva e objetiva pela implementação e manutenção dos males de um sistema tributário regressivo e penalizante para os muitos pobres. O Estado tem o dever de reparar tal injustiça. Somente acima desse limite, poderíamos pensar em responsabilidade pessoal pelas escolhas feitas.[52]

Vito Tanzi, emérito economista italiano, que funcionou como relator geral da Conferência do Centro Interamericano de Administrações Tributárias – CIAT, ocorrida em Gênova, no ano 2000, na qual se discutiu o tema da *capacidade contributiva*, relatou:

> Alguns participantes alegaram que o gasto social poderia ser mais efetivo que os impostos, na distribuição da renda. Assim, talvez, a melhor política a seguir por um país seria aumentar os impostos de maneira neutral, por exemplo, mediante impostos de base ampla, aplicados com

---

[52] DERZI, Misabel de Abreu Machado. Guerra fiscal, Bolsa Família e silêncio (relações, efeitos e regressividade). *Revista Jurídica da Presidência Brasília*, v. 16 n. 108, p. 62, fev./maio 2014.

taxas proporcionais, e utilizar a arrecadação para financiar gastos em favor dos mais pobres.

Daí pergunta Tanzi: "Podemos estar seguros que o gasto público será efetivamente realizado em favor dos mais pobres?".[53]

Essa perplexidade apontada por Tanzi não acarretaria nenhuma dúvida aos que conhecessem o sistema constitucional brasileiro, pois nele consta como objetivo fundamental a redução das desigualdades sociais e a erradicação da pobreza (art. 3º, III).

Regis Fernandes de Oliveira, com acuidade, aponta que a *capacidade receptiva* se caracteriza como uma obrigação de realização de gasto público em função dos grupos mais vulneráveis e necessitados das prestações civilizatórias do Estado. Em suas palavras:

> aqueles que têm menos devem ser aquinhoados pelo Estado com maior aplicação de recursos, exatamente para que possam atender aos princípios republicanos inseridos no art. 1º da CF; dentre eles o da dignidade da pessoa humana e com os objetivos fundamentais da República Federativa do Brasil, nos exatos termos no art. 3º.[54]

Observe-se que, pelo lado do gasto público, a ideia é usar mais os recursos públicos com quem mais precisa, *não para seu enriquecimento, mas para seu nivelamento socioeconômico*, de modo a permitir que efetivamente goze de isonomia para gozar de liberdade. De que adianta a pessoa ser livre e não ter o que comer – haverá efetiva liberdade nessa situação? Por outro lado, de que vale a existência de riqueza individual em uma cidade na qual não haja condições de segurança pública, onde sair à noite para passear nas praças revele temor?

A ideia de *capacidade receptiva* está vinculada à de *nivelamento socioeconômico*, visando possibilitar que as pessoas tenham *liberdade igual*. É preciso que haja efetivo gasto público de modo a permitir que a educação pública seja de qualidade e não uma forma de exclusão social, onde os poucos que conseguem transpor as barreiras da ignorância são saudados com júbilo, tão extraordinário é esse feito. Onde não seja necessário mendigar assistência médica e hospitalar caso não se tenha dinheiro ou um plano de saúde privado. Tal nivelamento

---

[53] TANZI, Vito. *Informe del relator general*. Madrid: Instituto de Estudios Fiscales, 2002. p. 314.
[54] OLIVEIRA, Regis Fernandes de. *Curso de direito financeiro*. 6. ed. São Paulo: RT, 2014. p. 459.

social permitirá que todos sejam iguais, e não uns "mais iguais" do que outros, para usar a fina ironia de George Orwell.[55]

Trata-se da possibilidade de efetivo exercício da dignidade da pessoa humana coletivamente considerada, de modo a permitir que grupos que se encontram fora das condições mínimas de gozo das prestações civilizacionais sejam elevados à condição de sua satisfação. A *capacidade receptiva* deve estar correlacionada a grupos específicos, de acordo com suas necessidades. Por exemplo, se determinado bairro necessita de uma escola pública é a ele que esse gasto deve ser dirigido, e não de forma a beneficiar locais em que esse serviço público já esteja sendo fornecido. O mesmo se pode dizer acerca de saneamento, segurança, lazer, moradia etc. Tal conceito pode ser ainda mais focado em grupos específicos, tais como os doentes de determinado mal, como a doença de Chagas ou malária, ou para ajustar a rota de linhas de transporte público urbano visando atender determinados bairros. Tudo isso tem correlação com o conceito de *capacidade receptiva*, isto é, a capacidade para receber as prestações civilizatórias prestadas pelo Estado de modo a permitir que as pessoas tenham isonomia para poder exercer sua liberdade e terem dignidade só por fazerem parte da espécie humana.

É a capacidade receptiva dos grupos vulneráveis que deve nortear o gasto público, visando a realização de uma política pública republicana, isonômica e universalizável – isto é, para todos os que se encontrem em igual situação fática, e não para um indivíduo isoladamente. Aqui se insere o conceito de políticas públicas sociais, e não de concessões individualizadas de benefícios. É preciso que a política pública seja universalizável para todos os que se encontrem em situação de carência – um exemplo disso são as políticas de vacinação de crianças e idosos, pois se referem a grupos específicos que necessitam dessa atuação governamental.

A análise da programação e da execução orçamentária é fundamental para que se identifique com precisão o alcance dessas políticas públicas civilizacionais. É um dos lados da justiça distributiva orçamentária republicana.

Do mesmo modo que "capacidade econômica, igualdade e justiça tributária são difíceis de separar; ao final de contas, um problema de igualdade na imposição é ou vem a ser um problema de justiça",

---

[55] ORWELL, George. *A revolução dos bichos*. São Paulo: Companhia das Letras, 2007, capítulo 10, p. 106.

como afirma Rodríguez Bereijo,[56] a questão da *capacidade receptiva* é um imperativo de justiça distributiva, pois *não basta arrecadar de forma isonômica, é necessário que o gasto público também se realize de forma isonômica.*

Observa-se que a aplicação da isonomia na *capacidade receptiva* deve ter a mesma lógica supraexposta para a *capacidade contributiva*, isto é, não basta gastar *proporcionalmente* mais com os mais pobres, é necessário gastar *progressivamente* mais com quem se encontra em estado vulnerável, de modo a reduzir as desigualdades sociais. O gasto público não pode ser espargido de modo igual, mas *progressivamente* com quem mais dele necessita, a fim de poder desigualar os desiguais, na medida de suas desigualdades, porém respeitando as suas diferenças. Aqui se insere a necessidade de ser *centrífugo* o orçamento republicano, de modo a espargir as riquezas sociais, e não centrípeto, de modo a concentrá-las.

A redução de investimentos em saúde ou educação pública no Brasil, por exemplo, não atinge *diretamente* a quem pode ler este trabalho, pois, em sua esmagadora maioria, recebeu educação privada no ensino fundamental e no ensino médio, e possui plano privado de saúde. Porém, para a esmagadora maioria da população brasileira, a redução de investimentos públicos nessas duas áreas impacta diretamente no seu dia a dia e na possibilidade de ascender socialmente. Qual chance de ascensão social possui quem não tem educação básica? Quem tem dinheiro, no Brasil, educa através da rede privada de ensino, mas quem não tem dinheiro disponível para isso necessita ir para a rede pública de ensino, a qual possui níveis baixos de qualidade, como é de todos sabido. O mesmo vale para a questão de saúde, pois quem não pode ter um plano de saúde privado só pode contar com a rede pública oferecida através do Sistema Único de Saúde (SUS), cuja eficácia no atendimento é também baixa. Quem ultrapassa essas *barreiras sociais* é logo identificado como uma exceção à regra, o que demonstra sua raridade.

Luigi Einaudi já perguntava "que culpa tem uma criança de ter nascido de pais miseráveis e, além disso, viciosos, alcoolizados e preguiçosos e, portanto, ser levada à morte precoce e, em caso de sobrevivência, a uma vida dura, em casas superlotadas, em ambiente sem

---

[56] RODRÍGUEZ BEREIJO, Álvaro. *Igualdad tributaria y tutela constitucional*. Un estudio de jurisprudencia. Madrid: Marcial Pons, 2011. p. 73. No mesmo sentido: MACHADO, Raquel Cavalcanti Ramos. A mudança do paradigma orçamentário. *In*: CONTI, José Maurício; SCAFF, Fernando Facury. *Orçamentos públicos*. São Paulo: RT, 2011. p. 1045-1066; RIBEIRO, Maria de Fátima. Efetivação de políticas públicas: uma questão orçamentária. *In*: CONTI, José Maurício; SCAFF, Fernando Facury. *Orçamentos públicos*. São Paulo: RT, 2011. p. 1087-1110.

nenhuma luz espiritual e moral, predestinada a pobreza, crime ou a prostituição?" A partir desse ponto analisa os efeitos da desigualdade como ponto de partida da trajetória individual de cada pessoa na sociedade.[57] Göran Therborn aponta três espécies de desigualdade: a de nascimento, a existencial e a de recursos.[58]

Logo, o investimento público em saúde e educação – dois dos diversos direitos sociais básicos que possuem fonte de recursos diretamente estabelecida pela Constituição brasileira, e que se constituem como cláusulas pétreas orçamentárias[59] –, atinge em cheio a população pobre, que, pela regra da *capacidade receptiva*, deve receber maior volume de gastos públicos, com a *progressividade* necessária para sua equiparação.

Obviamente que tal assertiva não implica dizer que apenas deva ser distribuído dinheiro em espécie para cada indivíduo de baixa renda do país. Isso seria apenas outra forma estéril de individualismo. A *capacidade receptiva* deve ser adequada através de *políticas públicas*, isto é, ações políticas voltadas para os *grupos vulneráveis*, e não direta e isoladamente para os *indivíduos vulneráveis*, visando elevar globalmente suas condições de vida para o mais próximo possível da média da população, de modo a permitir que tais pessoas tenham condições isonômicas para exercer efetiva liberdade.

Franco Gallo defende a ideia aqui exposta, em apertada síntese, vinculando a arrecadação ao gasto estabelecido pelo ordenamento constitucional de cada país:

> Desde uma perspectiva funcional, o tributo não é, portanto, apenas um *premium libertatis*, ou a outra face negativa do custo dos direitos, mas, em um mundo desigual, como o nosso, é sobretudo um instrumento de justiça distributiva que, segundo as diversas opções políticas, o Estado (e os entes dotados de autonomia política e financeira) têm à sua disposição – junto com os demais instrumento de política econômica – para ir além das meras relações de mercado e para corrigir suas distorções e imperfeições em favor das liberdades individuais e coletivas e da tutela dos direitos sociais. O que deve ser valorado em função de sua direta eficácia em sua execução, em harmonia com as políticas de gasto, de fins sociais

---

[57] EINAUDI, Luigi. *Lezioni di politica sociale*. Torino: Einaudi, 1965. p. 246 e ss.
[58] THERBORN, Göran. *La desigualdad mata*. Madrid: Alianza, 2013. p. 79 e ss.
[59] SCAFF, Fernando Facury. *Orçamento Republicano e Liberdade Igual*. Ensaio sobre Direito Financeiro, República e Direitos Fundamentais no Brasil. Belo Horizonte: Fórum, 2018.

legítimos e de reforço da "cidadania", que é como dizer da realização de uma ordem de propriedade e socioeconômica "justa".[60]

Uma peculiaridade da capacidade *receptiva* é ela ser exercida por meio de políticas públicas, obviamente desenvolvidas pelos sucessivos governos, espacialmente (federativamente) considerados e ao longo do tempo. No Brasil existe uma enorme rede de proteção social para a população em geral, que é muito utilizada pela parcela mais vulnerável da população.

Podem-se listar inúmeras dessas políticas, o que se faz de modo meramente exemplificativo:

- No âmbito educacional, existe ensino público e gratuito em diversos níveis de escolaridade, além do FIES – Fundo de Financiamento Estudantil, que subsidia as mensalidades escolares no ensino privado.
- No âmbito da saúde, há atendimento público e gratuito a qualquer indivíduo.
- No âmbito de transporte, existem subsídios para o transporte do trabalhador, por meio do sistema de vale-transporte.
- No âmbito alimentar, existem subsídios para a alimentação do trabalhador, como o vale-refeição, além do fornecimento de *tickets* de vale-gás.
- No aspecto da moradia, existe o programa Minha Casa, Minha Vida, que subsidia a construção e a compra de moradias para famílias de baixa renda.
- Para o combate à desigualdade existe o Bolsa Família e diversas ações afirmativas para a inclusão de pretos, pardos, indígenas e pessoas com deficiência.
- Para o acesso à justiça existe a justiça gratuita, com a oferta de advogados públicos e gratuitos, por meio das Defensorias Públicas.

Como é fácil identificar, esses exemplos não demonstram a ótica macrojurídica da capacidade receptiva.

Não se deve perder de vista que tais políticas públicas brasileiras devem ser melhor focadas e continuamente aprimoradas e que

---

[60] GALLO, Franco. *Las razones del fisco* – Ética y justicia en los tributos. Madrid: Marcial Pons, 2011. p. 93-94.

eventuais incorreções de foco na capacidade receptiva, tal como ocorre na contributiva, podem ser individualmente corrigidas por meio de ações judiciais.

Conclusões

Buscou-se caracterizar o que são as capacidades financeiras, contributiva e receptiva, e como podem ser úteis para a análise de múltiplos aspectos do tema *Tributação, Desigualdade e Desenvolvimento*, permitindo evidenciar o que os governos vêm fazendo para, por meio da *tributação*, reduzir a *desigualdade* visando alcançar maior *desenvolvimento humano*, e não apenas econômico, medido pelo PIB.

A ideia central exposta foi a de que se deve considerar na análise aspectos macrojurídicos que vinculem o total do valor arrecadado com o total do montante despendido, e considerar que, quanto mais for arrecadado de quem tem mais riquezas, e quanto mais for gasto com a parcela da população mais fragilizada, mais republicano será o país, e, com isso, a tributação (arrecadação) contribuirá para reduzir as desigualdades (na arrecadação e no gasto) e gerar desenvolvimento humano (além do econômico).

Se dessa resultante se apurar que se arrecada mais de quem tem menos, e se gasta mais com quem tem mais, haverá um país que arrecada e gasta mal, por meio de um orçamento *centrípeto*, isto é, concentrador de riquezas; o reverso demonstrará um país que arrecada e gasta bem, revelando um orçamento *centrífugo*, isto é, que esparge as riquezas dentre sua população.

O texto, ao apresentar a correlação delineada, visa dar um instrumental teórico para o prosseguimento de novos estudos sobre o desafiador tema proposto à análise.

Referências

ÁVILA, Humberto. *Teoria da igualdade tributária*. 2. ed. São Paulo: Malheiros, 2009.

BATISTA JR., Onofre Alves. *Manual de Direito Tributário*. Belo Horizonte: Casa do Direito, 2023.

CARRAZZA, Roque Antonio. *Curso de direito constitucional tributário*. 23. ed. São Paulo: Malheiros, 2007.

CARVALHO, Paulo de Barros. *Curso de direito tributário*. 13. ed. São Paulo: Saraiva, 2000.

CATARINO, João Ricardo. *Redistribuição tributária* – Estado social e escolha individual. Coimbra: Almedina, 2008.

COELHO, Sacha Calmon Navarro. *Curso de direito tributário brasileiro*. 4. ed. Rio de Janeiro: Forense, 1999.

DERZI, Misabel de Abreu Machado. Guerra fiscal, Bolsa Família e silêncio (relações, efeitos e regressividade). *Revista Jurídica da Presidência Brasília*, v. 16 n. 108, fev./maio 2014.

EINAUDI, Luigi. *Lezioni di politica sociale*. Torino: Einaudi, 1965.

FRANCO, António de Sousa. *Finanças públicas e direito financeiro*. 4. ed. Coimbra: Almedina, v. II (os dois volumes encontram-se impressos em um único livro).

GALLO, Franco. *Las razones del fisco* – Ética y justicia en los tributos. Madrid: Marcial Pons, 2011.

HAYEK, Friedrich August Von. Reexaminando a taxação progressiva. *In*: FERRAZ, Roberto (org.). *Princípios e limites da tributação*. São Paulo: Quartier Latin, 2005.

JOUVENEL, Bertrand de. *A ética da redistribuição*. 2. ed. São Paulo: Instituto Ludwig von Mises Brasil, 2012.

MACHADO, Hugo de Brito. *Curso de direito tributário*. 36. ed. São Paulo: Malheiros, 2015.

MACHADO, Raquel Cavalcanti Ramos. A mudança do paradigma orçamentário. *In*: CONTI, José Maurício; SCAFF, Fernando Facury. *Orçamentos públicos*. São Paulo: RT, 2011.

MOSCHETTI, Francesco. *Il principio della capacita contributiva*. Padova: Cedam, 1973.

MUSGRAVE, Richard; MUSGRAVE, Peggy. *Hacienda pública teórica y aplicada*. 5. ed. Tradução Juan Francisco Ramon *et al*. Madrid: McGraw-Hill/Interamericana de España, 1999

NOGUEIRA, Ruy Barbosa. *Curso de direito tributário*. 14. ed. São Paulo: Saraiva, 1995.

OLIVEIRA, José Marcos Domingues de. *Direito tributário*: capacidade contributiva – conteúdo e eficácia do princípio. 2. ed. Rio de Janeiro: Renovar, 1998.

OLIVEIRA, Regis Fernandes de. *Curso de direito financeiro*. 6. ed. São Paulo: RT, 2014.

ORWELL, George. *A revolução dos bichos*. São Paulo: Companhia das Letras, 2007.

PIKETTY, Thomas. *O capital no século XXI*. Tradução Monica Baumgarten de Bolle. Rio de Janeiro: Intrínseca, 2014.

PINHO, Mariana Correa de Andrade. *Imposto sobre as heranças no Brasil*: maldição ou benção? Tese de doutorado defendida em junho de 2024, na Faculdade de Direito da USP.

RIBEIRO, Maria de Fátima. Efetivação de políticas públicas: uma questão orçamentária. *In*: CONTI, José Maurício; SCAFF, Fernando Facury. *Orçamentos públicos*. São Paulo: RT, 2011.

RODRÍGUEZ BEREIJO, Álvaro. *Igualdad tributaria y tutela constitucional*. Un estudio de jurisprudencia. Madrid: Marcial Pons, 2011.

SCAFF, Fernando Facury. *Orçamento Republicano e Liberdade Igual*. Ensaio sobre Direito Financeiro, República e Direitos Fundamentais no Brasil. Belo Horizonte: Fórum, 2018.

SCAFF, Fernando Facury. *Da Igualdade à Liberdade*. Considerações sobre o princípio jurídico da igualdade. Belo Horizonte: Fórum, 2022.

SCHOUERI, Luís Eduardo. *Direito tributário*. 5. ed. São Paulo: Saraiva, 2015.

TANZI, Vito. *Informe del relator general*. Madrid: Instituto de Estudios Fiscales, 2002.

THERBORN, Göran. *La desigualdad mata*. Madrid: Alianza, 2013.

TIPKE, Klaus; LANG, Joachim. *Direito tributário*. Tradução Luiz Dória Furquim. Porto Alegre: Sérgio Antônio Fabris, 2008. v. 1.

TORRES, Heleno Taveira. *Direito constitucional tributário e segurança jurídica*. São Paulo: RT, 2011.

TORRES, Ricardo Lobo. *Curso de direito financeiro e tributário*. 19. ed. Rio de Janeiro: Renovar, 2013.

Informação bibliográfica deste livro, conforme a NBR 6023:2018 da Associação Brasileira de Normas Técnicas (ABNT):

SCAFF, Fernando Facury. Tributação, desigualdade e desenvolvimento: as capacidades financeiras contributiva e receptiva. *In*: SCAFF, Fernando Facury; DERZI, Misabel de Abreu Machado; BATISTA JÚNIOR, Onofre Alves; TORRES, Heleno Taveira (coord.). *Tributação, desigualdade e desenvolvimento*. Belo Horizonte: Fórum, 2025. p. 19-41. ISBN 978-65-5518-100-5.

PROGRESSO DIGITAL OU RETROCESSO NA CIDADANIA? DO SILÊNCIO AO EMUDECIMENTO: A RELAÇÃO FISCO-CONTRIBUINTE NA REFORMA TRIBUTÁRIA

MISABEL DE ABREU MACHADO DERZI,
VALTER DE SOUZA LOBATO,
JOSÉ ANTONINO MARINHO NETO

1 Introdução: a possibilidade moral da autonomia da pessoa e do consentimento ao tributo

O presente artigo busca analisar os efeitos da reforma tributária (EC nº 132/2023) sobre a relação despersonalizada entre fisco e contribuinte que se pretende instaurar no País. O enfraquecimento do consentimento ao imposto com o amesquinhamento do federalismo conjuga-se a uma fiscalização, controle e aplicação das normas tributárias por meio de plataformas digitais, antecipações de arrecadação e presunção de confissões de dívida, em especial por força da figura jurídica do *split payment*. Aparentemente, o conjunto da reforma colocaria o Brasil em sistema inédito e avançado de controle fazendário e automatismo arrecadatório. Não obstante, ao mesmo tempo, a relação fisco-contribuinte torna-se objetalizada, ou dessubjetivada, enfraquecendo-se o consentimento ao tributo que ainda se manifestava no lançamento por homologação (ou autolançamento) em que a escrita do contribuinte gozava de certa certeza e credibilidade, podendo ser afastada apenas em autuações fundamentadas. Despede-se o lançamento por homologação tal como hoje o conhecemos.

A reforma tributária da EC nº 132/2023, implementada pelo PLP nº 68, vem na contramão das diretivas inteligentes de aproximação das fazendas públicas com os contribuintes. Em obra brilhante sobre o assunto, Michel Bouvier[1] observa que, na França e em outras jurisdições, a forma de combate à onda liberal radical que dissemina resistência e aversão visceral a tributos, impedindo qualquer majoração ainda que necessária, tem sido exatamente o reforço do consentimento ao pagamento dos tributos: dissemina-se um tributo mais participativo, por meio de intensas impugnações e recursos administrativos, mediações, negociações, transações e remissões, institutos por meio dos quais o acertamento do tributo a pagar envolve a anuência mais ativa do contribuinte-cidadão. Não basta mais o consentimento parlamentar, ocorrido no momento da aprovação da lei tributária, mas ainda é necessário reforçar tal consentimento ao longo do lançamento, das autuações e solução de conflitos, administrativa ou judicial. Marie-Christine Esclassan escreveu interessante artigo sobre o mesmo tema, publicado em 2024, para tanto apontando o auge da "contratualização" e o adeus à unilateralidade dos atos administrativos de cobrança.[2]

Este artigo inicia-se retomando as ideias constantes de escrito anterior, denominado *"Guerra fiscal, Bolsa Família e Silêncio"*.[3] Naquela oportunidade, buscou-se demonstrar como o Bolsa Família não poderia ser tido como uma mera medida assistencialista ou um favor estatal, mas como um direito fundamental dos cidadãos brasileiros de baixa renda, que não têm capacidade econômica para suportar a incidência dos tributos sobre o consumo de produtos e serviços de primeira necessidade. O Bolsa Família serve de instrumento para compensar a regressividade tributária existente no sistema tributário brasileiro, ora intensificada pela guerra fiscal nacional e internacional.

Tudo isso buscando alertar, como já realçamos, para o perigo da despersonalização da relação entre as administrações tributárias e os contribuintes, por meio de uma série de instrumentos, destacando-se,

---

[1] BOUVIER, Michel. *L'Impôt sans le Citoyen?* Le consentiment à l'impôt: um enjeu crucial pour la démocratie. Paris: LGDJ, 2019.

[2] Cf. ESCLASSAN, Marie-Christine. L'essor de la contractualisation en droit fiscal français. *Revue Française de Finances Publiques*, n. 167, p. 1-18, septembre 2024.

[3] DERZI, Misabel de Abreu Machado. Guerra fiscal, Bolsa Família e Silêncio (Relações, efeitos e regressividade). *Revista Jurídica da Presidência*, v. 16, n. 108, p. 39-64, fev./maio 2014.

dentre outros, a presunção de confissão de dívida e a utilização do mecanismo do *split payment*, o que pode significar o fim do lançamento tributário por homologação.

Tal posição, no entanto, não envolve a discussão jurídica relativa à velha questão da autonomia da vontade ou, melhor ainda, da pessoa; do livre-arbítrio; da relevância do consentimento do cidadão para a democracia e para o tributo. Afinal, a Constituição da República, ao aderir ao voto sigiloso e obrigatório; ao pluripartidarismo e à separação de poderes; ao consagrar o rol dos direitos e garantias fundamentais inerentes ao Estado Democrático de Direito, consagrou a liberdade e inadmite dúvida – do ponto de vista formal pelo menos – sobre a pressuposição da autonomia da pessoa e da dignidade humana.

Não obstante, posta a questão do ponto de vista moral ou filosófico, permanecem as grandes indagações: por que a lei moral obriga? E responder ou mesmo levantar discussões em torno de resposta tão básica é totalmente estranho a este texto.

A fórmula kantiana de agir de forma tal "que a máxima da vontade possa sempre valer, ao mesmo tempo, como princípio de uma legislação universal" coliga-se à ideia igualitária e altruísta cristã, já presente em Rousseau,[4] a despeito das grandes divergências entre eles.[5] A rigor, a universalidade é o braço principal da igualdade.

Como se sabe, a moral kantiana se rege por três princípios: a universalidade da lei; a dignidade absoluta do indivíduo humano (que jamais deve ser um meio para um fim); e a autonomia da vontade, com a qual impõe a si mesmo a lei (universal). É essencial nesse sistema aquele segundo princípio: age de modo tal que trates sempre a humanidade, seja em ti, seja em outrem, como um fim e não como um meio. Deriva daí a lei de procurar a própria felicidade, não por inclinação da natureza (desejos, interesses), mas por dever e somente então a conduta teria um valor moral.[6]

---

[4] Cf. ROUSSEAU, Jean-Jacques. *Do Contrato Social* – Princípios do Direito Político. Trad. Vicente Sabino Jr. São Paulo: Pilares, 2013.

[5] Cf. KANT, Immanuel. *Fundamentos da Metafísica dos Costumes*. Trad. Lourival Henkel. Prefácio de Afonso Bertagnoli. Rio de Janeiro: Ediouro, 1970. Se, para Rousseau, o homem nasce bom e a sociedade o corrompe, devendo a educação aproximá-lo da natureza, para reduzir os malefícios oferecidos pela sociedade, em Kant, à la Hobbes, o homem é inclinado ao mal por natureza, e somente a educação pode projetá-lo para fora da animalidade (pela razão) e pela formação pela moralidade. Mas, de uma forma ou de outra, a teoria do conhecimento em ambos realça os princípios da autonomia e da dignidade humana.

[6] Cf. KANT. *Op. cit.*, p. 48.

O dever é assim a necessidade de uma ação por respeito à lei, pela máxima da universalidade, ainda que com prejuízo de todas as inclinações individuais. Trata-se da representação da lei em si mesma – a qual desde logo somente se encontra no ser racional. Digamos que: devo agir de modo que "possa querer que minha máxima deva converter-se em lei universal".⁷

O imperativo categórico é aquele da MORALIDADE que, sem pôr como condição algum propósito OU RESULTADO a obter por meio de certa conduta, determina essa conduta imediatamente. Trata-se do princípio em si. Do imperativo se deduz o conceito das ações necessárias. Não devemos, contudo, perder de vista que, para Kant, não existe algum exemplo concreto prático e, por conseguinte, maneira alguma de decidir empiricamente se há semelhante imperativo; deve-se recear sempre que todos os que parecem categóricos possam ser ocultamente hipotéticos. Trata-se de uma proposição sintético-prática *a priori* e é como segue: *age só, segundo uma máxima tal, que possas querer ao mesmo tempo que se torne lei universal.*⁸

A razão prática universal repousa na ideia da vontade de todo ser racional como uma vontade universalmente legisladora e tem na *autonomia da vontade o princípio supremo da moralidade*⁹ *como imperativo categórico. Ao contrário, a heteronomia da vontade está na origem de todos os princípios ilegítimos da moralidade, para Kant, ou seja, a vontade não se dá a si mesma a lei universal do dever, mas é determinada por objetos ou representações da razão (como apetites, interesses, representações de fins a alcançar). Com isso, constata-se que os imperativos categóricos não são possíveis, empiricamente.*

A vontade absolutamente boa, cujo princípio tem que ser um imperativo categórico, ficará, pois, indeterminada em relação a todos os objetos e conterá só a forma do querer em geral, como a autonomia.¹⁰ Isso é possível? Pois conhecemos, empiricamente, apenas imperativos hipotéticos, vale dizer, "<u>devo fazer algo porque quero alguma outra coisa</u>". *Por que a lei moral obriga? Consideramo-nos, pela moralidade, obrigados como pertencentes ao mundo sensível e, contudo, ao mesmo tempo, também ao mundo inteligível. Buscamos sem descanso o incondicional necessário, próprio do imperativo categórico. Mas conclui Kant:*

---

⁷ Cf. KANT. *Op. cit.*, p. 51.
⁸ Cf. KANT, *op. cit.*, p. 80.
⁹ Cf. KANT, *op. cit.*, p. 110-111.
¹⁰ Cf. KANT, *op. cit.*, p. 117.

Assim, pois, não concebemos, certamente, a necessidade prática incondicionada do imperativo moral; mas concebemos não obstante a sua inconcebilidade, sendo isto tudo o que, à luz da equidade, pode exigir-se de uma filosofia que, em princípio, aspira aos limites da razão humana.[11]

Tudo isso para dizer que, mesmo invocando o mais ambicioso dos projetos morais, que incluiria o dever como imperativo incondicionado categórico, à la Kant, inexistiria, nessa mesma visão libertária da vontade, exemplo de tal dever no mundo empírico. O dever resulta de um juízo hipotético, quer do ponto de vista moral, quer do ponto de vista jurídico.

2 A autonomia da vontade ou da pessoa. O dever é sempre condicionado (assim como o direito). As regras: universalidade (no dizer kantiano) ou generalidade à la Schauer

Se esse breve artigo tem – e nem poderia deixar de ter – objeto muito diferente das considerações filosóficas, quer das razões práticas ou metafísicas dos costumes, as menções a Kant e a outros próceres da moralidade e da liberdade visam a colher limitações racionais importantes, inclusive inerentes à racionalidade jurídica, a saber:

1. Inexiste dever fundamental de pagar tributo, como imperativo categórico, pois Kant demonstrou a impossibilidade empírica de um juízo categórico, como necessidade prática incondicionada. A rigor, todo dever para ser fruto legítimo da moralidade deveria ser incondicionado, ou seja, deveria ser livre de objetos, interesses e apetites do mundo sensível, mas isso é inconcebível. Resulta daí que o dever de pagar será sempre condicionado a razões, representações, interesses e fins. Sempre integrará um imperativo hipotético.

2. São falaciosas as considerações – que tanto se propagam, inclusive como interpretações e proibições de planejamento – a partir de um dever fundamental de pagar tributo, incondicionado, sem aquelas numerosas limitações sistêmicas, dever que, mesmo no rigoroso modelo moral kantiano, inexiste.

3. Todo o desenvolvimento da teoria das normas, por meio do desenho dos juízos hipotéticos, condicionados, em validade hierarquizada à la

---

[11] Cf. KANT, *op. cit.*, p. 150.

Kelsen,[12] começa no pressuposto da norma fundamental e se vale da generalidade – universalidade – até à concreção das normas individuais. Sempre pela aplicação/criação, em atos de vontade.

4. Autonomia da vontade ou da pessoa, como princípio supremo da moralidade, aparece em Raz (em *The Morality of Freedom*).[13] Já no Direito, a autonomia da vontade pelo dever universalizado apresenta-se como desdobramento da equidade pela *generalidade das regras jurídicas*.

Nas lições imperecíveis de F. Schauer, toda *regra* tem como característica essencial a generalidade (*Playing by the Rules*).[14] Schauer sobretudo demonstrou que, quer nos países do *civil law*, quer nos países do *common law*, o método de tomada de decisões dá-se pelas regras. No sistema do *common law*, as decisões nascidas casuisticamente, mesmo na ausência de prévia regra legal posta pelo Parlamento, sendo decorrentes dos pronunciamentos judiciais, são criadoras de regras que se consolidam e se cristalizam em generalizações que acabam por entranhar as justificativas, que são as razões de decidir. *As decisões do passado convertem-se em precedentes e obrigam as decisões futuras para os casos iguais. Tendem à universalizabilidade sempre. São as generalizações a serem extraídas da ratio decidendi, OU da TESE.*

5. Em tudo e em toda parte, tal questão, a da generalidade ou universalidade ditada pela equidade, espraia-se. Na análise do consequencialismo – quer econômico, político ou moral – a guiar uma decisão, irrefutável a posição adequada de Maccormik, teórico do Direito e notável juiz.[15] Após diferenciar várias espécies de consequências, destaca aquelas causais e, dentre elas, o que denomina de *consequências-como implicações*, outro nome para as *consequências jurídicas*. Possíveis consequências econômicas ou políticas comportamentais, muitas vezes, são meras conjecturas adivinhatórias a serem rejeitadas. É necessário haver *substância jurídica – e deduções lógicas*.

Sendo assim, consequências jurídicas a serem consideradas devem responder aos seguintes critérios: *(a) serem implicações jurídicas lógicas e diretas; (b) serem universalizáveis.*

O requisito da universalizabilidade é fundamental para Maccormik: conclui ele que, mesmo a invocação de um princípio, meramente implícito para a fundamentação e justificação da decisão, somente será aceitável se universalizável para todas as demais decisões em situação similar.

---

[12] Cf. KELSEN, Hans. *Teoría general del derecho y del estado*. Trad.: Eduardo García Maynez. 2. ed. México: Imprenta Universitaria, 1958.

[13] Ver ainda RAZ, Joseph. *The Authority of Law*. Oxford: Clarendon Press, 1979.

[14] Cf. SCHAUER, Frederick. *As regras do Jogo*. Uma análise filosófica do processo de tomada de decisão baseado em regras no direito e na vida. Trad. Rafael Pitta. Paraná: Ed. Thoth. Londrina, 2024.

[15] Cf. NEIL MACCORMIK. On Legal Decisions and their Consequences: from Dewey to Dworkin. *New York University Law Revue*, n. 2, vol. 58, p. 239-258, 1983.

Esse o marco determinante: consequências jurídicas de implicação lógica somadas à universalizabilidade. *Sempre*.

6. Não obstante, em todas as generalizações, quer das regras legislativas, quer das regras judiciais dos *precedentes*, mostrou-nos Schauer, há exceções derivadas do próprio princípio da igualdade que, desde Aristóteles, proclama o tratamento igual para coisas e pessoas iguais e o desigual por diferenciação necessária e proporcional à desigualdade. Assim sendo, a generalidade, inerente a toda regra (e não há sistema jurídico sem tal característica, a da generalidade universal), pode gerar sub ou super-inclusão (injustas inclusões ou injustas exclusões de grupos ou pessoas). Isso é real. As técnicas de atenuação de tais efeitos, no caminho do aperfeiçoamento do direito, manifestam-se em movimentos específicos de exceções legislativas – como reduções, isenções, exclusões das normas tributárias. No campo da aplicação do Direito, em decisões judiciais que contemplem o *distinguishing, ou o overruling*. Além das várias modalidades desenvolvidas pelo STF, entre nós: declaração de inconstitucionalidade, sem declaração de nulidade; interpretação conforme a Constituição; suspensão da regra para colmatação da lacuna pelo próprio Parlamento; modulação de efeitos da decisão no tempo, e outras.

Não se justificam, em nosso País, as insurgências dos próprios juízes de instâncias inferiores contra as regras judiciais, fixadas pelos *Tribunais Superiores*. Ainda que fossem juízes de um país do *common law*, estariam obrigados ao *stare decisis* ou, com mais força ainda, aos *precedentes vinculantes*.

Resultam de tais considerações que: *(1) deveres incondicionados, e necessários, como juízos categóricos não são concebíveis*, como demonstrou Kant. O dever fundamental de pagar tributo, muitas vezes posto como um imperativo categórico bastante em si, é um sofisma cuja existência a experiência empírica desmente. Condições, requisitos, objetivos e objetos fins, resultados, pressupostos e requisitos formam os imperativos que são os deveres – sempre hipotéticos, sempre condicionados; *(2) equivocada e tópica a afirmação do dever de pagar tributo orientando-se o intérprete – sem lei própria – apenas pela capacidade econômica (ou contributiva) de pagar, em certo caso concreto*... Isso porque o sistema jurídico norteia o dever de pagar a partir de uma série de condições, princípios, objetivos, fins e valores diversificados. É fundamental que o legislador fale, escolha, desenhe as condições, metas e pressupostos limitadores do dever de pagar, no Estado de Direito. Ninguém discorda do fato de que *o princípio da capacidade econômica seja o mais importante princípio a nortear as escolhas legislativas; a modelação dos tributos e a isonomia/ equidade – chamados de universalidade desde Kant – como guias do sistema.*

Não obstante, em numerosos outros casos, prevalecem outras metas e valores postos na Constituição e nas leis. Exemplificando com aquelas hipóteses em que, embora o contribuinte possa estar dotado de grande capacidade contributiva, a Constituição faz prevalecer outros valores e metas, criando exceções como (exemplificativamente): *(a) equilíbrio da balança comercial, e as divisas nacionais em relação às exportações, imunes que são os contribuintes a todos os tributos incidentes nas operações e prestações de serviços exportados; (b) segurança e amistosidade federativa com a imunidade recíproca em relação a impostos; (c) supremacia de valores, como educação, cultura, liberdade religiosa, saúde, liberdade de expressão e acesso à informação, em relação às imunidades constantes do art. 150, VI; (d) segurança jurídica e pacificação das relações jurídicas com a adoção dos institutos da remissão, da anistia, da prescrição, da decadência e da coisa julgada, para todos, mesmo para os contribuintes de grande capacidade econômica; (e) desenvolvimento, pleno emprego, geração de renda para terceiros, proteção ambiental e da biodiversidade, equilíbrio climático e integração territorial são outros tantos exemplos a nortear isenções de tributos, renúncias fiscais e investimentos patrocinados pelos entes estatais.*

Em resumo: a capacidade econômica de pagar tributos é o principal ponto de equalização com que o sistema jurídico brasileiro plasma os tributos. Nela reside a universalidade/generalidade das regras tributárias. Mas não é o único. Como toda generalidade universal, vários outros pontos relevantes se levantam a merecerem diferenciações, exceções que a Constituição acolhe. Portanto, o princípio democrático do <u>consentimento ao dever tributário – manifestação da autonomia da pessoa – é vital para a compreensão do tributo em um Estado de Direito. E tal consentimento advém, tradicionalmente entre nós, pela representação parlamentar e atuação das leis, e por meio de outros institutos que são renovadores de tal consentimento.</u> Erro grave é considerar o dever de pagar tributo, segundo a capacidade econômica de cada um, como dever incondicionado e pleno, verdadeiro imperativo categórico necessário a se sustentar mesmo na ausência das escolhas do legislador. Isso inexiste, mesmo no mundo moral kantiano. Muito menos no sistema jurídico nacional.

Em relação à reforma tributária introduzida pela EC nº 132/2023, a meta de simplificação pode responder corretamente à *universalização do dever de pagar como manifestação da igualdade*. Mas não se trata de imperativo categórico incondicionado. Ao contrário, sofre uma série de condições e exceções que não significam em si rompimento com a isonomia e a universalidade do dever. Ao contrário, são adaptações ao princípio da igualdade.

Pois, por tal razão, os gregos, como Aristóteles (Ética a Nicômaco), já diziam: o justo é o igual. Mas prosseguiam para a parte mais difícil. E, sobre essa acepção de justiça pela igualdade,[16] Rui Barbosa retrabalhou o tema na Oração aos Moços, para dizer que a igualdade se impõe em tratar igualmente os iguais e desigualmente os desiguais na proporção dessa desigualdade... a parte difícil repousa nessa 2ª parte... quem merece o tratamento diferenciado por não ser igual? O que é tratamento igual?

Essa segunda parte, por muitos denominada de equidade, tratar de forma diferente os desiguais, na proporção dessa desigualdade, é o mais difícil de realizar. E a EC nº 132/2023 já contempla tais exceções, expelindo da regra geral de pagar uma série de setores, bens e serviços, com imunidades, isenções, reduções de alíquota e regimes especiais. Sem entrar no mérito de cada uma das exceções, sem pontuar se outros setores merecedores de um tratamento diferenciado não foram contemplados, o fato é que as exceções em si são decorrência da vida, da realidade socioeconômica sujeita a variáveis infinitas, da tradição nacional, e inevitáveis. O que há de novo e peculiar reside no fato de que a universalidade isonômica do dever é quebrada exaustivamente na própria Constituição, proibindo-se ao legislador ordinário a criação de novas exceções. Esse o aspecto peculiar, esse o sentido dos vetos presidenciais ao PLP nº 68/2024, que tenta expandir benefícios inovadores.

Postas tais questões, derivadas do dever de pagar os tributos incidentes sobre o consumo, de forma condicionada e hipotética, como a CBS e o IBS, passamos ao segundo aspecto envolvendo outro ponto de alta relevância: de como o consentimento ao tributo é fragilizado e de como se dessubjetiva a relação fisco-contribuinte na reforma tributária.

3 O "silêncio" anterior à reforma tributária

Em *"Guerra fiscal, Bolsa Família e Silêncio"*, publicado em 2014, retratamos a situação de manifesta injustiça fiscal e social que dominava o país à época (e que ainda vigora). O artigo inicia-se partindo-se do pressuposto da patente regressividade do sistema tributário brasileiro,

---

[16] ARISTÓTELES. *Ética a Nicômaco*. São Paulo: Nova Fronteira Ltda. Círculo do Livro, 1996.

comprovada por uma série de estudos técnicos ao longo dos últimos 30 anos: na tributação sobre o consumo, em virtude da dificuldade de se individualizar a capacidade contributiva de cada contribuinte, ricos e pobres arcam, aparentemente, com idêntica carga tributária, o que traduz uma situação inequivocamente injusta.

Diante desta situação, o Bolsa Família, pago às famílias de baixa renda, visava e ainda visa a atender ao mandamento constitucional de combate à desigualdade e à miséria. Não cumpre o papel de fala e voz dos contribuintes – em especial dos mais pobres – em consentimento à carga maior que suportam em suas compras em relação aos mais ricos. Falta conhecimento, falta consentimento. Eis parte do texto, de 2014, que há 10 anos já preconiza o *cashback* canadense como técnica de atenuação de tal regressividade:

> O silêncio do "bolsa família" quanto à regressividade do sistema tributário é um sintoma geral de desconhecimento...
> O silêncio em torno da regressividade do sistema tributário deixa o legislador sem parâmetros com que graduar o benefício. Segundo os dados do IPEA compilados no início deste ensaio, as famílias que percebem até 2 s.m. suportam 54% da carga tributária em suas compras e aquelas que auferem acima de 30 s.m., apenas 29% – isso em projeções para 2008. Supondo que a proporção se mantenha a mesma até os dias de hoje, então as famílias situadas na base da pirâmide suportam carga superior em pelo menos 25%, do que as famílias que auferem 30 s.m. Em consequência, se o valor médio mensal do Bolsa família equivale a cerca de R$ 149,46 reais, pode-se constatar que nem mesmo aquela diferença – de 25% – está sendo paga. Se o fosse, poderíamos dizer que as famílias mais pobres do Brasil estariam sendo oneradas de forma proporcionalmente igual às famílias mais ricas. Considerando o valor médio pressuposto, nem isso ainda conseguimos fazer. Ou seja, não conseguimos tratar os pobres, do ponto de vista tributário, da mesma forma que tratamos os mais ricos, o que já é absurdo e distante das metas constitucionais.
> A Constituição determina sejam os impostos cobrados progressivamente porque devem ser *graduados de acordo com a capacidade econômica de cada um* (art. 145). O correto seria adotar o mesmo modelo do Canadá, em que as famílias apresentam ao Estado, no intervalo de 03 meses, as suas notas fiscais de compra e, sendo pobres, recebem de volta o imposto suportado em suas aquisições. Teríamos, em tal hipótese, pessoalidade e respeito à capacidade econômica de cada um. Não temos dúvida de que, entre nós, sendo agora obrigatório o registro nas notas fiscais dos

tributos que incidem sobre mercadorias e serviços, o mesmo modelo canadense poderá ser pensado em futuro próximo.[17]

Assim sendo, apontamos o silêncio existente no que diz respeito à relação entre o Bolsa Família e a regressividade do sistema tributário, a inconsciência tributária e a ausência de consentimento efetivo dos mais pobres e a necessária devolução dos tributos pagos no consumo das famílias mais pobres. Digno de menção é o fato de que os gastos públicos com tal programa de assistência social não tenham sido capazes de eliminar a miséria no Brasil, dado que uma parcela substancial do valor recebido do Estado pelas famílias por meio do Bolsa Família retorna ao Estado na forma de despesas realizadas pela população carente em suas compras. Tal cenário seria cada vez mais acentuado por força da concorrência tributária, nacional e internacional (guerras fiscais). Partimos dessa premissa a nortear o presente trabalho: a fragilidade do consentimento ao imposto, muito clara no desconhecimento dos mais pobres em relação à carga tributária suportada em seu consumo. Na reforma tributária, o advento do *cashback*, à moda canadense, tal como sugerimos há uma década, cumpre o papel de atenuar tais mazelas e reforçar o consentimento ao tributo. Mas a reforma introduz novos problemas fragilizando o consentimento e a autonomia da vontade. É o que veremos.

4 Reforma tributária: o "silêncio" e a fragilidade do consentimento ao tributo foram mantidos com o amesquinhamento do federalismo cooperativo

Examinaremos a questão federativa neste tópico, para demonstrar que, apesar da criação de uma série de exceções à generalidade do dever de pagar tributos; apesar do *cashback*; apesar da tributação no destino; apesar da isenção da cesta básica e da criação de fundos de desenvolvimento, dificilmente teremos uma redução substancial da desigualdade e mais, ficará mantido o "silêncio", inerente à fragilidade do consentimento ao tributo.

---

[17] DERZI, Misabel de Abreu Machado. Guerra fiscal, Bolsa Família e Silêncio (Relações, efeitos e regressividade). *Revista Jurídica da Presidência*, v. 16, n. 108, p. 47-48, fev./maio 2014.

4.1 Breve síntese de pontos relevantes da reforma

A reforma tributária, conforme sabido, originou-se da PEC nº 45/2019, embora tenha sofrido uma série de modificações entre a proposta inicial e o resultado promulgado pelo Congresso Nacional.

O *mot d'ordre* da mudança na tributação sobre o consumo no país foi a simplificação. Os idealizadores do movimento reformista e os proponentes e relatores das mudanças no Congresso Nacional repetiram como um mantra a complexidade da legislação tributária brasileira, de modo que a simplificação da tributação adviria como a panaceia para todos os males do Brasil. A palavra simplificação, sem dúvida, arrasta a ideia de transparência e de isonomia, pois indica a necessidade de universalização/generalização do sistema.

Confiram-se trechos da justificativa da proposição da PEC nº 45/2019, pelo Sr. Deputado Federal Baleia Rossi (MDB/SP):

> As mudanças sugeridas no texto constitucional têm como referência a proposta de reforma tributária desenvolvida pelo Centro de Cidadania Fiscal (CCiF), instituição independente constituída para pensar melhorias do sistema tributário brasileiro com base nos princípios da *simplicidade, neutralidade, equidade e transparência*.
> O modelo proposto busca simplificar radicalmente o sistema tributário brasileiro, sem, no entanto, reduzir a autonomia dos Estados e Municípios, que manteriam o poder de gerir suas receitas através da alteração da alíquota do IBS (grifo nosso).

A técnica mais relevante de simplificação adveio com a redução da autonomia federativa, proibindo-se aos Estados e Municípios a adoção de qualquer benefício, renúncia ou incentivo fiscal. Pretendeu-se conclamar: o dever de pagar tributo no consumo é *universal e igual para todos. Simples assim*.

Não obstante, como seria de se esperar, a simplificação com vistas à universalidade igualitária, nos moldes radicais com que foi proposta, era sumamente desigualitária. A igualdade supõe tratar igualmente os iguais e desigualmente os desiguais, na proporção da desigualdade. Por isso, o projeto originário foi adaptado à realidade social e à vida, criando-se, mesmo no texto da Constituição, o que é inusitado, numerosas exceções à regra geral da tributação, como reduções e regimes especiais, além de numerosos fundos de desenvolvimento. A seguir, um breve resumo desse quadro.

Com a reforma tributária aprovada no Congresso Nacional (EC nº 132/2023), criou-se um IVA dual entre nós: de um lado o IBS, de competência dos Estados, Municípios e Distrito Federal e administrado por um Comitê Gestor; de outro, a CBS, de competência da União Federal. Paralelamente foi criado um Imposto Seletivo de caráter extrafiscal, visando a desestimular o consumo de bens e serviços prejudiciais à saúde e/ou ao meio ambiente. Tais tributos vieram em substituição a cinco atuais tributos: IPI, PIS, COFINS, ICMS e ISS.

Podem ser apontadas como as principais características do IBS e da CBS:[18]

- São dotados de uma ampla base de incidência, qual seja, "operações com bens materiais ou imateriais, inclusive direitos, ou com serviços", bem como "a importação de bens materiais ou imateriais, inclusive direitos, ou de serviços realizada por pessoa física ou jurídica, ainda que não seja sujeito passivo habitual do imposto, qualquer que seja a sua finalidade", nos termos do art. 156-A, §1º, I e II;
- Em especial, estatui o §8º do art. 156-A que a lei complementar instituidora do IBS (e também da CBS) "poderá estabelecer o conceito de operações com serviços, seu conteúdo e alcance, admitida essa definição para qualquer operação que não seja classificada como operação com bens materiais ou imateriais, inclusive direitos";
- Não incidirão sobre exportações, com a promessa de que serão "assegurados ao exportador a manutenção e o aproveitamento dos créditos relativos às operações nas quais seja adquirente de bem material ou imaterial, inclusive direitos, ou serviço";
- Serão não cumulativas;
- Não integrarão suas próprias bases de cálculo;
- Terão suas bases de cálculo integradas pelo Imposto Seletivo;
- Uma vez aprovada a referida PEC, constaria do Texto Constitucional um art. 152-A, em cujo *caput* se afirmaria que o IBS, a ser instituído por lei complementar, "será uniforme em todo o território nacional, cabendo

---

[18] Art. 149-B. Os tributos previstos nos arts. 156-A e 195, V, observarão as mesmas regras em relação a:
I - fatos geradores, bases de cálculo, hipóteses de não incidência e sujeitos passivos;
II - imunidades;
III - regimes específicos, diferenciados ou favorecidos de tributação;
IV - regras de não cumulatividade e de creditamento.
Parágrafo único. Os tributos de que trata o caput observarão as imunidades previstas no art. 150, VI, não se aplicando a ambos os tributos o disposto no art. 195, §7º. (...)
§15. Aplica-se à contribuição prevista no inciso V o disposto no art. 156-A, §1º, I a VI, VIII, X a XII, §3º, §5º, II, III, V, VI e IX, e §§6º a 10.

à União, aos Estados, ao Distrito Federal e aos Municípios exercer sua competência exclusivamente por meio da alteração de suas alíquotas".
• Especificamente quanto ao IBS, nos termos do §10 do art. 156-A, "os Estados, o Distrito Federal e os Municípios poderão optar por *vincular suas alíquotas à alíquota de referência de que trata o §1º, XII*";
• Não poderão ser objeto de concessão de benefícios fiscais (*lato sensu*) ou de regimes específicos, diferenciados ou favorecidos de tributação, excetuadas as hipóteses constitucionalmente previstas;
• A critério da lei complementar, o sujeito passivo de tais tributos poderá ser "a pessoa que concorrer para a realização, a execução ou o pagamento da operação, ainda que residente ou domiciliada no exterior";
• Terão como objeto de disciplina em lei complementar as seguintes matérias, nos termos do art. 156-A, §5º, II, III, V, VI e IX :[19]
• Similares regimes específicos de tributação;
• Isenções e imunidades, nos termos do art. 156-A, §7º, "não implicarão crédito para compensação com o montante devido nas operações seguintes", bem como "acarretarão a anulação do crédito relativo às operações anteriores, salvo, na hipótese da imunidade, inclusive em relação ao inciso XI do §1º, quando determinado em contrário em lei complementar";
• Nos termos do art. 156-A, §9º, a redução ou elevação de tais tributos por parte de legislação federal "deverá ser compensada pela elevação ou redução, pelo Senado Federal, das alíquotas de referência de que trata o §1º, XII, de modo a preservar a arrecadação das esferas federativas, nos termos de lei complementar", bem como "somente entrará em vigor com o início da produção de efeitos do ajuste das alíquotas de referência de que trata o inciso I deste parágrafo".

---

[19] No caso do IBS, a lei complementar também deverá disciplinar as regras constantes do art. 156-A, §5º, I, IV, VII e VIII:
§5º Lei complementar disporá sobre:
I - as regras para a distribuição do produto da arrecadação do imposto, disciplinando, entre outros aspectos:
a) a sua forma de cálculo;
b) o tratamento em relação às operações em que o imposto não seja recolhido tempestivamente;
c) as regras de distribuição aplicáveis aos regimes favorecidos, específicos e diferenciados de tributação previstos nesta Constituição; (...)
IV - os critérios para a definição do destino da operação, que poderá ser, inclusive, o local da entrega, da disponibilização ou da localização do bem, o da prestação ou da disponibilização do serviço ou o do domicílio ou da localização do adquirente ou destinatário do bem ou serviço, admitidas diferenciações em razão das características da operação; (...)
VII - o processo administrativo fiscal do imposto;
VIII - as hipóteses de devolução do imposto a pessoas físicas, inclusive os limites e os beneficiários, com o objetivo de reduzir s desigualdades de renda;

Contudo, para os fins do presente artigo, interessam-nos sobremaneira as disposições da reforma tributária relacionadas, ao menos em medida mais direta, com a justiça fiscal. Há pontos positivos e negativos, consoante se passa a expor.

4.2 A simplificação e a generalização do dever de pagar os tributos sobre o consumo rompidas em numerosas exceções, já previstas na Emenda Constitucional nº 132/2023

O título deste subtópico não corresponde a uma crítica recriminadora. Apenas a constatação de que a universalidade do dever de pagar, como observou Kant, há séculos, sujeita-se a uma série de condições, metas, objetivos e valores diferenciados que se manifestam em exceções à generalidade da regra. Trata-se de um imperativo hipotético. De pronto e de forma categórica, o art. 156-A, X, da Constituição prevê que o IBS "não será objeto de concessão de incentivos e benefícios financeiros ou fiscais relativos ao imposto ou de regimes específicos, diferenciados ou favorecidos de tributação". Essa generalidade porém é rompida em face dos fenômenos sociais, da realidade da vida. É que a própria Constituição especifica as exceções à regra geral.

Assim, a Constituição previu os seguintes regimes específicos, em seu art. 156-A, §6º, todos eles a serem instituídos via lei complementar, vale salientar:

(continua)

SETOR/ATIVIDADE	ESPECIFICIDADES
Combustíveis e lubrificantes sobre os quais o imposto será apenas uma incidência.	a) alíquotas uniformes em todo o território nacional, específicas por unidade de medida e diferenciadas por produto;
	b) vedação da apropriação de créditos em relação às aquisições dos produtos destinados a distribuição, comercialização ou revenda;
	c) concessão de crédito nas aquisições dos produtos por sujeito passivo do imposto, observado o disposto acima na alínea "b" e o princípio da não-cumulatividade.

(conclusão)

SETOR/ATIVIDADE	ESPECIFICIDADES
Serviços financeiros, operações com bens imóveis, planos de assistência à saúde e concursos de prognósticos.	a) alterações nas alíquotas, nas regras de creditamento e na base de cálculo, admitida, em relação aos adquirentes dos bens e serviços a não aplicação do princípio da não-cumulatividade; b) hipóteses em que o imposto incidirá sobre a receita ou o faturamento, com alíquota uniforme em todo o território nacional.
Sociedades cooperativas, que será optativo, com vistas a assegurar sua competitividade, observados os princípios da livre concorrência e da isonomia tributária.	a) hipóteses em que o imposto não incidirá sobre as operações realizadas entre a sociedade cooperativa e seus associados, entre estes e aquela e pelas sociedades cooperativas entre si quando associadas para a consecução dos objetivos sociais; b) o regime de aproveitamento do crédito das etapas anteriores;
Serviços de hotelaria, parques de diversão e parques temáticos, agências de viagens e de turismo, bares e restaurantes, atividade esportiva desenvolvida por Sociedade Anônima do Futebol e aviação regional.	Possibilidade de alterações nas alíquotas, nas bases de cálculo e nas regras de creditamento.
Operações alcançadas por tratado ou convenção internacional, inclusive referentes a missões diplomáticas, repartições consulares, representações de organismos internacionais e respectivos funcionários acreditados.	
Serviços de transporte coletivo de passageiros rodoviário intermunicipal e interestadual, ferroviário e hidroviário.	Possibilidade de alterações nas alíquotas e nas regras de creditamento.

Acresce ainda, autoriza a Constituição na Emenda nº 132, que lei complementar deverá definir a redução de 60% da alíquota para as seguintes operações com bens e serviços: (i) serviços de educação; (ii) serviços de saúde; (iii) dispositivos médicos; (iv) dispositivos de acessibilidade para pessoas com deficiência; (v) medicamentos; (vi) produtos de cuidados básicos à saúde menstrual; (vii) serviços de transporte público coletivo de passageiros rodoviário e metroviário de caráter urbano, semiurbano e metropolitano; (viii) alimentos destinados ao consumo humano; (ix) produtos de higiene pessoal e limpeza majoritariamente consumidos por famílias de baixa renda; (x) produtos agropecuários, aquícolas, pesqueiros, florestais e extrativistas vegetais in natura; (xi) insumos agropecuários e aquícolas; (xii) produções artísticas, culturais, de eventos, jornalísticas e audiovisuais nacionais, atividades desportivas e comunicação institucional; (xiii) bens e serviços relacionados a soberania e segurança nacional, segurança da informação e segurança cibernética (art. 9º.)

Nos termos do §3º do citado dispositivo, a lei complementar preverá hipóteses de isenção, em relação aos serviços de transporte público coletivo de passageiros rodoviário e metroviário de caráter urbano, semiurbano e metropolitano. Ademais, a lei complementar deve reduzir em 100% as alíquotas do IBS e da CBS para: dispositivos médicos; dispositivos de acessibilidade para pessoas com deficiência; medicamentos; produtos de cuidados básicos à saúde menstrual; além de produtos hortícolas, frutas e ovos; serviços prestados por Instituição Científica, Tecnológica e de Inovação (ICT) sem fins lucrativos; automóveis de passageiros, conforme critérios e requisitos estabelecidos em lei complementar, quando adquiridos por pessoas com deficiência e pessoas com transtorno do espectro autista, diretamente ou por intermédio de seu representante legal ou por motoristas profissionais, nos termos de lei complementar, que destinem o automóvel à utilização na categoria de aluguel (táxi); some-se a isto a isenção ou redução em até 100% (cem por cento) das alíquotas dos tributos para atividades de reabilitação urbana de zonas históricas e de áreas críticas de recuperação e reconversão urbanística; por fim, deverá haver a redução em 100% da alíquota da CBS para serviços de educação de ensino superior nos termos do Prouni.

Importante previsão da reforma tributária diz respeito ao *cashback* no bojo do IBS e da CBS como instrumento mitigador da regressividade da tributação sobre o consumo entre nós. Predica o art. 156-A, §5º, VIII, do novel texto constitucional que lei complementar deverá dispor sobre "as hipóteses de devolução do imposto a pessoas físicas, inclusive os limites e os beneficiários, com o objetivo de reduzir as desigualdades de renda". O *cashback* relativo à CBS encontra-se previsto nos §§18 e 19 do art. 195 da CR/88.

Paralelamente, o art. 8º da reforma tributária cria a Cesta Básica Nacional de Alimentos, "que considerará a diversidade regional e cultural da alimentação do País e garantirá a alimentação saudável e nutricionalmente adequada, em observância ao direito social à alimentação previsto no art. 6º da Constituição Federal". A instituição de tal instituto fica a cargo de lei complementar, que deverá dispor sobre quais alimentos as alíquotas do IBS e da CBS serão reduzidas a zero.

A promoção da justiça fiscal por meio do *cashback* e da Cesta Básica Nacional de Alimentos deve ser celebrada, sem dúvida. Mas não será suficiente quer no combate à grande desigualdade social, quer no fortalecimento ao consentimento, inerente à democracia tributária.

Do ponto de vista inter-regional, a reforma tributária buscou se comprometer com a justiça fiscal por meio da instituição de determinados fundos, a saber:

> a) O Fundo Nacional de Desenvolvimento Regional (FNDR) foi instituído mediante a inclusão do art. 159-A no texto constitucional, com vistas a reduzir as desigualdades regionais e sociais (nos termos do art. 3º da CR/88). Trata-se de fundo operacionalizado com a entrega de recursos da União aos Estados e ao Distrito Federal para: (i) realização de estudos, projetos e obras de infraestrutura; (ii) fomento a atividades produtivas com elevado potencial de geração de emprego e renda, incluindo a concessão de subvenções econômicas e financeiras; e (iii) promoção de ações com vistas ao desenvolvimento científico e tecnológico e à inovação. O §1º do citado dispositivo expressamente veda "a retenção ou qualquer restrição ao recebimento dos recursos". Os entes deverão priorizar projetos que prevejam ações de sustentabilidade ambiental e redução das emissões de carbono. Ademais, o recebimento dos recursos será calculado e regulamentado pelo TCU com base nos seguintes critérios previstos no §4º.
>
> b) Já o Fundo de Compensação de Benefícios Fiscais ou Financeiro-Fiscais do ICMS, instituído pelo art. 12 da EC nº 132/2023, é instrumento que assegura direitos adquiridos no combate à "guerra fiscal", vedando aos Estados instituir novas exceções às já previstas, convalidando os incentivos já existentes, concedidos por prazo certo e sob condição. Para compensar as pessoas jurídicas e físicas pela redução dos benefícios concedidos pelas unidades federativas, de forma a preservar a segurança jurídica e financeira para as empresas, o fundo que durará até o fim de 2032. A referida compensação se aplica aos benefícios concedidos de acordo com a LC nº 160/2017 e também compensará montadoras e fabricantes beneficiárias do Programa Rota 2030, mas não se aplica aos titulares de benefícios decorrentes do disposto no art. 3º, §2º-A, da LC nº 160/2017.[20]

---

[20] §2º-A. A partir de 1º de janeiro do décimo segundo ano posterior à produção de efeitos do respectivo convênio, a concessão e a prorrogação de que trata o §2º deste artigo deverão observar a redução em 20% (vinte por cento) ao ano com relação ao direito de fruição das

c) O Fundo de Sustentabilidade e Diversificação Econômica do Estado do Amazonas foi criado no contexto do novo art. 96-B do texto constitucional, o qual assegura o tratamento diferenciado à Zona Franca de Manaus. O referido fundo será constituído com recursos da União e por ela gerido, com a efetiva participação do Estado do Amazonas na definição das políticas, e com o objetivo de fomentar o desenvolvimento e a diversificação das atividades econômicas no Estado. Ainda no bojo do art. 96-B, §6º deste dispositivo, lei complementar deverá instituir o Fundo de Desenvolvimento Sustentável dos Estados da Amazônia Ocidental e do Amapá, a ser constituído com recursos da União e por ela gerido, com a efetiva participação desses Estados na definição das políticas, com o objetivo de fomentar o desenvolvimento e a diversificação das atividades econômicas nesses Estados. Aplicam-se a este fundo, no que couber, as mesmas regras relativas ao Fundo de Sustentabilidade e Diversificação Econômica do Estado do Amazonas.

Por fim, a reforma tributária modificou o art. 82 do Ato das Disposições Constitucionais Transitórias, o qual versa sobre o dever dos Estados, Municípios e Distrito Federal de instituir Fundos de Combate à Pobreza. Passou-se a permitir que tais fundos sejam financiados com percentual da arrecadação do IBS.

Como se pode constatar, o dever de pagar tributos sobre o consumo não é um dever baseado apenas na capacidade econômica de pagar/consumir. Numerosas exceções se levantam na Constituição, de tal modo que contribuintes de elevada capacidade contributiva estão imunes, total ou parcialmente, são contemplados com reduções de alíquotas e uma série de regimes especiais.

Tudo isso somente corrobora o que inicialmente afirmamos: *o dever de pagar corresponde a um imperativo hipotético, sujeito a condições, metas e valores que somente uma análise sistêmica pode deduzir e, desta vez, ao contrário do modelo anterior em extinção, as escolhas não são constitucionais e também legislativas, mas sobretudo constitucionais (já que foi cassado o poder de Estados e Municípios para conceder benefícios e incentivos tributários e fiscais).*

---

isenções, dos incentivos e dos benefícios fiscais ou financeiro-fiscais vinculados ao ICMS destinados à manutenção ou ao incremento das atividades comerciais, às prestações interestaduais com produtos agropecuários e extrativos vegetais in natura e à manutenção ou ao incremento das atividades portuária e aeroportuária vinculadas ao comércio internacional. Nos termos do §6º do art. 12 da EC nº 132/2023, é papel da lei complementar estabelecer (i) critérios e limites para apuração do nível de benefícios e de sua redução; e (ii) procedimentos de análise, pela União, dos requisitos para habilitação do requerente à compensação. Assim, o PLP 68/2024 pretende regulamentar a matéria no Capítulo VI do Livro I, entre seus artigos 371 a 392.

4.3 O federalismo derrotado: razões pelas quais, apesar do *cashback*, da imunidade/isenção da cesta básica; apesar de a tributação correr para o destino; e ainda, apesar dos fundos de desenvolvimento, o consentimento ao tributo permanece fragilizado

De plano, registre-se um ponto altamente positivo da reforma tributária em tela. É que os novos tributos sobre o consumo se pautarão no princípio da tributação no destino. Tal novidade é deveras salutar: ao invés de, nas operações interestaduais e intermunicipais, privilegiar os Estados e Municípios mais ricos, produtores e exportadores, a tributação no destino promete verter a arrecadação para os entes estatais consumidores, e por isso mais pobres, porque compram mais do que vendem aos demais. Dizemos que se trata de uma "promessa", uma vez que tudo isso está sob a batuta de lei complementar e com longos prazos para sua implantação.

Mas a questão da fragilidade do consentimento permanece porque o federalismo cooperativo, único autorizado pela Constituição, foi amesquinhado, reduzido, restando grande concentração de poder e de recursos nas mãos da União, pois tributos que eram de competência de Estados e Municípios passaram a ser instituídos por lei complementar federal. Aliás, são dois movimentos de concentração de poder. O poder legislativo concentrado na União e o poder de gestão concentrado nos Estados mais poderosos, como veremos.

Ora, o federalismo é uma forma de Estado em que a liberdade e a democracia se preservam exatamente em razão da diluição do poder pelos entes federados.

Ninguém deixa de reconhecer que é possível haver Estado na forma unitária como ocorre na França ou na Itália, que seja também uma democracia ou considerado uma democracia. Mas em países de democracia intermitente, como é o caso do Brasil, e da Alemanha, por ex,. a federação é um modo de organizar o Estado (que é essencialmente poder), distribuindo o poder pelo território nacional, para garantir a liberdade, a fim de dificultar o retorno do autoritarismo. Nos EUA, já dizia Madison,[21] há tantos anos, em os *Federalistas*, "o federalismo é uma forma de distribuição do poder, para garantir a liberdade". E como disseram os alemães, logo depois da II Grande Guerra, ao optarem pela

---

[21] Cf. MADISON, James; HAMILTON, Alexander; JAY. John. São Paulo: Nova Fronteira, 1993.

forma federativa de Estado, depois de terem experimentado o totalitarismo do III Reich, "para garantir a liberdade, já não basta a clássica divisão de poderes entre o Legislativo, o Executivo e o Judiciário. Além dessa divisão, é necessário ainda distribuir o poder, diluí-lo em todo o território nacional".[22]

Ora, uma grande derrota para os partidários do federalismo se consolidou com o advento da Emenda Constitucional nº 132, de 20 de dezembro de 2023. A bem dizer, em nenhum país federal a adoção de um grande IVA nacional se dá sem atritos e dificuldades.[23]

---

[22] Cf. RICHTER; SCHUPPERT. Casebook *Verfassungsrecht*, München: Verlag C. H. Beck, 1987, p. 358. Mas não apenas isso, não apenas a visão tradicional de liberdade e de divisão de poder ou de autonomias/soberanias convivendo e se opondo devem funcionar. A nova corrente federalista inovadora nos EUA, liderada por Heather Gerken, diretora da Fac. de Yale, explica a relação entre a Federação e os Estados como *negociada, iterativa, interativa, complicada, difícil de categorizar, e mais ainda de prever*. FEDERALISMO deve ser FEDERALISMO DE RESISTÊNCIA para garantir a cooperação e a liberdade. Cf. *Heather Gerken*. Federalism and Nationalism: Time for a Détente? Saint Louis University Law School, vol. 59:997, 2014. Exemplificando: educação e à saúde são serviços públicos e atribuições dos Estados e Municípios, que devem prestá-los, concorrentemente com a União, segundo arts 23 e 24. Mas a União não tem capacidade de gestão e de execução para estar presente no último posto de saúde; ou no mais longínquo grupo escolar rural ou urbano. Tanto aqui como nos EUA. Por isso Heather Gerken diz que os Estados e as Entidades locais cumprem funções nacionais. De concretização dos direitos e garantias fundamentais.

[23] É o que demonstra Sérgio Prado, que, partindo de três diferentes concepções – competência (poder para legislar e regular o IVA), administração e arrecadação (poder de administrar, fiscalizar e arrecadar o tributo) e apropriação da receita – divide as combinações entre federalismo e tributação do consumo em quatro situações típico-ideais, ao observar países federais como os EUA, Canadá, Alemanha, Índia e Austrália. O modelo 1 é o de um país federal altamente concentrado, em que o governo central acumula as competências legislativa, administrativa e arrecadatória do IVA, partilhando, por meio de transferência orçamentária, a respectiva receita com os demais entes federados. É o que se verifica em países como a Índia ou a Austrália, conhecidos pela precária autonomia dos entes estatais internos. Quando há concentração de poder, de administração e de arrecadação, há necessariamente redistribuição posterior de recursos aos Estados e Municípios. Índia e Austrália são quase unitários. Em relação ao IVA, devemos reconhecer agora que o Brasil passa a ocupar a posição desse grupo, com algumas peculiaridades próprias. Outros arranjos preveem uma relativa descentralização da administração e arrecadação do IVA, mas concentra-se o poder de legislar nas mãos da União, quer integralmente como na Alemanha (modelo 2), embora seja federativamente rico o papel do Conselho Federal alemão, seu Senado, quer em um certo grau, para garantir-se certa uniformidade das normas que o disciplinam (modelo 3). A anterior conformação do ICMS encaixa-se no modelo 3, com as funções das normas gerais. Mas a reforma tributária aprovada e já introduzida pela Emenda nº 132 aproxima o Brasil do modelo 1 e 2, na medida em que apresenta uma radicalização maior em relação à uniformização, chamada de simplificação, reduzindo-se seriamente o espaço deixado à autonomia dos Estados. O modelo 4, por fim, contempla uma descentralização máxima dos poderes de legislar, arrecadar e apropriar-se da receita do IVA, não necessitando – como o modelo 1, seu oposto – de um sistema de repartição da respectiva receita. É o que se tem, por exemplo, no Canadá. Ou ainda, nos EUA, embora o seu imposto de vendas *Sales Tax* não seja estruturado como um IVA. PRADO, Sérgio. *Equalização e federalismo fiscal*: uma análise comparada. Alemanha, Índia, Canadá, Austrália. Rio de Janeiro: Konrad-Adenauer Stiftung.

A Emenda Constitucional nº 132 usa a expressão *competência compartilhada*, para criar a ilusão de que a competência dos Estados e Municípios não foi atingida por meio da reforma tributária. Mas o legislador será federal e somente a União comandará a política legislativa do IBS e da CBS.

Portanto, em relação à competência: as regras de competência, como poder de legislar e decidir a política a nortear o tributo no território de cada Estado, mudaram substancialmente. Restringiu-se a autonomia dos Estados e Municípios. Restou a possibilidade de se criar uma alíquota própria, mas dentro de uma série de limitações, aliás gravíssimas, estando proibida a concessão de qualquer isenção e demais benefícios fiscais ou tributários. O poder de renúncia tributária que existia até então, para os Estados, desde que aprovada por unanimidade no CONFAZ, conjunto que reúne a totalidade dos Estados Federados, desapareceu.

Considerando a administração e o domínio dos recursos arrecadados, Estados e Municípios, isoladamente considerados, não os exercerão mais. A autoridade administrativa do novo tributo, o IBS, em substituição ao ICMS e ISSQN em extinção, passará a um Comitê Gestor, integrado por representantes de Estados e Municípios, que exercerá o comando das regras ditadas pela União, conforme lei complementar. Nenhum Estado ou Município tem mais as chaves dos próprios cofres. Assim sendo, do ponto de vista da apropriação da receita, todo o produto da arrecadação do IBS ficará em um fundo nacional, gerido pelo COMITÊ GESTOR, e então a receita pertencente a cada Estado e a cada Município será devolvida por intervenção de tal COMITÊ a seus titulares. E mais ainda, no COMITÊ GESTOR, prevalecerá o voto da maioria dos Estados e Municípios mais populosos, coincidentemente os mais ricos da Federação. Pode-se dizer adeus a um federalismo cooperativo.

Há quem sustente que tal mudança substancial na Constituição da República não abalará a forma federativa de Estado, pois os entes federativos ainda dispõem de competência tributária – embora bastante reduzida – relativa a impostos de pouca relevância arrecadatória e taxas, por exemplo; ainda se argumenta que resta aos Estados (e subsidiariamente a Municípios) o exercício da competência comum ou concorrente em longo rol de matérias, elencadas no art. 24 da Constituição. É claro,

---

2006, p. 28-3. Cf. Federalismo, um conceito em transformação histórica. *In: O Federalismo na Alemanha*. Traduções. Konrad Adenauer Stiftung. São Paulo. 1995, n. 7, p. 3-14.

tudo isso sob a regência de leis emanadas da União, que, por meio de normas gerais, padronizarão e disciplinarão o exercício da competência concorrente.

Não obstante, os antifederalistas estão equivocados. As políticas estaduais e municipais, relativas ao orçamento da saúde, educação, clima, meio ambiente, segurança e outras, arroladas no art. 24 da Constituição, dependem da *performance* arrecadatória e de sua eficiência. São interdependentes. Tudo estando sob a batuta do Congresso Nacional, tanto as leis complementares instituidoras do IBS como aquelas reguladoras do Comitê Gestor (o IBS continuará sendo a principal fonte de financiamento dos Estados e Municípios), os meios financeiros essenciais ao desempenho das políticas estaduais e municipais em geral, descritas no art. 24 da CR, perdem sua autonomia, atingindo-se, pela via financeira, o desempenho da competência concorrente.

Não foi essa a lógica da Constituição de 1988. Ela atribuiu independência e autonomia a Estados e Municípios por meio do exercício de sua competência privativa e de concorrência, assim como de sua política tributária, autorizando mesmo as renúncias tributárias amplas sob os convênios interestaduais; a arrecadação e a administração dos mais importantes tributos sob o consumo – como o ICMS e o ISSQN – estando sob o domínio administrativo completo dos entes federados, que sempre detiveram a chave do cofre. Essa a estrutura básica da Constituição, que foi rompida com a Emenda Constituição nº 132/23.

A Constituição somente admite o federalismo cooperativo, mais coerente com o Estado Democrático de Direito. O federalismo cooperativo corre risco sim. Repita-se: Estados e Municípios não terão mais a chave do cofre, nem o domínio de seus próprios recursos. Com a reforma, adveio um compartilhamento de gestão, arrecadação, administração e distribuição do produto. A padronização das regras de administração tributária e sua execução serão dirigidas por um *Comitê Gestor*, com representação dos Estados e dos Municípios, mas as decisões, embora tomadas por maioria absoluta, somente valerão se corresponderem a mais de cinquenta por cento da população brasileira. Ora, no Brasil, os Estados mais ricos são os mais populosos.

Assim sendo, unidos em seus interesses, os Estados mais ricos e populosos do Brasil, localizados nas regiões Sudeste e Sul, dominarão os destinos do IBS, com decisões tomadas à revelia dos interesses dos mais pobres, localizados nas regiões Norte e Nordeste. Ressalte-se que, se todos os Estados do Norte e do Nordeste se unirem para a tomada de decisão em questão de seu interesse primordial, não poderão vencer os interesses dos mais ricos e populosos.

Em resumo. Sim, o fracasso das correntes federalistas, que pretendiam preservar a autonomia tributária de Estados e Municípios, é patente. Concentrou-se a política tributária nas mãos da União. A desconexão entre democracia e federalismo se fortaleceu, o que pode trazer, no futuro, um novo 8 de janeiro mais difícil de contornar. Tal desconexão rompe os rumos da Constituição, que desenhou uma democracia social, apoiada na forma federal de Estado.

Em verdade, inexiste escolha liberal conciliável com o federalismo cooperativo, ao abandono dos grupos sociais e das pessoas privadas de uma vida digna, e abandonadas às oscilações de mercado. Como já observamos, o princípio da neutralidade de Edimburgo – *leave them as you find them* – é incompatível com a Constituição da República.

O Brasil adota os juros mais altos do planeta, o que já levou os Estados a uma guerra fiscal, no bojo do ICMS. A consequência disto é bem abordada por Parecer de autoria da Comissão Especial de Direito Tributário do Conselho Federal,[24] em relação à PEC nº 45-A/2019, da qual se originou a EC nº 132/2023.

Perde-se, desse modo, a intervenção do próprio Estado Federado e do Distrito Federal para atender a suas peculiaridades, no que tange ao desenvolvimento e aos investimentos (com a redução dos estrangulamentos econômicos, melhora de sua logística e da qualidade da mão de obra local, assim como da redução do desemprego). Nada disso, porém, será atingido pela intervenção federal ou por programa assistencial local. A colcha de retalhos que a reforma tributária pretendeu extinguir agora será inteiramente disciplinada pela União Federal, por meio de lei complementar. Não se resolve, portanto, o problema. E ainda restou sacrificado o Pacto Federativo. A força que o federalismo traz pelo reforço ao consentimento aos tributos em cada um dos parlamentos dos entes estatais (princípio da subsidiariedade, exercido pelos Estados e Municípios) foi bastante reduzida com a concentração política na União.

---

[24] COMISSÃO DE ESTUDOS DE DIREITO TRIBUTÁRIO DO CONSELHO FEDERAL DA OAB (ORDEM DOS ADVOGADOS DO BRASIL). Parecer aprovado em 2023 pela unanimidade de seus 110 integrantes e assinado por DERZI, Misabel (Presidente); SIMÕES DE MENDONÇA, Jonny Cleuter (Vice Presidente); TEIXEIRA, Tiago Conde (Procurador-Adjunto); MARINHO NETO, José Antonino (membro-relator); GARGAGLIONE, Lorena (membro-relator); COSTA E SILVA, Paulo de Tarso (membro-relator); WAGNER, Rafael W. (membro-relator); PEIXOTO NETO, Sywan (membro-relator).

Para além das questões federativas, a uniformização de alíquotas quanto a bens e serviços e a impossibilidade ou extrema restrição na concessão de incentivos fiscais são manifestamente prejudiciais à justiça fiscal.

E nem se diga que as salutares medidas relativas ao *cashback* no bojo do IBS e da CBS, como instrumento mitigador da regressividade da tributação sobre o consumo entre nós ou mesmo a criação da Cesta Básica Nacional de Alimentos, resolverão o problema da justiça fiscal entre nós. Sem dúvidas, tais medidas poderão consubstanciar avanços na mitigação de uma tributação sobre o consumo altamente injusta que assola a história constitucional brasileira.

Mas o silêncio permanece.

Isso porque, assim como à época em que escrevemos o artigo *"Guerra fiscal, Bolsa Família e Silêncio"*,[25] o sistema permanece regressivo. Do mesmo modo, programas assistencialistas e os vários fundos instituídos pela reforma tributária não darão conta de combater a desigualdade e a miséria. Paralelamente, suprimiu-se o poder de Estados e Municípios de realizarem suas políticas locais, cabendo à União, por meio da edição de sucessivas leis complementares, combater a miséria no Brasil.

Cashbacks, cestas básicas e fundos serão migalhas: permanece o eterno silêncio, já que o exercício do consentimento inerente ao federalismo desapareceu.

5 O novo emudecimento: as plataformas digitais de pagamento; confissões automáticas de dívida e a figura do *split payment*[26]

E por que se falar de emudecimento? Porque tal mecanismo torna despersonalizada a relação entre fisco e contribuinte, em um contexto

---

[25] DERZI, Misabel de Abreu Machado. Guerra fiscal, Bolsa Família e Silêncio (Relações, efeitos e regressividade). *Revista Jurídica da Presidência*, v. 16, n. 108, p. 39-64, fev./maio 2014.

[26] Parte desta seção consta de COMISSÃO DE ESTUDOS DE DIREITO TRIBUTÁRIO DO CONSELHO FEDERAL DA OAB (ORDEM DOS ADVOGADOS DO BRASIL). Parecer aprovado em 2023 pela unanimidade de seus 110 integrantes e assinado por DERZI, Misabel (Presidente); SIMÕES DE MENDONÇA, Jonny Cleuter (Vice Presidente); TEIXEIRA, Tiago Conde (Procurador-Adjunto); MARINHO NETO, José Antonino (membro-relator); GARGAGLIONE, Lorena (membro-relator); COSTA E SILVA, Paulo de Tarso (membro-relator); WAGNER, Rafael W. (membro-relator); PEIXOTO NETO, Sywan (membro-relator) e de DERZI, Misabel de Abreu Machado; MOREIRA, André Mendes. A não-cumulatividade

justamente marcado por uma tendência a um aumento da contratualização desta relação entre nós.

Mas o emudecimento de que estamos a tratar requer que seja dado um passo atrás, porque guarda relação com o próprio consentimento dos contribuintes em relação aos tributos.

Como bem assinalado por Michel Bouvier em palestra recentemente proferida no XXVI Congresso Internacional de Direito Tributário da Abradt,[27] vivemos um momento histórico marcado pela desestabilização do poder de tributar. A sociedade, cada vez mais complexa e dinâmica, tem exigido do Estado maiores compromissos, os quais necessitam de recursos para seu custeio. Paradoxalmente, porém, este movimento também ressuscita, de tempos em tempos, a aversão ao tributo. É o que ocorre desde o final da década de 1970, por exemplo, com a defesa ideológica do modelo econômico neoliberal, conduzindo a *"une banalisation de l'antifiscalisme"*. Somado a isto, também a evasão fiscal se prestou ao descrédito em relação ao tributo, como apontado pelo jurista francês:

> Todos os esquemas de evasão fiscal legais e ilegais combinam-se e são amplificados devido às mudanças que ocorrem nas sociedades contemporâneas. É necessário lembrar que a evasão e a fraude fiscais constituem uma fonte de injustiça e de ilegitimidade do sistema fiscal porque a carga do imposto acaba por recair sobre aqueles que não têm meios para desenvolver uma estratégia de evasão fiscal. Não há igualdade entre os contribuintes que têm acesso ao espaço fiscal internacional e aqueles que não podem escapar do espaço nacional. Mas também constitui um ataque à soberania do Estado quando este já não consegue fazer cumprir a sua legislação fiscal e coibir não só a fraude, mas também os múltiplos mecanismos e mecanismos legais à disposição dos contribuintes para evitar a tributação, que por vezes beiram a legalidade.
>
> Não podemos, portanto, evitar uma reflexão fundamental que ligue a evasão fiscal às convulsões que se desenvolvem há mais de quarenta anos no mundo. Na verdade, o atual desenvolvimento das grandes

---

frustrada na Reforma Tributária. *In*: DERZI, Misabel de Abreu Machado; SCAFF, Fernando Facury (org.); BATISTA JÚNIOR, Onofre Alves (org.); TORRES, Heleno Taveira (org.). *Reforma tributária do consumo no Brasil*: entre críticos e apoiadores. Belo Horizonte: Casa do Direito, 2024, p. 28-49.

[27] BOUVIER, Michel. "L'impot sans le citoyen?". Palestra proferida no XXVI Congresso Internacional de Direito Tributário da Abradt, Belo Horizonte/MG, em 17.10.2024. No mesmo sentido, confira-se: BOUVIER, Michel. *L'impôt sans le citoyen? Le consentement à l'impôt, un enjeu crucial pour la démocratie*. Paris: LGDJ, 2019.

empresas digitais confere uma nova dimensão à elisão fiscal. Estamos aqui perante uma evanescência das fronteiras, um nomadismo particularmente formidável dos contribuintes e dos rendimentos tributáveis, tornando obsoleta a noção de estabelecimento estável. Esta a-territorialização põe fundamentalmente em causa os habituais quadros fiscais, jurídicos e administrativos. Ameaça-os diretamente e revela a sua fraqueza e fragilidade.

Esta forma sem precedentes de evasão fiscal internacional, que muitas vezes abrange os esquemas de evasão fiscal mais clássicos, multiplicando os seus efeitos, acrescenta-se à economia subterrânea nacional que, como sabemos, prolifera no terreno fértil da crise. Podemos, portanto, estimar que a fiscalidade está a ser atacada e minada tanto a partir do exterior como a partir do interior. (em tradução livre)

Não obstante, o conhecimento dessa a-territorialização, dessa evanescência das fronteiras e do crescimento do antifiscalismo (com o aumento da força da direita radical em vários países) não traz em consequência – como alertam os franceses – uma compensação autoritária das fazendas, unilateralismo e fiscalizações automatizadas com enfraquecimento do consentimento ao imposto. O tributo participativo seria a solução atenuadora da aversão ao tributo. A rigor, como reação a tal antifiscalismo, viu-se na Europa um crescente aumento no contratualismo em matéria fiscal, especialmente no que diz respeito à resolução ou prevenção de conflitos. A este respeito, Marie-Christine Esclassan assevera que tal tendência pode ser dotada de efeitos paradoxais: "por um lado, a contratualização reforça a possibilidade de arrecadação de impostos. Por outro lado, enfraquece-o, pois o valor recuperado pode depender da negociação concluída e assim assumir o carácter de um montante fixo".[28] Por via de consequência, retornando-se a Bouvier, "o resultado é que a natureza política do cidadão-contribuinte tende a desaparecer, fundindo-se na natureza econômica de um cliente que substitui o contribuinte".[29]

---

[28] Tradução livre de "L'essor de la contractualisation en matière fiscale paraît avoir des effets paradoxaux. D'un côté la contractualisation conforte la possibilite du recouvrement de l'impôt. D'un autre côté, elle le fragilise dans la mesure où le montant recouvré peut dépendre de la négociation conclue et prendre ainsi le caractère d'un montant forfaitaire" (ESCLASSAN, Marie-Christine. L'essor de la contractualisation en droit fiscal français. *Revue Française de Finances Publiques*, n. 167, p. 1-18, septembre 2024).

[29] Tradução livre de *"Il en résulte que la nature politique du citoyen-contribuable tend à s'estomper en se fondant dans celle, économique, d'un client qui se substitue au contribuable".*

É paradoxal o desconhecimento que o projeto demonstra em relação ao fortalecimento do consentimento, em um contexto internacional justamente marcado por uma tendência a um aumento da contratualização desta relação. Mesmo no Brasil, a alta comissão de iniciativa do STF e do Senado Federal, em 2023, sob a presidência da Ministra Regina Helena Costa, do STJ, reuniu vários experts em Direito Tributário e Financeiro com vistas a oferecer sugestões para a redução da litigiosidade e aprimoramento dos remédios procedimentais e processuais de controle e da jurisdição. Foram elaborados 9 projetos de lei disciplinando a mediação, a transação, a negociação, a arbitragem, e outros institutos, que estão em curso no Congresso Nacional.

Entre nós, o movimento de contratualização em matéria tributária foi recentemente prestigiado em nível federal com o advento da Lei nº 13.988/2020, regulamentadora do art. 171 do CTN. A referida lei identifica as modalidades de transação tributária, os compromissos e deveres assumidos pelos contribuintes, além de requisitos e condições necessárias para a sua celebração.[30]

Mas tal movimento de aproximação entre fisco e contribuinte será despersonalizado com o mecanismo do *split payment* e o desenvolvimento da cobrança por instituições de pagamento (financeiras e outras não necessariamente fiscalizadas pelo Banco Central). Como visto, trata-se de mecanismo que privilegia unilateralmente a Fazenda Pública, embora sob custo elevado, visando justamente a combater a tendência em comento da evasão fiscal. Exige-se em um primeiro momento uma antecipação do imposto devido, sem que com isso ele tivesse com o que compensar seu crédito. Tal situação se repetiria ao longo de toda a cadeia. E o Brasil infelizmente adota um sistemático bloqueio de créditos acumulados, o que gera uma completa descapitalização das nossas empresas.

Nesse sentido, a tendência é o aumento da evasão fiscal. E da perda do consentimento do tributo, em um grau mais elevado, do próprio projeto de sociedade concebida pela Constituição de 1988, alicerçada em um Estado Democrático de Direito.

A EC nº 132 cria o IVA dual, ambos assentados em uma não cumulatividade que prometia ser ampla e automática, sem praticar

---

[30] Acerca da matéria, confira-se MARINHO NETO, José Antonino. *Discricionariedade administrativa em matéria tributária*: a relação fisco-contribuinte a partir do estudo da transação tributária. Dissertação (Mestrado) – Universidade Federal de Minas Gerais. Faculdade de Direito. Orientadora: Misabel de Abreu Machado Derzi. 2024.

os conhecidos bloqueios dos créditos dos contribuintes, eternamente retidos à espera de compensação. Mas a promessa se frustra e tal frustração se consolida com a lei complementar (PLP nº 68) recentemente aprovada pelo Congresso Nacional.

Nos termos do art. 156-A, §5º, II, está elencada uma das atribuições da lei complementar do IBS:

> Art. 156-A. Lei complementar instituirá imposto sobre bens e serviços de competência compartilhada entre Estados, Distrito Federal e Municípios.
> (...)
> § 5º Lei complementar disporá sobre:
> (...)
> II - o regime de compensação, podendo estabelecer hipóteses em que o aproveitamento do crédito ficará condicionado à verificação do efetivo recolhimento do imposto incidente sobre a operação com bens materiais ou imateriais, inclusive direitos, ou com serviços, desde que:
> a) o adquirente possa efetuar o recolhimento do imposto incidente nas suas aquisições de bens ou serviços; ou
> b) o recolhimento do imposto ocorra na liquidação financeira da operação.

A faculdade, concedida pela EC nº 132 à lei complementar reguladora do IVA dual *tornou-se regra geral e uniformizada*: o direito de crédito somente existirá se comprovado o efetivo recolhimento do tributo, tanto na CBS como no IBS. Essa a regra, não havendo tão somente hipóteses específicas. Além disso, programou-se o *split payment* a ser introduzido por sistema automatizado e por intervenção de terceiros (bancos, outras instituições financeiras e outras fornecedoras de pagamento).

Como bem noticiado por Alexandre Alkmim, a prática é usual nos EUA, onde não se utiliza de um tributo não cumulativo sobre o consumo. Lado outro, em modelos como o IVA, "em que o montante do tributo somente é definido após a apuração entre débitos e créditos, o *split payment* assume a característica de antecipação do imposto pelo contribuinte".[31] Paga-se de início o tributo e posteriormente verifica-se se o valor pago era correto ou não.

---

[31] TEIXEIRA, Alexandre Alkmim. To Split or not to Split: o Split Payment como Mecanismo de Recolhimento de IVA e seus Potenciais Impactos no Brasil. *Revista Direito Tributário Atual*, São Paulo, n. 50, p. 30-31, 1º quadrimestre 2022.

Essa forma de liquidação do IVA, em teste em alguns países, tem como meta combater a sonegação e os desvios na arrecadação.[32] Visa a beneficiar exclusivamente as Fazendas, daí a autorização para sua introdução. Trata-se de uma antecipação do imposto devido, pois haveria recolhimento integral do imposto a ser pago pelo adquirente do produto ou serviço no momento da aquisição. Como se sabe, o tributo devido à Fazenda, a ser recolhido aos cofres públicos, não é o valor do imposto incidente na operação. A Fazenda somente tem direito, como proclama a Constituição, à diferença entre o valor do imposto incidente na saída do estabelecimento e aquele incidente nas compras, em determinado período de tempo.

A Emenda nº 132/23 está a autorizar que o adquirente, ao invés de pagar ao vendedor, seu fornecedor, todo o valor constante da nota fiscal, ou seja, valor da operação + o valor do imposto, faria dois pagamentos diferentes (*split*): um ao comerciante, relativo ao valor da operação; e o outro seria feito diretamente à Fazenda relativo ao valor do imposto incidente. Então o adquirente se creditaria diretamente do pagamento que ele mesmo fez. O problema é que ele também não teria com o que compensar seu crédito, relativo às suas aquisições. Pois se a técnica se alastra ao longo da cadeia também o adquirente dos bens e serviços desse contribuinte recolherá ao fisco o imposto incidente nas suas saídas.

Se falamos de contribuintes do IBS, ocorre que o fornecedor também tinha créditos relativos às operações anteriores que não poderá compensar, pois o tributo incidente em suas operações de saída terá

---

[32] "Assim, de olho nas vantagens arrecadatórias do Split Payment, o VAT Commitee da União Europeia estabeleceu um grupo de estudos para sua implantação em 2017. No entanto, a conclusão final de referido levantamento, a partir de dados exaustivamente coletados e processados, foi surpreendente: os custos e efeitos provocados na administração tributária e nos contribuintes com a utilização do Split Payment são potencialmente mais onerosos do que os benefícios. Segundo o Relatório Final: 'A análise realizada ilustrou os potenciais benefícios, bem como os desafios significativos relacionados com a utilização do split payment como método alternativo de cobrança do IVA. Embora o split payment tenha um elevado potencial para reduzir o défice do IVA (especialmente a fraude e o incumprimento do MTIC), se aplicado de forma ampla em toda a UE, o seu custo devido ao aumento da complexidade do sistema do IVA, os elevados encargos administrativos e o impacto significativo no fluxo de caixa das empresas pode facilmente superar os benefícios. Portanto, é provável que a ampla aplicação do split payment seja uma ferramenta de política pouco atraente, dado o aumento significativo dos custos para empresas e autoridades. No entanto, possui características muito eficazes na redução de certos tipos de fraude e, portanto, pode ser adequada como medida direcionada e de alcance limitado.'" (TEIXEIRA, Alexandre Alkmim. To Split or not to Split: o Split Payment como Mecanismo de Recolhimento de IVA e seus Potenciais Impactos no Brasil. *Revista Direito Tributário Atual*, São Paulo, n. 50, p. 37, 1º quadrimestre 2022).

sido recolhido integralmente ao fisco. Como compensar, abater ou realizar os seus créditos?

E assim, por toda a cadeia.

Com tal antecipação, o contribuinte é desapossado do valor do imposto, incidente nas suas operações de saída/venda, conforme notas fiscais, imposto que será recolhido diretamente à Fazenda, pelo adquirente. Isso tem efeitos cumulativos, equivalentes à imunidade das exportações ou a uma isenção na operação de venda. Os acertos virão *a posteriori*, na proporção em que as Fazendas ressarcirem os créditos acumulados – o que não fazem sistematicamente há décadas.

Ou virão acertos posteriores (se vierem), conforme previsto também em lei complementar. E, uma vez autorizados pelo Comitê Gestor, ou por meio de bancos que assumirem tal fórmula de pagamento do IVA, ficará o contribuinte dependente de tais acertos. O pagamento por acesso aos bancos, incumbindo-lhes fazer o acerto, foi adotado alhures e fracassou... pois tal fórmula aumenta os custos da administração do tributo, gera insegurança e descapitaliza as empresas...

O atraso no acerto, podemos afirmar com segurança, será corriqueiro, pois hoje é prática nacional e existe regra, constante da Emenda nº 132/23, obrigando os Estados a solucionar, liquidar e resolver os créditos acumulados no modelo atual, no prazo de 20 anos... a descapitalização é patente.

Realcemos que a Constituição vigente nunca autorizou as segregações e os bloqueios de créditos praticados pelos Estados Federados. O volume (bilhões de reais) é tão elevado que a EC nº 132, ADCT, art. 2º, art. 133, determina que os saldos credores dos contribuintes, relativos ao ICMS, existentes ao final de 2032 sejam consolidados e homologados até 2033, para que, já depreciados monetariamente pelo tempo, sejam atualizados e quitados em 20 anos.

E por que se falar de emudecimento? Porque o *split payment* é previsto como:

> *a) créditos dos contribuintes somente valendo se efetivamente pagos ou pelo fornecedor ou pelo próprio adquirente equiparam-se a uma antecipação de tributo involuntária;*
> *b) notas fiscais obrigatoriamente eletrônicas com a conta corrente controlada pelas Fazendas ou pelas instituições de pagamento, e repetidas presunções de declaração de dívida automáticas. Os dados postos pelos contribuintes levarão a declarações automáticas de dívida, assim constituindo-se o crédito tributário;*

c) prática disseminada do *split payment* por toda a cadeia, ensejando antecipações de pagamento dos tributos para acerto posterior... com patente *descapitalização empresarial*;
d) a intervenção de terceiros dessubjetivando a relação fisco-contribuinte a saber: bancos e demais instituições financeiras ou de pagamento que, além do domínio completo das movimentações financeiras, têm acesso ainda aos ativos dos contribuintes.

Enfim, torna-se despersonalizada a relação entre fisco e contribuinte, em um contexto internacional justamente marcado por tendência oposta, a saber, um aumento da contratualização desta relação. Sim, o lançamento telematizado pode ser um avanço na rastreabilidade e na fiscalização fazendárias, mas haverá um progresso na cidadania?

Tal movimento de aproximação entre fisco e contribuinte, que internamente se manifestou por meio de 9 projetos de lei fortalecedores de institutos como negociação, mediação, transação, remissão, arbitragem e outros, será prejudicado com a despersonalização da relação fisco-contribuinte. O *split payment* é técnica que privilegia unilateralmente a Fazenda Pública, visando justamente combater a tendência em comento da evasão fiscal. Exige-se em um primeiro momento uma antecipação do imposto devido, sem que com isso ele tivesse com o que compensar seu crédito. Tal situação se repetiria ao longo de toda a cadeia.

Nesse sentido, a tendência é o aumento da evasão fiscal a médio e longo prazo. E a perda do consentimento do tributo. Em um grau mais elevado, do próprio projeto de sociedade concebida pela Constituição de 1988 e do próprio objeto de sociedade alicerçada em um Estado Democrático de Direito.

6 Considerações finais

Considerando o amesquinhamento do federalismo com a consequente redução do consentimento ao tributo no exercício da política legislativa e na modelação das leis tributárias; considerando a aplicação das regras por meio de um Comitê Gestor ao comando hegemônico dos Estados mais ricos, o que contraria o regime do Federalismo cooperativo; considerando igualmente a participação fragilizada do contribuinte na formação e acertamento do crédito tributário, vislumbrando-se o fim do lançamento por homologação tal como o conhecemos hoje; considerando ainda que, ao invés da redução da unilateralidade do ato administrativo de cobrança, teremos a acentuação de tal unilateralidade, acrescida de uma peculiaridade inédita: a intromissão de terceiros como bancos e demais instituições de pagamento, por toda parte vemos uma fragilização da cidadania em nada benéfica à democracia tributária. Tudo na contramão do combate ao antifiscalismo exacerbado.

Em uma última palavra, a Reforma Tributária, ainda pendente de toda a sua regulamentação, atinge núcleos fundamentais insculpidos pela Constituição Cidadã: (i) atenta contra o federalismo, ao delegar o poder da tributação sobre o consumo para o Congresso Nacional, em prejuízo da autonomia política, legislativa e financeira de Estados, Municípios e DF; (ii) perpetua o silencio, porque não resolve fundamentalmente o problema da regressividade da tributação brasileira, de modo que programas assistencialistas e os vários fundos instituídos pela reforma tributária não darão conta de combater a desigualdade e a miséria em nossa sociedade e (iii) emudece os contribuintes-empresários, porque despersonaliza a relação fisco-contribuinte, com a adoção sobretudo do mecanismo do *split payment*, ao permitir a antecipação do imposto devido, seguido de um sistemático bloqueio de créditos acumulados, o que gera uma completa descapitalização das nossas empresas.

Referências

ARISTÓTELES. *Éthique à Nicomaque*, Trad.: J. Tricot, 2. éd. Paris: L. Philosophique Vrin, 1967, v. 1.

ARISTÓTELES. *Ética a Nicômaco*. São Paulo: Nova Fronteira Ltda. Círculo do Livro, 1996.

AZEVEDO, Plauto Faraco. *Justiça Distributiva e Aplicação do Direito*. Porto Alegre: Sérgio Antônio Fabris, 1983.

BALEEIRO, Aliomar. *Direito tributário brasileiro*. Atual. por Misabel Abreu Machado Derzi. Rio de Janeiro: Forense, 1997.

BOUVIER, Michel. "L'impot sans le citoyen?" Palestra proferida no XXVI Congresso Internacional de Direito Tributário da ABRADT, Belo Horizonte/MG, em 17/10/2024.

BOUVIER, Michel. *L'impôt sans le citoyen? Le consentement à l'impôt, un enjeu crucial pour la démocratie*. Paris: LGDJ, 2019.

BURDEAU, Georges. *Droit Constitutionnel et Institutions Politiques*. 15. ed. Paris: Librairie G. de Droit et de Jurisprudence, 1972.

COMISSÃO DE ESTUDOS DE DIREITO TRIBUTÁRIO DO CONSELHO FEDERAL DA OAB (ORDEM DOS ADVOGADOS DO BRASIL). Parecer aprovado em 2023 pela unanimidade de seus 110 integrantes e assinado por DERZI, Misabel (Presidente); SIMÕES DE MENDONÇA, Jonny Cleuter (Vice Presidente); TEIXEIRA, Tiago Conde (Procurador-Adjunto); MARINHO NETO, José Antonino (membro-relator); GARGAGLIONE, Lorena (membro-relator); COSTA E SILVA, Paulo de Tarso (membro-relator); WAGNER, Rafael W. (membro-relator); PEIXOTO NETO, Sywan (membro-relator).

DERZI, Misabel de Abreu Machado. Extrafiscalidade, democracia social e federalismo. *In*: RIBEIRO, João Sérgio; CAMARGO, Ricardo; BARBOSA, Andreia Isabel Dias (org.). *O futuro da extrafiscalidade e do Estado social*. Braga, Portugal: Universidade do Minho. Escola de Direito (ED), 2024, p. 43-58.

DERZI, Misabel de Abreu Machado. Guerra fiscal, Bolsa Família e Silêncio (Relações, efeitos e regressividade). *Revista Jurídica da Presidência*, v. 16, n. 108, p. 39-64, fev./maio 2014.

DERZI, Misabel de Abreu Machado; MOREIRA, André Mendes. A não-cumulatividade frustrada na Reforma Tributária. *In*: DERZI, Misabel de Abreu Machado; SCAFF, Fernando Facury (org.); BATISTA JÚNIOR, Onofre Alves (org.); TORRES, Heleno Taveira (org.). *Reforma tributária do consumo no Brasil*: entre críticos e apoiadores. Belo Horizonte: Casa do Direito, 2024, p. 28-49.

DÍAZ, Elías. Estado de Derecho y Sociedad democrática, *apud* PEREZ LUÑO, Antonio Enrique. *Derechos Humanos, Estado de Derecho y Constitución*. 2. ed. Madrid: Tecnos.

ESCLASSAN, Marie-Christine. L'essor de la contractualisation en droit fiscal français. *Revue Française de Finances Publiques*, n. 167, p. 1-18, sept. 2024.

FERREIRO LAPATZA, José Juan. Justiça Tributária. *RDT*, São Paulo, v. 12, n. 46, p. 7-16, out./dez. 1988.

FORSTHOFF, Ernst. Begriff und Wesen des sozialen Rechtsstaates. *In*: Rechtsstaat in Wandel Ver- fassungsrechtliche Abhandlungen 1954-1973, 2. ed. München: C. H. Beck, 1976.

GERKEN, Heather. Federalism and Nationalism: Time for a Détente? *Saint Louis University Law School*, vol. 59:997, 2014.

MADISON, James; HAMILTON, Alexander; JOHN, Jay. *O Federalista*. Ed. Nova Fronteira, 1993.

KANT, Immanuel. *Fundamentos da Metafísica dos Costumes*. Trad. Lourival Henkel – Prefácio de Afonso Bertagnoli. Rio de Janeiro: Ediouro, 1970.

KELSEN, Hans. *Teoría general del derecho y del estado*. Trad.: Eduardo García Maynez. 2. ed. México: Imprenta Universitaria, 1958.

LEJEUNE VALCÁRCEL, Ernesto. Aproximación al principio constitucional de igualdad tributaria. *RDT*, São Paulo, v. 5, n. 15/16, p. 31-75, jan./jun. 1981.

MACCORMIK, Neil. On Legal Decisions and their Consequences: from Dewey to Dworkin. *New York University Law Revue*, n. 2, p. 239-258, vol. 58, 1983.

MARINHO NETO, José Antonino. *Discricionariedade administrativa em matéria tributária*: a relação fisco-contribuinte a partir do estudo da transação tributária. Dissertação (Mestrado) – Universidade Federal de Minas Gerais. Faculdade de Direito. Orientadora: Misabel de Abreu Machado Derzi. 2024.

OST, François. *O Tempo do Direito*. Trad.: Élcio Fernandes. São Paulo: EDUSC, 2005.

PERELMAN, Chaim. *Über die Gerechtigkeit*. München: Verlag C. H. Beck, 1980.

PONTES DE MIRANDA, Francisco Cavalcanti. *Democracia, Liberdade e Igualdade* – os três caminhos. 2. ed. São Paulo: Saraiva, 1979.

PRADO, Sérgio. Equalização e federalismo fiscal: uma análise comparada. Alemanha, Índia, Canadá, Austrália. Rio de Janeiro. Konrad-Adenauer Stiftung. 2006, p. 28-3. Cf. Federalismo, um conceito em transformação histórica. *In*: O Federalismo na Alemanha. Traduções. Konrad Adenauer Stiftung. São Paulo, 1995, n. 7, p. 3-14.

RAZ, Joseph. *The Authority of Law*. Oxford: Clarendon Press, 1979.

RECEITA FEDERAL DO BRASIL. Estudos Tributários: Carga Tributária no Brasil – 2022 (Análise por Tributo e Bases de Incidência). Brasília: Ministério da Fazenda, 2023. Disponível em: https://www.gov.br/receitafederal/pt-br/centrais-de-conteudo/publicacoes/estudos/carga-tributaria/carga-tributaria-no-brasil-2022.

RICHTER; SCHUPPERT. *Casebook Verfassungsrecht*. München: Verlag C. H. Beck, 1987.

ROUSSEAU, Jean-Jacques. *Do Contrato Social* – Princípios do Direito Político. Trad. Vicente Sabino Jr. São Paulo: Pilares, 2013.

SCHAUER, Frederick. *As regras do jogo*. Uma análise filosófica do processo de tomada de decisão baseado em regras no direito e na vida. Trad. Rafael Pitta. Londrina: Ed. Thoth, 2024.

TEIXEIRA, Alexandre Alkmim. *To Split or not to Split: o Split Payment* como mecanismo de recolhimento de IVA e seus potenciais impactos no Brasil. *Revista Direito Tributário Atual*, São Paulo, n. 50, p. 27-46, 1º quadrimestre 2022.

Informação bibliográfica deste livro, conforme a NBR 6023:2018 da Associação Brasileira de Normas Técnicas (ABNT):

DERZI, Misabel de Abreu Machado; LOBATO, Valter de Souza; MARINHO NETO, José Antonino. Progresso digital ou retrocesso na cidadania? Do silêncio ao emudecimento: a relação fisco-contribuinte na reforma tributária. *In*: SCAFF, Fernando Facury; DERZI, Misabel de Abreu Machado; BATISTA JÚNIOR, Onofre Alves; TORRES, Heleno Taveira (coord.). *Tributação, desigualdade e desenvolvimento*. Belo Horizonte: Fórum, 2025. p. 43-77. ISBN 978-65-5518-100-5.

TRAVAS TRIBUTÁRIAS AO DESENVOLVIMENTO

ONOFRE ALVES BATISTA JÚNIOR,
SAMUEL GIOVANNINI CRUZ GUIMARÃES

Introdução

    A desigualdade, a perpetuação da pobreza e de vulnerabilidades são obstáculos ao desenvolvimento. Partindo desse pressuposto, cujo fundamento é apresentado na obra de Amartya Sen,[1] o cerne deste trabalho reside na tese de que *o sistema tributário que não reduz ou busca reduzir a desigualdade constitui um entrave ao desenvolvimento nacional*. Nesse sentido, o objetivo deste capítulo é investigar alguns dos mecanismos tributários que atualmente comprometem o desenvolvimento nacional, demonstrando como a tributação no Brasil, em vez de promover a justiça social, pode estar a perpetuar vulnerabilidades e a tolher o desenvolvimento nacional. Isto é, ao não reduzir desigualdades e ao garantir a concentração de riquezas, o sistema tributário brasileiro se afasta do ideal de justiça redistributiva eleito pela Constituição da República de 1988 (CRFB/1988) e obstaculiza o desenvolvimento.

    Em vista destes pressupostos, o conceito de "travas tributárias ao desenvolvimento" neste trabalho se refere às formas de tributação (mecanismos) que impedem ou dificultam o desenvolvimento nacional

---

[1] Cf. SEN, Amartya. *Desenvolvimento como Liberdade*. Tradução de Laura Teixeira Motta. São Paulo: Companhia de Bolso, 2015. E-book.

ao perpetuarem vulnerabilidades sociais, como a desigualdade, que limitam as liberdades substantivas dos indivíduos. Isto posto, ao longo do texto são abordadas, sucintamente, seis *travas* ao desenvolvimento: 1º) a distorção do propósito constitucional de redistribuição decorrente da manutenção da Desvinculação de Receitas da União (DRU); em conjunto com 2º) a alta carga tributária decorrente das contribuições especiais incidentes sobre a folha de salários, tributos diretos de difícil repercussão; bem como 3º) o efeito cascata da CSLL sobre instituições financeiras; 4º) a regressividade da tributação sobre o consumo; 5º) a baixa progressividade da renda e da herança; e 6º) a realização de reformas tributárias setoriais.

A análise aqui empreendida tem como marco teórico a noção de *"desenvolvimento"* como a ampliação das liberdades substantivas dos indivíduos, tal como construída por Amartya Sen. Este estudo, ao investigar o sistema tributário brasileiro, também utiliza como marco a tese elaborada por Thomas Piketty[2] de que o sistema tributário é fundamental para garantir a ação coletiva, o propósito comum na sociedade, de modo que, sem essa estrutura, diminuem as chances de políticas públicas serem verdadeiramente destinadas à promoção de condições materiais de igualdade e à desconcentração de riquezas, a fim de inverter a relação r > g. Em outras palavras, toma-se como pressupostos, neste trabalho, que o desenvolvimento compreendido como ampliação de liberdades substantivas somente é possível se o sistema tributário for desenhado a fim de promover condições reais de igualdades e desconcentrar riquezas. Na medida em que o desenho desse sistema desfavorece esses propósitos, ele *trava* o desenvolvimento.

Justiça, desenvolvimento, liberdade e tributação na Constituição de 1988

O Direito Tributário reflete os ideais de justiça erigidos pelo Estado[3] e possui um caráter instrumental, servindo a determinados propósitos, além de uma dimensão moral, como o próprio Direito,[4] a

---

[2] Cf. PIKETTY, Thomas. *O Capital no século XXI*. Tradução de Monica Baumgarten de Bolle. Rio de Janeiro: Intrínseca, 2014.

[3] Cf. MARINHO, Marina Soares. *As Funções da Tributação*. 1. ed. Belo Horizonte: Letramento, 2019.

[4] Cf. DERZI, Misabel de Abreu Machado; BUSTAMANTE, Thomas da Rosa de. Federalismo com Princípio Moral: Novas Tendências Conceituais. *In*: DERZI, Misabel Abreu Machado;

qual é revelada por meio de princípios, a partir dos quais essa dimensão moral se integra às normas do ordenamento jurídico. Esses princípios configuram exigências da moralidade política sustentados pelas ideias de justiça, distribuição de recursos e oportunidades e equidade no processo normativo. Por isso, a tributação não se limita a uma questão técnica; trata-se também de uma questão profundamente política e, além disso, filosófica,[5] razão pela qual o exame do Direito não pode olvidar o exame da sua *justiça*.

Nesse sentido, a justiça no Direito não pode ser alcançada apenas em um de seus ramos, não pode haver justiça tributária sem que haja também, por exemplo, justiça trabalhista e justiça social. A justiça é una e abrange todo o ordenamento jurídico, todo o sistema de direitos.[6] Por conseguinte, o arranjo do sistema tributário é condicionado à concepção de justiça distributiva abraçada pelo Estado e à amplitude das pretensões estatais "[...] de alívio para a situação daqueles que não conseguem dignamente se sustentar em virtude de eventuais deficiências, desemprego ou baixa capacidade produtiva".[7]

A atenção a essas pretensões estatais se conecta à compreensão moderna do regime de governo democrático, que não pode se basear em concepções formais como a de Pontes de Miranda, para quem a democracia era conceito independente, desconexo de quaisquer ideais de liberdade e igualdade.[8] Para tal formalismo, "democrático" seria a designação de qualquer Estado que possibilitasse o acesso ao poder para maiorias de conjuntos restritos definidos como "povo-cidadão".[9] Sob tal formalismo, intituladas democracias coexistiram com regimes escravocratas e excludentes, que renegaram populações à subserviência e à condição de não cidadão.

Muito além da concepção formal, o Estado de Direito demanda que as decisões vinculantes do poder estatal sejam revestidas pela forma

---

Batista Júnior, Onofre Alves; MOREIRA, André Mendes (org.). *Estado Federal e Tributação das Origens à Crise Atual*. 2. ed. Belo Horizonte: Arraes Editores, 2019. v. 1, p. 449-467.

[5] PIKETTY, *op. cit.*

[6] Cf. DERZI, Misabel de Abreu Machado. O princípio da não-afetação da receita de impostos e a justiça distributiva. In: HORVATH, Estevão; CONTI, José Mauricio; SCAFF, Fernando Facury (org.). *Direito Financeiro, Econômico e Tributário:* Estudos em Homenagem a Regis Fernandes de Oliveira. São Paulo: Quartier Latin, 2014, p. 637-660.

[7] Cf. BATISTA JÚNIOR, Onofre Alves. *O outro Leviatã e a corrida ao fundo do poço*. São Paulo: Almedina, 2015, p. 85.

[8] Cf. BALEEIRO, Aliomar. *Limitações Constitucionais ao Poder de Tributar*. Atualização de Misabel Abreu Machado Derzi. 8. ed. atual. Rio de Janeiro: Forense, 2010.

[9] *Ibidem*.

do direito e que sejam legitimadas com base no direito positivo de forma democrática e, portanto, legítima. Afinal, não é a forma jurídica em si que confere legitimidade ao exercício da dominação política, mas sim a vinculação dessa dominação ao direito legitimamente positivado.[10] A autonomia privada – garantida mediante a titularidade de direitos fundamentais e humanos – e a autonomia pública – decorrente do exercício da cidadania pelos direitos de participação e comunicação – são indissociáveis para a afirmação do sistema de direitos necessário à construção do Estado Democrático de Direito.[11] Percebe-se, então, um processo circular em que a autonomia privada, constitutiva do próprio código do Direito, e a autonomia pública, que estrutura o mecanismo de geração legítima do direito, são mutuamente pressupostas.[12]

A CRFB/1988 institui um Estado Tributário de desiderato social,[13] sendo esse o paradigma constitucionalmente eleito para garantir a autonomia privada e a autonomia pública na República Federativa do Brasil. Nesse sentido, com o propósito de concretizar um Estado Democrático de Direito, a CRFB/1988 estabeleceu a imperatividade de se garantir materialmente os direitos sociais fundamentais. Dessa imperatividade decorre a consagração constitucional da aplicação imediata e ampliada das normas definidoras dos direitos e garantias fundamentais, conforme previsto nos §§1º e 2º do art. 5º da CRFB/1988.[14] Além disso, o inciso III do art. 3º da CRFB/1988 expressa o ideal de justiça distributiva que reclama a eliminação das desigualdades sociais, em consonância com o modelo social de Estado, concomitantemente, o inciso II do mesmo dispositivo constitucional expressa o ideal de garantir o desenvolvimento nacional. Ambos os ideais são objetivos fundamentais da nossa República.

Portanto, no Brasil, o Estado Democrático de Direito, modelado como Estado Tributário Redistribuidor, se orienta em prol da justiça distributiva, cujo vetor no Direito Tributário é o princípio da capacidade econômica. A garantia das referidas autonomias, que Habermas

---

[10] Cf. HABERMAS, Jürgen. *Facticidade e Validade:* Contribuições para uma Teoria Discursiva do Direito e da Democracia. Tradução de Felipe Gonçalves da Silva e Rúrion Melo. São Paulo: Unesp, 2020.
[11] *Ibidem.*
[12] *Ibidem.*
[13] Cf. BATISTA JÚNIOR, *op. cit.* 2015.
[14] Cf. BALEEIRO, Aliomar. *Limitações Constitucionais ao Poder de Tributar.* Atualização de Misabel Abreu Machado Derzi. 8. ed. atual. Rio de Janeiro: Forense, 2010.

acertadamente apontou como inafastáveis para a garantia de um Estado Democrático de Direito, é que orienta esse viés de justiça. Paralelamente, no Direito Tributário, esse ideal de justiça ganha expressão no princípio da capacidade econômica, que determina que cada um deve contribuir com o Estado na proporção da sua riqueza, da sua renda, das suas posses etc., resguardando-se o mínimo existencial, em homenagem ao princípio da dignidade da pessoa humana (art. 1º, III, da CRFB/1988). Conforme Cristiane Botelho, o chamado princípio da capacidade econômica, congregando em si o propósito de concretizar a igualdade material, possui maior amplitude que o princípio da capacidade contributiva, apesar de a doutrina comumente identificá-los como sinônimos.[15] Nessa linha, deve-se concordar com Marina Marinho, no sentido de que *a tributação se legitima no Estado Redistribuidor como forma de redistribuir o produto social*,[16] *em atenção à capacidade econômica.*

Neste trabalho, o propósito é compreender como o próprio Direito Tributário, em sua conformação atual no Brasil, tem tolhido esse paradigma constitucional redistributivo e, assim, o próprio desenvolvimento nacional, objetivo fundamental da República, eleito assim pela Lei Maior. Por essa razão, é oportuna, pois elucidativa, a abordagem construída por Amartya Sen em sua obra *Desenvolvimento como Liberdade*, segundo a qual há interconexões importantes entre o desenvolvimento, a liberdade e a desigualdade,[17] conceitos fundamentais para a análise empreendida neste trabalho.

Sen afirma que o desenvolvimento é mais do que um conjunto de indicadores econômicos baseados no crescimento econômico do PIB ou da industrialização. Na abordagem teórica de Sen, o desenvolvimento é um processo que torna possível que as pessoas vivam suas vidas, podendo promover suas capacidades individuais, eleger e concretizar seus próprios projetos de vida boa. Nesse sentido, a liberdade desempenha um duplo papel: 1) além de ser o objetivo do desenvolvimento, é 2) o principal meio para alcançá-lo. Para Sen, a expansão das liberdades políticas, sociais e econômicas ocorre englobadamente,

---

[15] Cf. BOTELHO, Cristiane Miranda. *O princípio da Capacidade Econômica e a Redistribuição de Renda*: tributação dos lucros e dividendos, transferências fiscais e redução da desigualdade social. 2018. Tese. (Doutorado em Direito) – Universidade Federal de Minas Gerais, Belo Horizonte, 2024.

[16] Cf. MARINHO, Marina Soares. *Propriedade de quem?* Proteção social e confisco tributário no Brasil. 2024. Tese. (Doutorado em Direito) – Universidade Federal de Minas Geral, Belo Horizonte, 2024. p. 198.

[17] SEN, *op. cit.* p. 28-29.

não isoladamente, sendo esse desenvolvimento conjunto de liberdades substantivas o que cria condições ideais para o desenvolvimento.[18]

A fim de explicar isso, é necessário considerar cinco tipos de liberdades essenciais.[19] Primeiramente, as liberdades políticas permitem às pessoas participarem do governo. Por meio do exercício de direitos políticos, autoridades podem ser criticadas, lideranças podem se estabelecer e direitos e interesses dos cidadãos podem ser atendidos. Em segundo lugar, as liberdades econômicas se referem à capacidade de obter os recursos e oportunidades de mercado. Em terceiro lugar, a liberdade consubstanciada em oportunidades sociais, como educação e saúde, sustenta o bem-estar individual e garante uma participação mais ativa do cidadão na economia e na política. Em quarto lugar, as garantias de transparência favorecem o combate à corrupção e ao abuso de poder. E, por fim, a liberdade expressa na segurança implica a inexistência de situações de privação e a garantia de assistência para os necessitados.

O ciclo virtuoso que torna o desenvolvimento possível pode ser interrompido ou malogrado pela desigualdade. Para Sen, o problema da desigualdade está ligado à noção de liberdade substantiva, que se refere às capacidades dos indivíduos e às condições sociais que as determinam.[20] Assim, portanto, o autor postula que a desigualdade não deve ser apenas sobre renda ou bens materiais, mas também no que se refere à distribuição de liberdades fundamentais e capacidades básicas, como estar saudável, ter educação e ser um agente econômico. Em suas palavras, "o problema da desigualdade realmente se magnifica quando a atenção é desviada da desigualdade de renda para a desigualdade na *distribuição de liberdades substantivas e capacidades*".[21] O investimento no desenvolvimento deve, portanto, eliminar as privações de liberdade que coíbem as escolhas e as oportunidades das pessoas. Além da pobreza direta, essas privações incluem outras formas de vulnerabilidade, como privação de oportunidades econômicas, falta de serviços públicos relevantes e opressão política.[22]

Assim sendo, a pobreza, a privação de capacidades básicas, não é somente questão de rendimentos baixos, mas também o resultado de

---

[18] *Ibidem*, p. 44-49.
[19] *Ibidem*, p. 44-49.
[20] *Ibidem*, p. 136-37.
[21] *Ibidem*, p. 136.
[22] *Ibidem*, p. 12-36.

serviços insuficientes.[23] Por isso, no contexto brasileiro, como afirma Marina Marinho, a pobreza deve ser analisada sob a perspectiva da "vulnerabilidade".[24] A autora explica que isso se deve ao fato de que pessoas que não são classificadas como pobres no Brasil, independentemente do critério utilizado, podem retornar a essa condição em razão de outras vulnerabilidades. Além disso, a diferença entre a renda e a riqueza dessas "pessoas vulneráveis" (de "baixa renda") em relação àquelas reconhecidas como pobres é insignificante, o que torna inadequado tratá-las como um grupo distinto ou privilegiado.[25]

Além disso, conforme descrito por Sen, em razão do que denomina "acoplamento de desvantagens",[26] as desigualdades de renda são agravadas por outros fatores que dificultam a conversão de renda em capacidades. Por exemplo, as pessoas com deficiências, problemas crônicos de saúde ou restrições sociais têm mais dificuldade em obter renda e usá-la efetivamente para melhorar sua situação. Portanto, a desigualdade de renda e a desigualdade de liberdades substantivas estão interligadas e se reforçam mutuamente, o que aumenta a magnitude do problema da privação social e econômica. Como resultado, a promoção da justiça social requer, acima de tudo, políticas públicas e sistemas de seguridade.[27] Neste ponto já se vê a importância de um sistema de seguridade social bem construído e efetivo.

Isto posto, *é evidente que, se não reduz a desigualdade ou não busca reduzi-la, a tributação, que somente se legitima ao promover a redistribuição do produto social,*[28] *representa uma trava ao desenvolvimento, pois a desigualdade, a perpetuação de vulnerabilidades, obstaculiza o desenvolvimento.* A desigualdade, por limitar o acesso equitativo às oportunidades fundamentais – como educação, saúde e trabalho, necessários para o progresso econômico e social –, é um obstáculo ao desenvolvimento. Uma sociedade desigual centraliza a riqueza e o poder em um pequeno número de indivíduos, criando massas marginalizadas e desprovidas das capacidades de participar plenamente da economia e usufruir das vantagens do mercado e de alcançar os seus projetos de vida boa. Isso

---

[23] *Ibidem*, p. 101-127.
[24] MARINHO, *op. cit.* 2024.
[25] *Ibidem*.
[26] SEN, *op. cit.*, p. 128-164.
[27] *Ibidem*.
[28] MARINHO, *op. cit.* 2024.

reduz a produtividade potencial de um país e promove a instabilidade social e política, fatores que ameaçam o desenvolvimento.

O problema da desigualdade vem sendo exacerbado no século XXI. A evolução dinâmica de uma economia de mercado e de propriedade privada, se entregue a si mesma, contém em si própria forças de convergência importantes, sim, mas também forças de divergência assinaláveis, com forte potencial desestabilizador, sendo a principal delas, em termos da nossa atualidade, o fato de a taxa de rentabilidade privada do capital (r) poder ser substancial e duradouramente mais elevada que a taxa de crescimento do rendimento e da produção (g).[29] Ora, a relação $r > g$ implica: a) que os patrimônios provenientes do passado se recapitalizam mais depressa que o ritmo de progressão da produção e dos salários; b) e que, num quadro paradoxalmente próximo da realidade do capital no século XIX, a importância da herança e dos patrimônios herdados tende, neste século XXI, a dominar largamente sobre os patrimónios constituídos no decurso de uma vida de trabalho.[30]

Paralelamente a isso, Piketty também explica que, sem a estrutura tributária, não há possibilidade de ação coletiva ou um propósito comum na sociedade[31] e, sem essa estrutura, restam mitigadas as chances de políticas públicas serem destinadas à promoção de condições materiais de igualdade e à desconcentração de riquezas. Isto é, no Estado Democrático moderno, sem a estrutura tributária, não é possível envidar esforços efetivos para inverter a relação em que $r > g$, a fim de que o crescimento do rendimento e da produção supere a rentabilidade privada do capital, de modo a diminuir a concentração de riquezas e, assim, a desigualdade. Sem a referida inversão, a fim de que $r < g$, o desenvolvimento permanece obstaculizado. Em face disso, o sistema tributário pode contribuir para ou tolher o processo que conduz à referida inversão. E, ainda que o sistema tributário, por si só, possa não ser suficiente para a inversão, ele é determinante.

Como explica Piketty,[32] desde pelo menos o século XX, o desafio permanece o de garantir que os cidadãos tomem decisões soberanas e democráticas sobre quem será tributado e quais serão os recursos arrecadados para os bens coletivos de esforço, como educação, saúde,

---

[29] PIKETTY, op. cit. 2014.
[30] PIKETTY, op. cit. 2014.
[31] PIKETTY, op. cit. 2014.
[32] PIKETTY, op. cit. 2014.

aposentadoria, redução da desigualdade, emprego e desenvolvimento sustentável. Nesse sentido, a tributação é, portanto, um remédio para a desigualdade – por meio da redistribuição e financiamento de recursos, bens e esforços públicos. Quando a tributação não é progressiva – e exige proporcionalmente mais de alguém com menor capacidade econômica –, torna-se um meio de reforçar as disparidades de renda e riqueza. Quando é regressiva, a tributação torna-se a força que amplifica a concentração da riqueza e perpetua os ciclos da pobreza e exclusão social.

Cumpre ainda registrar que a existência de um contingente enorme de vulneráveis termina por fazer o consumo interno reduzido. Dessa forma, com um mercado consumidor baseado apenas em produtos de subsistência, a economia não é capaz de se desenvolver.[33] Quanto mais a desigualdade se agrava, mais o mercado consumidor encolhe e, por conseguinte, mais desemprego e recessão se alastram pelo país. E isso tudo termina por gerar mais desigualdade! Essa é a espiral nefasta da desigualdade, que termina por impactar o desenvolvimento (qualquer que seja a ideia de desenvolvimento que se tiver).

A questão é que o aumento da desigualdade traduz o estrangulamento proporcionado pelo capital sobre o universo de trabalhadores, entretanto, o mercado precisa encontrar consumidores para os bens que são produzidos. Acontece que a grande parte dos consumidores é formada por trabalhadores que constitui essa massa que vem continuamente se "vulnerabilizando", portanto, o capital depende, para se reproduzir, da possibilidade de consumo por parte dessa sociedade de trabalhadores-consumidores cada vez mais vulnerabilizados. Afinal, sem eles, o capitalismo não sobrevive.[34]

Entretanto, a desigualdade social faz aumentar a massa de "vulneráveis" sem condições de consumo e tudo isso pode acabar por gerar uma "crise de consumo" que termina por levar o país à bancarrota. É por isso que as políticas assistencialistas estatais que busquem assegurar o poder de compra dos vulneráveis são topicamente necessárias para que se possa garantir a sobrevivência desse contingente de necessitados,

---

[33] Como afirma Andre Gorz (A crise e o êxodo da sociedade salarial: entrevista com André Gorz. *Cadernos IHU Ideias* [on-line], São Leopoldo-RS, ano 3, n. 31, 2005. Disponível em: http://www.alterinfos.org/spip.php?article6061. Extraído em: 25 set. 2013. sem paginação), o capitalismo necessita de consumidores cujas compras sejam motivadas, cada vez menos, pelas necessidades de sobrevivência e, cada vez mais, pelos "desejos individuais diferenciados".

[34] Nesse sentido, BATISTA JÚNIOR, Onofre Alves. *O outro Leviatã e a corrida ao fundo do poço.* São Paulo: Almedina, 2015.

entretanto essa não pode ser a estratégia para assegurar a manutenção de um mercado de consumidores (permanentemente assistidos pelo Estado com lastro nos tributos), em especial se o contingente de vulneráveis se tornar cada vez maior. Por certo, o assistencialismo estatal, em algum grau, não pode deixar de existir em uma economia capitalista, porém, uma política alternativa redistributiva de rendas e riquezas é uma necessidade inarredável.[35]

A política de redução nos impostos entoada por vezes como um mantra pelos libertários quase sempre propicia tão somente um aumento no lucro das empresas-rede transnacionais e gera cada vez mais desigualdade social. O desemprego e a superexploração reduzem o consumo, e a atividade econômica despenca, o que favorece o desemprego, alimentando, assim, o círculo vicioso; plutocratas embolsam e armazenam riquezas; a queda da atividade econômica, o desemprego e a superexploração geram menos impostos, o que agrava a desigualdade social e faz com que os serviços prestacionais sejam cada vez mais desmontados. O capitalismo parasitário[36] vem se tornando destrutivo e as políticas *trickle down* apenas servem para alimentar o círculo vicioso e deixar o capital cada vez mais sem controle, tal como um predador prestes a matar a galinha dos ovos que o alimenta.[37]

Em suma, quando não se dirige à redução das desigualdades, a tributação falha em seu papel de instrumento de justiça social e ferramenta do desenvolvimento. O sistema tributário brasileiro, ao se desviar do ideal de justiça redistributiva eleito pela Constituição de 1988 e ao garantir a manutenção de um *status quo* de desigualdade e crescente concentração de renda, reforça as desigualdades existentes. A desigualdade que um sistema tributário de tal forma estruturado mantém constitui um entrave ao desenvolvimento, pois restringe as liberdades e impede a ampliação das capacidades dos indivíduos. Dessa forma, a tributação deixa de ser uma ferramenta de justiça distributiva e passa a aprofundar as disparidades sociais, comprometendo o desenvolvimento econômico. É nesse aspecto que o sistema tributário brasileiro

---

[35] Ibidem.
[36] Como afirma Zygmunt Bauman (*Vida a crédito*: conversas com Citali Rovirosa-Madrazo. Rio de Janeiro: Zahar, 2010, p. 27), Rosa de Luxemburgo se esforçou para demonstrar que o sistema capitalista não poderia sobreviver sem as economias não capitalistas, portanto, só seria capaz de existir enquanto houvesse "terras virgens" abertas à exploração.
[37] Ibidem.

é examinado neste trabalho, que investiga algumas dessas possíveis "travas tributárias" brasileiras ao desenvolvimento.[38]

A distorção da redistribuição, o peso das contribuições de difícil repercussão incidentes sobre folha e o efeito cascata da CSLL sobre instituições financeiras

Como afirmava Alfredo Augusto Becker, "o Direito Tributário tem natureza instrumental e seu 'objetivo próprio', sua razão de existir, é ser um *instrumento a serviço de uma política*".[39] A questão decisiva ao se examinar a legitimidade de determinada exação no Brasil é se, sob o paradigma do Estado Redistribuidor, ela promove ou tolhe a redistribuição do produto social.[40] A redistribuição é a política maior, ainda que não imediata, a que qualquer tributação deve servir e resguardar no longo prazo. Por isso, Becker alertava "que a tributação extrafiscal serve tanto para a reforma social como para impedi-la".[41]

Por isso, é necessário questionar, sob essa baliza hermenêutica, se a atual conformação do que já há muito é denominado "sistema paralelo de contribuições" favorece ou tolhe o mandamento redistributivo da Constituição de 1988 e, por conseguinte, se promove o desenvolvimento, pretendendo a redução da desigualdade. Nessa linha, serão abordadas neste tópico, três travas tributárias ao desenvolvimento: 1ª) a distorção do propósito constitucional de redistribuição decorrente da manutenção da Desvinculação de Receitas da União (DRU); 2ª) a alta carga tributária decorrente das contribuições especiais incidentes sobre a folha de salários, tributos diretos de difícil repercussão; e 3ª) o efeito cascata da CSLL sobre instituições financeiras.

É didático, nesse sentido, o exemplo da norma de competência das contribuições previdenciárias patronais. A outorga de competência tributária à União para instituir a contribuição previdenciária patronal é feita pelo art. 195, I, "a", da CRFB/1988. A Lei Maior inclui a folha de salários e os demais rendimentos do trabalho dentre as bases econômicas passíveis de incidência desse tributo, bem como prevê, como

---

[38] *Ibidem.*
[39] Cf. BECKER, Alfredo Augusto. *Teoria Geral do Direito Tributário.* 4. ed. São Paulo: Noeses, 2007. p. 632.
[40] MARINHO, *op. cit.* p. 198.
[41] BECKER, *op. cit.* p. 632.

contribuintes da exação, o empregador, a empresa e a entidade a ela equiparada. Depreende-se disso que a *natureza remuneratória* da parcela é um requisito constitucional para a incidência da contribuição previdenciária patronal sobre ela. Por isso, é imprescindível que o valor a sofrer incidência desse tributo tenha sido pago como *contraprestação por serviços prestados* ao empregador, à empresa ou à entidade a ela equiparada, no âmbito de um contrato de trabalho, de uma relação de emprego.

Outros elementos compõem esta norma de competência: a habitualidade e a repercutibilidade. No RE 565.160/SC, o Plenário do STF decidiu que a contribuição a cargo do empregador incide sobre ganhos habituais do empregado, a qualquer título. Assim, a Suprema Corte consignou que a *habitualidade* é um critério para a determinação de quais verbas devem ser consideradas como integrantes da remuneração do empregado. Ademais, a Constituição foi coerente ao estabelecer a correlação entre a contribuição previdenciária e a sua repercussão em benefícios previdenciários, por força do art. 195, §5º, da CRFB/1988. Trata-se aqui do requisito constitucional da *repercutibilidade* da contribuição em benefícios ao segurado.

A *contraface da repercutibilidade* é o carácter *finalístico* das contribuições previdenciárias, o que decorre, também, da natureza contributiva do Regime Geral da Previdência Social (RGPS), a qual, como visto, impõe a necessidade de que a cobrança das contribuições previdenciárias seja acompanhada de algum retorno, efetivo ou potencial, ao segurado do regime. Ora, como se depreende da norma de competência, a instituição das contribuições previdenciárias tem como finalidade o financiamento da seguridade social, de modo que, em observância à necessária coerência sistêmica dos tributos finalísticos, o fato gerador das contribuições previdenciárias somente ocorre se for identificado pagamento de contraprestação por *serviços realizados por trabalhadores segurados do RGPS*.

Sob a Constituição Cidadã de 1988, que consagra um Estado Democrático de Direito de desiderato social, não basta a proclamação formal de direitos sociais, culturais e econômicos, é preciso que se criem as condições efetivas para sua realização. Observe-se, pois, a carga tributária que atualmente recai sobre a folha de salários no Brasil. Esta carga, destaca-se, não se limita às contribuições previdenciárias patronais de 20%.[42] Há a con-

---

[42] Esta é a regra geral, sendo que, no caso de clubes de futebol, associações desportivas que mantenham equipe de futebol profissional e sociedades empresárias regularmente

tribuição adicional de 2,5% na cota patronal devida pelas instituições financeiras,[43] a parcela variável e 1% a 3% (RAT) que pode ser reduzida a 0,5% ou aumentada a 6% (conforme o FAP), o adicional ao RAT (ADRAT), que, a despeito do nome, trata-se de contribuição autônoma, distinta e independente do RAT e que pode gerar um acréscimo de 6%, 9% ou até 12% descontado em folha por sobre a remuneração dos empregados que laboram efetiva, habitual e permanentemente expostos a agentes insalubres,[44] bem como as contribuições de tercei-

---

organizadas segundo um dos tipos regulados nos arts. 1.039 a 1.092 do Código Civil que mantenham equipe de futebol profissional, a cota patronal é de 5% da receita bruta de espetáculos esportivos; (II) no caso da agroindústria (sociedades empresárias que desenvolvem as atividades descritas no artigo 2º do Decreto-Lei nº 1.146/1970), a cota patronal é de 2,5% sobre a receita bruta proveniente da comercialização da produção própria e adquirida de terceiros, industrializada ou não.

[43] Já prevista no art. 3º, § 2º, da Lei nº 7.787/1989, como também na própria Lei nº 8.212/1991, em seu artigo 22, §1º: Lei nº 7.787. Art. 3º. A contribuição das empresas em geral e das entidades ou órgãos a ela equiparados, destinada à Previdência Social, incidente sobre a folha de salários, será: I - de 20% sobre o total das remunerações pagas ou creditadas, a qualquer título, no decorrer do mês, aos segurados empregados [...] § 2º. No caso de bancos comerciais, bancos de investimentos, bancos de desenvolvimento, caixas econômicas, sociedades de crédito, financiamento e investimento, sociedades de crédito imobiliário, sociedades corretoras, distribuidoras de títulos e valores mobiliários, empresas de arrendamento mercantil, cooperativas de crédito, empresas de seguros privados e de capitalização, agentes autônomos de seguros privados e de crédito e entidades de previdência privada abertas e fechadas, além da contribuições referidas nos incisos I e II, é devida a contribuição adicional de 2,5% sobre a base de cálculo referida no inciso I.
Lei nº 8.212/81, Art. 22 [...] § 1º. No caso de bancos comerciais, bancos de investimentos, bancos de desenvolvimento, caixas econômicas, sociedades de crédito, financiamento e investimento, sociedades de crédito imobiliário, sociedades corretoras, distribuidoras de títulos e valores mobiliários, empresas de arrendamento mercantil, cooperativas de crédito, empresas de seguros privados e de capitalização, agentes autônomos de seguros privados e de crédito e entidades de previdência privada abertas e fechadas, além das contribuições referidas neste artigo e no art. 23, é devida a contribuição adicional de dois vírgula cinco por cento sobre a base de cálculo definida nos incisos I e III deste artigo.

[44] "De ser ver que, em uma análise mais profunda, refulge indesviável a conclusão de que o ADRAT, apesar de sua nomenclatura, e a CRAT (Contribuição ao RAT), são tributos distintos. A despeito de diversas características em comum, além do sobrenome, enquanto tributos não vinculados e finalísticos, têm fatos geradores distintos, destinações (legitimação) pré-definidas e fundamentos distintos. Enquanto o pressuposto fático da CRAT consiste na prestação de serviços, de forma habitual, por segurado(s) vinculado(s) ao RGPS, que enseje o pagamento de remuneração (com caráter sinalagmático e contraprestacional) que provoque repercussões na aposentadoria ou demais benefícios que venham a ser concedidos no futuro (integre salário de contribuição), o fato gerador do ADRAT pressupõe, de forma indesviável (além dos requisitos pressupostos à CRAT), a exposição efetiva a risco apto a ensejar a concessão de aposentadoria especial. Frise-se, com a merecida ênfase, que a incidência da ADRAT e a possibilidade de concessão da aposentadoria especial são absolutamente indissociáveis. Portanto, quando o segurado tiver direito ao cômputo de tempo de forma excepcional (para a concessão de aposentadoria especial), será devida a contribuição social adicional para o custeio da aposentadoria especial. Por outro lado, não sendo possível a aposentadoria especial (ou cômputo de tempo especial), não deve a empresa recolher

ros, que, conquanto não sejam, a rigor, previdenciárias, oneram significativamente a mesma base tributável (de modo geral: SESI/SENAI/SESC/SENAC/SEST/SENAT/SENAR/SESCOOP: 2,5%; SEBRAE: 0,6%; salário-educação: 2,5%; INCRA: 0,2%),[45] além da própria contribuição retida dos empregados (progressiva e com alíquota marginal de até 14% do salário-de-contribuição).[46]

Ainda que variável de acordo com a atividade econômica desempenhada pelo contribuinte, pode-se estimar, assim, que a incidência tributária sobre a remuneração dos empregados é de 26%, podendo alcançar de 32% a 38% caso haja incidência do Adicional à Contribuição

---

a contribuição ADRAT. Os critérios para enquadramento de suas respectivas alíquotas também são diferentes. Enquanto as alíquotas da CRAT (1%, 2% ou 3%) variam em função dos riscos (respectivamente leve, médio ou grave) inerentes à atividade que absorve a maior parte dos segurados de um determinado estabelecimento (critério coletivo, que pressupõe uma análise conjuntural no âmbito de um determinado estabelecimento), as alíquotas do ADRAT (6%, 9% ou 12%) variam em função da nocividade dos agentes insalubres a que cada segurado (critério individual) está efetiva, mandatória, habitual e permanentemente exposto. Também sob o ponto de vista da destinação do produto arrecadado da CRAT e do ADRAT, outra não é a conclusão: são contribuições com destinações específicas distintas. O ADRAT, diferentemente da CRAT, tem por finalidade estrita o custeio de aposentadorias especiais e, por isso, inexistindo o direito à aposentadoria especial, inexistirá fundamento e legitimidade à sua cobrança. Patente, pois a distinção entre a CRAT e o ADRAT. São dois tributos (contribuições sociais) distintos, malgrado a denominação atribuída à segunda e sua pretensa conformação como mero incremento à primeira" (Cf. BATISTA JÚNIOR, Onofre Alves; SILVA, Paulo Roberto Coimbra et al. *O Adicional à Contribuição ao Risco Ambiental do Trabalho (ADRAT) e a aposentadoria especial*. Belo Horizonte: D'Plácido, 2020, p. 22-23).

[45] A alíquota efetiva das contribuições destinadas a terceiros variará de acordo com a classificação das atividades (geralmente, enquadradas nos códigos do Fundo de Previdência e Assistência Social – FPAS) que o contribuinte exercer e poderá ser destinada, além das entidades mencionadas, ao Fundo Aeroviário e à Diretoria de Portos e Costas (DPC). Nesse sentido, a título de exemplo, as sociedades empresárias que tenham como atividade principal, dentre outras, a fabricação de aeronaves ou o transporte aéreo de passageiros (Código FPAS 558), não deverão recolher nenhuma contribuição destinada ao Sistema S, mas ao Fundo Aeroviário, na alíquota de 2,5% sobre a folha de pagamentos, além de recolherem ao INCRA (0,2%) e ao salário-educação (2,5%). Como outro exemplo, tem-se que as cooperativas de produção rural, além de recolherem o salário-educação (2,5%) e ao SESCOOP (2,5%), também contribuem ao INCRA em uma alíquota majorada de 2,7%, perfazendo-se uma alíquota efetiva (total) de 7,7%, alíquota máxima possível das contribuições a terceiros dentre todas as combinações possíveis.

[46] Com a promulgação da Emenda Constitucional nº 103, de 12 de novembro de 2019, ficou previsto, em seu artigo 28, que até lei ulterior que venha a alterar as alíquotas de contribuição de que trata a Lei nº 8.212/1991, devidas pelo segurado empregado, inclusive o doméstico, e pelo trabalhador avulso, estas serão aplicadas de forma progressiva sobre o salário de contribuição, incidindo cada alíquota sobre a faixa de valor compreendida nos seguintes limites: (I) até 1 (um) salário-mínimo, 7,5% (sete inteiros e cinco décimos por cento); (II) acima de 1 (um) salário-mínimo até R$ 2.000,00 (dois mil reais), 9% (nove por cento); (III) de R$ 2.000,01 (dois mil reais e um centavo) até R$ 3.000,00 (três mil reais), 12% (doze por cento); e (IV) - de R$ 3.000,01 (três mil reais e um centavo) até o limite do salário de contribuição, 14% (quatorze por cento)

ao Risco Ambiental do Trabalho (ADRAT), além de até 14% que deve a empresa recolher como substituta tributária mediante retenção, a par de 8% a título de FGTS e, em geral, 5,8% destinados a terceiros. Nessa toada, *53,8% da folha de salários podem ser onerados com tributos que incidem sobre a folha de salários* (em alguns casos esse limite pode ser extrapolado, podendo alcançar 65,8% a depender da alíquota de ADRAT eventualmente aplicável).[47] Em outras palavras: *uma tributação de mais de 50% incide sobre os ganhos do trabalho recebidos pelos trabalhadores-consumidores que vêm se vulnerabilizando.*

Desde 1994, a União tem lançado mão das contribuições sociais para abastecer seu orçamento fiscal, em manobra ofensiva a todo o sistema tributário nacional, como já apontado em outra oportunidade.[48] A criação do "sistema paralelo de contribuições" representa ofensa ao ideal democrático-descentralizador-redistribuidor da CRFB/1988 e ao princípio federativo, pois seu intuito e seu efeito foram de evitar a repartição dos recursos arrecadados por meio dos impostos com os entes federados menores.[49] O problema, que vale ser destacado na presente análise, é que, *além da violação ao princípio federativo, tal sistema viola o sentido constitucional de redistribuição, pois receitas que, por imposição constitucional, deveriam ser afetadas a propósitos sociais, de proteção social, por exemplo, passam a ser utilizadas como paliativo para lidar com o desequilíbrio financeiro, inclusive para amortizar a dívida pública. Para piorar, tributos que incidem sobre a folha de salários de trabalhadores que vêm se vulnerabilizando foram usados para cobrir déficits orçamentários da União com o pagamento de juros para rentistas que aplicam em títulos públicos!* A questão beira mesmo

---

[47] Isso sem falar dos encargos de natureza trabalhista, como as provisões para o 13º salário e para o pagamento de férias e seu adicional, do adicional da cota patronal para os bancos etc. E nem se incluem, no já elevado percentual apontado, a inexorável tributação sobre rendimentos auferidos (IRPF até 27,5%) e consumidos (IPI, ICMS, ISS, PIS e COFINS, cuja soma pode variar de produto a produto, e entre diferentes Estados e Municípios, mas pode-se considerar razoável, sobre o consumo, considerando-se os tributos federais, estaduais e municipais, uma alíquota total média próxima de 30%), além de outros tributos, atingindo-se não raro a um *dispêndio de mais de 100% de oneração da fonte!* Refulge também ululante o contraste entre o rendimento líquido do empregado (descontados impostos de renda e contribuição previdenciária) e os encargos totais suportados pela sociedade empresária com este, que facilmente podem alcançar o dobro ou mesmo o triplo do rendimento líquido do empregado.

[48] Cf. BATISTA JÚNIOR, Onofre Alves; MARINHO, Marina Soares. A DRU e a deformação do sistema tributário nacional nestes 30 anos de Constituição. *Revista de Informação Legislativa*: RIL, v. 55, n. 219, p. 27-52, jul./set. 2018. Disponível em: http://www12.senado.leg.br/ril/edicoes/55/219/ril_v55_n219_p27.

[49] *Ibidem.*

o absurdo porque serve tão somente para promover o fluxo de recursos dos mais pobres e carentes para os mais ricos. Essa é a cruel verdade.

Ademais disso, Dornelles explica que a União ampliou sua arrecadação com contribuições sociais, não por técnica tributária, mas para burlar o princípio federativo:

> Essa não foi apenas uma questão tributária, no sentido mais restrito. A questão federativa foi decisiva. Como reação à descentralização da reforma de 1988, a União passou a cobrar cada vez mais contribuições – e mesmo taxas –, e, em consequência, reduziu a importância relativa dos impostos, cuja receita era compartilhada com Estados e Municípios. Foi no bojo dessas mudanças que foram criadas a COFINS, a CSLL, a CPMF e as CIDEs. Além de afetar o equilíbrio federativo, a justiça social e a eficiência econômica também foram prejudicadas, porque muitas dessas contribuições têm natureza regressiva e cumulativa. São cobradas de forma invisível, embutidas nos preços dos bens e serviços, e, hoje, já propiciam uma arrecadação maior que aquela derivada dos impostos clássicos.[50]

O "sistema paralelo de contribuições" tomou força com a Desvinculação das Receitas da União (DRU), medida conhecida anteriormente como Fundo Social de Emergência (FSE) e como Fundo de Estabilização Fiscal (FEF). A DRU é um mecanismo que possibilita a desvinculação do percentual de 30% das receitas obtidas com contribuições sociais vinculadas à Seguridade Social, CIDEs, taxas federais etc. Mesmo com todos os problemas já mencionados, o STF entendeu pela sua constitucionalidade, no julgamento do RE nº 537.610/RS. Ademais, firmou entendimento de que, ainda que haja inconstitucionalidade parcial da desvinculação de receitas, não é cabível a devolução do percentual de desvinculação ao contribuinte se esta tributação em si não for considerada inconstitucional ou ilegal.

As contribuições incidentes sobre a folha de salários e os rendimentos do trabalho possuem uma lógica de incidência distinta dos tributos sobre o consumo, e isso explica a diferença em sua repercussão econômica. Enquanto os tributos sobre o consumo são cobrados sobre a aquisição de bens e serviços e, frequentemente, repassados ao consumidor final, as contribuições sobre os rendimentos do trabalho

---

[50] Cf. DORNELLES, Francisco Oswaldo Neves. O sistema tributário da Constituição de 1988. In: *Constituição de 1988*: o Brasil 20 anos depois. Brasília: Senado Federal, 2008. v. 4, p. 11.

recaem diretamente sobre a relação entre empregador e empregado. Essa distinção estrutural resulta em impactos econômicos e sociais diferentes. Os tributos sobre o consumo tendem à regressividade, pois são pagos por todos os consumidores, independentemente de sua capacidade contributiva. Como o custo do tributo é embutido nos preços dos produtos e serviços, os consumidores de menor renda acabam destinando uma parcela proporcionalmente maior de seus rendimentos para quitá-los, porque poupam pouco ou quase nada. Esse repasse também pode desestimular o consumo, afetando a demanda agregada e, por extensão, o crescimento econômico.

Por outro lado, as contribuições incidentes sobre salários e rendimentos do trabalho têm como base o rendimento individual ou a folha de pagamento das empresas. Essas contribuições, portanto, não são repassadas de forma direta aos preços de bens e serviços, mas podem afetar o custo de contratação da mão de obra. Para os empregadores, contribuições mais elevadas podem significar um aumento nos encargos trabalhistas, o que pode desestimular a criação de empregos formais ou levar à redução dos salários líquidos. Contudo, a maior parte desses recursos é destinada a financiar políticas de seguridade social, como aposentadorias e benefícios assistenciais, retornando à sociedade por meio de serviços públicos.

Por essas razões, enquanto os tributos sobre consumo tendem a repercutir amplamente na economia, impactando preços e a capacidade de compra da população, as contribuições sobre a folha de salários e rendimentos do trabalho possuem uma repercussão mais localizada, influenciando diretamente a relação entre empregadores e trabalhadores e o financiamento das políticas sociais. Essa diferença na repercussão reflete não apenas suas bases de cálculo distintas, mas também suas finalidades e impactos sociais.

As contribuições incidentes sobre a folha de salários e rendimentos do trabalho são, em teoria, vinculadas a objetivos claros, como a garantia de aposentadorias, pensões, seguro-desemprego e outros benefícios sociais. Essa vinculação é fundamental para dar legitimidade a esses tributos e para justificar os custos que eles impõem tanto aos empregadores quanto aos trabalhadores. Quando ocorre a desvinculação, esse desvio de recursos prejudica, sobretudo, a percepção de justiça fiscal. Os empregadores, que enfrentam elevados encargos trabalhistas, e os trabalhadores, que veem uma parte significativa de seus rendimentos destinada às contribuições, podem questionar o custo-benefício de tais tributos quando o vínculo com os serviços e benefícios sociais se enfraquece. Além disso, a DRU pode limitar o financiamento adequado das políticas de seguridade social, proteção social, forçando o governo a buscar outras fontes de recursos ou a adotar políticas de austeridade e restringir benefícios, ampliando as tensões nas relações de trabalho.

Para os empregadores, o impacto também se reflete no custo de contratação de mão de obra. A ausência de uma clara destinação dos recursos recolhidos pode tornar os encargos trabalhistas ainda mais onerosos e menos defensáveis, incentivando estratégias de redução de custos, como a informalidade ou a automatização, o que afeta negativamente o mercado de trabalho formal. Assim, a DRU fragiliza um dos pilares das contribuições sociais: a destinação específica e visível para o financiamento da seguridade social. Com isso, compromete a legitimidade (visto que a tributação se legitima no Estado Redistribuidor como forma de redistribuir o produto social) e a efetividade dessas contribuições, aprofundando seus efeitos negativos nas relações entre empregadores e trabalhadores, ao mesmo tempo em que afeta a sustentabilidade das políticas públicas que justificam sua existência.

A alta oneração da folha de salários, que pode atingir, como visto, patamares de até 65%, representa um significativo desincentivo à criação e manutenção de empregos formais. Esse peso tributário sobre as relações de trabalho encarece a contratação de mão de obra, levando muitos empregadores a buscarem alternativas para reduzir custos, como a informalidade, a automatização ou até mesmo a redução do quadro de funcionários. Essas consequências não apenas dificultam a inclusão de trabalhadores no mercado formal, mas também impactam negativamente o desenvolvimento econômico e social, especialmente na perspectiva de Amartya Sen.

Para Sen, o desenvolvimento vai além do crescimento econômico; trata-se de expandir as liberdades substantivas das pessoas, permitindo-lhes viver a vida que valorizam. O emprego formal, nesse sentido, desempenha um papel crucial, porque garante renda estável, acesso a direitos trabalhistas e à seguridade social, reduzindo a vulnerabilidade econômica e social. Quando a alta oneração da folha de salários desestimula a geração de empregos formais, favorece a precarização das condições de trabalho e amplia a desigualdade, dois fatores que restringem as oportunidades e liberdades dos indivíduos. Favorece-se o surgimento do "precariado".[51]

Além disso, a informalidade, muitas vezes decorrente da alta carga tributária, exclui os trabalhadores de importantes redes de proteção social, como aposentadoria e seguro-desemprego, e perpetua ciclos de pobreza e desigualdade. Isso é particularmente grave em economias em que a base da população depende do trabalho como única fonte de renda. A desigualdade resultante dessa dinâmica contraria o objetivo do desenvolvimento, visto que limita a capacidade de amplas camadas da população de acessar oportunidades e melhorar suas condições de vida. Portanto, *a elevada tributação sobre a folha de salários não apenas desestimula a geração de empregos, mas também prejudica o desenvolvimento, ao restringir as liberdades e aumentar as desigualdades estruturais.* Sob a ótica de Sen,[52] essa configuração impede que as políticas tributárias contribuam para a construção de uma sociedade mais equitativa e justa, minando o próprio propósito do desenvolvimento sustentável.

A questão é mais nociva ainda. A tributação sobre a folha de salários favorece o desemprego, como visto, portanto, reduz de forma reflexa e potencialmente o consumo. Ao reduzir o consumo, estimula a espiral recessiva, porque novamente o desemprego é tendencialmente favorecido e, assim, agrava-se o círculo vicioso que conduz à miséria e ao retrocesso econômico.

Por outro giro, a tributação sobre a folha é cumulativa. Na exportação, o tributo sobre a folha, por isso, acaba por ficar embutido no preço do bem ou serviço oferecido no comércio internacional, reduzindo a competitividade do Brasil no comércio exterior. Na importação, da mesma forma, se os produtos importados chegarem ao país sem trazer esses tributos embutidos no preço, aquilo que é produzido no Brasil fica comparativamente mais caro, porque tem em seu preço o peso dos tributos sobre a folha de pagamento. O país perde em competitividade e isso termina por gerar desemprego e daí, novamente, por estimular a espiral recessiva.

Na Era da Recessão, o grave problema do desemprego reclama, pelo menos a princípio, sob pena de se colocar em risco a paz social, os mecanismos mais ortodoxos do seguro-desemprego ou da geração de trabalho. A resposta mais imediata sempre dada é a de se promover

---

[51] BATISTA JÚNIOR, *op. cit.* 2015.
[52] SEN, *op. cit.* 2015.

desenvolvimento, que gera trabalho e receita tributária, e soluciona, pelo menos temporariamente, o dilema. Entretanto, é consabido que essa alternativa não pode ser eternizada e nem se pode acreditar seriamente no mito do crescimento econômico incessante e eterno, em especial quando os recursos naturais do planeta se esgotam e o meio ambiente dá sinais de colapso.

Ora, no século XXI, seja qual for o modelo político ou econômico, toda discussão deve se dar em meio a um confronto inarredável: de um lado, uma massa significativa de hipossuficientes que clama por condições de vida digna e a cobrança popular para que se aprimore e melhore a prestação dos serviços públicos; de outro, o desejo do capital de ver a carga tributária minimizada e certa tentativa de resguardo dos fundamentos do liberalismo. Uma questão pode ser considerada certa: a desigualdade social reclama a manutenção do modelo de Estado Tributário Redistribuidor, que não pode descumprir seu desiderato social. Nesse compasso, as dificuldades decorrentes da manutenção de uma carga tributária mais elevada devem dar ensejo a um embate aceso entre capital e Estado. Por outro lado, o capital financeiro tem pressionado os governos a negar emprego, educação, saúde e outros serviços sociais à população, impondo um sofrimento além do suportável aos hipossuficientes.

Na Era da Recessão, as limitadas possibilidades das prescrições neoliberais além de traduzir retrocessos sociais, já colocam em causa a paz social e, da mesma forma, corroem a estabilidade dos governos, uma vez que os eleitores não tendem a manter ininterruptamente representantes políticos sempre propensos a tomar medidas recessivas. Paralelamente, tudo isso acaba por proporcionar certa descrença generalizada com a política, o que acaba abrindo margem para políticas populistas, recheadas de promessas ousadas que obviamente não podem ser cumpridas. O resultado é sempre miséria acompanhada da falta de democracia, ou seja, regimes autoritários de opressão à massa de trabalhadores (formais e informais), que assim se tornam também politicamente vulneráveis. Os plutocratas se defendem do caos apoiando autocratas, para assim manterem à força sua posição favorecida.

Olhando os reflexos de longo prazo, a pretensamente ingênua DRU favorece com toda a certeza uma espécie de abertura da "caixa de Pandora". A tributação sobre a folha mina o desenvolvimento econômico e acaba por não proporcionar benefícios para a massa de vulneráveis. O tributo com finalidade social recebe da DRU um ataque antissocial.[53]

Além disso, *o Estado não pode adotar políticas que tendencialmente favoreçam o desemprego, pois ele próprio não é mais capaz de suprir a demanda por emprego*. O Estado, que em outras épocas assumiu o encargo de mitigar o problema do desemprego, tornando-se ele mesmo um "empregador de última instância", na Era da Recessão, premido por déficits e dívidas, já não é capaz de promover e arcar com grandes contratações. O desemprego, na Era da Recessão, não é cíclico, mas estrutural e o Estado Tributário enfraquecido pelas guerras fiscais da modernidade líquida vem perdendo sua capacidade de intervir e de assistir aos necessitados, deixando desguarnecido o corpo de cidadãos, que só pode contar, agora, com o assistencialismo do Estado Redistribuidor (também fragilizado).

O grave problema trazido por um tributo fraudulento chamado CSLL

Outro problema se avulta, especialmente em face dos indícios de que 90% dos empreendimentos brasileiros são Micro e Pequenas Empresas (MPEs), que respondem por *aproximadamente* 30% do PIB e por mais de 50% dos postos de trabalho existentes no País.[54] Esse problema é o que denominamos *efeito cascata do aumento das alíquotas da Contribuição Social sobre o Lucro Líquido (CSLL) sobre instituições financeiras*. Em 2022, o Governo Federal editou a Medida Provisória nº 1.115, que determinou o aumento das alíquotas da CSLL de 20% para 21% para os bancos, que são especificamente responsáveis pela maior parte da

---

[53] A Emenda Constitucional nº 103, de 2019, por certo, reduziu o problema, ao incluir, sobretudo, o 4º no art. 76 do ADCT/CRFB/1988.
Art. 76. São desvinculados de órgão, fundo ou despesa, até 31 de dezembro de 2032, 30% (trinta por cento) da arrecadação da União relativa às contribuições sociais, sem prejuízo do pagamento das despesas do Regime Geral de Previdência Social, às contribuições de intervenção no domínio econômico, às taxas e às receitas patrimoniais, já instituídas ou que vierem a ser criadas até a referida data. [...]. §2º. Excetua-se da desvinculação de que trata o *caput* a arrecadação da contribuição social do salário-educação a que se refere o §5º do art. 212 da Constituição Federal. [...]. §4º. A desvinculação de que trata o *caput* não se aplica às receitas das contribuições sociais destinadas ao custeio da seguridade social.

[54] Cf. ABDi, Agência Brasileira de Desenvolvimento Nacional. Maturidade Digital das MPEs Brasileiras. 2022. Disponível em: https://api.abdi.com.br/file-manager/upload/files/Mapa_da_Digitaliza%C3%A7%C3%A3o_das_MPEs_Brasileiras__1___1_.pdf. Acesso em: 16 nov. 2024.

intermediação financeira no país, e de 15% para 16%, para as demais instituições financeiras. Paralelamente, as empresas de indústria, comércio e prestação de serviços permanecem submetidas à alíquota geral de 9%. Essa diferenciação tem como justificativa a maior lucratividade do setor financeiro, mas provoca debate acerca dos impactos econômicos e sociais da medida.

Quando as alíquotas da CSLL são elevadas, os bancos enfrentam uma redução líquida de seus lucros, o que, por sua vez, os leva a buscar mecanismos para repassar esses custos adicionais. A forma mais direta de compensação é o aumento das taxas de juros e do *spread* bancário, que refletem o custo adicional da operação financeira para os consumidores finais. Esse aumento no custo do crédito tem efeitos desproporcionais sobre os indivíduos e empresas com menor capacidade econômica. Para aqueles que não têm capital próprio e que dependem de financiamentos bancários para sustentar investimentos ou atender a necessidades básicas, o encarecimento do crédito torna mais difícil acessar recursos financeiros essenciais. Em um contexto de crise econômica ou estagnação, o impacto é ainda mais acentuado, pois os tomadores de crédito já enfrentam dificuldades financeiras e são, muitas vezes, obrigados a lidar com juros mais altos, agravando sua vulnerabilidade econômica.

Além disso, o encarecimento do crédito também desestimula o empreendedorismo e a atividade produtiva, uma vez que aumenta o risco financeiro associado a novos investimentos. Especialmente as Micro e Pequenas Empresas (MPEs), que frequentemente dependem de empréstimos para expansão ou manutenção de suas operações, são prejudicadas. Como resultado, o aumento das alíquotas da CSLL contribui tendencialmente para um ambiente econômico menos dinâmico, desestimulando o crescimento e reduzindo as oportunidades de geração de empregos. Esse efeito em cascata, gerado pelo aumento das alíquotas, perpetua um círculo vicioso. O custo elevado do crédito tende a aumentar os níveis de inadimplência, o que, por sua vez, pressiona ainda mais os bancos a elevar seus *spreads* para compensar o risco adicional.

Esse ciclo prejudica particularmente as pessoas de menor capacidade econômica, contrariando os princípios constitucionais da proporcionalidade e da capacidade contributiva, que deveriam guiar a política tributária. Tal dinâmica reforça desigualdades econômicas e dificulta o acesso ao crédito por aqueles que mais precisam, destacando os efeitos negativos dessa política fiscal. Portanto, o efeito cascata gerado pela elevação da CSLL sobre instituições financeiras, especialmente sobre os bancos, também representa uma trava ao desenvolvimento, posto que, tendencialmente, desfavorece principalmente pessoas com menor capacidade econômica. Isso porque, agradando ou não, a CSLL cobrada dos bancos acaba repercutindo para os tomadores de dinheiros, que são os mais vulneráveis nesse Brasil de juros estratosféricos. Se o custo do dinheiro é exagerado em razão da alta lucratividade dos bancos, nos dias de hoje, o governo federal abocanha mais da metade dos ganhos relativos ao *spread* sob a forma de CSLL e quem paga a conta é o tomador do dinheiro. Investir na produção e gerar empregos nesse Brasil dos rentistas, dessa forma, exige mais do que coragem!

Em suma, tributos de difícil repercussão, tais como as contribuições especiais incidentes sobre a folha de salários, podem se tornar um obstáculo ao desenvolvimento quando desviados de sua finalidade constitucional de financiamento da seguridade social e, assim, de redistribuição. Como visto, sob a ótica jurídica, tais contribuições, vinculadas por natureza a finalidades sociais, legitimam-se pelo princípio da capacidade contributiva e pela busca da justiça redistributiva. Contudo, sua utilização para outros fins, como a cobertura do déficit público por meio da Desvinculação de Receitas da União (DRU), enfraquece a confiança na destinação fiscal e agrava a carga sobre as relações de emprego formal, encarecendo a contratação de mão de obra e estimulando a informalidade. Paralelamente, a adoção de políticas que dificultam o crédito também gera vulnerabilidades. Isso contradiz diretamente a concepção de desenvolvimento, sobretudo a proposta por Amartya Sen, que associa o desenvolvimento à ampliação das liberdades substantivas, como o acesso a saúde, educação e trabalho digno. Ainda que a liberdade substantiva não se confunda com a mera existência de renda ou emprego, inequivocadamente esses fatores tendem a *ampliar as capacidades dos* indivíduos.

Regressividade da tributação do consumo, baixa progressividade da tributação da renda e da herança e reformas setoriais

Na era pós-industrial, em que empresas transnacionais estruturadas em redes fragmentam suas produções e transferem operações entre países para aproveitar benefícios fiscais, os rendimentos do capital, em sua grande maioria, escapam do imposto de renda, ao passo que o ônus tributário tende a recair sobre os trabalhadores. Desde o início da década de 1980, com a flexibilização dos controles cambiais, a carga tributária sobre os rendimentos do capital em diversos países desenvolvidos tem se aproximado de zero ou diminuído significativamente. Como consequência, os estados que tradicionalmente dependiam das receitas do imposto de renda têm sido forçados a aumentar impostos considerados regressivos, como é o caso dos tributos sobre o consumo agravando as desigualdades no sistema tributário. Todavia, esse cenário representa um problema que, infelizmente, é evidenciado no Brasil. A regressividade do sistema tributário é fator catalizador da concentração de renda e da desigualdade, razão pela qual, neste tópico, outros três entraves tributários ao desenvolvimento serão abordados. Nessa linha, serão tratadas neste tópico três travas tributárias ao desenvolvimento: 4º) a regressividade da tributação sobre o consumo; 5º) a baixa progressividade da renda e da herança; e 6º) a realização de reformas tributárias setoriais.

Como Piketty[55] explica, os impostos progressivos não desempenham um papel pequeno na redistribuição moderna. Especialmente a tributação sobre rendas ou patrimônios mais elevados pode ter um impacto considerável na estrutura da desigualdade, tendencialmente a agravando, se regressiva, ou a mitigando, se progressiva. Por outro lado, a alta regressividade do atual modelo de tributação brasileira, se mantida e intensificada, provavelmente agravará também a concentração de riqueza e a desigualdade. Nesse sentido, a regressividade da tributação constitui um obstáculo ao desenvolvimento.

Não há novidade na constatação de que o capitalismo vem sendo privado de legitimidade em razão das ânsias de incremento do lucro,[56] que conduzem esse sistema ao bloqueio sistemático de iniciativas tendentes à redução da concentração do capital e ao aumento da distribuição de riquezas. Como afirma Maurício Godinho Delgado,[57] "a economia de mercado não visa à procura da equidade, de justiça social, porém à busca da eficiência, da produtividade e do lucro". Nessa linha, Piketty acertadamente constata que a desigualdade tributária, que caracteriza os sistemas tributários regressivos, pode diminuir o consenso social sobre o sistema tributário, cuja legitimidade, junto ao próprio modelo

---

[55] PIKETTY, *op. cit.* p. 614.
[56] Cf. BECK, Ulrich. Capitalismo sem trabalho. *Ensaios FEE*, Porto Alegre, v. 18, n. 2, p. 47, 1997. Disponível em: https://revistas.planejamento.rs.gov.br/index.php/ensaios/article/view/1882. Acesso em: 5 dez. 2024.
[57] Cf. DELGADO, Maurício Godinho. *Capitalismo, trabalho e emprego*: entre o paradigma da destruição e os caminhos da reconstrução. São Paulo: LTr, 2006, p. 122.

capitalista, permanece ameaçada,[58] visto que não há como justificar um sistema de arrecadação que impõe uma carga tributária maior sobre os mais pobres, enquanto protege os mais ricos das maiores exações.

Isto posto, destaca-se que no Brasil a regressividade do sistema tributário não deve ser observada apenas sob a ótica do consumo. As heranças, cuja expressão em valor, entre os mais ricos, tende a aumentar em razão da concentração contínua do capital, são pifiamente tributadas, ao passo que a tributação sobre a renda é pouco progressiva e a tributação do consumo é a maior. A regressividade, especialmente na tributação do consumo, e a baixa tributação das heranças e do patrimônio são problemas inafastáveis para a compreensão dos entraves tributários ao desenvolvimento. Afinal, o grande problema da cumulação de riquezas sequer é geracional, mas é sobretudo intergeracional.

A tributação sobre o consumo representou, de acordo com o Instituto Fiscal Independente (IFI),[59] 40,2% da arrecadação total do Estado brasileiro, em 2022, e uma média de 44,3% nos 13 anos anteriores. Complementarmente, o Centro de Pesquisa em Macroeconomia das Desigualdades da Universidade de São Paulo (Made/USP), no *working paper "Previdência e assistências sociais, auxílios laborais e tributos: características redistributivas do Estado brasileiro no século XXI"*,[60] demonstrou a regressividade da tributação sobre o consumo no Brasil.

O sistema tributário brasileiro é regressivo, em razão de uma tributação majoritariamente indireta, sustentada por tributos como o ICMS, a Contribuição ao PIS, a COFINS e o IPI[61] (e agora pelo IBS, CBS, que juntos devem proporcionar uma alíquota maior do que 26%). Esses tributos gravam proporcionalmente mais as famílias de baixa renda, pois a maior parte da renda dessas famílias é destinada ao consumo de bens e serviços básicos. Por outro lado, as famílias mais ricas, que gastam uma fatia menor da sua renda com serviços básicos, podem poupar mais e destinar seus gastos a outros fins, razão pela qual o

---

[58] PIKETTY, *op. cit.*

[59] Cf. PESTANA, Marcus. *Estudo Especial nº 19:* Reforma Tributária: contexto, mudanças e impactos. Brasília: IFI, Instituto Fiscal Independente, 2024.

[60] Cf. SILVEIRA, Fernando Gaiger; PALOMO, Theo Ribas; CORNELIO, Fernando Moraes; TONON, Marcelo Resende. *Previdência e assistências sociais, auxílios laborais e tributos*: características redistributivas do Estado brasileiro no século XXI (Working Paper nº 007). Made/USP. Rio de Janeiro: Centro de Pesquisa em Macroeconomia das Desigualdades, 2022.

[61] *Ibidem*, 2022.

impacto da tributação do consumo sobre suas finanças é muito mais gravoso do que sobre as finanças dos mais pobres.

A Pesquisa de Orçamentos Familiares (POF) de 2017-2018 mostra que as alíquotas efetivas dos tributos indiretos são consideravelmente mais altas para os estratos de renda mais baixos, mesmo quando comparadas a tributos diretos, cuja progressividade, mesmo existente, é ínfima. Os 10% mais pobres destinam 23,42% de sua renda total ao pagamento de tributos indiretos. Os 10% mais ricos alocam para isso apenas 8,62%.[62] Isso demonstra que o sistema tributário brasileiro penaliza os mais vulneráveis.

Como explicou a pesquisa, a regressividade exacerbada da tributação indireta no Brasil decorre principalmente (I) da baixa possibilidade de poupança entre os mais pobres; (II) da reduzida margem orçamentária das classes intermediárias; e (III) da significativa parcela de renda dos mais ricos que não é direcionada ao consumo. O estrato dos 20% mais pobres enfrenta um déficit de 15,9% na relação entre despesas de consumo e renda, enquanto, no extrato dos 20% mais ricos, a renda excede as despesas de consumo em 70%.[63]

A pesquisa do Made/USP evidencia que os tributos diretos apresentam alguma progressividade, dado que os 10% mais ricos têm aproximadamente 10,6% de sua renda gravada por impostos diretos, ao passo que os 10% mais pobres têm 3,1% de sua renda gravada por esses tributos. No entanto, essa diferença é insuficiente diante da discrepância de rendimentos entre os estratos, uma vez que a renda do grupo mais rico é 36,4 vezes maior que a dos mais pobres.

Outro aspecto crítico é a composição dos tributos diretos, como o IPTU e o IPVA, que representam uma maior proporção do total de impostos pagos pelos grupos mais pobres (41% e 19%, respectivamente) em comparação com os mais ricos (9% e 7%).[64] Isso revela não apenas uma disparidade na carga tributária relativa, mas também um desalinhamento com a distribuição da riqueza, que permanece altamente concentrada.

Destaca-se que a maior progressividade dos tributos diretos não diminui nem compensa a regressividade dos indiretos.[65] Tributar mais

---

[62] *Ibidem*, 2022. p. 25.
[63] *Ibidem*, 2022. p. 23.
[64] *Ibidem*, 2022. p. 20-21.
[65] *Ibidem*, 2022. p.30

a renda dos mais ricos, mantendo o peso sobre a tributação do consumo, não resolve o problema da regressividade. Em verdade, o problema no Brasil tem sido ineficazmente tratado a partir de paliativos, visto que alguns efeitos da regressividade podem ser *atenuados* (não eliminados) por meio de gastos sociais com políticas de transferências de renda,[66] tais como a Previdência Social e os programas de assistência, como o Bolsa Família.

Esses programas devem ser defendidos, mas eles não são suficientes para combater as desigualdades agravadas pelo sistema tributário regressivo. É necessário reconhecer que essa configuração regressiva do sistema tributário nacional reflete uma escolha política que, intencional ou não, perpetua a desigualdade. Por isso, é necessário que as escolhas políticas priorizem reformas que ampliem a base de incidência dos impostos diretos e reduzam a carga dos tributos indiretos. É fato que a construção da progressividade tributária no Brasil exige vontade política.

Na extensa pesquisa, o Made/USP conclui que as transferências previdenciárias, assistenciais e laborais desempenharam significativo papel na redução da desigualdade da renda primária, especialmente entre 2002/03 e 2017/18. As análises desse período evidenciaram uma significativa contribuição dessas políticas para a redistribuição da riqueza no Estado brasileiro. Contudo, a eficácia dessas medidas é limitada. De acordo com os pesquisadores,

> [...] reformas no sentido de simplificar bem como reduzir o peso da tributação indireta, via reduções de alíquotas e mudança de seu funcionamento para um imposto de valor agregado, podem significar tanto ganhos de eficiência como de equidade. Aliado a essas mudanças, uma elevação da progressividade da tributação direta se mostra promissora, uma vez que a literatura econômica passou a considerar cada vez mais o combate à desigualdade e a progressividade na tributação como elementos centrais para o desenvolvimento econômico.[67]

Isto posto, entende-se que a via mais adequada para aumentar a redistribuição, diminuir a desigualdade e conformar um sistema tributário que fomenta o desenvolvimento do Estado brasileiro é a realização de uma reforma global (não setorial, como a EC nº 132/2023) do sistema tributário. Aumentar a progressividade dos tributos diretos

---

[66] *Ibidem*, 2022.
[67] *Ibidem*, 2022. p. 46.

sobre renda e patrimônio, elevando a carga tributária sobre os mais ricos, é das estratégias mais eficazes para reduzir a desigualdade. Mas isso só não basta. A regressividade dos tributos indiretos também deve ser combatida por meio da diminuição dessa base de incidência e políticas de redistribuição de renda.

Em resumo, a regressividade da tributação sobre o consumo representa um obstáculo ao desenvolvimento porque impõe uma carga desproporcionalmente maior às famílias mais vulneráveis, que destinam uma parcela significativa de seus ganhos para o consumo de bens e serviços essenciais. Tal estruturação do sistema tributário penaliza os mais vulneráveis, enquanto os mais ricos, que conseguem poupar e diversificar seus gastos, são proporcionalmente menos afetados. Isso amplia as desigualdades, limitando a capacidade dos mais pobres de melhorar sua condição socioeconômica, em desacordo com os princípios de justiça social e redistribuição presentes na Constituição de 1988. Por outro lado, a baixa progressividade da tributação sobre renda e herança reforça a concentração de riqueza, ao não tributar adequadamente os grandes patrimônios e altos rendimentos, enquanto onera mais proporcionalmente os rendimentos médios e baixos.

Além disso, as reformas tributárias setoriais (*e.g.* EC nº 132/2023) são medidas fragmentadas e potencialmente ineficazes, que não promovem uma mudança estrutural, mas sim ajustes pontuais que preservam as distorções e a regressividade do sistema. Além disso, reformas isoladas podem ampliar a regressividade do sistema e impedir uma redistribuição justa dos recursos, mantendo um *status quo* de desigualdade e dificultando o desenvolvimento sustentado e equitativo. Ao contrário disso, a vontade política deve se dirigir a reformas tributárias globais, que considerem todas as bases de incidência e implementem políticas tributárias efetivas de redistribuição do produto social. Não foi isso o que ocorreu em 2023 e, ao que tudo indica, não é o que ocorrerá com a vindoura reforma da tributação da renda, que pode sair em 2025 (se é que realmente sairá um dia!). Os principais prejudicados por essa fragmentariedade das reformas tributárias, como tem sido historicamente, serão os mais vulnerabilizados pela estrutura socioeconômica brasileira e, vale dizer, pelo próprio sistema tributário.

E cabe frisar: seja lá a teoria de justiça razoável que se quiser tomar, não se pode admitir como justo que a tributação recaia pesadamente sobre os trabalhadores em processo de "vulnerabilização", enquanto os herdeiros, que nada fizeram para merecer o naco de riqueza que sobre suas cabeças um dia cai, sejam tributados de forma módica. É na tributação insignificante da herança, talvez, que está o maior de todos os problemas da regressividade brasileira, porque é ela que agrava a desigualdade. E a desigualdade exagerada impede o desenvolvimento.

Enfim, enquanto o modelo tributário brasileiro reverencia a plutocracia, ele conspira contra o desenvolvimento nacional.

Considerações finais

As análises desenvolvidas ao longo do trabalho evidenciaram que o sistema tributário brasileiro, ao invés de promover justiça redistributiva, possui mecanismos que atuam como entraves ao desenvolvimento nacional por não reduzirem a desigualdade e a concentração de riquezas. A ausência de mecanismos de redistribuição eficazes intensifica a desigualdade social e perpetua ciclos de vulnerabilidade, impedindo a ampliação das liberdades substantivas dos indivíduos. Aspectos como a regressividade da tributação sobre o consumo, a baixa progressividade da tributação sobre renda e heranças, além do impacto das contribuições incidentes sobre a folha de salários, foram apontados como elementos estruturais que reforçam barreiras ao desenvolvimento.

O trabalho destacou que a estrutura tributária, ao se desviar de sua finalidade redistributiva, compromete políticas públicas essenciais e enfraquece a confiança da sociedade na justiça fiscal. A prática da desvinculação de receitas, somada à realização de reformas setoriais e fragmentadas, intensifica a regressividade do sistema, desvirtua seus propósitos constitucionais e dificulta a construção de um sistema tributário mais equitativo. Nesse contexto, as micro e pequenas empresas, assim como as camadas mais vulneráveis da população, acabam sendo especialmente penalizadas.

Já a superação dessas "travas tributárias ao desenvolvimento" requer um compromisso político com a realização de uma reforma tributária global, orientada pela justiça social e pela redistribuição de riqueza. Apenas por meio de um sistema tributário progressivo, justo e eficiente será possível fomentar um modelo de desenvolvimento que amplie as oportunidades e fortaleça as capacidades dos indivíduos. A transformação de um cenário de entrave ao desenvolvimento para um de promoção, portanto, exige o reconhecimento da tributação como um instrumento de promoção da igualdade e o fortalecimento das políticas públicas que garantam a justiça distributiva em consonância com os objetivos constitucionais e o ideal de redistribuição do produto social.

Enfim, essa ganância das elites acaba transformando-as em uma espécie de cobra que engole o chocalho!

Informação bibliográfica deste livro, conforme a NBR 6023:2018 da Associação Brasileira de Normas Técnicas (ABNT):

BATISTA JÚNIOR, Onofre Alves; GUIMARÃES, Samuel Giovannini Cruz. Travas tributárias ao desenvolvimento. *In*: SCAFF, Fernando Facury; DERZI, Misabel de Abreu Machado; BATISTA JÚNIOR, Onofre Alves; TORRES, Heleno Taveira (coord.). *Tributação, desigualdade e desenvolvimento*. Belo Horizonte: Fórum, 2025. p. 79-108. ISBN 978-65-5518-100-5.

FUNÇÃO SOCIOECONÔMICA DA TRIBUTAÇÃO: AGROTÓXICOS DIANTE DA REFORMA TRIBUTÁRIA DO CONSUMO

**BRUNO BASTOS DE OLIVEIRA,
RENATO RAMALHO**

1 Introdução

O artigo analisa o tratamento tributário conferido aos agrotóxicos no contexto da reforma tributária sobre o consumo, estabelecida pela Emenda Constituição (EC) nº 132/2023.

O novo sistema adota o modelo de Imposto sobre Valor Agregado Dual (IVA Dual), comumente utilizado em outros países,[1] e que abrange tributos sobre o consumo, em dois níveis federativos, prioritariamente sob uma alíquota uniforme e incidência não cumulativa, com destinação da arrecadação ao ente de destino das mercadorias e serviços.

A Emenda altera a estrutura constitucional-tributária do país e foi concebida a partir de cinco princípios fundamentais: simplicidade, transparência, justiça tributária, cooperação e defesa do meio ambiente – que, inclusive, foram incorporados ao §3º do art. 145 da Constituição Federal.

---

[1] CASTRO E SILVA, Eric; LIMA, Bruna Maria Nunes; CARVALHO, Vitória Bárbara da Silva. Reforma Tributária Brasileira: uma Comparação Prática com o Sistema Canadense. *Revista Direito Tributário Atual*, São Paulo, n. 56, p. 177-196, 2024, p. 180-181.

Para tanto, prevê, de forma gradativa, a substituição de cinco atuais tributos sobre o consumo (ISS, ICMS, IPI, COFINS e PIS) por dois novos: a Contribuição sobre Bens e Serviços (CBS), de competência da União, e o Imposto sobre Bens e Serviços (IBS), de competência compartilhada entre os estados, municípios e Distrito Federal.

Além disso, a EC nº 132/2023 também cria o Imposto Seletivo (IS), com caráter extrafiscal, para desestimular a produção e comercialização de produtos e serviços nocivos à saúde e ao meio ambiente.

No âmbito infraconstitucional, tramitam no Congresso Nacional diferentes projetos para a regulamentação das disposições da EC nº 132/2023. Para fins deste trabalho, ganha destaque o Projeto de Lei Complementar (PLP) nº 68/2024, que dispõe sobre normas a respeito do fato gerador, da definição de contribuintes, do creditamento para garantir a não cumulatividade, e de outros elementos vinculados ao IBS, à CBS e ao IS.

Este artigo, então, aborda o contexto dos agrotóxicos – produtos utilizados para o controle de pragas e doenças em plantações – na reforma do consumo, sobretudo a partir dos incentivos fiscais consagrados pelas normas da EC nº 132/2023 e pela atual redação do PLP nº 68/2024.[2]

Desde logo, esclarece-se que o conceito de incentivos fiscais utilizado neste trabalho é amplo, de modo a abranger normas constitucionais, legais e infralegais de tratamento privilegiado e com redução do ônus tributário de forma específica para determinado produto ou serviço ou, ainda, para grupo determinado de contribuintes.

2 A função socioeconômica da tributação

Os tributos passam a ganhar mais importância no seio de uma comunidade na medida em que se atribui ao Estado o dever de atuar, diretamente, para o progresso social e econômico da coletividade.

Se, por um lado, na formação do Estado liberal, a partir do século XVIII, predominou a preocupação em não se causar, por meio da tributação, empecilhos ao progresso individual dos particulares; por outro, no Estado de Bem-Estar Social, que ganhou força a partir do século XIX, a preocupação se voltou à utilização dos tributos como a base

---

[2] Neste trabalho, toma-se como base o texto aprovado na Câmara dos Deputados e remetido, em 7 de agosto de 2024, para apreciação do Senado Federal.

fundamental de financiamento da ampla gama de serviços públicos prestados pelo Estado.[3]

No Brasil, a concepção de Estado Democrático de Direito, diante da Constituição de 1988, pressupõe um modelo estatal que, além de respeitar liberdades públicas e promover melhorias sociais, tem o dever de provocar uma verdadeira transformação da sociedade, com especial atenção ao combate das desigualdades.[4]

Do ponto de vista da tributação, esse caráter transformador deve se materializar por um sistema tributário que contribua para a justiça social, formando-se o que parte dos autores[5] denomina de *Estado Fiscal Democrático de Direito*.

Na visão de Liam Murphy e de Thomas Nagel,[6] a função social da tributação, em um Estado Democrático de Direito, é manifestada de duas formas principais. A primeira é por meio da repartição entre o público e o privado, já que a tributação determina qual proporção dos recursos da sociedade vai estar sob o controle do Estado, a fim de custear as ações necessárias para suprir as necessidades públicas, e qual proporção será deixada na esfera da propriedade pessoal dos particulares, a ser utilizada de acordo com os interesses privados.

A segunda é através da distribuição das riquezas, sendo a tributação um dos principais fatores que estabelecem o modo pelo qual o produto social é dividido entre os diversos indivíduos, seja sob a forma de propriedade privada (por exemplo, com benefícios assistenciais) ou por meio de prestações estatais (por exemplo, serviços públicos de saúde e educação).

Além do mais, diante de um mundo predominantemente capitalista, ganha relevância, na análise da sua função social, a influência do tributo para a promoção do desenvolvimento econômico dos países. Para tanto, é preciso encontrar um equilíbrio da carga tributária: de um lado, mostra-se necessário impor limites a políticas públicas que pretendam majorar a tributação até um ponto confiscatório,

---

[3] SALDANHA SANCHES, José Luís. *Justiça Fiscal*. Lisboa: Fundação Francisco Manuel dos Santos, 2010, p. 25.
[4] MORAIS, Jose Luis Bolzan de. *As crises do Estado e da Constituição e a transformação espaço-temporal dos Direitos Humanos*. Porto Alegre: Livraria do Advogado, 2011, p. 87.
[5] FALCÃO, Maurin Almeida; GOMES NETO, Guilherme Vieira. Os Cânones da Justiça Fiscal a Partir do Binômio Equidade-Eficiência. *Revista da Faculdade de Direito do Sul de Minas*, Pouso Alegre, v. 32, n. 1, p. 297-324, jan./jun. 2016, p. 298.
[6] MURPHY, Liam; NAGEL, Thomas. *O mito da propriedade*: os impostos e a justiça. Tradução de Marcelo Brandão Cipolla. São Paulo: Martins Fontes, 2005, p. 101.

prejudicando o crescimento econômico; de outro, devem ser afastadas políticas tributárias que minorem de maneira comprometedora a carga tributária, impedindo que o Estado garanta as necessidades básicas dos seus cidadãos.[7]

A tributação também se mostra como um importante meio de intervenção do Estado na ordem econômica. Isso ocorre, principalmente, de dois modos: (a) com uma oneração maior do sujeito econômico em determinadas atividades, a fim de desestimulá-lo a praticar comportamentos contrários aos objetivos econômicos do Estado, ou; (b) por meio de desonerações, incentivando o crescimento e o desenvolvimento de determinadas atividades econômicas.[8]

No paradigma da análise econômica do Direito Tributário, destacam-se três funções essenciais da tributação perante uma sociedade: a alocativa, a distributiva e a estabilizadora.

A *função alocativa* corresponde à atribuição do Estado em fornecer bens públicos (educação, atividade jurisdicional, segurança pública etc.), que são considerados falhas de mercado, já que nem sempre podem ser produzidos pelos agentes econômicos de forma eficiente e adequadamente abrangente.

Já a *função distributiva* é caracterizada pela distribuição de riquezas através da tributação. Para atingir tal objetivo, são diversos os mecanismos tributários, como a progressividade das alíquotas.

Por sua vez, a *função estabilizadora*[9] representa a finalidade de manter níveis ótimos de empregabilidade e baixos índices de inflação, o que, numa perspectiva ampla, significa a busca pelo desenvolvimento econômico.[10]

---

[7] SILVA, Guilherme Amorim Campos da. O Sistema Constitucional Tributário e o Direito ao Desenvolvimento. *In*: PEIXOTO, Marcelo Magalhães; FERNANDES, Edison Carlos (coord.). *Tributação, Justiça e Liberdade*. Curitiba: Juruá, 2005, p. 220-221.

[8] SCHOUERI, Luís Eduardo. *Normas tributárias indutoras e intervenção econômica*. Rio de Janeiro: Forense, 2005, p. 44.

[9] Ainda sobre esse aspecto estabilizador do tributo, imagine-se um exemplo: o Poder Público, ao adotar medidas para diminuir a carga tributária sobre o consumo, causará uma elevação do fluxo das operações comerciais e, indiretamente, fomentará a produção no setor privado, demandando novos postos de trabalho. Ao mesmo tempo, contudo, a desoneração, nesse caso, não pode atingir uma demanda descontrolada por produtos, o que implicaria a desestabilização de preços e o aumento de inflação, prejudicando aqueles que auferem menor renda.

[10] SEIXAS, Luiz Felipe Monteiro. *Tributação, Finanças Públicas e Política Fiscal*: uma análise sob a óptica do Direto e Economia. Rio de Janeiro: Lumen Juris, 2016, p. 56-60. Ainda sobre as funções do tributo de acordo com a análise econômica do Direito, ver: CALIENDO, Paulo. *Direito tributário e análise econômica do Direito*: uma visão crítica. Rio de Janeiro: Elsevier, 2009.

Nesse cenário, percebe-se que a atual concepção de Estado Democrático de Direito não nega os deveres do Poder Público para o progresso da coletividade – não transfere essa missão ao individualismo liberal. Entretanto, também é aspecto marcante desse modelo de Estado a atribuição a todos os indivíduos do dever de colaborar com o alcance desse objetivo. O Estado Democrático de Direito pauta-se, em verdade, pelo ideal da solidariedade: o bem comum só pode ser alcançado com o esforço de todos os indivíduos.[11]

Vinculada a tais premissas, tem-se a concepção de justiça tributária, que, na visão de Nabais,[12] atua como vetor fundamental para a sustentabilidade do Estado Democrático de Direito. A justiça tributária impõe que o Estado promova um equilíbrio entre a adequada cobertura das despesas públicas e a sustentabilidade da economia de mercado, com uma carga tributária suportável para os membros da comunidade.

No Brasil, deve ser considerado um princípio garantido implicitamente pela Constituição de 1988. Isso decorre do fenômeno da constitucionalização do Direito Tributário pela Carta de 1988, quando houve uma abertura do campo jurídico do Direito Tributário, que, a partir de então, vai buscar fora de si, na Ética e na Filosofia, os seus fundamentos e a definição básica dos seus valores. Como explica Ricardo Lobo Torres,[13] temas como o da redistribuição de rendas, do federalismo financeiro e da moralidade nos gastos públicos passam a ser examinados sob a perspectiva da ética, da filosofia política e da teoria da justiça.

---

[11] RODRIGUES, Hugo Thamir; SCHMIDT, Marguid. A concretização do princípio da dignidade da pessoa humana como legitimizadora da tributação no Estado Democrático de Direito: solidariedade e neoliberalismo. *Revista Jurídica – UNICURITIBA*, Curitiba, v. 4, n. 45, p. 154-179, 2016.

[12] NABAIS, José Casalta. Da sustentabilidade do Estado Fiscal. *In*: NABAIS, José Casalta. *Sustentabilidade fiscal em tempos de crise*. Coimbra: Almedina, 2011, p. 55. Convergindo com esse pensamento, Klaus Tipke e Douglas Yamashita consideram a justiça tributária como um dos valores supremos do Estado Democrático de Direito, sendo que tal primado aponta para a necessidade de se estabelecer um ambiente de harmonia e de proporcionalidade entre, de um lado, os custos do Estado para suprir as necessidades públicas e, de outro, a situação econômica do contribuinte (TIPKE, Klaus; YAMASHITA, Douglas. *Justiça fiscal e princípio da capacidade contributiva*. São Paulo: Malheiros Editores, 2002, p. 18).

[13] TORRES, Ricardo Lobo. Solidariedade e Justiça Fiscal. *In*: CARVALHO, Maria Augusta Machado de (coord.). *Estudos de Direito Tributário em homenagem à memória de Gilberto de Ulhôa Canto*. Rio de Janeiro: Forense, 1998, p. 301.

3 Tributação e incentivos fiscais

Incentivo fiscal – termo aqui utilizado numa concepção ampla, como já aludido – pode se materializar de diferentes formas, como isenções, reduções de base de cálculo, crédito presumido, entre outros, cada uma com sua utilidade específica.

Nas lições de José Souto Maior Borges,[14] o poder de tributar e o poder de conceder incentivos fiscais constituem dois lados de uma mesma moeda. No contexto da função indutora dos tributos, esses incentivos têm o potencial de influenciar os comportamentos dos agentes econômicos em direções desejadas pelo Estado.

Possibilitam que o Estado adapte as políticas tributárias a diferentes contextos e necessidades, promovendo uma política fiscal dinâmica e responsiva. Por exemplo, ao conceder isenções fiscais ou reduções de alíquotas para agrotóxicos, o Estado estimula a produção agrícola, mas também deve estar atento ao direcionamento que se deixa de dar em direção às práticas que considera social e ambientalmente benéficas.

Como sugere Pedro Júlio Sales D'Araújo,[15] ao realizar uma análise sobre a função indutora da tributação, a matriz tributária atua como um instrumento pelo qual o sistema político expressa e implementa sua própria visão de mundo e seu projeto nacional. Essa matriz não é apenas uma estrutura técnica de arrecadação, mas também um reflexo das escolhas sociopolíticas e das prioridades estabelecidas pelo Estado, influenciando diretamente a distribuição de recursos e a forma como as políticas públicas são estruturadas.

No Brasil, a Carta de 1988 consagrou a *Constituição Financeira*, como ensina Heleno Taveira Torres,[16] que organiza a tributação e as finanças públicas com vistas a promover os objetivos centrais do Estado brasileiro. Para tanto, o exercício do poder de tributar deve envolver a participação democrática nos processos legislativos, na execução e no controle.

A discricionariedade na execução da política tributária e fiscal, assim, está sujeita aos limites da discricionariedade administrativa em

---

[14] BORGES, José Souto Maior. *Teoria geral da isenção tributária*. São Paulo: Malheiros, 2001, p. 30.

[15] D'ARAÚJO, Pedro Júlio Sales. *Entre a transparência e a ilusão*: a regressividade cognitiva da matriz tributária brasileira. 2021. Tese (Doutorado em Direito Econômico, Financeiro e Tributário) – Faculdade de Direito, Universidade de São Paulo, São Paulo, 2021, p. 61.

[16] TORRES, Heleno Taveira. *Direito constitucional financeiro*: teoria da constituição financeira. São Paulo: Revista dos Tribunais, 2014.

geral. Diante disso, consolida-se para o gestor público, inclusive em relação a escolhas sobre incentivos fiscais, o dever de, mediante justificativas explícitas, segundo critérios objetivos e imparciais, avaliar e eleger as melhores consequências diretas e indiretas (externalidades) para programas normativamente estabelecidos, em observância às prioridades constitucionais.[17]

A partir de dados de 2022, o Tribunal de Contas da União (TCU) 18 aponta que, no âmbito federal, os benefícios de natureza tributária atingiram o patamar de R$ 461,1 bilhões, dos quais R$ 60 bilhões estavam destinados, especificamente, ao setor da agricultura e agroindústria.

No entanto, foi identificado que muitos desses benefícios foram implementados sem parâmetros básicos de governança, por tempo indeterminado, sem justificativas técnicas, contrapartidas claras nem mecanismos para monitorar seu cumprimento e garantir seu retorno socioeconômico.

A criação, a revisão e a extinção são medidas que não podem se justificar exclusivamente no desejo de alívio do ônus tributário de determinado grupo de pressão ou, ainda, no propósito arrecadatório do Estado. Devem ser adotadas por meio de um processo baseado em dados e evidências, que avalie os impactos positivos e negativos e sua sustentabilidade – nos aspectos social, econômico e ambiental.

É nesse contexto que se inserem as questões adiante avaliadas sobre a relação entre incentivos fiscais, tributação dos agrotóxicos e reforma sobre o consumo em estágio de implementação no país.

4 Breves considerações sobre riscos e prejuízos do uso excessivo de agrotóxicos

Na obra "Primavera Silenciosa", publicada no início dos anos 1960, Rachael Carson descreve a devastação nas cidades rurais dos Estados Unidos em decorrência dos efeitos prejudiciais dos agrotóxicos, especialmente do diclorodifeniltricloroetano (DDT), um pesticida

---

[17] FREITAS, Juarez. O controle das políticas públicas e as prioridades constitucionais vinculantes. *Constituição, Economia e Desenvolvimento: Revista da Academia Brasileira de Direito Constitucional*, Curitiba, vol. 5, n. 8, p. 8-26, jan./jul. 2013, p. 14.

[18] Cf. TRIBUNAL DE CONTAS DA UNIÃO – TCU. Parecer Prévio das Contas do Presidente da República 2022. Brasília: TCU, 2023.

amplamente utilizado na agricultura, cuja proibição gradual ocorre após a confirmação de riscos significativos à saúde e ao meio ambiente.[19]

Após mais de seis décadas, o alerta de Carson é ainda mais relevante no contexto atual de produção agrícola intensiva, em que o uso indiscriminado de agrotóxicos continua a ser uma questão central de saúde pública e sustentabilidade ambiental.

A Organização Mundial da Saúde (OMS) utiliza o termo "pesticida" para se referir a esses compostos físico-químicos destinados a combater pragas, insetos, roedores, fungos e plantas indesejáveis.[20] Podem ser de diferentes tipos, inseticidas, herbicidas e fungicidas, de modo a abranger uma ampla gama de insumos para ampliar a eficiência e a produtividade nas atividades da agricultura.

No Brasil, a Lei nº 14.785/2023 define os agrotóxicos como "produtos e agentes de processos físicos, químicos ou biológicos destinados ao uso nos setores de produção, no armazenamento e no beneficiamento de produtos agrícolas, nas pastagens ou na proteção de florestas plantadas, cuja finalidade seja alterar a composição da flora ou da fauna, a fim de preservá-las da ação danosa de seres vivos considerados nocivos" (art. 2º, XXVI).

Apesar da relevância para a produtividade no campo, um dos aspectos mais preocupantes do uso de agrotóxicos são os riscos que apresentam tanto ao meio ambiente quanto à saúde pública. Estudos evidenciam uma série de efeitos adversos associados ao comprometimento, por exemplo, da qualidade do solo e dos próprios alimentos.[21]

O uso indiscriminado de agrotóxicos, especialmente aqueles à base de nitrogênio e fósforo, contribui também para o aumento das emissões de gases de efeito estufa e para a poluição de fontes de água, inclusive por meio da eutrofização (acúmulo de matéria orgânica que induz à proliferação de bactérias, prejudica a qualidade da água e o equilíbrio da vida marinha).

---

[19] BURALLI, Rafael Junqueira. *Efeitos à saúde por exposição ambiental e ocupacional aos pesticidas de uso agrícola*. 2020. Tese (Doutora em Ciências) – Faculdade de Saúde Pública, Universidade de São Paulo, São Paulo, 2020, p. 22.

[20] Cf. VIEGA, Denise Piccirillo Barbosa. *O impacto do uso do solo na contaminação por agrotóxicos das águas superficiais de abastecimento público*. 2019. Dissertação (Mestrado em Ciências) – Faculdade de Saúde Pública, Universidade de São Paulo, São Paulo, 2019.

[21] BURALLI, Rafael Junqueira. *Efeitos à saúde por exposição ambiental e ocupacional aos pesticidas de uso agrícola*. 2020. Tese (Doutora em Ciências) – Faculdade de Saúde Pública, Universidade de São Paulo, São Paulo, 2020, p. 22.

5 Incentivos fiscais para agrotóxicos no Brasil

No país, historicamente, os incentivos fiscais representaram um instrumento essencial para a ampliação do uso e da produção de agrotóxicos. Um marco legal importante nessa trajetória foi estabelecido pela Lei nº 3.244/1957, que conferiu ao Conselho de Política Aduaneira a competência para determinar a redução total ou parcial das alíquotas de produtos importados, incluindo os pesticidas. Até cerca de 1970, esse Conselho frequentemente concedia isenção total sobre esses produtos, o que refletia uma política clara de incentivo ao uso de agrotóxicos no país (art. 22, "b", da Lei nº 3.244/1957).[22]

Além disso, a Lei Complementar nº 4/1969 estabeleceu isenção total do Imposto sobre Operações Relativas à Circulação de Mercadorias em favor dos agrotóxicos (art. 1º, XIII, da LC nº 4/1969).

Por sua vez, o Decreto-Lei nº 1.137/1970 isentou do Imposto de Importação e do Imposto sobre Produtos Industrializados (IPI) os equipamentos necessários para a produção de pesticidas (art. 1º, alíneas "a" e "b", do Decreto-Lei nº 1.137/1970).

Essas medidas fazem parte de um contexto mais amplo, abrangendo o II Plano Nacional de Desenvolvimento (II PND), que resultou na criação do Plano Nacional de Defensivos Agrícolas (PNDA). Esse plano tinha como objetivos aumentar a disponibilidade de pesticidas no mercado e fomentar um aprofundamento técnico para a realização de estudos sobre os impactos desses produtos na saúde e no meio ambiente, levando a um avanço gradual do direito regulatório relacionado aos pesticidas.[23]

Apesar das evidências do impacto nocivo do uso indiscriminado de agrotóxicos, o Estado brasileiro, nas últimas décadas, continua a implementar e ampliar os incentivos fiscais para esses produtos.

No nível estadual, a maioria dos Estados concede isenção na comercialização interna de agrotóxicos e reduz a base de cálculo do

---

[22] PELAEZ, Victor Manoel; DA SILVA, Letícia Rodrigues; GUIMARÃES, Thiago André; DAL RI, Fabiano; TEODOROVICZ, Thomaz. A (des)coordenação de políticas para a indústria de agrotóxicos no Brasil. *Revista Brasileira de Inovação*, Campinas, v. 14, p. 153-178, 2015.

[23] PELAEZ, Victor Manoel; DA SILVA, Letícia Rodrigues; GUIMARÃES, Thiago André; DAL RI, Fabiano; TEODOROVICZ, Thomaz. A (des)coordenação de políticas para a indústria de agrotóxicos no Brasil. *Revista Brasileira de Inovação*, Campinas, v. 14, p. 153-178, 2015.

ICMS em 60% para operações interestaduais, conforme estipulado pelo Convênio ICMS nº 100/1997, que tem sido renovado periodicamente.[24]

No âmbito federal, o Decreto nº 5.630/2005 isentou os pesticidas das contribuições para PIS/PASEP e COFINS na importação e venda no mercado interno. Outro exemplo, ainda mais recente, é o Decreto nº 11.158/2022, que, ao aprovar a Tabela de Incidência do Imposto sobre Produtos Industrializados (TIPI), manteve a histórica isenção para agrotóxicos.

Incentivos fiscais como esses são objeto da Ação Direta de Inconstitucionalidade (ADI) nº 5.553, proposta, em 2016, pelo Partido Socialismo e Liberdade (PSOL). A ação, sob relatoria do Min. Edson Fachin, ainda pende de julgamento e obteve novos contornos diante da reforma tributária sobre o consumo, como será visto a seguir.

6 Agrotóxicos no contexto da reforma tributária do consumo

As alterações na Constituição de 1988 realizadas pela Emenda Constitucional nº 132/2023 promoveram significativas modificações no Sistema Tributário Nacional (STN) em relação à tributação sobre operações de bens e serviços – por isso, ficaram conhecidas como *reforma tributária sobre o consumo*.

Promove a substituição dos cinco tributos atuais sobre o consumo (PIS, COFINS, IPI, ICMS e ISS) por dois novos tributos sobre o valor agregado – o Imposto sobre Bens e Serviços (IBS), de competência dos estados, Distrito Federal e municípios, e a Contribuição sobre Bens e Serviços (CBS), de competência da União –, além de tributo com nítido caráter extrafiscal, o Imposto Seletivo (IS), também de competência federal.

Quanto aos agrotóxicos, para fins deste trabalho, abordam-se três questões centrais quanto à reforma tributária sobre o consumo: (a) em relação ao IBS e à CBS, a abrangência da norma constitucional que determina a redução da alíquota em 60%; (b) quanto ao IS, a não incidência desse imposto sobre os agrotóxicos; e (c) a eventual perda do objeto da Ação Direta de Inconstitucionalidade nº 5.553/DF, ajuizada

---

[24] CUNHA, Lucas Neves da; SOARES, Wagner Lopes. Os incentivos fiscais aos agrotóxicos como política contrária à saúde e ao meio ambiente. *Cadernos de Saúde Pública*, v. 36, n. 10, p. 1-15, 2020, p. 2.

em 2016 e que impugna incentivos fiscais federais e estaduais para os agrotóxicos até então vigentes.

Sobre a primeira questão, a EC nº 132/2023 previu que lei complementar deve estabelecer um regime diferenciado aos "insumos agropecuários" (art. 9º, §1º, XI), por meio da redução de 60% nas alíquotas do IBS e da CBS.

Apesar dessa norma constitucional não versar expressamente sobre os agrotóxicos, trata-se de um dos principais "insumos agropecuários", de modo que, pela interpretação literal do texto da Emenda, pode-se concluir que tais produtos se submetem à redução de 60% das alíquotas do IBS e da CBS.

Norma que traz incentivo de caráter tributário semelhante ao que já está disposto no Convênio ICMS nº 100/1997, que, como visto, prevê a possibilidade de redução de 60% na base de cálculo do ICMS sobre operações interestaduais envolvendo agrotóxicos.

Diante disso, o Projeto de Lei Complementar (PLP) nº 68/2024, que versa sobre a regulamentação dos tributos relacionados à reforma sobre o consumo, prevê, *sem qualquer restrição*, que os diferentes tipos de agrotóxicos estarão sujeitos à redução das alíquotas em 60% em relação à CBS e ao IBS.[25]

Sobre a segunda questão, quanto ao Imposto Seletivo (IS), os agrotóxicos foram excluídos de sua base de incidência, isto é, estão fora do rol de produtos submetidos ao referido tributo,[26] como se não fossem prejudiciais à saúde e ao meio ambiente.

Assim, é possível perceber que, no cenário atual da reforma tributária e de sua proposta de regulamentação, os agrotóxicos se encontram em um regime duplamente favorecido: (a) redução de alíquota em 60% para a CBS e o IBS e (b) não incidência do IS.

De um lado, pode-se tentar justificar que esse regime reduz o ônus tributário desses produtos com o propósito de estimular a competividade e a eficiência produtiva da agricultura, um dos setores com maior participação nos resultados da economia brasileira.

---

[25] O Anexo IX do Projeto prevê a lista de produtos e serviços submetidos à redução da alíquota e, sem restrições, "inseticidas, fungicidas, formicidas, herbicidas, parasiticidas, germicidas, acaricidas, nematicidas, raticidas, desfolhantes, dessecantes, espalhantes, adesivos, estimuladores e inibidores de crescimento" (item 7 do Anexo IX do PLP nº 68/2024).

[26] O projeto apenas descreve como prejudiciais à saúde ou ao meio ambiente, para fins de incidência do IS, determinados bens e produtos relacionados a veículos, embarcações e aeronaves, produtos fumígenos; bebidas alcoólicas; bebidas açucaradas, bens minerais e concursos de prognósticos e *fantasy sport* (art. 406, §1º, e Anexo XVII do PLP nº 68/2024).

Ocorre que, não bastasse o setor já ser historicamente objeto de fortes incentivos e investimentos públicos,[27] cujo mérito e resultado não se debatem nem se questionam neste trabalho, é preciso que haja a harmonização do propósito econômico desse tratamento diferenciado com o quadro constitucional da Carta de 1988, sobretudo pós-Emenda nº 132/2023.

As normas constitucionais não podem ser interpretadas de forma isolada, em retalhos – ou "em tiras", na expressão de Eros Grau.[28] Regras e princípios constitucionais fazem parte de um sistema que deve ser considerado no seu conjunto.

Nessa interpretação sistemática da Carta de 1988, deve-se equilibrar o fomento econômico ao setor da agricultura (art. 23, VIII, da CF) com as prioridades constitucionais de proteção da saúde e do meio ambiente (arts. 6º, 23, II, e 225 da CF).

Não se pode perder de vista que a EC nº 132/2023 também passou a prever a defesa do meio ambiente como princípio expresso do Sistema Tributário Nacional (art. 145, §3º, da CF).

Diante disso, quanto à primeira questão, a interpretação que se deve conferir à EC nº 132/2023, ao estabelecer redução de alíquotas para "insumos agropecuários" (art. 9º, §1º, XI), é a de que tal incentivo se destina a produtos e serviços que não apresentem graus elevados de nocividade à saúde e ao meio ambiente – circunstâncias que devem ser objeto de regulamentação pela legislação infraconstitucional.

Desse modo, viola a Constituição a extensão da mencionada redução de alíquotas, sem qualquer restrição, a agrotóxicos. E, como visto, é justamente o que faz a atual redação do PLP nº 68/2024, ao regulamentar a EC nº 132/2023, o que atrai, desse modo, sua inconstitucionalidade quanto a esse ponto, caso assim seja aprovado.

Sobre o tema, uma solução possível é adotar um tratamento diferenciado a partir do perfil toxicológico e ambiental do agrotóxico para o enquadramento na alíquota favorecida. Não só como forma de observar as demais normas da Constitucional, mas também para

---

[27] Como, por exemplo, os investimentos em infraestrutura na Região do Centro-Oeste brasileiro, que abrangeram desde a construção da capital federal à implantação da logística de escoamento da produção, a exemplo de estradas e ferrovias (cf. FREITAG, Patricia; FARIA, Rodrigo Santos de. O planejamento regional no Centro-Oeste brasileiro: ações da SUDECO e a região geoeconômica de Brasília. *Risco – Revista de Pesquisa em Arquitetura e Urbanismo do Instituto de Arquitetura e Urbanismo – IAU-USP*, São Carlos, v. 19, p. 1-21, 2021).

[28] GRAU, Eros Roberto. *Ensaio e Discurso sobre a Interpretação/Aplicação do Direito*. 2. ed. São Paulo, Malheiros, 2003, p. 40.

estimular o desenvolvimento e a utilização de agrotóxicos que causem os menores impactos possíveis à saúde e ao meio ambiente.[29]

Essa previsão de tratamento diferenciado, a partir do perfil toxicológico e ambiental, é, inclusive, um dos parâmetros que direcionam as normas da Lei nº 14.785/2023, conhecida como Lei dos Agrotóxicos.

Quanto à segunda questão, sobre a não incidência do Imposto Seletivo (IS) sobre os agrotóxicos, a redação do PLP nº 68/2024, na versão aprovada na Câmara, também se mostra inconstitucional.

É que a exclusão dos agrotóxicos do rol de produtos e serviços submetidos ao Imposto Seletivo vai de encontro ao próprio conteúdo constitucional desse tributo: desestimular o consumo de produtos e serviços prejudiciais à saúde ou ao meio ambiente – como expressamente previsto pela EC nº 132/2023, ao inserir o IS no rol de tributos federais (art. 153, VIII, da CF).

Ao contrário do que ocorre com o atual IPI, a seletividade do IS não se baseia na essencialidade do bem, mas sim nos efeitos adversos que tais bens podem causar à saúde e ao meio ambiente.

Assim, em relação ao regime de tributação dos agrotóxicos diante da EC nº 132/2023 e da sua atual proposta de regulamentação, violam o arcabouço constitucional que dá sustentação à reforma sobre o consumo a redução de alíquota em 60% para qualquer agrotóxico, sem qualquer critério, e, também, a exclusão dos agrotóxicos da incidência do Imposto Seletivo.

Do contrário, seria como se aprovasse uma legislação, pretensamente destinada a regular as normas constitucionais de proteção da saúde (art. 6º e 196 da CF), que esvaziasse o dever estatal de promover o Sistema Único de Saúde. Ou uma legislação, voltada a regulamentar o dever constitucional do Estado de promover a cultura (art. 215 da CF), que proibisse a criação e a manifestação de quaisquer expressões culturais.

Dito de outra forma: a regulamentação de uma norma constitucional não pode esvaziar o conteúdo dessa própria norma constitucional. Portanto, se são prioridades constitucionais da Carta de 1988 promover a saúde da população e proteger o meio ambiente – esta,

---

[29] Registre-se a apresentação de emendas ao PLP nº 68/2024 com esse propósito, embora ainda não deliberadas, tais como as Emendas nº 1.266 e nº 1.419, que excluem do regime de redução de alíquotas aqueles agrotóxicos enquadrados no nível mais elevado na classificação toxicológica ou ambiental pelo Poder Executivo, conforme previsto na Lei nº 14.785, de 27 de dezembro de 2023.

inclusive, prevista agora como princípio expresso do Sistema Tributário Nacional –, não seria cabível conceder um regime de redução de alíquota dos agrotóxicos, sem critérios e parâmetros, apenas porque se incluem na concepção de "insumos agropecuários".

Do mesmo modo, se o constituinte derivado decidiu criar um tributo destinado a desestimular o consumo e a comercialização de produtos de bens e serviços nocivos à saúde e ao meio ambiente, identifica-se evidente omissão inconstitucional a aprovação de lei que, destinada a concretizar tal decisão do constituinte, exclua em absoluto produtos e serviços cujos efeitos prejudiciais são há muito tempo evidenciados.

Destaque-se, ainda, que o regime tributário favorecido para agrotóxicos vai na contramão da tendência verificada em outros países, tal como França, Noruega e Dinamarca,[30] que estabelecem alíquotas maiores para agrotóxicos de níveis elevados de nocividade.

Além disso, tal insistência do Estado brasileiro nos incentivos fiscais de forma ampla e geral para os agrotóxicos pode causar entraves para a exportação de produtos agropecuários produzidos no país, diante do fortalecimento da pauta, perante o mercado internacional, da saúde e do meio ambiente.[31]

Por fim, a terceira questão a ser analisada sobre o tema é a eventual perda de objeto na ADI nº 5.553/DF, já mencionada. Ajuizada em 2016 pelo PSOL, a ação, que tramita sob relatoria do Min. Edson Fachin, impugna incentivos fiscais no âmbito federal (IPI, PIS e COFINS) e estadual (ICMS) aos agrotóxicos até então vigentes.

A ADI já havia sido objeto de pedido de vistas e apresentação de votos em diferentes sentidos, tendo o relator apresentado posicionamento pela procedência total da demanda, que se encontra suspensa, por pedido de destaque ao plenário presencial.

No entanto, a EC nº 132/2023 e a Lei nº 14.785/2023 impactam na tramitação e no julgamento da referida ADI. É que, como visto, alteraram, respectivamente, os parâmetros de controle constitucional

---

[30] COUTINHO, Mateus; PEREIRA, Felipe. Na contramão do mundo, Brasil perpetua isenção fiscal a agrotóxicos. *Uol*, Brasília, 18 de julho de 2024.

[31] Apenas para ilustrar a importância do debate nos dias atuais, relembre-se que os efeitos ambientais de métodos de produção da agropecuária brasileira, inclusive, foram utilizados, ainda que com algum oportunismo, por setores econômicos e líderes da Europa como forma de se contraporem à celebração do acordo comercial entre o Mercosul e a União Europeia, firmado em dezembro de 2024 (cf. BOLZANI, Isabela. Mercosul e UE: por que a França é a principal adversária do acordo e o que pode fazer para derrubá-lo. *G1*, São Paulo, 7 de dezembro de 2024).

para os incentivos fiscais impugnados e a regulamentação legal sobre o uso de agrotóxicos no país, o que poderia levar à perda do objeto e, portanto, à extinção da mencionada ação.

Entende-se, no entanto, que a ADI não *perdeu* o objeto. Em relação ao parâmetro de controle, as novas normas constitucionais diante da EC nº 132/2023 não afastam, mas sim reforçam o dever de que a tributação sobre os agrotóxicos esteja direcionada (i) à promoção da saúde e (ii) à preservação ao meio ambiente.

Trata-se de duas prioridades que devem ser perseguidas pelo Estado brasileiro. Apesar de já consagradas no texto constitucional, passaram a ter incidência expressa sobre a tributação, tanto como conteúdo normativo do Imposto Seletivo como por meio de princípio agora expresso do Sistema Tributário Nacional (art. 145, §3º, da Constituição).

Além disso, apesar da Lei nº 14.785/2023 conferir uma ampla regulamentação sobre a aprovação e utilização de agrotóxicos no país, não versa expressamente sobre os incentivos fiscais que, historicamente, têm sido conferidos a esses produtos.

Desse modo, as normas impugnadas na referida ADI, além de permanecerem válidas e vigentes, tiveram, em grande medida, seu conteúdo incorporado pelo projeto de lei de regulamentação da CBS, do IBS e do IS (PL nº 68/2024), o que demonstra que a referida ação não perdeu seu objeto.

O julgamento final da ADI nº 5.553/DF, caso procedente, gerará a presunção de inconstitucionalidade de futura norma infraconstitucional que estabeleça incentivos fiscais conferidos de forma abrangente e sem critérios aos agrotóxicos – tal como identificado no texto atual do PLP nº 68/1968.

7 Considerações finais

O Estado Democrático de Direito, estabelecido com a Carta de 1988, pressupõe que a tributação seja desenhada com o propósito de consagrar as prioridades constitucionais, entre as quais, a preservação da saúde e a proteção ambiental.

Com a reforma tributária do consumo (EC nº 132/2023), essas duas prioridades passaram a ter incidência expressa sobre o Sistema Tributário Nacional. De um lado, a defesa do meio ambiente foi inserida como princípio explícito (art. 145, §3º, da CF). Por outro, a reforma cria o Imposto Seletivo (IS), cujo conteúdo constitucional aponta para o desestímulo à produção e à comercialização de produtos nocivos à saúde e ao meio ambiente (art. 153, VIII, da CF).

A partir de tais premissas, foram analisadas três questões específicas sobre o contexto dos agrotóxicos diante da reforma tributária sobre o consumo: (a) em relação ao IBS e à CBS, a abrangência da norma constitucional que determina a redução da alíquota em 60% sobre "insumos agropecuários"; (b) quanto ao Imposto Seletivo, a exclusão dos agrotóxicos de sua esfera de incidência; e (c) a eventual perda do objeto da ADI nº 5.553/DF, que impugna incentivos fiscais federais e estaduais para os agrotóxicos a partir do quadro normativo vigente até 2016.

Quanto à primeira questão, diante uma interpretação sistemática da Constituição, entende-se por inconstitucional a extensão da redução de alíquotas a agrotóxicos em geral, isto é, sem qualquer restrição (tal como prevê a atual redação do PLP nº 68/2024).

Quanto à segunda questão, a exclusão dos agrotóxicos do rol de produtos e serviços submetidos ao Imposto Seletivo afronta o próprio conteúdo constitucional desse tributo: desestimular o consumo de produtos e serviços prejudiciais à saúde ou ao meio ambiente – como expressamente previsto pela EC nº 132/2023, ao inserir o IS no rol de tributos federais (art. 153, VIII, da CF).

Assim, em relação ao regime de tributação dos agrotóxicos diante da EC nº 132/2023 e da sua atual proposta de regulamentação, violam o arcabouço constitucional que dá sustentação à reforma sobre o consumo as medidas de redução de alíquota em 60% para qualquer agrotóxico, sem critério, e, também, de exclusão dos agrotóxicos da incidência do Imposto Seletivo.

Por fim, quanto à terceira questão, entende-se que a ADI nº 5.553/DF não perdeu o objeto. Em relação ao parâmetro de controle, as novas normas constitucionais diante da EC nº 132/2023 não afastam, mas sim reforçam o dever de que a tributação sobre os agrotóxicos esteja direcionada à promoção da saúde e à preservação ao meio ambiente. Ademais, a Lei nº 14.785/2023, conhecida como Lei dos Agrotóxicos, não versa expressamente sobre os incentivos fiscais a tais produtos.

Assim, as normas impugnadas na referida ADI, além de permanecerem válidas e vigentes, tiveram, em grande medida, seu conteúdo incorporado pelo projeto de lei de regulamentação da CBS, do IBS e do IS, o que demonstra a relevância do prosseguimento e julgamento do mérito da ação.

Referências

BOLZANI, Isabela. Mercosul e UE: por que a França é a principal adversária do acordo e o que pode fazer para derrubá-lo. *G1*, São Paulo, 7 de dezembro de 2024.

BORGES, José Souto Maior. *Teoria geral da isenção tributária*. São Paulo: Malheiros, 2001.

BURALLI, Rafael Junqueira. *Efeitos à saúde por exposição ambiental e ocupacional aos pesticidas de uso agrícola*. 2020. Tese (Doutora em Ciências) – Faculdade de Saúde Pública, Universidade de São Paulo, São Paulo, 2020.

CALIENDO, Paulo. *Direito tributário e análise econômica do Direito*: uma visão crítica. Rio de Janeiro: Elsevier.

CASTRO E SILVA, Eric; LIMA, Bruna Maria Nunes; CARVALHO, Vitória Bárbara da Silva. Reforma Tributária Brasileira: uma Comparação Prática com o Sistema Canadense. *Revista Direito Tributário Atual*, São Paulo, n. 56, p. 177-196, 2024.

COUTINHO, Mateus; PEREIRA, Felipe. Na contramão do mundo, Brasil perpetua isenção fiscal a agrotóxicos. *Uol*, Brasília, 18 de julho de 2024.

CUNHA, Lucas Neves da; SOARES, Wagner Lopes. Os incentivos fiscais aos agrotóxicos como política contrária à saúde e ao meio ambiente. *Cadernos de Saúde Pública*, v. 36, n. 10, p. 1-15, 2020.

D'ARAÚJO, Pedro Júlio Sales. *Entre a transparência e a ilusão: a regressividade cognitiva da matriz tributária brasileira*. 2021. Tese (Doutorado em Direito Econômico, Financeiro e Tributário) – Faculdade de Direito, Universidade de São Paulo, São Paulo, 2021.

FALCÃO, Maurin Almeida; GOMES NETO, Guilherme Vieira. Os Cânones da Justiça Fiscal a Partir do Binômio Equidade-Eficiência. *Revista da Faculdade de Direito do Sul de Minas*, Pouso Alegre, v. 32, n. 1, p. 297-324, jan./jun. 2016.

FREITAG, Patricia; FARIA, Rodrigo Santos de. O planejamento regional no Centro-Oeste brasileiro: ações da SUDECO e a região geoeconômica de Brasília. *Risco – Revista de Pesquisa em Arquitetura e Urbanismo do Instituto de Arquitetura e Urbanismo – IAU-USP*, São Carlos, v. 19, p. 1-21, 2021.

FREITAS, Juarez. O controle das políticas públicas e as prioridades constitucionais vinculantes. *Constituição, Economia e Desenvolvimento: Revista da Academia Brasileira de Direito Constitucional*, Curitiba, vol. 5, n. 8, p. 8-26, jan./jul. 2013.

GRAU, Eros Roberto. *Ensaio e Discurso sobre a Interpretação/Aplicação do Direito*. 2. ed. São Paulo, Malheiros, 2003.

MURPHY, Liam; NAGEL, Thomas. *O mito da propriedade*: os impostos e a justiça. Tradução de Marcelo Brandão Cipolla. São Paulo: Martins Fontes, 2005.

NABAIS, José Casalta. Da sustentabilidade do Estado Fiscal. *In*: NABAIS, José Casalta. *Sustentabilidade fiscal em tempos de crise*. Coimbra: Almedina, 2011.

PELAEZ, Victor Manoel; DA SILVA, Letícia Rodrigues; GUIMARÃES, Thiago André; DAL RI, Fabiano; TEODOROVICZ, Thomaz. A (des)coordenação de políticas para a indústria de agrotóxicos no Brasil. *Revista Brasileira de Inovação*, Campinas, v. 14, p. 153-178, 2015.

RODRIGUES, Hugo Thamir; SCHMIDT, Marguid. A concretização do princípio da dignidade da pessoa humana como legitimizadora da tributação no Estado Democrático de Direito: solidariedade e neoliberalismo. *Revista Jurídica – UNICURITIBA*, Curitiba, v. 4, n. 45, p. 154-179, 2016.

SALDANHA SANCHES, José Luís. *Justiça Fiscal*. Lisboa: Fundação Francisco Manuel dos Santos, 2010.

SCHOUERI, Luís Eduardo. *Normas tributárias indutoras e intervenção econômica*. Rio de Janeiro: Forense, 2005.

SEIXAS, Luiz Felipe Monteiro. *Tributação, Finanças Públicas e Política Fiscal*: uma análise sob a óptica do Direto e Economia. Rio de Janeiro: Lumen Juris.

SILVA, Guilherme Amorim Campos da. O Sistema Constitucional Tributário e o Direito ao Desenvolvimento. *In*: PEIXOTO, Marcelo Magalhães; FERNANDES, Edison Carlos (coord.). *Tributação, Justiça e Liberdade*. Curitiba: Juruá, 2005.

TIPKE, Klaus; YAMASHITA, Douglas. *Justiça fiscal e princípio da capacidade contributiva*. São Paulo: Malheiros Editores, 2002.

TORRES, Heleno Taveira. *Direito constitucional financeiro*: teoria da constituição financeira. São Paulo: Revista dos Tribunais, 2014.

TORRES, Ricardo Lobo. Solidariedade e Justiça Fiscal. *In*: CARVALHO, Maria Augusta Machado de (coord.). *Estudos de Direito Tributário em homenagem à memória de Gilberto de Ulhôa Canto*. Rio de Janeiro: Forense, 1998.

TRIBUNAL DE CONTAS DA UNIÃO – TCU. Parecer Prévio das Contas do Presidente da República 2022. Brasília: TCU, 2023.

VIEGA, Denise Piccirillo Barbosa. *O impacto do uso do solo na contaminação por agrotóxicos das águas superficiais de abastecimento público*. 2019. Dissertação (Mestrado em Ciências) – Faculdade de Saúde Pública, Universidade de São Paulo, São Paulo, 2019.

Informação bibliográfica deste livro, conforme a NBR 6023:2018 da Associação Brasileira de Normas Técnicas (ABNT):

OLIVEIRA, Bruno Bastos de; RAMALHO, Renato. Função socioeconômica da tributação: agrotóxicos diante da reforma tributária do consumo. *In*: SCAFF, Fernando Facury; DERZI, Misabel de Abreu Machado; BATISTA JÚNIOR, Onofre Alves; TORRES, Heleno Taveira (coord.). *Tributação, desigualdade e desenvolvimento*. Belo Horizonte: Fórum, 2025. p. 109-126. ISBN 978-65-5518-100-5.

SEGURANÇA JURÍDICA EM MATÉRIA TRIBUTÁRIA COMO VETOR DE IGUALDADE

GRACE MENDONÇA,
SUZANA MENDONÇA

Introdução

As disposições constitucionais que orientam as bases do Sistema Tributário Nacional registram o caráter pessoal dos tributos, bem como a sua correspondência com a capacidade econômica do contribuinte. As normas constitucionais atribuem à administração tributária, ainda, a efetivação de seus objetivos em consonância com o conteúdo dos direitos individuais dos contribuintes, conforme preceitua o art. 145, §1º, da Constituição da República.

Os valores constitucionais que sustentam o equilíbrio do sistema dizem respeito não somente à distribuição de recolhimento de tributos entre os entes da Federação, mas também à isonomia entre contribuintes, independentemente do local de seu domicílio. O Sistema Tributário Nacional, nesse sentido, deve ser efetivado em reverência ao conjunto de direitos individuais, especialmente o conteúdo que emana do princípio da igualdade.

A igualdade entre contribuintes mostra-se relevante para assegurar a justiça tributária – princípio constante do art. 145, §3º, da Constituição – e para garantir o equilíbrio do sistema em conformidade com a capacidade tributária de cada indivíduo. Sabe-se, entretanto, que determinados atos do Poder Público, como alteração ou edição de legislações tributárias, podem produzir efeitos de instabilidade e incerteza que alcançam o sistema.

É nesse cenário que o Supremo Tribunal Federal atua no sentido de garantir a segurança jurídica nas relações jurídicas tributárias, ao dirimir conflitos e elucidar incertezas emanados de atos normativos relativos à estrutura tributária nacional, estadual ou municipal. O papel exercido pelo Supremo afasta eventuais inquietudes e ambiguidades decorrentes de normatizações tributárias, de forma a conservar a segurança jurídica e a estabilidade, em compatibilidade com o princípio da igualdade inerente às relações jurídicas tributárias.

1 Segurança jurídica em matéria tributária à luz do entendimento do STF

Sabe-se que o acervo jurisprudencial do Supremo Tribunal Federal é extenso no que tange às temáticas relacionadas ao Direito Tributário. Assim, algumas das decisões firmadas pelo Supremo em matéria tributária serão brevemente examinadas no sentido de observar o importante papel do Tribunal na preservação da segurança jurídica em temas correlatos.

Em caso analisado pela Corte, por exemplo, uma alteração normativa promovida pela Lei Complementar nº 157/2016 consolidou a cobrança do imposto sobre serviços de qualquer natureza (ISSQN) pelo Município do local do domicílio do tomador de serviços. Posteriormente, a Lei Complementar nº 175/2020 pretendeu estabelecer definições acerca da figura do tomador de serviço em diversos setores da economia.

Entretanto, a norma editada em 2016 não foi precisa quanto ao seu conteúdo, especialmente no que tange à delimitação da localização correspondente ao domicílio do tomador. Igualmente, a lei complementar vigente a partir de 2020 densificou as disposições legais da legislação anterior, reforçando a ausência de exatidão presente no texto da Lei Complementar nº 157/2016.

As inconsistências alcançaram diversos setores da economia, como financeiro e de saúde, comprometendo a regularidade da atividade econômica em decorrência das significativas incertezas acerca da incidência do imposto. Quase a totalidade de Municípios brasileiros, ademais, foi afetada pelas indefinições existentes em ambos os atos normativos.

Ao examinar a temática,[1] o Plenário do Supremo reconheceu a debilidade da Lei Complementar nº 157/2016, bem como dos dispositivos da Lei Complementar nº 175/2020 que pretendiam estabelecer parâmetros relativos à definição de tomador de serviços, bem como do local do recolhimento do ISSQN. Nessa perspectiva, o Plenário do Supremo Tribunal Federal declarou a inconstitucionalidade dos dispositivos de ambas as leis, considerando o estado de insegurança jurídica tributária gerado pelo seu conteúdo.

Ressaltou-se que a indefinição derivada dos referidos atos normativos relativamente ao local de recolhimento do imposto, bem como a inexatidão quanto ao conceito de tomador de serviços, implicou ampla insegurança jurídica quanto à incidência do ISSQN. Nesse contexto, a necessidade de previsibilidade revela-se um valor especialmente relevante em matéria tributária, na medida em que a ausência de nitidez do conteúdo normativo pode ensejar sanções inadequadas ao contribuinte de boa-fé.

A aludida inexatidão do conteúdo da norma relativamente à localização para cobrança do ISSQN produz, ainda, efeitos nocivos à estabilidade e ao equilíbrio do pacto federativo, afinal, a segurança jurídica em matéria tributária diz respeito não somente às relações entre contribuinte e Estado, como também à própria manutenção dos eixos de sustentação do pacto federativo, de modo a evitar conflitos entre entes da Federação.

Em outro aspecto, a segurança jurídica sustenta a modulação dos efeitos temporais da decisão, especialmente em matéria tributária. A declaração de inconstitucionalidade de dispositivos legais relativos a temáticas tributárias demanda a fixação de parâmetros de alcance temporal da decisão, sob pena de consolidação de um estado de instabilidade e insegurança nas relações jurídicas tributárias.

Exemplificativamente, em sede de controle de constitucionalidade, o Supremo Tribunal Federal reconheceu a inconstitucionalidade de disposições presentes em atos normativos relacionados ao imposto sobre circulação de mercadorias e serviços (ICMS) sobre combustíveis, firmando a modulação da decisão para que se produzam efeitos a partir de seis meses após a publicação do acórdão.[2]

---

[1] STF, ADI nº 5.835, Relator Min. Alexandre de Moraes, Plenário, DJe: 27.07.2023.
[2] STF, ADI nº 4.171, Relatora Min. Ellen Gracie, Plenário, DJe: 21.08.2015.

Quanto à incidência do ICMS nos setores de energia elétrica e de telecomunicações, o Supremo Tribunal Federal examinou o tema das alíquotas sobre operações em ambos os ramos, de modo a definir parâmetros referentes à técnica da seletividade aplicada ao ICMS.[3] A modulação de efeitos da decisão firmou a sua eficácia a partir do exercício financeiro de 2024, de modo a conferir cerca de dois anos de interstício, com fundamento em razões de segurança jurídica e de excepcional interesse social.[4]

Ao examinar caso relativo à insegurança jurídica gerada a partir de ato normativo estadual que dispunha sobre ICMS de produtos derivados do trigo, o Plenário da Corte reconheceu a inconstitucionalidade dos dispositivos e firmou o desencadeamento da produção de efeitos a partir da data do julgamento da ação direta de inconstitucionalidade.[5] O entendimento do STF quanto à modulação de efeitos em matéria tributária busca, assim, preservar a segurança jurídica e a boa-fé[6] que devem emanar das relações jurídicas, assegurando estabilidade e equilíbrio ao sistema tributário.

A segurança jurídica, dessa forma, não representa um conceito de aplicação exclusiva à Administração Pública, já que o Estado está submetido ao princípio[7] em todas as projeções públicas, conteúdo que permeia os três Poderes da República. O Supremo Tribunal Federal, portanto, efetiva a segurança jurídica através de suas decisões em matéria tributária, assegurando parâmetros nítidos e temporalmente adequados para o recolhimento de tributos.

---

[3] STF, RE nº 714.139, Relator Min. Marco Aurélio, Redator do Acórdão Min. Dias Toffoli, Plenário, DJe: 18.12.2021.

[4] Tese fixada no âmbito do RE nº 714.139, Tema 745: Adotada pelo legislador estadual a técnica da seletividade em relação ao Imposto sobre Circulação de Mercadorias e Serviços (ICMS), discrepam do figurino constitucional alíquotas sobre as operações de energia elétrica e serviços de telecomunicação em patamar superior ao das operações em geral, considerada a essencialidade dos bens e serviços.

[5] STF, ADI nº 6.222 ED, Relator Min. Gilmar Mendes, Plenário, DJe: 22.09.2020.

[6] STF, ADI nº 4.481, Relator Min. Roberto Barroso, Plenário, DJe: 19.05.2015.

[7] MIRANDA, Jorge. *Manual de Direito Constitucional* – Direitos Fundamentais, Tomo IV, 6. ed. Coimbra: Coimbra Editora, 2015, p. 369.

2 A relação entre segurança jurídica e igualdade em matéria tributária

A igualdade no que tange à lei constitui um dos aspectos que compõem o núcleo da segurança jurídica.[8] Em matéria tributária, a igualdade apresenta-se especialmente relevante ao considerar a capacidade tributária do contribuinte. No exercício de sua missão de dirimir rotineiramente conflitos de natureza tributária, o Supremo Tribunal Federal desempenha seu papel de preservação da igualdade entre contribuintes e de conservação da segurança jurídica.

Nessa esteira, as disposições presentes no art. 146 da Constituição da República consolidam a lei complementar como o ato normativo cabível para a fixação de normas gerais no âmbito da legislação tributária, nomeadamente quanto à definição de tributos, fatos geradores e bases de cálculo.

A essência das referidas disposições gravita em torno da construção de estrutura tributária homogênea, de modo a conservar não somente o princípio da igualdade entre contribuintes, como também sólidas bases de segurança jurídica na tributação. Igualmente, aspectos essenciais à segurança jurídica em matéria tributária, como a prescrição e a decadência, também são reservados à lei complementar, considerando a importância do tratamento nacionalmente uniforme.

Tal temática foi objeto de análise do Supremo Tribunal Federal em sede de recurso extraordinário,[9] cujo entendimento restou consolidado no sentido de que a prescrição e a decadência são temas a serem disciplinados por lei complementar, à luz da necessária segurança jurídica.

Ademais, no exame do referido recurso extraordinário,[10] o Plenário reconheceu que a lei ordinária relativa à organização de seguridade social não poderia conter artigos que versassem sobre temas de natureza tributária reservados a lei complementar, firmando posicionamento no sentido da inconstitucionalidade dos dispositivos. Entretanto, como os efeitos produzidos pela legislação ordinária deveriam ser manejados, o Supremo Tribunal Federal solidificou a modulação de efeitos

---

[8] BARROSO, Luís Roberto. Em Algum Lugar do Passado: Segurança Jurídica, Direito Intertemporal e o novo Código Civil. *Revista de Estudos Políticos*, v. 90, p. 33-67, 2004.

[9] STF, RE nº 560.626, Relator Min. Gilmar Mendes, Plenário, DJe: 05.12.2008; RE nº 556.664, Relator Min. Gilmar Mendes, Plenário, DJe: 14.11.2008.

[10] Tese fixada no âmbito do RE 560.626, Tema 2: I - Normas relativas à prescrição e decadência em matéria tributária são reservadas à lei complementar; II - São inconstitucionais o parágrafo único do artigo 5º do Decreto-Lei nº 1.569/1977 e os artigos 45 e 46 da Lei nº 8.212/1991.

da sua decisão para fins de manutenção da segurança jurídica, fixando prazo em que os recolhimentos poderiam ser considerados legítimos.

O entendimento da Corte Constitucional também foi o mesmo relativamente ao imposto sobre transmissão *causa mortis* e doação de quaisquer bens ou direitos (ITCMD),[11] ao estabelecer a tese de que a instituição de ITCMD deve ocorrer por meio de lei complementar.[12] Igualmente, restou fixado o termo inicial para o desencadeamento dos efeitos da decisão, a partir da publicação do primeiro acórdão que tratava sobre o tema.

Conforme jurisprudência consolidada pelo STF, portanto, a edição de normas gerais em matéria tributária constitui corolário de segurança jurídica, na medida em que a uniformização e a centralização do tratamento de alguns temas que ocupam o espaço do Direito Tributário são indispensáveis para a estabilidade das relações jurídicas e para a proteção da confiança. As normas gerais dizem respeito à sua capacidade de vinculação aos entes da Federação e aos particulares,[13] de modo a assegurar tratamento homogêneo apto a desencadear previsibilidade e equilíbrio.

Ademais, a jurisprudência do Supremo também assegura a igualdade tributária, como pode ser observado em caso julgado pela Corte em que restou reconhecida a inconstitucionalidade de lei estadual de incentivo fiscal para esportes de automobilismo. A referida legislação destinava 75% dos valores do programa de incentivo fiscal a tão somente um indivíduo. A ausência de tratamento isonômico e a violação ao princípio da igualdade em matéria tributária fundamentaram a declaração de inconstitucionalidade da lei estadual.[14]

Além disso, a igualdade tributária também se aplica a pessoas jurídicas. Em sede de ação direta de inconstitucionalidade, o Plenário do STF firmou entendimento de que a diferenciação de tratamento tributário entre sociedades empresárias estabelecidas sob os regimes de lucro real ou de lucro presumido não viola a igualdade tributária. Tal compreensão funda-se no fato de que a sujeição ao regime constitui uma

---

[11] STF, RE nº 851.108, Relator Min. Dias Toffoli, DJe: 10.03.2021; ADI nº 6.822, Relator Min. Roberto Barroso, DJe: 15.03.2022.

[12] Tese fixada no âmbito do RE 851.108, Tema 825: É vedado aos estados e ao Distrito Federal instituir o ITCMD nas hipóteses referidas no art. 155, §1º, III, da Constituição Federal sem a intervenção da lei complementar exigida pelo referido dispositivo constitucional.

[13] STF, RE nº 433.352, Relator Min. Joaquim Barbosa, Segunda Turma, DJe: 28.05.2010.

[14] STF, ADI nº 4259, Relator Min. Edson Fachin, Plenário, DJe: 16.03.2016.

escolha realizada pelo contribuinte, em atenção às suas necessidades e ao seu planejamento.[15]

Nessa perspectiva, pode-se observar que o Supremo Tribunal Federal se debruça sobre as normas que disciplinam temas de natureza tributária à luz da segurança jurídica e do princípio da igualdade. A previsibilidade inerente às leis e a sua correspondente adequação ao texto constitucional constituem aspectos rotineiramente examinados pelo STF, de modo a se buscar a consolidação de parâmetros tributários aptos a preservar os valores constitucionais da segurança jurídica e da igualdade.

Conclusão

Como pode ser extraído do acervo de decisões judiciais brevemente examinadas, a igualdade também diz respeito à consolidação de uma isonomia temporal, cujo conteúdo considera a constitucionalidade das normas, a previsibilidade da incidência de tributos e a igualdade entre indivíduos no tempo a fim de se alcançar um equilíbrio ao sistema tributário. Isso significa que a igualdade entre indivíduos também atravessa passado, presente e futuro.

Como instrumento de segurança jurídica, a modulação de efeitos da decisão judicial em matéria tributária determina os parâmetros temporais de incidência de tributos, corrigindo eventuais incertezas e inquietudes geradas a partir de uma norma tributária constitucionalmente inadequada. A igualdade temporal entre os indivíduos resta estabelecida em decorrência do entendimento jurisprudencial que estabelece nitidez e esclarecimento para tema controverso, de modo a atribuir equilíbrio e isonomia entre contribuintes no tempo.

Nesse sentido, o Supremo Tribunal Federal mantém suas portas abertas aos temas de natureza tributária que eventualmente gerem desassossego e incerteza, de forma a proceder à sua análise em conformidade com as normas constitucionais, as quais, por sua vez, reforçam o conteúdo da segurança jurídica e da igualdade entre indivíduos. O STF assume, assim, a posição de agente que dirime conflitos derivados de incongruências normativas com o intuito de conferir a previsibilidade

---

[15] STF, ADI nº 3.144, Relator Min. Edson Fachin, Plenário, DJe: 31.10.2018.

e a certeza que devem permear as múltiplas temáticas inerentes à matéria tributária.

As decisões judiciais emanadas do Supremo em matéria tributária atendem aos valores de estabilidade e de previsibilidade derivados do conteúdo da segurança jurídica, alcançando todos os contribuintes igualmente, de modo a conferir sustentabilidade ao próprio sistema tributário. Portanto, os valores da segurança jurídica e da igualdade não podem ser afastados do complexo normativo que consolida as relações jurídicas tributárias.

A segurança jurídica constitui verdadeiro vetor de efetivação do princípio da igualdade em matéria tributária a partir da fixação de parâmetros nítidos de incidência de tributos que alcançam a todos, bem como pela clareza relativamente ao recolhimento de tributos no tempo, permitindo que a tranquilidade social se estenda sobre a tarefa de cada indivíduo de contribuir para a sustentabilidade de todo o sistema.

Nesse viés, o trabalho desempenhado pela Corte Constitucional ganha especial relevo enquanto depositário da confiança da população acerca da preservação dos eixos estruturantes do mister estatal de fixar, recolher e aplicar tributos.

Referências

BARROSO, Luís Roberto. Em Algum Lugar do Passado: Segurança Jurídica, Direito Intertemporal e o novo Código Civil. *Revista de Estudos Políticos*, v. 90, p. 33-67, 2004.

MIRANDA, Jorge. *Manual de Direito Constitucional* – Direitos Fundamentais, Tomo IV, 6. ed. Coimbra: Coimbra Editora, 2015.

STF, ADI nº 4.171, Relatora Min. Ellen Gracie, Plenário, DJe: 21.08.2015.

STF, ADI nº 4.259, Relator Min. Edson Fachin, Plenário, DJe: 16.03.2016.

STF, ADI nº 4.481, Relator Min. Roberto Barroso, Plenário, DJe: 19.05.2015.

STF, ADI nº 5.835, Relator Min. Alexandre de Moraes, Plenário, DJe: 27.07.2023.

STF, ADI nº 6.222 ED, Relator Min. Gilmar Mendes, Plenário, DJe: 22.09.2020.

STF, ADI nº 6.822, Relator Min. Roberto Barroso, Plenário DJe: 15.03.2022.

STF, RE nº 433.352, Relator Min. Joaquim Barbosa, Segunda Turma, DJe: 28.05.2010.

STF, RE nº 556.664, Relator Min. Gilmar Mendes, Plenário, DJe: 14.11.2008.

STF, RE nº 560.626, Relator Min. Gilmar Mendes, Plenário, DJe: 05.12.2008.

STF, RE nº 714.139, Relator Min. Marco Aurélio, Redator do Acórdão Min. Dias Toffoli, Plenário, DJe: 18.12.2021.

STF, RE 851.108, Relator Min. Dias Toffoli, Plenário, DJe: 10.03.2021.

Informação bibliográfica deste livro, conforme a NBR 6023:2018 da Associação Brasileira de Normas Técnicas (ABNT):

MENDONÇA, Grace; MENDONÇA, Suzana. Segurança jurídica em matéria tributária como vetor de igualdade. *In*: SCAFF, Fernando Facury; DERZI, Misabel de Abreu Machado; BATISTA JÚNIOR, Onofre Alves; TORRES, Heleno Taveira (coord.). *Tributação, desigualdade e desenvolvimento*. Belo Horizonte: Fórum, 2025. p. 127-135. ISBN 978-65-5518-100-5.

A NÃO CUMULATIVIDADE DO ICMS E A ISONOMIA TRIBUTÁRIA

GUSTAVO DA GAMA VITAL DE OLIVEIRA

1 Introdução

O objetivo do presente trabalho consiste em evidenciar que a delimitação do alcance da não cumulatividade do ICMS produz reflexos significativos no princípio da isonomia tributária, visto que pode ocasionar tratamento diferenciado entre contribuintes sujeitos ao mesmo imposto, apenas em razão do tipo de atividade econômica exercida.

Será realizada breve descrição do cenário que envolve as polêmicas acerca dos limites da não cumulatividade do ICMS, com destaque especial para a recorrente oposição entre os critérios do crédito físico e do crédito financeiro, assim como a jurisprudência do Supremo Tribunal Federal e do Superior Tribunal de Justiça sobre a matéria.

Por fim, será evidenciado que a adoção do critério do crédito físico, como parâmetro para definição do alcance da não cumulatividade do ICMS, promove significativas hipóteses de violações ao princípio da isonomia, pois contribuintes sujeitos ao mesmo imposto, por determinação constitucional, suportam cargas tributárias diversas, circunstância que também ocasiona a violação dos princípios da capacidade contributiva, da livre-iniciativa e da neutralidade fiscal.

2 O crédito físico e o crédito financeiro

Parcela significativa das polêmicas envolvendo a delimitação da não cumulatividade do ICMS pode ser entendida a partir da oposição entre o critério do crédito físico e o critério do crédito financeiro.

Pelo parâmetro do crédito físico, geralmente defendido pelas fazendas estaduais, o direito à utilização de créditos de ICMS estaria restrito à aquisição de mercadorias que fossem incorporadas fisicamente ao bem que será objeto de comercialização. Também é reconhecido o direito ao crédito nas hipóteses de mercadorias que são desgastadas integralmente no processo de industrialização para a obtenção de novas mercadorias. Exemplo contundente de ato normativo que adotava o critério do crédito físico era o Convênio ICMS nº 66/88,[1] que cumpria a função de norma geral do imposto estadual até o advento da Lei Complementar nº 87/96 (Lei Kandir).

De acordo com o parâmetro do crédito financeiro, o direito ao crédito não está condicionado à incorporação física das mercadorias adquiridas no produto que será objeto da comercialização pelo contribuinte, mas sim à circunstância de que tais mercadorias são próprias das atividades do estabelecimento contribuinte, de forma que, em geral, todos os custos necessários para o desempenho da atividade empresarial conduziriam ao direito ao crédito.

A posição histórica do Supremo Tribunal Federal acerca da matéria é no sentido de que a Constituição Federal de 1988 (CF) assegura, como conteúdo mínimo da não cumulatividade do ICMS, o direito ao crédito segundo o critério do crédito físico. Isto não impede, todavia, que o legislador infraconstitucional possa assegurar o direito ao crédito de maneira mais ampla, seguindo os parâmetros do critério do crédito financeiro, tal como fez a Lei Kandir, em determinadas situações.[2] O posicionamento do STF, na linha mencionada, foi ratificado em diversos

---

[1] "Art. 31. Não implicará crédito para compensação com o montante do imposto devido nas operações ou prestações seguintes: III - a entrada de mercadorias ou produtos que, utilizados no processo industrial, não sejam nele consumidos ou não integrem o produto final na condição de elemento indispensável a sua composição;"

[2] MOREIRA, André Mendes. *A não cumulatividade dos tributos*. São Paulo: Noeses, 2018, p. 208. DERZI, Misabel. *Direito Tributário Brasileiro* (Atualização da obra de Aliomar Baleeiro). Rio de Janeiro: Forense, 2018, p. 624/625.

julgados, como por ocasião da Medida Cautelar na ADI nº 2.335[3] e nos julgamentos dos temas de repercussão geral 346[4] e 1052.[5]

Considerando que a não cumulatividade do ICMS deve ser compreendida como verdadeiro direito do contribuinte e limitação ao poder de tributar, de fato não há qualquer impedimento para que o legislador infraconstitucional possa ampliar o grau de proteção do referido direito constitucional, como indicam o art. 150, *caput*, da CF ("Sem prejuízo de outras garantias asseguradas ao contribuinte"), o art. 5º, §2º, da CF[6] e o art. 146, II, da CF.[7]

O advento da Lei Kandir marcou relevante modificação nos critérios de creditamento em comparação com os critérios delineados pelo Convênio ICMS nº 66/88. O art. 20, §1º, do ato normativo,[8] ao negar direito a crédito em relação às entradas de mercadorias ou utilização de serviços alheios à atividade do estabelecimento, *a contrario sensu*, admitiu a possibilidade de consideração de créditos do imposto quando se refiram a mercadorias ou serviços que sejam próprios da

---

[3] ADI nº 2.325 MC, Relator(a): MARCO AURÉLIO, Tribunal Pleno, julgado em 23.09.2004, DJ 06.10.2006.

[4] RE 601967, Relator: MARCO AURÉLIO, Relator p/ Acórdão: ALEXANDRE DE MORAES, Tribunal Pleno, julgado em 18.08.2020, PROCESSO ELETRÔNICO REPERCUSSÃO GERAL – MÉRITO DJe-221 DIVULG 03.09.2020 PUBLIC 04.09.2020. Tese: "I - Não viola o princípio da não cumulatividade (art. 155, §2º, incisos I e XII, alínea c, da CF/1988) lei complementar que prorroga a compensação de créditos de ICMS relativos a bens adquiridos para uso e consumo no próprio estabelecimento do contribuinte; II - Conforme o artigo 150, III, c, da CF/1988, o princípio da anterioridade nonagesimal aplica-se somente para leis que instituem ou majoram tributos, não incidindo relativamente às normas que prorrogam a data de início da compensação de crédito tributário".

[5] RE 1141756, Relator(a): MARCO AURÉLIO, Tribunal Pleno, julgado em 28.09.2020, PROCESSO ELETRÔNICO REPERCUSSÃO GERAL – MÉRITO DJe-268 DIVULG 09.11.2020 PUBLIC 10.11.2020. Tese: "Observadas as balizas da Lei Complementar nº 87/1996, é constitucional o creditamento de Imposto sobre Operações relativas à Circulação de Mercadorias – ICMS cobrado na entrada, por prestadora de serviço de telefonia móvel, considerado aparelho celular posteriormente cedido, mediante comodato".

[6] "Art. 5º. §2º Os direitos e garantias expressos nesta Constituição não excluem outros decorrentes do regime e dos princípios por ela adotados, ou dos tratados internacionais em que a República Federativa do Brasil seja parte."

[7] "Art. 146. Cabe à lei complementar: II - regular as limitações constitucionais ao poder de tributar;"

[8] "Art. 20. Para a compensação a que se refere o artigo anterior, é assegurado ao sujeito passivo o direito de creditar-se do imposto anteriormente cobrado em operações de que tenha resultado a entrada de mercadoria, real ou simbólica, no estabelecimento, inclusive a destinada ao seu uso ou consumo ou ao ativo permanente, ou o recebimento de serviços de transporte interestadual e intermunicipal ou de comunicação.
§1º Não dão direito a crédito as entradas de mercadorias ou utilização de serviços resultantes de operações ou prestações isentas ou não tributadas, ou que se refiram a mercadorias ou serviços alheios à atividade do estabelecimento."

atividade do estabelecimento. Ademais, a Lei Kandir não condicionou o aproveitamento do crédito à circunstância de que os materiais, insumos ou produtos intermediários venham a integrar fisicamente o produto comercializado pelo estabelecimento, mas apenas que sejam utilizados de forma efetiva na consecução do objeto social do estabelecimento contribuinte, não sendo ainda relevante que os produtos sejam consumidos de maneira integral ou imediatamente.[9]

Interessante notar que, muito antes do advento da Lei Kandir, o STF, em acórdão de Relatoria do Ministro Aliomar Baleeiro, já havia considerado que o direito ao crédito de ICM em relação a produto intermediário não teria por pressuposto a integração física ao produto final que será comercializado pelo contribuinte:

> ICM - NÃO CUMULATIVIDADE. Produtos intermediários, que se consomem ou se inutilizam no processo de fabricação, como cadinhos, lixas, feltros, etc., não são integrantes ou acessórios das maquinas em que se empregam, mas devem ser computados no produto final para fins de crédito do ICM, pelo princípio da não-cumulatividade deste. Ainda não integrem o produto final, concorrem direta e necessariamente para este porque utilizados no processo de fabricação, nele se consumido.
> (RE 79601, Relator(a): ALIOMAR BALEEIRO, Primeira Turma, julgado em 26-11-1974, DJ 08-01-1975 PP-00075 EMENT VOL-00972-03 PP-00889)

As diferenças entre o regime do Convênio ICMS nº 66/88 (claramente vinculado ao crédito físico) e o regime da Lei Kandir foram bem observadas por acórdão da Primeira Turma do Superior Tribunal de Justiça:

> (...) 3. Enquanto vigorou o Convênio ICMS n. 66/1988 do Conselho Nacional de Política Fazendária (CONFAZ), o direito de crédito estava restrito aos produtos intermediários que eram consumidos imediata e integralmente no processo industrial ou que integravam a composição do produto final.
> 4. A Lei Complementar n. 87/1996 modificou esse cenário normativo, ampliando significativamente as hipóteses de creditamento de ICMS, permitindo o aproveitamento dos créditos referentes à aquisição de quaisquer produtos intermediários, ainda que consumidos ou desgastados gradativamente, desde que comprovada a necessidade de utilização

---

[9] KOCH, Deonísio. *Manual do ICMS*: teoria e prática. Curitiba: Juruá, 2022, p. 343.

dos mesmos para a realização do objeto social do estabelecimento empresarial. Precedentes. (...)
(AgInt no REsp 1486991/MT, Rel. Ministro GURGEL DE FARIA, PRIMEIRA TURMA, julgado em 27/04/2017, DJe 21/06/2017)

Logo, a título de exemplo, em relação aos bens intermediários, é preciso ressaltar que a redação do art. 20, §1º, da Lei Kandir não autoriza a conclusão adotada ordinariamente pelas fazendas estaduais no sentido de que o direito ao crédito estaria condicionado ao contato físico direto do bem intermediário com o produto final objeto da comercialização[10] e o consumo do bem de maneira imediata e integral. Com efeito, o critério adotado pelo art. 20, §1º, da Lei Kandir foi baseado em raciocínio por exclusão, no sentido de que a negativa do direito ao crédito ocorreria apenas nas hipóteses de bens alheios à atividade do estabelecimento. Assim, caso o bem intermediário cogitado não possa ser considerado estranho à atividade do contribuinte, a negativa de crédito não será válida.

Em tal linha, decidiu a Segunda Turma do STJ, no sentido de que haveria direito a crédito de produto químico utilizado pelo contribuinte diretamente em seu processo produtivo, visto que o direito ao crédito em relação a produtos intermediários ocorreria mesmo na hipótese de consumo e desgaste gradativo.[11]

A Primeira Seção do STJ, uniformizando entendimento acerca da matéria, ao decidir, em embargos de divergência, o EARESP nº 1.775.781/SP, considerou que a vedação ao crédito, nos termos da Lei Kandir, ocorreria nas hipóteses de bens alheios à atividade do estabelecimento. Assim, se determinado produto é adquirido para ser utilizado na atividade-fim do contribuinte, o direito ao crédito não deve ser negado, mesmo que ocorra o desgaste gradativo do produto intermediário, sendo descabida a consideração de que, em tais situações, o produto intermediário possa ser classificado como bem de uso ou

---

[10] Em sentido semelhante, CARNEIRO, Daniel Dix; MACHADO, Michele Viegas. O conceito de crédito do ICMS (financeiro vs. físico), a real extensão do art. 20, caput, da LC 87/96 e jurisprudência recente do STJ e STF. In: CARNEIRO, Daniel Dix; Da Mata, Juselder Cordeiro; LOBATO, Valter de Souza (org.). *25 anos da Lei Kandir*: questões controversas do ICMS. Belo Horizonte: Arraes Editores, 2021, p. 57.

[11] REsp n. 2.054.083/RJ, Relator Ministro Francisco Falcão, Segunda Turma, julgado em 18/4/2023, DJe de 20/4/2023

consumo. Prevaleceu, na ocasião, o voto da Relatora, Ministra Regina Helena Costa.[12]

Destacou a Ministra Relatora a circunstância de que a caracterização dos materiais para a consecução do objeto social da empresa descaracteriza sua classificação como bens de uso e consumo:

> Desse modo, os materiais adquiridos para a consecução do objeto social da empresa não se enquadram como de uso e consumo do estabelecimento e, por conseguinte, resta inaplicável a restrição temporal do art. 33, I, da Lei Complementar n. 87/1996.
>
> Ademais, tal dispositivo deve ser interpretado tendo em foco o caráter indiscutivelmente restritivo da norma, exatamente para não ampliar a regra, limitante do exercício do direito ao creditamento, quanto a material diretamente utilizado na atividade econômica das contribuintes.

Com efeito, a possibilidade do direito de crédito para mercadorias destinadas ao uso ou consumo do estabelecimento, prevista originalmente na Lei Kandir (art. 20 c/c art. 33), experimentou sucessivas prorrogações para o início de sua vigência. A última delas ocorreu pela LC nº 171/2019, que indicou o prazo para 1º de janeiro de 2033. Todavia, a experiência demonstra que, historicamente, Estados buscam limitar a não cumulatividade do ICMS a partir da consideração de que o conceito de bens de uso e consumo seria amplo,[13] de modo a abranger materiais para a consecução do objeto social. Todavia, tal tentativa não vem encontrando respaldo na jurisprudência do STJ, que, a exemplo do decidido no EARESP nº 1.775.781/SP, possui acórdãos destacando a necessidade de interpretação restritiva do conceito de bens de uso e consumo, como exceção à regra geral da não cumulatividade consagrada no art. 20 da Lei Kandir.[14]

Cumpre evidenciar que o entendimento adotado pela Primeira Seção do STJ no EARESP nº 1.775.781/SP não foi superado pelo

---

[12] EAREsp n. 1.775.781/SP, Relatora Ministra Regina Helena Costa, Primeira Seção, julgado em 11/10/2023, DJe de 1/12/2023.

[13] DERZI, Misabel. *Direito Tributário Brasileiro* (Atualização da obra de Aliomar Baleeiro). Rio de Janeiro: Forense, 2018, p. 620: "No âmbito dos Estados e dos convênios respectivos, a técnica tem sido a de alargar ao máximo o conceito de bens de uso e consumo do estabelecimento, a fim de reduzir o princípio da não cumulatividade (uma vez que a vigência do direito ao creditamento do imposto, em relação a tais bens, está adiada). Nesse contexto, tudo ou quase tudo se transforma em bem de uso e consumo do estabelecimento industrial ou mercantil".

[14] A título exemplificativo: REsp n. 1.366.437/PR, Relator Ministro Benedito Gonçalves, Primeira Turma, julgado em 3/10/2013, DJe de 10/10/2013.

julgamento, pelo STF, do tema 633[15] de repercussão geral. Na hipótese, o tema em debate envolvia apenas a possibilidade de utilização de créditos de ICMS oriundos de bens de uso e consumo, em operações de exportação, independentemente dos limites delineados em lei complementar. Considerou o STF que a limitação temporal estabelecida no art. 33, I, da Lei Kandir (e sucessivas alterações), ao permitir a utilização de créditos de bens de uso e consumo apenas em 2033, também se afiguraria válida para as operações de exportação, apesar da imunidade consagrada pela CF para o ICMS em operações de exportação (art. 155, §2º, X, "a" da CF).

Não obstante, no julgamento do tema 633 de repercussão geral, o STF reafirmou sua posição histórica no sentido de que o fato de a CF assegurar, como conteúdo mínimo da não cumulatividade, o aproveitamento de créditos pela lógica do crédito físico, não impede que o legislador infraconstitucional venha a assegurar hipóteses de creditamento que não sigam os mesmos critérios do crédito físico e se aproximem do regime do crédito financeiro, tal como fez a Lei Kandir. E a Primeira Seção do STJ, no EARESP nº 1.775.781/SP, afirmou o direito ao crédito de ICMS no tocante a produtos intermediários (e não bens de uso e consumo em operações envolvendo exportação, como no caso do tema 633 do STF), sendo certo que o órgão colegiado do STJ atingiu a referida conclusão apenas mediante a interpretação dos dispositivos da Lei Kandir, no pleno exercício de sua função constitucional de assegurar a uniformidade da interpretação do Direito Infraconstitucional.

Vale aduzir que o próprio STF possui diversos acórdãos destacando o não conhecimento de recursos extraordinários interpostos com o objetivo de discutir os limites do direito ao crédito fundamentados nos critérios da Lei Kandir, considerando que a matéria seria de índole infraconstitucional.[16]

---

[15] RE 704815, Relator(a): DIAS TOFFOLI, Relator(a) p/ Acórdão: GILMAR MENDES, Tribunal Pleno, julgado em 08.11.2023, PROCESSO ELETRÔNICO REPERCUSSÃO GERAL – MÉRITO DJe-s/n DIVULG 11.12.2023 PUBLIC 12.12.2023. Tese: "A imunidade a que se refere o art. 155, §2º, X, 'a', CF/88 não alcança, nas operações de exportação, o aproveitamento de créditos de ICMS decorrentes de aquisições de bens destinados ao uso e consumo da empresa, que depende de lei complementar para sua efetivação".

[16] A título de exemplo: RE 872968 AgR-segundo, Relator(a): DIAS TOFFOLI, Segunda Turma, julgado em 06-10-2017, PROCESSO ELETRÔNICO DJe-252 DIVULG 06.11.2017 PUBLIC 07.11.2017.

É preciso ainda considerar que o exemplo recente da edição da Súmula 649 do STJ, editada após o tema 475 do STF,[17] reforça a improcedência da consideração de que a posição do STJ no EARESP 1.775.781/SP estaria superada pelo tema 633 de repercussão geral. Com efeito, ao aprovar a Súmula 649,[18] o STJ esclareceu sua plena compatibilidade com o tema 475 do STF, visto que o objeto da súmula editada pelo STJ foi a interpretação do art. 3º, II, da Lei Kandir e não o alcance da imunidade tributária indicada pela CF (que havia sido objeto do tema 475 do STF). Há julgados do STF rejeitando recursos interpostos pelas fazendas estaduais, com base na suposta violação do tema 475, porquanto a matéria referente ao reconhecimento da isenção com base na Lei Kandir é de índole infraconstitucional, de competência do STJ.[19]

3 As relações entre a não cumulatividade, a isonomia, a capacidade contributiva, a livre iniciativa e a neutralidade fiscal

O mandamento constitucional da não cumulatividade do ICMS deve ser interpretado levando em consideração outros princípios constitucionais, especialmente a isonomia, a capacidade contributiva, a livre-iniciativa e a neutralidade fiscal.

Não se pode esquecer que, a partir da CF de 1988, o imposto estadual passou a ser devido por prestadores de serviços de transporte internacional e interestadual e de comunicação, fato que justifica plenamente a necessidade de relativização, pela lei complementar, do sistema do crédito físico, consoante já tive a oportunidade de destacar.[20]

---

[17] Tese do Tema nº 475: "A imunidade a que se refere o art. 155, § 2º, X, a, da CF não alcança operações ou prestações anteriores à operação de exportação" (RE 754917, Relator(a): DIAS TOFFOLI, Tribunal Pleno, julgado em 05.08.2020, PROCESSO ELETRÔNICO REPERCUSSÃO GERAL - MÉRITO DJe-243 DIVULG 05.10.2020 PUBLIC 06.10.2020).

[18] "Súmula 649: Não incide ICMS sobre o serviço de transporte interestadual de mercadorias destinada ao exterior (DJe 03.05.2021)".

[19] A título de exemplo: RE 1437536 AgR, Relator(a): ROSA WEBER (Presidente), Tribunal Pleno, julgado em 28.08.2023, PROCESSO ELETRÔNICO DJe-s/n DIVULG 01.09.2023 PUBLIC 04.09.2023.

[20] OLIVEIRA, Gustavo da Gama Vital de. *ICMS no Estado do Rio de Janeiro*: teoria e prática. Rio de Janeiro: Lumen Juris, 2023, p. 235: "Outra justificativa relevante para a relativização da adoção integral do sistema do crédito físico é a necessidade de assegurar o princípio da não cumulatividade aos prestadores de serviço de transporte e comunicação, sujeitos ao ICMS. Considerando que as atividades mencionadas, por óbvio, não envolvem a circulação de produto corpóreo, as limitações da regra do crédito físico são manifestamente inapropriadas para a realidade de tais contribuintes, o que acaba levando a administração

Ricardo Lobo Torres destacou a alteração substancial promovida pela Constituição Federal de 1988 no fato gerador do ICMS, que também passou a abranger prestações de transporte interestadual e intermunicipal e de comunicação e trouxe a necessidade de estender o direito ao crédito para as referidas atividades, mesclando, "sem a menor dúvida" o sistema do crédito físico com o do financeiro.[21]

Logo, no tocante aos prestadores de serviços sujeitos ao ICMS, considerando que sua atividade-fim envolve o oferecimento de utilidades que não são corporificadas em produtos finais físicos, deve ser assegurada a garantia do direito ao crédito a partir da lógica estabelecida no art. 20, §1º, da Lei Kandir, de modo que as aquisições de bens e serviços relacionadas à atividade própria do estabelecimento devem gerar direito ao crédito, independentemente da incorporação física dos materiais aos produtos finais colocados no mercado pelo contribuinte do imposto, evidentemente inexistente na hipótese cogitada.[22]

Com efeito, a adoção do sistema do crédito físico, como critério para a definição da não cumulatividade do ICMS, tal como defendido por fazendas estaduais, levaria ao tratamento manifestamente desigual entre contribuintes do mesmo imposto, somente em razão da natureza da atividade empresarial exercida (circulação de mercadoria ou prestação de serviços de comunicação, transporte internacional e transporte intermunicipal).

Além disso, mesmo entre contribuintes que tivessem por atividade econômica a circulação de mercadorias, eventuais diferenças entre o tipo de atividade exercida (insumos ou produtos intermediários mais ou menos aderentes ao produto final comercializado) também ocasionariam carga tributária maior ou menor. Logo, o resultado seria

---

tributária a considerar que todos os materiais adquiridos por tais prestadores seriam bens de uso e consumo, negando o direito ao crédito, considerando a limitação do art. 33, I, da Lei Kandir. Logo, é necessário assegurar aos prestadores de serviços critérios que viabilizem o reconhecimento de créditos ao menos no que se refere a materiais necessários à prestação dos serviços". Tal trecho doutrinário foi, honrosamente, mencionado no voto da Ministra Regina Helena Costa no EARESP nº 1.775.781/SP.

[21] TORRES, Ricardo Lobo. *Tratado de direito constitucional financeiro e tributário*, vol. IV. Rio de Janeiro: Renovar, 2007, p. 303.

[22] BENTOS, Rafhael Romero. *Não cumulatividade do ICMS para os prestadores de serviço*: transporte e comunicação. Rio de Janeiro: Lumen Juris, 2018, p. 117: "Para aferir o conceito de insumos dos prestadores de serviços (e, por conseguinte, o conteúdo mínimo da não cumulatividade do ICMS que autoriza o aproveitamento de créditos), deve-se observar o critério da essencialidade. Tudo o que for fundamental e indispensável à concreção da atividade-fim da pessoa jurídica deve autorizar o aproveitamento de créditos desse imposto".

a violação dos princípios da isonomia tributária, capacidade contributiva, livre-iniciativa e neutralidade fiscal.

O princípio da isonomia (art. 150, II, da CF) não admite que contribuintes sujeitos ao mesmo imposto (ICMS) possam receber tratamento diferenciado, com significativa diversidade no regime de aproveitamento de créditos, somente em razão do tipo de atividade econômica exercida. Se a CF proíbe o tratamento desigual entre contribuintes que se encontrem em situação equivalente, vedando expressamente que "ocupação profissional" ou "função" exercida pelo contribuinte seja critério legítimo para que a lei tributária estabeleça diferenças, é evidente que não se pode tratar de maneira diferenciada a empresa cujo objeto social envolve a circulação de mercadoria e a empresa que desenvolve prestação de serviços de comunicação. Também descabe o tratamento diferenciado entre contribuintes que promovem circulação de mercadoria em razão do tipo de atividade econômica exercida. Difícil imaginar qual seria situação mais equivalente, para usar os termos da CF, do que a situação envolvendo dois contribuintes sujeitos a idêntico imposto.

Em linha semelhante, atribuir carga tributária desigual a contribuintes sujeitos ao mesmo imposto, apenas em razão do perfil da atividade empresarial, violaria o princípio da capacidade contributiva (art. 145, §1º, da CF), pois duas manifestações de riqueza com grandezas equivalentes estariam sendo tributadas de maneira diversa, sem justificativa constitucional.

A relação próxima existente entre não cumulatividade, igualdade e capacidade contributiva foi ressaltada por José Eduardo Soares de Melo:

> Os princípios da igualdade e da capacidade contributiva, por seu turno, são comandos constitucionais endereçados ao legislador ordinário. A ele incumbe a tarefa de instituir impostos que sejam uniformes e que respeitem a capacidade econômica de todos aqueles que estejam na mesma situação jurídica. Assim, deverá o legislador impor aos agentes do ciclo de produção/comercialização/prestação de serviços uma única regra de comportamento, para que a carga tributária incorporada ao preço das mercadorias seja uniforme. Sendo referidos tributos submetidos ao postulado da não cumulatividade, não será possível que algumas pessoas sejam mais beneficiadas do que outras no transcorrer do ciclo produtivo/comercial.[23]

---

[23] MELO, José Eduardo Soares de. *ICMS*: teoria e prática. Belo Horizonte: Fórum, 2023, p. 294/295.

Por outro lado, o reconhecimento maior ou menor do direito ao crédito segundo, unicamente, o tipo de atividade empresarial exercida, seria um embaraço ao próprio direito de livre-iniciativa (art. 1º, IV, c/c art. 170 da CF), pois poderia interferir na livre escolha dos agentes econômicos para as atividades privadas.

Ademais, tal tratamento diferenciado entre contribuintes, sujeitos ao mesmo imposto, ocasionaria a violação do princípio da neutralidade fiscal,[24] pois, como mencionado por Ricardo Lobo Torres, o princípio da neutralidade econômica do ICMS significa que o imposto não deverá distorcer a formação dos preços sob a perspectiva do processo de circulação de riquezas.[25] Vale aduzir que o STF, em pelo menos dois julgados, destacou a aplicabilidade do princípio da neutralidade fiscal ao ICMS.[26]

Considerações finais

A edição da Lei Kandir representou relevante marco na adoção de critério mais flexível para a definição de regras relativas ao regime de creditamento do ICMS, em comparação com o regime anterior, disciplinado pelo Convênio ICMS nº 66/88, que estava claramente apegado à lógica do crédito físico. Embora a referida conclusão ainda encontre resistência nas fazendas estaduais, que continuam defendendo em diversas situações a adoção do crédito físico, é fato que a jurisprudência do STJ, ao conferir a palavra final acerca da interpretação da Lei Kandir, vem ressaltando as referidas diferenças.

---

[24] A relação entre a igualdade, a capacidade contributiva e a neutralidade é destacada por SIQUEIRA, Natércia Sampaio. *Tributo, mercado e neutralidade no estado democrático de direito*. Rio de Janeiro: Lumen Juris, 2012, p. 215: "Igualdade, capacidade contributiva e neutralidade são ingredientes de uma mesma receita, referente ao mercado: a igualdade que se realiza pela utilização da capacidade contributiva como critério de graduação do imposto e de comparação entre os contribuintes assegura a neutralidade tributária no mercado – no sentido de os tributos não interviram nas condições de livre concorrência. Sujeitar-se à tributação na medida da aptidão para contribuir, é a providência mais eficaz para que a tributação não intervenha nas opções de investimento e consumo".

[25] TORRES, Ricardo Lobo Torres. *Tratado de direito constitucional financeiro e tributário*, vol. IV. Rio de Janeiro: Renovar, 2007, p. 316. Em sentido semelhante, DERZI, Misabel Abreu Machado. Aspectos essenciais do ICMS, como imposto de mercado. *In*: SCHOUERI, Luís Eduardo; ZILVETI, Fernando Aurelio (coord.). *Direito tributário*: estudos em homenagem a Brandão Machado. São Paulo: Dialética, 1998, p. 127.

[26] RE 593849, Relator: EDSON FACHIN, Tribunal Pleno, julgado em 19.10.2016, ACÓRDÃO ELETRÔNICO REPERCUSSÃO GERAL – MÉRITO DJe-065 DIVULG 30.03.2017 PUBLIC 31.03.2017 REPUBLICAÇÃO: DJe-068 DIVULG 04.04.2017 PUBLIC 05.04.2017. ADI nº 6.222, Relator: GILMAR MENDES, Tribunal Pleno, julgado em 20.04.2020, PROCESSO ELETRÔNICO DJe-114 DIVULG 08.05.2020 PUBLIC 11.05.2020.

A Lei Kandir admite a tomada de créditos de ICMS quando se refiram a mercadorias ou serviços que sejam *próprios* da atividade do estabelecimento, bem como não condiciona o reconhecimento do crédito à necessidade de que insumos, matérias-primas ou produtos intermediários integrem fisicamente o produto final que será comercializado pelo estabelecimento.

A adoção de critérios para a não cumulatividade do ICMS, divorciados do critério físico, é medida de extrema relevância para assegurar o princípio da isonomia entre contribuintes do imposto. A partir da CF de 1988, o ICMS passou a ser devido por prestadores de serviços de transporte internacional e interestadual e de comunicação, fato que justifica plenamente a necessidade de relativização, pela lei complementar, do sistema do crédito físico. Por outro lado, mesmo entre contribuintes que tivessem por atividade econômica a circulação de mercadorias, eventuais diferenças entre o tipo de atividade exercida (insumos ou produtos intermediários mais ou menos aderentes ao produto final comercializado) também ocasionariam carga tributária maior ou menor, caso sejam empregados os critérios de acordo com o regime do crédito físico.

Todavia, contribuintes sujeitos ao mesmo imposto (ICMS) não podem receber tratamento diferenciado, somente em razão do tipo de atividade econômica exercida, em atenção ao princípio da isonomia (art. 150, II, da CF). Tal tratamento diferenciado violaria ainda os princípios da capacidade contributiva, livre-iniciativa e neutralidade fiscal.

Referências

BENTOS, Rafhael Romero. *Não cumulatividade do ICMS para os prestadores de serviço*: transporte e comunicação. Rio de Janeiro: Lumen Juris, 2018.

CARNEIRO, Daniel Dix; MACHADO, Michele Viegas. O conceito de crédito do ICMS (financeiro vs. físico), a real extensão do art. 20, caput, da LC 87/96 e jurisprudência recente do STJ e STF. *In*: CARNEIRO, Daniel Dix; Da Mata, Juselder Cordeiro; LOBATO, Valter de Souza (org.). *25 anos da Lei Kandir*: questões controversas do ICMS. Belo Horizonte: Arraes Editores, 2021.

DERZI, Misabel. *Direito Tributário Brasileiro* (Atualização da obra de Aliomar Baleeiro). Rio de Janeiro: Forense, 2018.

DERZI, Misabel Abreu Machado. Aspectos essenciais do ICMS, como imposto de mercado. *In*: SCHOUERI, Luís Eduardo; ZILVETI, Fernando Aurelio (coord.). *Direito tributário*: estudos em homenagem a Brandão Machado. São Paulo: Dialética, 1998.

KOCH, Deonísio. *Manual do ICMS*: teoria e prática. Curitiba: Juruá, 2022.

MELO, José Eduardo Soares de. *ICMS*: teoria e prática. Belo Horizonte: Fórum, 2023.

MOREIRA, André Mendes. *A não-cumulatividade dos tributos*. São Paulo: Noeses, 2018.

OLIVEIRA, Gustavo da Gama Vital de. *ICMS no Estado do Rio de Janeiro*: teoria e prática. Rio de Janeiro: Lumen Juris, 2023.

SIQUEIRA, Natércia Sampaio. *Tributo, mercado e neutralidade no estado democrático de direito*. Rio de Janeiro: Lumen Juris, 2012.

TORRES, Ricardo Lobo. *Tratado de direito constitucional financeiro e tributário*, vol. IV. Rio de Janeiro: Renovar, 2007.

Informação bibliográfica deste livro, conforme a NBR 6023:2018 da Associação Brasileira de Normas Técnicas (ABNT):

OLIVEIRA, Gustavo da Gama Vital de. A não cumulatividade do ICMS e a isonomia tributária. *In*: SCAFF, Fernando Facury; DERZI, Misabel de Abreu Machado; BATISTA JÚNIOR, Onofre Alves; TORRES, Heleno Taveira (coord.). *Tributação, desigualdade e desenvolvimento*. Belo Horizonte: Fórum, 2025. p. 137-149. ISBN 978-65-5518-100-5.

PROGRESSIVIDADE NA TRIBUTAÇÃO DAS HERANÇAS E O CRITÉRIO DO PARENTESCO

HUGO DE BRITO MACHADO SEGUNDO

Introdução

A progressividade dos tributos é tema que desperta intensos debates, marcadamente diante de sua relação com outros princípios, como o da igualdade, da justiça tributária e da capacidade contributiva. Muitos desses debates se refletem na jurisprudência do Supremo Tribunal Federal, seja em função do critério a ser adotado na fixação de alíquotas progressivas, seja no que tange ao tipo de tributo a ser submetido a essa técnica de tributação, se real, pessoal ou incidente sobre patrimônio, renda, consumo etc.

Neste artigo, escolheu-se especificamente a temática da progressividade aplicada à tributação das heranças, notadamente no que tange à invocação do princípio da capacidade contributiva para vedar o uso do grau de parentesco como critério de progressividade.

1 Algumas definições como premissa

Entende-se por progressividade a técnica de tributação, geralmente aplicável a impostos, por meio da qual as alíquotas se elevam conforme se incrementa a base de cálculo. Não se confunde com a tributação por valores fixos, em que o montante do tributo não é sujeito a variação, tampouco com a tributação proporcional, em que o percentual adotado para o cálculo do tributo é sempre o mesmo, mas, como a base de cálculo é variável, altera-se, conquanto na mesma proporção, o montante de tributo devido. Excepcionalmente, a progressividade pode levar em conta outro critério, que não a grandeza tributável, para ensejar a elevação das alíquotas aplicáveis, como acontece com o Imposto Territorial Rural – ITR, que leva em conta a área do imóvel e seu grau de aproveitamento, e com o Imposto Predial e Territorial Urbano, o qual, embora possa adotar a progressividade também em função do valor do imóvel, pode acolher como critério de elevação de alíquotas, cumulativamente, o tempo em que o imóvel permanece em desconformidade com sua função social. Esse aspecto – o do emprego de outros critérios para a elevação progressiva de alíquotas, diversos da grandeza tributada, será decisivo relativamente ao ITCMD, no que tange a Estados que fixavam alíquotas que se elevam conforme o grau de parentesco do herdeiro, tema ao qual se retornará mais adiante.

Tem-se tributação fixa em algumas taxas, em que se paga, por exemplo, o mesmo valor para a expedição de um passaporte. A tributação proporcional ocorre quando se tem a mesma alíquota aplicável a qualquer situação, com variação do valor devido em função de mudança na base de cálculo, como se dá em relação ao ISS fixado pelo Município pela alíquota de 5% para qualquer serviço, sendo o montante devido diferente, em cada caso, apenas porque diverso o valor do serviço. No caso do tributo progressivo, o crescimento da base de cálculo leva a um incremento das alíquotas, majorando-se a própria proporção da base a ser colhida a título de tributo.

Progressividade é o inverso de regressividade, técnica por meio da qual a alíquota ou o percentual a ser colhido a título de tributo torna-se gradualmente *menor* conforme aumenta a grandeza a ser tributada. Embora no plano da economia se possa debater a conveniênica de um tributo regressivo sobre a renda, a partir de determinado montante, no campo jurídico afigurar-se-ia inconstitucional uma pretensão dessa ordem, por ofensa aos princípios da igualdade e da capacidade contributiva, os quais são realizados com uma tributação progressiva, e que até toleram uma tributação proporcional, ou mesmo fixa, a depender do tributo, mas que seriam contrariados por uma que adotasse alíquotas regressivas, por razões fáceis de serem compreendidas.

A riqueza é tanto menos útil, ou necessária, a quem experimenta, conforme se acumula. Trata-se da chamada *utilidade marginal da riqueza*. Basta pensar em três pessoas, que auferem, mensalmente, remuneração diferente. O cidadão A recebe R$ 1.000,00 por mês. O cidadão B, R$ 10.000,00. E o cidadão C, R$ 100.000,00.

Caso se exija um imposto sobre a renda com alíquota proporcional (única) de R$ 10%, abstraída a existência de um limite de isenção, o primeiro cidadão verá subtraída sua renda em R$ 100,00. O segundo, em R$ 1.000,00, e o terceiro, em R$ 10.000,00. Embora a mesma proporção, não há dúvida de que R$ 100,00 farão mais falta ao cidadão A, do que R$ 1.000,00 ao cidadão B. E ainda menos falta farão os R$ 10.000,00 ao cidadão C, que com os R$ 90.000,00 líquidos que lhe sobrarão poderá atender a todas as suas necessidades, das mais básicas às mais supérfluas. Daí a ideia de se exigir percentual maior do cidadão B, e ainda maior do cidadão C.

Mas isso não quer dizer que a progressividade se apoie unicamente em ideias de "igual sacrifício", o que levaria, em última análise, à expropriação de quase todo o patrimônio daqueles situados no topo da pirâmide econômica. Sua finalidade é, também, a de atuar na contenção do aumento das desigualdades, o que a observação da História demonstra. Veja-se, ainda, que ao longo do século XX o uso intenso de alíquotas progressivas não prejudicou o crescimento, que foi elevado, mas manteve sob controle o aumento das desigualdades, que, ao final dos anos 1980, com a redução das alíquotas em todo o mundo, fez com que as desigualdades voltassem a crescer em padrões comparáveis aos do final do século XIX. Como ressalta Ricardo Lodi,

> a progressividade, hoje, não mais deve ser extraída de uma visão utilitarista de igual sacrifício, mas como importante instrumento de redistribuição de rendas no Estado Social, o que é reconhecido até mesmo por pensadores liberais menos ortodoxos, como o próprio John Rawls, que, embora defendesse a proporcionalidade como um dos princípios da *justiça como equidade*, considerando ser essa modalidade de tributação a mais adequada ao estímulo da produção, reconheceu também que, nos sistemas tributários de países em que haja maior desigualdade social, a progressividade dos impostos sobre a renda é medida exigida pelos princípios da liberdade, da igualdade equitativa de oportunidades e da diferença.[1]

---

[1] RIBEIRO, Ricardo Lodi. Piketty e a reforma tributária igualitária no Brasil. *Revista de Finanças Públicas, Tributação e Desenvolvimento – RFPTD*, Rio de Janeiro, v. 3, n. 3, p. 19, 2015. Disponível em: http://www.e-publicacoes.uerj.br/index.php/rfptd/article/view/15587.

Apesar disso, há na literatura diversos questionamentos e oposições à progressividade, que desestimularia a produção e um maior esforço,[2] tornaria a tributação mais complexa e de difícil apuração e seria inócua, na justiça social que procura promover, a depender de como os recursos assim obtidos fossem aplicados.[3] A crítica é incrementada pelo resultado obtido em países (*v.g.* Eslováquia, Rússia, Estônia etc.) que adotaram o chamado *flat tax,* assim entendido o imposto de renda com alíquota uniforme, independentemente do valor da renda auferida, em substituição a um imposto de renda progressivo. A adoção de apenas uma alíquota (*v.g.* 13%), baixa se comparada à alíquota máxima de sistemas progressivos (mas alta se comparada à mínima), levou tais países a um considerável aumento na arrecadação desse imposto. Diante dessa constatação, poder-se-ia defender a adoção de um imposto assim, mais simples e eficiente, procedendo-se à redução das desigualdades, se fosse o caso, quando da aplicação dos recursos obtidos.[4]

Pode-se, porém, objetar o *flat tax* sob a consideração de que ele estimula um aumento na desigualdade de renda entre as pessoas, abrindo espaço, por exemplo, para que altos executivos definam para si remunerações exageradas.[5] O aumento na arrecadação com ele obtido em alguns países, por sua vez, pode decorrer de outras causas, diversas do fato de ser ele um *flat tax.* É o caso redução da informalidade e crescimento da economia desses países, até poucas décadas atrás situados dentro da chamada "cortina de ferro", fatores que teriam levado a um aumento de arrecadação do imposto de renda de qualquer forma, fossem as alíquotas progressivas ou não. Pode ser, também, que a maior arrecadação decorra do fato de haver um maior número de pessoas pobres pagando, as quais em outro cenário seriam isentas, ou tributadas por alíquotas mais baixas, o que conduz à conclusão de que a eficiência está sendo obtida, no caso, com sacrifício desproporcional da ideia de equidade (e, no caso dos princípios jurídicos, da capacidade

---

[2] MARTINS, Ives Gandra da Silva. Princípios constitucionais tributários. *In*: MARTINS, Ives Gandra da Silva (coord.). *Caderno de Pesquisas Tributárias n. 18*: princípios constitucionais tributários. São Paulo: Resenha Tributária, 1993, p. 6.

[3] SANTOS, Ramon Tomazela. A progressividade do imposto de renda e os desafios de política fiscal. *Direito Tributário Atual*, São Paulo, n. 33, p. 327-358, 2015, p. 338.

[4] KEEN, Michael; KIM, Yatae; VARSANO, Ricardo. The "flat tax(es)": principles and experience. Policy watch. The Int Tax Public Finance (2008) 15: 712-751, DOI 10.1007/s10797-007-9050-z.

[5] PIKETTY, Thomas. *O capital no século XXI*. Tradução de Monica Baumgarten de Bolle. Rio de Janeiro: Intrínseca, 2014, p. 326, p. 495.

contributiva e da isonomia).⁶ Seria preciso adotar uma política bastante redistributiva, no gasto, para se neutralizar a injustiça assim gerada.

Por outro lado, a principal demonstração de que a progressividade não prejudica o crescimento reside no fato de que, depois da Segunda Guerra Mundial, houve intenso crescimento econômico, e nos Estados Unidos e na Europa usava-se de forma intensa a tributação progressiva, com alíquotas máximas de 70% ou mais, o que não aconteceu nos últimos anos do século XX, coincidentemente período em que a progressividade foi sensivelmente diminuída, em especial nos Estados Unidos e no Reino Unido, a partir dos governos Reagan e Thatcher. Logicamente, não se pode dizer que a progressividade *causou* o crescimento, e que a mitigação dela levou a um menor crescimento, pois faltam dados que amparem essa conclusão. Mas se pode, logicamente, dizer que ela não atrapalhou o grande crescimento havido no período em que intensamente adotada.

No caso do imposto de renda, no Brasil, essa discussão poderia ser considerada como ultrapassada, pois a adoção da progressividade é expressamente prescrita pelo art. 153, §2º, I, da CF/88. Entretanto, a pertinência do debate continua, subjacente à questão de saber se se deveriam adotar alíquotas mais elevadas para faixas de rendas consideravelmente mais altas. Afinal, existem vários graus de intensidade para a implantação de uma escala progressiva de tributação. E, quanto ao imposto sobre heranças, embora hoje se autorize expressamente a progressividade, ela vinha sendo adotada mesmo antes, o que foi objeto de questionamento, junto ao Supremo Tribunal Federal, conforme será examinado a seguir.

Cabe não confundir progressividade, ainda, com seletividade. Diz-se haver progressividade, como dito, quando alíquotas se elevam conforme se eleva a base de cálculo, ou base imponível, relativamente a um mesmo tipo de fato tributável. Um mesmo tipo de rendimento, p. ex., oriundo do trabalho assalariado, ou do recebimento de aluguéis, sujeita-se ao imposto de renda por alíquotas que variam de 7,5% a 27,5%, conforme o montante da renda a ser tributada. Já a seletividade consiste na fixação de alíquotas diferentes, para fatos ou situações também diferentes, conforme critério indicado, ou não vedado, pelo

---

⁶ FOUGÈRE, Maxime; RUGGERI, Giuseppe C. Flat Taxes and Distributional Justice. *Review of Social Economy*, vol. 56, n. 3, p. 277-294, Fall 1998, published by: Taylor & Francis, Ltd. Stable URL: http://www.jstor.org/stable/29769956 Accessed: 07.01.2016.

texto constitucional. É o que se dá, por exemplo, com o Imposto sobre Produtos Industrializados – IPI, em que se têm alíquotas diferentes para bebidas alcoólicas, cigarros, perfumes, joias, bolachas, biscoitos, produtos de informática etc., a partir da essencialidade, ou do caráter nocivo ou supérfluo desses bens.

2 Tributação de heranças e justiça fiscal

Um ponto sensível, no que tange às desigualdades sociais e à sua redução,[7] diz respeito à herança e à sua tributação. Afinal, é através da herança que a desigualdade de patrimônios (e da renda por ele gerada) se perpetua entre as gerações, minando a ideia de igualdade de oportunidades e de diferenças ou desigualdades legítimas porque decorrentes do mérito, do esforço ou do trabalho.

No plano filosófico, e no plano econômico, há farta literatura a tratar da justiça e da legitimidade da herança, e dos possíveis efeitos que decorreriam de sua supressão (incentivo ao consumo excessivo etc.).[8] Juridicamente, porém, tais questões têm sua importância diminuída, ou mesmo neutralizada, pelo fato de que a Constituição Federal garante o direito à herança como direito individual. Sua tributação é expressamente prevista, situando-se no âmbito de competência dos Estados-membros e do Distrito Federal, mas ela não pode, como os tributos em geral não podem, ter efeito de confisco, sob pena de assim se aniquilar, por via transversa, o aludido direito individual.

Isso faz com que se torne dispensável ingressar no debate sobre a legitimidade do direito à herança, que no Brasil não pode ser abolido, e dispensável também o debate sobre a legitimidade de ser a herança tributada, o que também é constitucionalmente permitido. Merece atenção,

---

[7] Convém notar, aliás, que o debate não é mais fruto apenas de uma contraposição de ideologias diferentes, porquanto mesmo entidades como a Organização para a Cooperação e Desenvolvimento Econômico – OCDE e o Fundo Monetário Internacional, que não podem ser considerados propriamente de esquerda, têm manifestado preocupação com o tema, dada a sua influência no desenvolvimento econômico como um todo (OECD. *In It Together: Why Less Inequality Benefits All*. Paris: OECD Publishing, 2015, DOI: http://dx.doi.org/10.1787/9789264235120-en; OWENS, Jeffrey; ZOLT, Eric. *Inequality and Taxation*. Wirtschaftsuniversitat Global Police Center Fire Side Chat, dez. 2015. https://www.wu.ac.at/taxlaw/institute/videos/taxpolicyfiresidechats/eric-zolt-fire-side-chat/).

[8] ERREYGERS, Guido; VANDEVELDE, Antoon. *Is Inheritance Legitimate?* Ethical and Economic Aspects of Wealth Transfers. Berlin: Springer, 1997.

todavia, o problema relacionado às alíquotas desse imposto, assunto no qual os referidos debates, embora de maneira mitigada, se refletem.

A herança é uma das principais responsáveis a que uma desigualdade que pode, eventualmente, ser fruto de méritos, esforços, criatividade, trabalho ou ousadia, torne-se, em relação aos herdeiros, puramente arbitrária, interferindo na igualdade de oportunidades e gerando desigualdades que nada têm a ver com tais qualidades ou méritos. O mérito de quem é rico por herança na maior parte das vezes é ter nascido em uma família já abastada. Naturalmente existem fatores históricos, econômicos e morais que militam em favor do direito à herança, que tampouco poderia ser suprimido, o que de resto não seria juridicamente possível no Brasil, já se disse, em face do texto constitucional. Mas daí não se poderia concluir que elas, as heranças, não devam ser tributadas (pois a Constituição o impõe), ou devam ser tributadas por alíquotas muito reduzidas. Tampouco se poderia concluir por uma tributação excessiva, que implicaria, por via oblíqua, a própria supressão do direito de herdar. A questão está em encontrar alíquotas que se situem em uma posição intermediária entre essas duas visões.

Nessa ordem de ideias, pode-se dizer da tributação das heranças, no Brasil, o mesmo que se pode afirmar relativamente ao imposto sobre a renda: as alíquotas, mesmo naqueles Estados em que as adotam de forma progressiva, são baixas (média de 4%) se comparadas às de outros países do mundo (média de 20%[9]), e, pior que isso, começam a incidir a partir de bases também muito baixas, muitas vezes considerando, para o efeito de aplicação de cada faixa, o valor total do espólio, e não o montante recebido por cada herdeiro, distorção que a reforma tributária levada a efeito pela EC nº 132/2023 corrigiu.

É preciso que se estabeleçam alíquotas mais elevadas para heranças de valor também bastante elevado, e que se corrijam as bases sobre as quais incidem as alíquotas mais baixas, e, mais importante, é preciso que se corrijam as leis dos Estados – como é o caso do Estado do Ceará, que se tornou inconstitucional com o advento da EC nº 132/2023 – que aferem a aplicação da escala de alíquotas progressivas a partir do total deixado pelo falecido, e não pelo valor a ser recebido por cada herdeiro (valor do quinhão ou do legado, nos moldes do art. 155, §1º,

---

[9] STRAWCZYNSKI, Michel. *The optimal inheritance tax in the presence of investment in education*. Int Tax Public Finance (2014) 21:768-795. DOI 10.1007/s10797-014-9324-1.

VI, da CF/88), em evidente violação aos princípios da isonomia e da capacidade contributiva.

3 Progressividade e ITCMD: critérios

Uma das formas de fazer o ajuste fino entre garantir o direito à herança, de um lado, e tributar o patrimônio assim transferido, até para minimizar as desigualdades sociais e econômicas presentes na sociedade e possivelmente acentuadas com a sucessão hereditária, é adotando-se a progressividade nas alíquotas correspondentes.

A questão, pelo menos no que tange ao período anterior à EC nº 132/2023, é que o texto constitucional não previa, de modo expresso, o uso de alíquotas progressivas para o ITCMD, colocando-se a questão de saber se seriam constitucionais as leis estaduais que fixavam alíquotas dessa maneira.

Apreciando o RE 562.045/RS, o Supremo Tribunal Federal debruçou-se sobre a questão da progressividade de alíquotas do ITCMD, com repercussão geral. Na ocasião, o Min. Lewandowski entendeu, seguindo precedentes do STF sobre IPTU e ITBI, que impostos reais, diversamente dos pessoais, só podem ser progressivos se houver expressa permissão constitucional. Dele divergiu o Min. Eros Grau, para quem tanto impostos pessoais como impostos reais podem ser progressivos, pois todos estão sujeitos ao princípio da capacidade contributiva, incluindo-se o ITCMD. Os demais Ministros aderiram à divergência, com exceção do Ministro Marco Aurelio, tendo então a Corte admitido a progressividade das alíquotas do imposto.

Assiste-lhe inteira razão, cabendo realçar, apenas, o achatamento de bases, no que tange às alíquotas progressivas, tema, contudo, que não passou pelo crivo do Supremo Tribunal Federal na ocasião, nem lhe compete, em princípio, endereçar. Com efeito, conquanto se autorize, como a jurisprudência afirmava autorizado implicitamente pelo texto constitucional, a adoção de alíquotas progressivas para o ITCMD, é preciso que elas incidam e se acresçam a partir de bases efetivamente elevadas, de modo a deixar não oneradas pequenas transferências patrimoniais, reservando as alíquotas mais expressivas – que bem poderiam, se autorizadas pelo Senado, ser superiores às atuais – para heranças efetivamente significativas.

Vale notar, ainda quanto ao pronunciamento do Supremo Tribunal Federal sobre a progressividade no ITCMD, que a Corte *rejeitou* a possibilidade de se usar como critério para o aumento de alíquotas *o grau de parentesco*. Em decisões monocráticas, e depois acórdãos, da lavra do Min. Barroso, entendeu que, *a contrario*, tendo admitido a progressividade a partir do valor da herança, rente à capacidade contributiva, teria proibido o uso de outros critérios (RE 854.863/PE), o que, todavia, cabe reconhecer, não foi discutido quando da prolação do *leading case*. As questões, oriundas do Estado de Pernambuco, foram obstaculizadas e não chegaram a ser amplamente discutidas pelo Tribunal, que teve o julgamento com repercussão geral, que admitiu a progressividade, como proibitivo do uso de outros critérios, quando isso, com a máxima vênia, não chegou a ser debatido de forma expressa pela Corte. Veja-se, em item próprio, o que se decidiu, e o que poderia ter sido considerado pelo Tribunal.

4 A proximidade do grau de parentesco do herdeiro como critério

Como dito, o Supremo Tribunal Federal rejeitou a possibilidade de se tributarem progressivamente herdeiros conforme sua distância, no grau de parentesco, com o *de cujus*. Julgando o RE 602.256 AGr/PE, o Min. Fachin pontuou "a ausência de razoável identidade entre o grau de parentesco e a capacidade contributiva incidente sobre o imposto controvertido revela a inadmissibilidade de utilização desse critério como meio de efetivação da progressividade tributária, nos termos do art. 145, §1º, da Constituição da República".

Prosseguiu o Ministro Fachin citando também os seguintes julgados: REE 854.863 e 854.868, Dje 2.2.2015, ambos de relatoria do Ministro Roberto Barroso, em que se reconheceu, em face das disposições normativas da Lei nº 11.413/1996 do Estado de Pernambuco, que "o grau de parentesco não é critério inequívoco para aferir a capacidade contributiva revelada pelo beneficiário do patrimônio transmitido".

O que se percebe, dos julgamentos do STF sobre a lei do Estado de Pernambuco, que fixava como critério, *além do valor (também considerado)*, o grau de parentesco, é que a questão foi discutida como se decorresse, diretamente, do princípio da capacidade contributiva, e do fato de o STF já ter admitido que, em face desse princípio, as alíquotas podem variar conforme o valor. A impossibilidade de variarem a partir também de outro critério seria uma decorrência imediata e necessária. Como no caso do IPVA, que não pode ser seletivo a partir da origem do veículo (AgRg no RE 414.259-7/MG). Mas as situações não são iguais; seletividade não é progressividade, e a vedação constitucional ao uso da origem como critério de descriminação para o IPVA decorre também do art. 152 da CF/88, o que não é o caso do ITCMD incidente sobre heranças de parentes de diferentes graus.

É o caso de investigar, portanto, se realmente foi arbitrário, e contrário à capacidade contributiva, o critério, no sentido de ter sido inventado pelo legislador pernambucano, à revelia dos princípios constitucionais. Alguma incursão na História desse imposto revela que o tema não é novo.

Apesar de sua consagração, sobretudo, no âmbito dos estudos do Direito Privado, o Direito Romano fornece ricas colaborações às reflexões de ramos do Direito Público, como é o Direito Tributário.[10] A elevada tributação, realizada de forma injusta e ilegítima, foi, afinal, um dos motivos da ruína do império,[11] talvez o principal deles.[12] A par dessa razão, alguns tributos específicos foram forjados no Direito Romano e passaram por modificações ao longo da história desse ramo jurídico, autorizando estudo de vários de seus aspectos, como fato gerador, base de cálculo, sujeito passivo, alíquota e hipóteses de isenção. O imposto sobre transmissão *causa mortis* e sobre doações é exatamente um desses tributos com origem romana.

Em profundo e detalhado estudo sobre o imposto sucessório no Direito Romano, Carmen López-Rendo registra que, embora haja indicações do surgimento desse tributo em momentos anteriores, que talvez não tenham passado de *tentativas* de instituí-lo, a doutrina majoritária credita a sua organização definitiva a Augusto.[13] Tratava-se da *vicesima hereditatium*, assim intitulada precisamente porque alcançava a vigésima parte do valor transferido por sucessão hereditária (5%).

---

[10] BUJÁN, Antonio Fernández de. Principios tributarios: una visión desde el Derecho Romano. *Ius fiscale*: instrumentos de política financiera y principios informadores del sistema tributario romano. *In*: MARTÍNEZ, Juan Arrieta; YURRITA, Miguel Ángel Collado; PÉREZ, Juan Zornoza. *Tratado sobre la Ley General Tributaria*. Navarra: Aranzadi/Thomsom Reuters, 2010, t. I, p. 111 ss.

[11] CORRÊA, Alexandre Augusto de Castro. Notas sobre a história dos impostos em direito romano. *Revista da Faculdade de Direito da Universidade de São Paulo*, ano LXVI, p. 103, 1971.

[12] ADAMS, Charles. *For good and evil*. The impact of taxes on the course of civilization. 2.ed. New York: Madison Books, 2001, p. 43.

[13] LÓPEZ-RENDO, Carmen. De la vicesima hereditatium al impuesto sucesorio en el derecho español. *Revista Internacional de Derecho Romano*, abr. 2015. Disponível em: www.ridrom.uclm.es. Acesso em: 24 nov. 2016, p. 190.

Embora houvesse uma alíquota única de 5%, vale notar, como faz Charles Adams, que os tributos com alíquotas uniformes eram apenas uma aparência em Roma, pois havia isenções e outros critérios de seletividade (*v.g.*, redução de base de cálculo) que tornavam o ônus menos uniforme do que a aparência poderia sugerir.[14] Era o caso de algumas deduções permitidas à base imponível, como a de despesas funerárias, consideradas como feitas pelo próprio morto.[15] Outro possível exemplo seria o fato de que, para muitos autores a *vicesima hereditatium* alcançaria apenas as transmissões *causa mortis* fundadas em testamento,[16] não alcançando as baseadas em critérios normativos aplicáveis à míngua de um ato de vontade do falecido (*ab intestato*). Carmen López-Rendo contesta essa afirmação, sustentando que o tributo onerava as transmissões hereditárias independentemente de serem testamentárias ou não.[17] Como nota a Professora Titular de Direito Romano de Oviedo, tributavam-se...

> (...) manifestaciones de riqueza por actos *mortis causa,* independientemente de la forma con que la misma se genere, tal como se reconoce en Collatio 16.9.3.: '*Sed imperator noster in hereditatibus quae ab intestato deferuntur eas solas personas voluit admitti, quibus decimae inmunitatem ipse tribuit'.*[18]

De uma forma ou de outra, o relevante, no caso, para o que interessa ao presente estudo, é notar que os parentes próximos do *de cujus* não eram alcançados pelo tributo. Não há muita clareza, nos registros históricos e nas fontes, a respeito de quem, objetivamente, era considerado um "parente próximo", para o efeito de ser isento da

---

[14] ADAMS, Charles. *For good and evil.* The impact of taxes on the course of civilization. 2.ed. New York: Madison Books, 2001, p. 81.
[15] LÓPEZ-RENDO, Carmen. De la vicesima hereditatium al impuesto sucesorio en el derecho español. *Revista Internacional de Derecho Romano,* abr. 2015. Disponível em: www.ridrom.uclm.es. Acesso em: 24 nov. 2016, p. 210.
[16] GARDNER, Jane. Nearest and dearest. Liability to inheritance tax in Roman families. *In*: DIXON, Suzanne (ed.). *Childhood, class and kin in the Roman World.* London: Routledge, 2001, p. 205; CORRÊA, Alexandre Augusto de Castro. Notas sobre a história dos impostos em direito romano. *Revista da Faculdade de Direito da Universidade de São Paulo,* ano LXVI, p. 101, 1971.
[17] LÓPEZ-RENDO, Carmen. De la vicesima hereditatium al impuesto sucesorio en el derecho español. *Revista Internacional de Derecho Romano,* abr. 2015. Disponível em: www.ridrom.uclm.es, Acesso em: 24 nov. 2016, p. 194-195.
[18] LÓPEZ-RENDO, Carmen. De la vicesima hereditatium al impuesto sucesorio en el derecho español. *Revista Internacional de Derecho Romano,* abr. 2015. Disponível em: www.ridrom.uclm.es. Acesso em: 24 nov. 2016, p. 195-196.

vicesima. Pierre Willems reconhece que o grau de parentesco necessário ao gozo da isenção não é conhecido.[19] Charles Adams se reporta a filhos e esposas,[20] mas Jane Gardner revela que a questão talvez não seja assim tão simples. Ela examina o tema para dele extrair conclusões para o Direito de Família, sem preocupações inerentes à questão tributária em si. Nesse contexto, defende que a isenção da *vicesima* alcançaria parentes até o terceiro grau, tanto nas linhas paternas como maternas, independentemente de emancipação, bem como marido e mulher.[21] Não se trata, portanto, de arbitrária invenção do legislador pernambucano do século XX ou XXI; o que não quer dizer, naturalmente, só por isso, que deva ser acolhida como compatível com o texto constitucional pelo Supremo Tribunal Federal.

Essa isenção aos "parentes próximos" abrangia apenas cidadãos romanos antigos (*cives*) com relação de parentesco civil. Não se aplicava ao parentesco advindo do concubinato, tampouco ao matrimônio "del *ius gentium*, es decir de matrimonio entre personas libres, en el que uno de los dos al menos fuera latino o peregrino".[22] Também não àqueles que, mesmo sendo parentes próximos do *de cujus*, fossem "novos cidadãos romanos", vale dizer,

> a quienes se les hubiera concedido la ciudadanía romana, bien por medio del *ius latii* o que la hubieran recibido por concesión graciosa del *Princeps*, a no ser que se les hubiera reconocido jurídicamente el *ius cognationis*, no quedaban exentos del pago, pues se les consideraba *extranei* (Plinio, Panegírico 37.3).[23]

---

[19] WILLEMS, Pierre. *Le Droit Public Romain* – ou les institutions politiques de Rome depuis l'origine de la ville jusq'à Justinien. 5. ed. Paris: Louvain, 1883, p. 485.

[20] ADAMS, Charles. *For good and evil*. The impact of taxes on the course of civilization. 2. ed. New York: Madison Books, 2001, p. 101.

[21] GARDNER, Jane. Nearest and dearest. Liability to inheritance tax in Roman families. In: DIXON, Suzanne (ed.). *Childhood, class and kin in the Roman World*. London: Routledge, 2001, p. 217.

[22] LÓPEZ-RENDO, Carmen. De la vicesima hereditatium al impuesto sucesorio en el derecho español. *Revista Internacional de Derecho Romano*, abr. 2015. Disponível em: www.ridrom.uclm.es. Acesso em: 24 nov. 2016, p. 199.

[23] LÓPEZ-RENDO, Carmen. De la vicesima hereditatium al impuesto sucesorio en el derecho español. *Revista Internacional de Derecho Romano*, abr. 2015. Disponível em: www.ridrom.uclm.es. Acesso em: 24 nov. 2016, p. 199.

Essa ressalva aos novos cidadãos foi posteriormente abolida por Trajano, que tornou indistinta, para os cidadãos romanos, a aplicação da isenção relativa a parentes próximos.[24]

Discute-se, por igual, se o imposto alcançaria também os pobres, sendo comum a afirmação de que, além de parentes próximos, como já sinalizado, também os pobres seriam isentos. Essa afirmação, porém, é controversa, pelo menos no que tange ao período anterior a Trajano, visto que apenas depois dele passou a existir um limite objetivo de isenção, abaixo do qual as transmissões *causa mortis* não seriam tributadas.[25] Com apoio em Cabanis, Carmen López-Rendo se refere, ainda, a uma isenção que "certamente deveria existir" – e que hoje seria identificada como uma imunidade – relativa a "las sucesiones trasferidas al Tesoro Público, al Emperador y al *aerarium militare*".[26]

Releva notar que os contribuintes, sujeitos passivos da obrigação tributária, suportavam o imposto proporcionalmente ao montante que recebiam da herança ou do legado, e não ao valor total do monte, ou do patrimônio do *de cujus*. Como será visto a seguir, trata-se de forma mais equânime de tributação do que a observada na contemporaneidade, pelo menos em alguns Estados do Brasil, no já citado aspecto que foi corrigido pela EC nº 132/2023, que passou a estabelecer o quinhão de cada um, e não o monte, como critério para aplicação da progressividade.

Em rápido e simplificado apanhado do disciplinamento da *vicesima* durante o período de Augusto, e de Trajano, sobretudo em virtude das normas elaboradas no período deste último, o tributo tinha disciplinamento equânime, orientado por critérios de igualdade, proteção à família e à capacidade contributiva. Parte dessas características foi alterada por Caracala (211-217), motivado pela necessidade crescente

---

[24] LÓPEZ-RENDO, Carmen. De la vicesima hereditatium al impuesto sucesorio en el derecho español. *Revista Internacional de Derecho Romano*, abr. 2015. Disponível em: www.ridrom. uclm.es. Acesso em: 24 nov. 2016, p. 203.

[25] LÓPEZ-RENDO, Carmen. De la vicesima hereditatium al impuesto sucesorio en el derecho español. *Revista Internacional de Derecho Romano*, abr. 2015. Disponível em: www.ridrom. uclm.es, Acesso em: 24.11.2016, p. 197; GARDNER, Jane. Nearest and dearest. Liability to inheritance tax in Roman families. *In*: DIXON, Suzanne (ed.). *Childhood, class and kin in the Roman World*. London: Routledge, 2001, p. 205.

[26] LÓPEZ-RENDO, Carmen. De la vicesima hereditatium al impuesto sucesorio en el derecho español. *Revista Internacional de Derecho Romano*, abr. 2015. Disponível em: www.ridrom. uclm.es. Acesso em: 24 nov. 2016, p. 196.

do Império por recursos, modificações estas que não se resumiram ao aumento da alíquota de 5% para 10%.[27]

A isenção antes concedida a parentes próximos foi revogada, passando o tributo a alcançar, assim, também a transmissão hereditária de bens a filhos, pais, esposas etc. Curiosamente, porém, abre-se exceção para a possibilidade de se conceder uma isenção para "certos casos",[28] não identificados de forma prévia e objetiva, o que conferia, como parece claro, algum arbítrio à autoridade encarregada à exigência do tributo, comprometendo a igualdade em sua cobrança. Na mesma ordem de ideias, como o imposto alcançava, originalmente, todo cidadão romano, Caracala concedeu cidadania a todos os habitantes do império, para, assim, ampliar a base de contribuintes.[29]

Embora não se saiba precisamente *quando*, a *vicesima* deixou de ser cobrada entre os séculos III e VI, visto que há registros da existência do imposto no período de Gordiano III (até 244), e de sua inexistência no período de Justiniano (iniciado em 527).[30] Com efeito, a forma como o poder político e a economia se organizaram no período medieval causou impactos marcantes na tributação, que não teria condições de subsistir nos mesmos moldes verificados no império romano. Mesmo assim, as instituições romanas construídas a seu respeito influenciaram e ainda influenciam grande parte do mundo contemporâneo. Como nota Charles Adams, *"it is absurd to suggest that Rome is gone, like Egypt. Only the political power of the city is gone; all the rest merely underwent a metamorphosis"*.[31] Tanto que, em muitos países, ao se (re)instituir esse

---

[27] ADAMS, Charles. *For good and evil*. The impact of taxes on the course of civilization. 2.ed. New York: Madison Books, 2001, p. 113; WILLEMS, Pierre. *Le Droit Public Romain* – ou les institutions politiques de Rome depuis l'origine de la ville jusqú'à Justinien. 5. ed. Paris: Louvain, 1883, p. 485.

[28] LÓPEZ-RENDO, Carmen. De la vicesima hereditatium al impuesto sucesorio en el derecho español. *Revista Internacional de Derecho Romano*, abr. 2015. Disponível em: www.ridrom.uclm.es. Acesso em: 24 nov. 2016, p. 205.

[29] LÓPEZ-RENDO, Carmen. De la vicesima hereditatium al impuesto sucesorio en el derecho español. *Revista Internacional de Derecho Romano*, abr. 2015. Disponível em: www.ridrom.uclm.es. Acesso em: 24 nov. 2016, p. 196.

[30] LÓPEZ-RENDO, Carmen. De la vicesima hereditatium al impuesto sucesorio en el derecho español. *Revista Internacional de Derecho Romano*, abr. 2015. Disponível em: www.ridrom.uclm.es. Acesso em: 24 nov. 2016, p. 208.

[31] ADAMS, Charles. *For good and evil*. The impact of taxes on the course of civilization. 2. ed. New York: Madison Books, 2001, p. 120.

imposto na modernidade, fez-se explícita remissão à *vicesima* e ao seu disciplinamento em Roma, a exemplo do Reino Unido e da Holanda.[32]

Em mostra disso, a tributação das heranças em diversos países da Europa, como a Alemanha[33] e a Espanha,[34] observa a necessidade de se graduar o ônus do imposto conforme a proximidade do contribuinte relativamente ao *de cujus*, apenas para citar um exemplo. Não há, é certo, apenas a dualidade "isenção x tributação", mas uma grade de alíquotas progressivas que aumentam conforme a distância entre o *de cujus* e sucessor contribuinte do imposto. A progressividade parece ser uma criação moderna, mas no uso do grau de parentesco como critério para o dimensionamento do ônus – em vez de se usar apenas o valor do patrimônio transferido – é uma inegável influência romana, sendo *exatamente o critério que o Supremo Tribunal Federal teve por incompatível com o texto constitucional brasileiro.*

No Brasil, a tributação da herança teve início com a chegada da Família Real portuguesa ao país, a qual em 1808 se mudou para a colônia para escapar da invasão napoleônica, visto que, dependente economicamente do comércio com a Inglaterra, não poderia aderir ao bloqueio continental imposto pela França.

Editou-se, nesse sentido, o Alvará de 17 de junho de 1809, segundo o qual heranças e legados passariam a ser tributados por uma alíquota de 10%, quando fundadas em testamento, ou quando, mesmo não sendo testamentárias, dissessem respeito a parentes até o segundo grau, na forma do direito canônico, do falecido. Em se tratando de transmissão causa mortis não fundada em testamento e destinada a parentes "fora do segundo grau", a alíquota incidente era de 20%. Em sendo o herdeiro ou o legatário ascendente ou descendente do falecido, o tributo não era devido.[35]

---

[32] ADAMS, Charles. *For good and evil*. The impact of taxes on the course of civilization. 2. ed. New York: Madison Books, 2001, p. 102.

[33] BIRK, Dieter. *Steuerrecht*. 15. ed. Hamburg: Cf. Müller, 2012, p. 420 e ss.

[34] LÓPEZ-RENDO, Carmen. De la vicesima hereditatium al impuesto sucesorio en el derecho español. *Revista Internacional de Derecho Romano*, abr. 2015. Disponível em: www.ridrom.uclm.es. Acesso em: 24 nov. 2016, p. 264.

[35] Constava do Alvará: "VIII. Nenhuma quitação de herdeiro ou de legatario, por effeito de testamento, poderá ser aceita em Juizo, nem se poderá com ella haver o testamento por comprido, sem que a quitação tenha sido primeiramente sellada, pagando-se por este sello a decima da herança ou legado que effectivamente se arrecadar, não sendo os herdeiros ou legatarios descendentes ou ascendentes do testador. IX. Igualmente se praticará o mesmo com os herdeiros que não forem descendentes ou ascendentes do fallecido ab-intestato; com differença, porém, que o herdeiro que for parente do fallecido ab-intestado; com differença,

Como se percebe, em sua feição originária, o imposto sucessório, no Brasil, assumia perfil semelhante àquele verificado no âmbito do Direito Romano, notadamente sob Augusto e Trajano, pelo menos no que tange à distribuição do ônus, tanto menor quanto mais próximo do núcleo familiar estivesse o herdeiro ou o legatário. De novo, o critério do grau de parentesco, repelido por arbitrário pelo Supremo Tribunal Federal.

Com o passar do tempo, algumas das características mais marcantes do imposto na antiguidade romana, ainda presentes em diversos países da Europa, desapareceram de seu disciplinamento no Brasil. Realmente, com a proclamação da República, e a adoção da forma federativa de Estado, o imposto é atribuído à competência dos Estados-membros (Constituição de 1891, art. 9º), disposição que se reproduz nas Constituições posteriores. Na de 1934, já se faz referência expressa à transmissão *causa mortis*, e não mais a qualquer transmissão (art. 8º, I, "b"), disposição que se repete na Constituição de 1937 (art. 23, I, "b") e na de 1946 (art. 19, II).

É curioso notar, porém, que a partir da Emenda Constitucional nº 18, de 1965, à Constituição de 1946, em disposição que se repete na Constituição de 1967, e na Emenda nº 1, de 1969, o imposto passa a ter como âmbito de incidência apenas as transmissões, a qualquer título, de bens imóveis. Com isso, alcança transmissões *inter vivos* e também as decorrentes da sucessão hereditária, mas desde que relacionadas a imóveis. Nesse período, na delimitação constitucional da competência tributária, o seu âmbito deixa de albergar transmissão *causa mortis* de bens de outras espécies, redução que somente com a Constituição Federal de 1988, atualmente em vigor, foi corrigida. Atualmente, de fato, o âmbito de incidência do imposto – que segue sendo estadual – alcança a transmissão *causa mortis* e as doações, pouco importando se os bens transmitidos ou doados são móveis ou imóveis. O texto constitucional, de forma expressa, se reporta a "quaisquer bens ou direitos" (art. 155, I).

---

porém, que o herdeiro que for parente do fallecido ab-intestado até o segundo gráo inclusive, contado na fórma do Direito Canonico, não poderá ser empossado da herança sem que tendo feito inventario, e constando por documento autentico a quantia liquida da herança no documento, pelo qual se lhe houver de mandar passar mandado de entrega, tenha feito pôr o sello, e com elle pago a decima da herança que realmente arrecadar; e a quinta parte, sendo parente fóra do segundo gráo. E os Ministros a quem toca, farão que os testamenteiros não sejam omissos em dar conta dos testamentos e que de todas as heranças ab-intestado, não havendo herdeiros forçados, se proceda a inventario e entrega judicial para poderem ter logar estas providencias". Disponível em: http://www2.camara.leg.br/legin/fed/alvara/anterioresa1824/alvara-40073-17-junho-1809-571728-publicacaooriginal-94857-pe.html.

Há, porém, algumas diferenças entre o regramento do imposto, no âmbito da ordem jurídica brasileira, e aquele verificado na antiguidade romana, principalmente nos períodos de Augusto e Trajano.

Sabe-se que a realidade do Estado contemporâneo é distinta daquela vivida em Roma, no que tange a alguns aspectos influentes na temática da tributação. A principal distinção, surgida como fruto de transformações havidas nos últimos dois séculos, diz respeito à figura do Estado Fiscal,[36] vale dizer, aquele que não é detentor de significativa parcela de patrimônio, que explora, e tampouco exerce, de forma precípua e direta, atividade econômica que lhe possa render frutos. Não mais existe, na contemporaneidade, o Estado Patrimonial, vale dizer, aquele "no qual o Estado, valendo-se de seus próprios meios, obtém o de que necessita para sua subsistência. Ou seja: o Estado, enquanto agente econômico, gera a riqueza que consome".[37] Isso faz com que a tributação tenha uma representatividade, nas receitas públicas, maior que a verificada na antiguidade.

Por outro lado, no mundo contemporâneo se atribuem novas funções ao Estado, ou novas finalidades,[38] sendo certo que os fins do Estado – ou do Poder Público, para se fazer uso de expressão mais ampla – e os fins do tributo estão intimamente relacionados.[39] Assim, tendo o poder público, hoje, também finalidades interventivas, e redistributivas, estas se refletem, de forma necessária, na tributação por ele realizada.

Curiosamente, porém, as mais marcantes diferenças entre a tributação da herança, no Brasil contemporâneo, e na Roma de Augusto e Trajano – ou mesmo de Caracala – não parecem relacionadas à necessidade de mais recursos ínsita ao Estado Fiscal, ou mesmo à redistribuição de riquezas e redução de desigualdades supostamente reclamada pelo Estado contemporâneo. Ao contrário, a tributação em Roma talvez estivesse mais afinada com essas novas finalidades e características do Estado do que a hoje praticada, pelo menos em algumas partes do Brasil, como o Ceará.

---

[36] TIPKE, Klaus. *Moral tributaria del estado e de los contribuyentes*. Tradução de Pedro M. Herrera Molina, Madrid: Marcial Pons, 2002, p. 27.
[37] SCHOUERI, Luís Eduardo. *Direito Tributário*. 2.ed. São Paulo: Saraiva, 2012, p. 22.
[38] CATARINO, João Ricardo. A teoria dos sistemas fiscais – a importância da justiça. In. CATARINO, João Ricardo; GUIMARÃES, Vasco Branco (coord.). *Lições de Fiscalidade*. 2. ed. Coimbra: Almedina, 2013, v.1, p. 19.
[39] Cf. SCHMÖLDERS, Günter. *Teoria general del impuesto*. Tradução de Luis A. Martín Merino. Madrid: Editorial Derecho Financiero. 1962, p. 57.

Realmente, no Estado do Ceará (Lei nº 13.417/2003), o Imposto sobre Transmissão Causa Mortis e Doação de Quaisquer Bens ou Direitos (ITCD) tem alíquotas progressivas, que vão de 2% a 8%,[40] com a suposta finalidade de realizar a justiça fiscal. A forma como se estabelecem os limites de isenção e as faixas de incidências dessas alíquotas, porém, subverte completamente essa finalidade redistributiva, ou corretora das desigualdades de oportunidades.

Quanto às isenções, estas alcançam, no que tange às transmissões *causa mortis* (art. 6º, I), apenas aquelas relacionadas a: a) bem imóvel urbano, desde que constitua o único bem imóvel a ser partilhado e que a sua avaliação seja igual ou inferior a 20.000 (vinte mil) Ufirces; b) imóvel rural de área não superior a três módulos rurais, assim caracterizados na forma de legislação pertinente, desde que feitas a quem não seja proprietário de imóvel de qualquer natureza; c) em que o valor total do acervo hereditário seja igual ou inferior a três mil Unidades Fiscais de Referência do Estado do Ceará – Ufirces; d) créditos oriundos de vencimento, salário, remuneração, honorário profissional, direitos trabalhistas, inclusive Fundo de Garantia por Tempo de Serviço – FGTS, Programa de Integração Social – PIS, e Programa de Formação do Patrimônio do Servidor Público – PASEP, e benefícios da previdência oficial ou privada, não recebidos em vida pelo autor da herança, limitada a isenção ao valor equivalente a 5.000 (cinco mil) Ufirces.

Vale esclarecer que "Ufirce" significa "Unidade Fiscal de Referência do Ceará". Trata-se de uma variável, ou de um indexador, destinado a atualizar valores previstos na legislação (multas, tributos fixos, taxas etc.), algo oriundo ainda de uma cultura formada quando, no Brasil, havia elevada inflação. Para evitar a necessidade de se alterar o texto da lei periodicamente, caso este fizesse remissão ao valor de uma multa, ou de um limite de isenção, utilizava-se no texto legal a referência à unidade fiscal de referência (no caso, a Ufirce), e, em seguida, bastava corrigir, anualmente, o valor desta unidade. Mesmo com o fim de tais índices altíssimos de inflação, havido com a implantação do Real, em 1994, a cultura da indexação subsistiu em alguns pontos, dentre eles este, dos limites de isenção do ITCMD. Para o ano de 2024, o valor da Ufirce foi fixado em R$ 5,74.

---

[40] Sendo 8% o teto nacional, em razão de Resolução do Senado Federal. Cf. MELO, José Eduardo Soares de. *Curso de Direito Tributário*. São Paulo: Dialética, 1997, p. 278.

Essa realidade se repete na generalidade dos Estados brasileiros. Assim, conquanto progressivo, o imposto tem sido instituído – tal como faz a União com o imposto de renda – por meio de uma progressividade achatada, que alcança já com as maiores alíquotas, que não são tão elevadas assim, heranças ainda de valor reduzido, aproximando-o, na prática, de um *flat tax*, quando se poderiam ter bases maiores e distâncias mais elásticas em face das quais as alíquotas começariam a incidir, reservando-se as alíquotas mais elevadas para as heranças mais expressivas, efetivamente capazes de perpetuar no plano intergeracional as desigualdades econômicas.

Conclusão

O Supremo Tribunal Federal sedimentou, mesmo antes da EC nº 132/2023, a possibilidade de heranças serem tributadas de modo progressivo. O respeito aos princípios da igualdade e da capacidade contributiva foram centrais na argumentação. Não considerou possível, todavia, o Supremo Tribunal Federal, também partindo da capacidade contributiva, que se tributassem heranças por critérios progressivos calcados na distância do grau de parentesco, como historicamente se observa no âmbito do Direito Romano, do qual incontáveis sistemas jurídicos da Europa são herdeiros e cujo critério seguem utilizando.

Ainda quanto à progressividade, registre-se que, embora seja muito importante a sua adoção, para a promoção dos fins referidos pela Corte, é preciso que as bases sobre as quais as alíquotas progressivas incidem sejam pelos Estados-membros revistas. O fato de a progressividade ser medida a partir do valor total a ser partilhado, e não a partir do recebido por cada um, e de os valores a partir dos quais incide a alíquota máxima serem muito baixos – para a incidência de uma alíquota "máxima", pelo menos – faz com que a própria progressividade deixe de ter alguma significação. Afinal, quase toda sucessão com alguma significação econômica, mesmo no âmbito de famílias que estão longe de figurar no topo da pirâmide da riqueza, termina alcançada pela alíquota máxima.

Dá-se fenômeno parecido com o que se verifica, também no Brasil, com a tributação da renda. Há alíquotas progressivas, que até poderiam ser mais altas, mas não sem antes se corrigirem também suas bases, visto que estas já são oneradas a partir de valores que, em outros países, seriam considerados como inseridos ainda no âmbito do chamado mínimo existencial.

Comparando-se o Brasil com alguns países da Europa, e com os Estados Unidos, que também adotam alíquotas progressivas para o imposto de renda, vê-se que a alíquota máxima do imposto de renda, no Brasil, é relativamente baixa (27,5%), situando-se aquém da média das alíquotas máximas na Europa (40%). Nos Estados Unidos, essa alíquota máxima gira em torno de 35%, mas é preciso lembrar que lá existe ainda o imposto de renda estadual, que a ela se acrescenta, fazendo com que chegue a patamar próximo do tributo na Europa. A maior discrepância, contudo, que revela a injustiça da tributação no Brasil não reside nas alíquotas, que dizem muito pouco consideradas isoladamente. É preciso cotejá-las com as bases sobre as quais incidem,[41] o que mostra distorção análoga à verificada com o ITCD. Na maior parte dos países europeus que adotam a progressividade, o limite de isenção (cerca de 800 euros) corresponde, aproximadamente, à faixa que, no Brasil, se submete à alíquota máxima de 27,5%. Ou seja, alguém considerado como já situado no topo da pirâmide de contribuintes do IRPF, no Brasil, seria tido como titular apenas do mínimo existencial na Europa, motivando a isenção do imposto.

O mesmo se dá no âmbito da tributação da herança. As alíquotas, mesmo naqueles Estados em que as adotam de forma progressiva, como o Ceará, são baixas (entre 2% e 8%) se comparadas às de outros países do mundo (média em torno de 20% ou mais[42]), e, pior que isso, como já se viu, começam a incidir a partir de bases também muito baixas, considerando, para o efeito de aplicação de cada faixa, o valor total do espólio, e não o montante recebido por cada herdeiro, algo que só com a EC nº 132/2023 se corrigiu. É preciso que se estabeleçam alíquotas mais elevadas para heranças de valor também bastante elevado e que se corrijam as bases sobre as quais incidem as alíquotas mais baixas. Mais importante, é preciso que se corrijam as leis dos Estados – como é o caso

---

[41] SEIDL, Christian; POGORELSKIY, Kirill; TRAUB, Stefan. *Tax Progression in OECD Countries*: An Integrative Analysis of Tax Schedules and Income Distributions. Berlin: Springer, 2013. DOI 10.1007/978-3-642-28317-8

[42] STRAWCZYNSKI, Michel. *The optimal inheritance tax in the presence of investment in education*. Int Tax Public Finance (2014) 21:768-795. DOI 10.1007/s10797-014-9324-1. No Reino Unido, a alíquota pode chegar a 40%, mas, veja-se, somente sobre transmissões hereditárias superiores a 242.000,00 libras (por herdeiro), valor sensivelmente maior que os pouco mais de 40.000,00 euros (aferíveis a partir de todo o patrimônio a ser transferido, independentemente da quantidade de herdeiros) já submetidos à alíquota máxima no Brasil.

do Estado do Ceará –, que aferem a aplicação da escala de alíquotas progressivas a partir do total deixado pelo falecido, e não pelo valor a ser recebido por cada herdeiro, em evidente violação aos princípios da isonomia e da capacidade contributiva, as quais, com a aprovação da reforma tributária, tornaram-se explicitamente inconstitucionais.

Talvez, ainda, se pudesse rever a posição da Corte, quanto à progressividade que toma por parâmetro também o grau de parentesco, posição que não foi mais amplamente debatida porque vista, talvez implicitamente, como decorrente da discussão já travada em torno da progressividade conforme o valor, vista *a contrario*. A sabedoria e a prudência dos romanos podem ser lembradas, pois é muito diferente a situação do filho único que herda o patrimônio de seu pai, por exemplo, daquela do parente distante que ouve falar da morte do tio distante, solteiro e sem filhos, que mal conhecia, evento que comemora efusivamente por conta da herança com a qual será agraciado. Mas não só. Além do aspecto de equidade ligado aos sentimentos envolvidos na sucessão, não se pode deixar de considerar, também, o princípio da capacidade contributiva, sem dúvida subjacente à ideia romana de não se tributar da mesma forma o *heredes domestici* e o *heredes estranei*. Isso porque, no caso de filhos que herdam o patrimônio dos pais, tem-se riqueza da qual, de algum modo, eles já se beneficiavam, cujos frutos já lhes favoreciam, e que, quando da sucessão, não é tanto uma "riqueza nova" como no caso de parentes distantes. Embora se pretenda usar o imposto com propósitos redistributivos, isso pode ser feito com o estabelecimento de alíquotas progressivas que tomem por base o valor das heranças, com percentuais mais altos para patrimônios que realmente levem a concentração de renda a ser combatida. Mas isso não significa que não se deva diferenciar a situação de herdeiros de graus distintos, a qual realmente não é igual, seja sob a ótica do Direito de Família, seja sob o prisma econômico.

Atualmente, como se sabe, tem ganhado corpo, não só na Filosofia Política e Moral, mas também na Economia, a ideia de que há desigualdades desejáveis e saudáveis, mas há aquelas nocivas e injustificáveis. Não apenas do ponto de vista moral, mas também sob o aspecto econômico estas últimas devem ser combatidas,[43] por prejudicarem o desen-

---

[43] KEELEY, B. *Income Inequality*: The Gap between Rich and Poor, Paris: OECD, 2015, http://dx.doi.org/10.1787/9789264246010-en.

volvimento econômico como um todo, além de trazerem problemas de ordem política e social os mais diversos.[44]

Nessa ordem de ideias, o tributo tem sido apontado como uma importante ferramenta para que tais finalidades sejam atingidas, sendo o imposto sucessório, talvez, um dos mais relevantes, dado o seu potencial para minimizar os efeitos da herança (sem, contudo, acabar com ela, o que talvez trouxesse efeitos ainda piores[45]) na perpetuação de desigualdades intergeracionais, que não têm no mérito e na igualdade de oportunidades uma justificativa para sua existência. Sem entrar, aqui, no debate moral, jurídico e econômico ligado ao tema das desigualdades, o que se deve perceber, de uma forma ou de outra, é que, se se pretende incrementar a tributação da herança no Brasil, dentro de ideais redistributivos de justiça fiscal e de contenção da perpetuação de desigualdades, no plano intergeracional, é preciso se lembrar das lições dos romanos. Deve-se, como Trajano (Panegírico 40,19), onerar com o imposto apenas "los grandes patrimonios",[46] além de se considerar a distinta situação de desgraça de pais que sucedem filhos, ou mesmo a tristeza dos filhos quando sucedem seus pais, comparativamente a parentes mais distantes que têm a eventual alegria de suceder um rico e afastado familiar, ou mesmo, pela via do testamento, alguém que não possuía relação econômica alguma com a propriedade objeto da sucessão.

Referências

ADAMS, Charles. *For good and evil*. The impact of taxes on the course of civilization. 2. ed. New York: Madison Books, 2001.

ATKINSON, Anthony B. *Inequality*: What can be done? Cambridge: Harvard University Press, 2015.

---

[44] Veja-se, a propósito, ATKINSON, Anthony B. *Inequality*: What can be done? Cambridge: Harvard University Press, 2015. OECD. *In It Together: Why Less Inequality Benefits All*. Paris: OECD Publishing, 2015, DOI: http://dx.doi.org/10.1787/9789264235120-en. PIKETTY, Thomas. *O capital no século XXI*. Tradução de Monica Baumgarten de Bolle. Rio de Janeiro: Intrínseca, 2014; STIGLITZ, Joseph. *The price of inequality*: how today's divided society endangers our future. New York: WW Norton Company, 2012.

[45] ERREYGERS, Guido; VANDEVELDE, Antoon. Is Inheritance Legitimate? *Ethical and Economic Aspects of Wealth Transfers*. Berlin: Springer, 1997, passim. No caso do Direito Brasileiro, que consagra o direito fundamental à herança, sua supressão seria juridicamente inviável, ao passo que sua tributação, por contar também com expressa previsão no texto constitucional (CF/88, art. 155, I), não.

[46] LÓPEZ-RENDO, Carmen. De la vicesima hereditatium al impuesto sucesorio en el derecho español. *Revista internacional de derecho romano*, abr. 2015. Disponível em: www.ridrom.uclm.es. Acesso em: 24 nov. 2016, p. 209.

ÁVILA, Humberto. *Teoria da Igualdade Tributária*. São Paulo: Malheiros, 2008.

BIRK, Dieter. *Steuerrecht*. 15. ed. Hamburg: Cf. Müller, 2012.

BLUM, Walter J. Revisiting the Uneasy Case for Progressive Taxation. *TAXES-The Tax Magazine*, n. 60, January 1982.

BUJÁN, Antonio Fernández de. Principios tributarios: una visión desde el Derecho Romano. *Ius fiscale*: instrumentos de política financiera y principios informadores del sistema tributario romano. *In*: MARTÍNEZ, Juan Arrieta; YURRITA, Miguel Ángel Collado; PÉREZ, Juan Zornoza. *Tratado sobre la Ley General Tributaria*. Navarra: Aranzadi/ Thomsom Reuters, 2010, t. I.

CATARINO, João Ricardo. A teoria dos sistemas fiscais – a importância da justiça. *In*: CATARINO, João Ricardo; GUIMARÃES, Vasco Branco (coord.). *Lições de Fiscalidade*. 2.ed. Coimbra: Almedina, 2013, v.1.

CATARINO, João Ricardo; GUIMARÃES, Vasco Branco (coord.). *Lições de Fiscalidade*. 2. ed. Coimbra: Almedina, 2013, v.1.

CORRÊA, Alexandre Augusto de Castro. Notas sobre a história dos impostos em direito romano. *Revista da Faculdade de Direito da Universidade de São Paulo*, ano LXVI, 1971.

DIXON, Suzanne (ed.). *Childhood, class and kin in the Roman World*. London: Routledge, 2001.

DWORKIN, Ronald. *Is democracy possible here?* (principles for a new political debate). Princeton University Press: Princeton, 2006.

ERREYGERS, Guido; VANDEVELDE, Antoon. *Is Inheritance Legitimate?* Ethical and Economic Aspects of Wealth Transfers. Berlin: Springer, 1997.

FOUGÈRE, Maxime; RUGGERI, Giuseppe C. Flat Taxes and Distributional Justice. *Review of Social Economy*, vol. 56, n. 3, p. 277-294, Fall 1998, published by: Taylor & Francis, Ltd. Stable URL: http://www.jstor.org/stable/29769956. Accessed: 07-01-2016.

GARDNER, Jane. Nearest and dearest. Liability to inheritance tax in Roman families. *In*: DIXON, Suzanne (ed.). *Childhood, class and kin in the Roman World*. London: Routledge, 2001.

GARGARELLA, Roberto. *As teorias da justiça depois de Rawls* – um breve manual de filosofia política. Tradução de Alonso Reis Freire. São Paulo: Martins Fontes, 2008.

GUTMANN, Daniel. Du droit a la philosophie de l'impôt. *Archives de philosophie du droit*. L'impôt. Tome 46. 2002.

HAACK, Susan. *Evidence and Inquiry*: towards reconstruction in epistemology. Cambridge: Blackwell, 1993.

KEELEY, B. *Income Inequality*: The Gap between Rich and Poor, Paris: OECD, 2015, http://dx.doi.org/10.1787/9789264246010-en.

KEEN, Michael; KIM, Yatae; VARSANO, Ricardo. The "flat tax(es)": principles and experience. *Policy watch*. The Int Tax Public Finance (2008) 15: 712-751, DOI 10.1007/s10797-007-9050-z.

KLEVEN, Henrik Jacobsen. How Can Scandinavians Tax So Much? *The Journal of Economic Perspectives*, vol. 28, n. 4, p. 77-98, Fall 2014.

LÓPEZ-RENDO, Carmen. De la vicesima hereditatium al impuesto sucesorio en el derecho español. *Revista Internacional de Derecho Romano*, abr. 2015. Disponível em: www.ridrom.uclm.es. Acesso em: 24 nov. 2016.

MACHADO, Hugo de Brito. IPTU. Ausência de Progressividade. Distinção entre Progressividade e Seletividade. *Revista Dialética de Direito Tributário*, v. 31, p. 82-91, 1998.

MACHADO, Hugo de Brito. *Os princípios jurídicos da tributação na Constituição de 1988*. 5. ed. São Paulo: Dialética, 2004.

MARINS, James. *Defesa e vulnerabilidade do contribuinte*. São Paulo: Dialética, 2009.

MARTÍNEZ, Juan Arrieta; YURRITA, Miguel Ángel Collado; PÉREZ, Juan Zornoza. *Tratado sobre la Ley General Tributaria*. Navarra: Aranzadi/Thomsom Reuters, 2010, t. I.

MARTINS, Ives Gandra da Silva. Princípios constitucionais tributários. In: MARTINS, Ives Gandra da Silva (Coord.). *Caderno de Pesquisas Tributárias n. 18*: princípios constitucionais tributários, São Paulo: Resenha Tributária, 1993.

MELO, José Eduardo Soares de. *Curso de Direito Tributário*. São Paulo: Dialética, 1997.

MURPHY, Liam; NAGEL, Thomas. *The myth of ownership* – taxes and justice. New York: Oxford University Press, 2002.

NIELSEN, Eric R. Human Capital and Wealth before and after capital in the twenty first century. *In*: BOUSHEY, Heather. DELONG, J. Bradford. STEINBAUM, Marshall (ed.). *After Piketty*. The agenda for economics and inequality. Cambridge, Massachusetts: Harvard University Press. 2017.

OECD. In It Together: Why Less Inequality Benefits All. Paris: OECD Publishing, 2015, DOI: http://dx.doi.org/10.1787/9789264235120-en.

OWENS, Jeffrey; ZOLT, Eric. *Inequality and Taxation*. Wirtschafsuniversitat Global Police Center Fire Side Chat. Dez. 2015. https://www.wu.ac.at/taxlaw/institute/videos/taxpolicyfiresidechats/eric-zolt-fire-side-chat/.

PIKETTY, Thomas. *O capital no século XXI*. Tradução de Monica Baumgarten de Bolle. Rio de Janeiro: Intrínseca, 2014.

RAWLS, John. *Uma teoria da justiça*. Tradução de Jussara Simões. São Paulo: Martins Fontes, 2008.

RIBEIRO, Ricardo Lodi. Piketty e a reforma tributária igualitária no Brasil. *Revista de Finanças Públicas, Tributação e Desenvolvimento – RFPTD*, Rio de Janeiro, v. 3, n. 3, 2015. Disponível em: http://www.e-publicacoes.uerj.br/index.php/rfptd/article/view/15587.

ROSE-ACKERMAN, Susan. *Corruption and Government*. Causes, consequences and reform. New York: Cambridge University Press, 1999.

SANTOS, Ramon Tomazela. A progressividade do imposto de renda e os desafios de política fiscal. *Direito Tributário Atual*, São Paulo, n. 33, p. 327-358, 2015.

SCHMÖLDERS, Günter. *Teoria general del impuesto*. Tradução de Luis A. Martín Merino. Madrid: Editorial Derecho Financiero. 1962.

SCHOUERI, Luís Eduardo. *Direito Tributário*. 2. ed. São Paulo: Saraiva, 2012.

SEIDL, Christian; POGORELSKIY, Kirill; TRAUB, Stefan. *Tax Progression in OECD Countries*: An Integrative Analysis of Tax Schedules and Income Distributions. Berlin: Springer, 2013. DOI 10.1007/978-3-642-28317-8.

SEN, Amartya. *Desenvolvimento como liberdade*. Tradução de Laura Teixeira Mota. São Paulo: Companhia das Letras, 2000.

SEN, Amartya. *Sobre ética e economia*. Tradução de Laura Teixeira Mota. São Paulo: Companhia das Letras, 1999.

SEN, Amartya. *The idea of justice*. Cambridge, Massachusetts: Harvard University Press, 2009.

SOUSA, Luís de. *Corrupção*. Lisboa: Fundação Francisco Manuel dos Santos, 2011.

STEINBAUM, Marshall (ed.). *After Piketty*. The agenda for economics and inequality. Cambridge, Massachusetts: Harvard University Press. 2017.

STIGLITZ, Joseph. *The price of inequality*: how today's divided society endangers our future. New York: WW Norton Company, 2012.

STRAWCZYNSKI, Michel. *The optimal inheritance tax in the presence of investment in education*. Int Tax Public Finance (2014) 21:768-795. DOI 10.1007/s10797-014-9324-1.

TIPKE, Klaus. *Moral tributaria del estado e de los contribuyentes*. Tradução de Pedro M. Herrera Molina, Madrid: Marcial Pons, 2002.

TORRES, Ricardo Lobo. *Curso de direito financeiro e tributário*. 8. ed. Rio de Janeiro: Renovar, 2001.

WILLEMS, Pierre. *Le Droit Public Romain* – ou les institutions politiques de Rome depuis l'origine de la ville jusq'à Justinien. 5. ed. Paris: Louvain, 1883.

ZOLT, Eric. Inequality, Collective Action, and Taxing and Spending Patterns of State and Local Governments. *New york university tax review*. 62 Tax L. Rev. 445 2008-2009.

Informação bibliográfica deste livro, conforme a NBR 6023:2018 da Associação Brasileira de Normas Técnicas (ABNT):

MACHADO SEGUNDO, Hugo de Brito. Progressividade na tributação das heranças e o critério do parentesco. *In*: SCAFF, Fernando Facury; DERZI, Misabel de Abreu Machado; BATISTA JÚNIOR, Onofre Alves; TORRES, Heleno Taveira (coord.). *Tributação, desigualdade e desenvolvimento*. Belo Horizonte: Fórum, 2025. p. 151-175. ISBN 978-65-5518-100-5.

FUNÇÃO DO SISTEMA TRIBUTÁRIO

**IVES GANDRA DA SILVA MARTINS,
ANA REGINA CAMPOS DE SICA**

Introdução

Dentre os eixos temáticos propostos pelos caríssimos coordenadores deste livro, um chamou-nos a atenção de forma especial por levantar um questionamento filosófico: "a única função do Sistema Tributário é arrecadar?".

É certo que a função do tributo (e, consequentemente, de seu sistema) é tema considerado pobre para a Filosofia, muito embora os filósofos que cuidam da Política, do Direito, da História e da Economia façam-lhe referências tangenciais. A própria reflexão do tributo como elemento relevante para o domínio dos povos, realizado por sociólogos, não revela aprofundamento maior.

Parece-nos, todavia, que o tema tributário deveria ser de reflexão obrigatória para os filósofos do Direito que se dedicam a estudar o poder, razão pela qual, no presente artigo, resolvemos tratar do tema.

Da norma de rejeição social

Em 1982, o primeiro subscritor deste artigo defendeu, na Universidade Mackenzie, tese de doutoramento publicada em 1983 pela Editora Saraiva, sob o título "Teoria da Imposição Tributária".

Nela, ele formulou uma concepção conciliatória entre as normas primárias e secundárias, admitindo que, nas normas de aceitação social, as normas sancionatórias seriam secundárias e as de comportamento, primárias, o mesmo não ocorrendo nas normas de rejeição social, em que as sanções perfilariam uma norma primária e a de conduta, uma norma secundária.

Em outras palavras, o primeiro subscritor conciliou as divergências entre as teorias de Carlos Cóssio e Hans Kelsen, sobre se a norma sancionatória seria primária ou secundária, criando uma terceira categoria de normas para enquadrá-las num patamar diferente, ou seja, as normas de rejeição social e as de aceitação social. Nas de aceitação social, as normas sancionatórias desempenham um papel secundário, pois aplicáveis apenas aos casos patológicos de descumprimento das normas de comportamento, como defendia Cóssio. Já nas de rejeição social, a sanção é norma primária, pois, sem punição, ninguém as cumpriria, como defendia Kelsen.

O elemento diferenciador residiria no fato de o tipo de norma comportamental depender ou não de sanção para ser cumprida. O direito à vida, por exemplo, seria uma norma de aceitação social, pois, mesmo sem sanção, quase todos o respeitariam; já a norma tributária seria de rejeição social, pois, sem sanção, poucos seriam aqueles que a cumpririam.

Significa dizer que é do sentido de justiça da norma tributária que decorre a estruturação própria do sistema tributário, que terá de se adequar, em sua formulação obrigacional, com densidade maior na espécie sanção que aquela pertinente ao tributo, se mais distante se colocar dos princípios inerentes a uma desejada política fiscal.

Nesta linha de raciocínio, a formulação doutrinária de juristas, economistas, sociólogos, filósofos e historiadores, na busca de uma política tributária ideal, esbarra na certeza de que, na prática, a teoria é sempre outra, e quem tem o poder de tributar sempre tributa mal, o mais das vezes sem qualquer respeito aos direitos individuais, o que exacerba a litigiosidade entre Fisco e contribuinte.

Ora, o contribuinte luta, permanentemente, contra o excesso da exação, que sabe ser desmedido. É por esta razão que, para nós, a lei tributária é uma norma de rejeição social, pois em todos os espaços geográficos e períodos históricos, os governos cobram mais do que o necessário dos cidadãos para tornar o Estado, em parte, prestador de serviços públicos e, em parte, propiciador de toda a espécie de benesses para os detentores do poder e seus acólitos.

Da perspectiva filosófica

Pela ótica filosófica, a discussão do tributo deve inserir-se na concepção do bem comum, que consiste teoricamente, em permitir às pessoas o acesso a bens particulares, o social, todavia, transcendendo-os, isto é, o interesse da coletividade está acima – para a filosofia – dos interesses particulares.

E, nesta perfilação, todos os homens devem contribuir para o bem comum, através de quatro comportamentos, que assim podem ser sintetizados: busca e valorização das virtudes humanas (morais) que facilitam o convívio social; aperfeiçoamento profissional, que corresponde à prestação de serviço à sociedade; participação na vida pública, passiva ou ativamente, na vivência dos direitos cívicos, e na luta para que o respeito à liberdade implique tornar a vida social mais adequada e mais justa.

Ora, nesta conjunção da busca do bem comum em face da Filosofia, posta-se o Estado, que se sustenta exclusivamente pelo pagamento de tributos.

Para os filósofos, o Estado como instituição representa o instrumento maior da realização do bem comum. Deveria ainda representar a ordem social justa, conformada pelo Direito. Por isto, não poucas vezes, fazem prevalecer o social sobre o individual e o bem comum sobre o bem particular, detectando um ideal de realidade diversa da "realidade real".

E é nesta parte, todavia, que chega-se ao raciocínio de que a instituição que seria capaz de realizar o bem comum transforme-se, na História, em mera estrutura do poder, objetivando – o diagnóstico dos acontecimentos assim o demonstraram – em primeiro plano a realização do bem pessoal dos detentores do poder e só após, sobrando recursos, o bem comum da sociedade.

Em outras palavras, a lógica social do bem comum termina por não corresponder à ética programática da principal instituição capaz de realizá-la, que é o Estado, visto que ele é constituído por homens, com suas grandezas e fragilidades, e a ética do poder esbarra, não poucas vezes, na simples e quase sempre aética forma de governar.

É neste contexto – em que a ética política mostra-se tão maleável, que é difícil distingui-la da imoralidade – que o filósofo teria que analisar o tributo, constatando que ele jamais chega a uma conformação justa, visto que retirado da sociedade não para o bem comum, mas, principalmente, para o bem individual dos detentores do poder. Na prática, apenas uma parcela mais ou menos reduzida das receitas retiradas da sociedade retorna sob a forma de sofríveis serviços públicos.

E, neste campo, a ética do tributo se transforma apenas numa ética da arrecadação – ou falta de ética – não objetivando nem o bem comum, nem mesmo parcela mais ou menos reduzida dele. Neste caso, o objetivo principal não reside no bem comum, mas na mera manutenção de uma estrutura de poder.

Tais considerações levam-nos a concluir que, na filosofia, esse instituto se distancia tanto mais da ética impositiva quanto mais elevada for a sua carga. E, nesta hipótese, reduzem-se os direitos dos contribuintes, inclusive o direito de defesa, e aumentam-se as sanções, em clara demonstração de que o tributo não objetiva o bem comum, mas, principalmente, o bem de políticos e burocratas.

Em outras palavras, a lógica leva à sublimação do Estado e à valorização do tributo, mas a ética (ou falta dela) dos seres humanos encarregados de governar e de cobrar tributos, na prática, tem-se revelado tanto menor quanto maior a imposição sem contraprestação de serviços.

Fato é que, num sistema ideal, a única política tributária possível é aquela capaz de gerar desenvolvimento econômico, empregos e fazer justiça social.

A política tributária de fins meramente arrecadatórios jamais foi capaz de preencher tais finalidades por conta da rejeição social aos tributos, os planejamentos sofisticados, a inadimplência, a sonegação, a corrupção e a concussão.

Os tributos, no mundo todo, têm sua finalidade deturpada, servindo, em primeiro lugar, para sustentar os governantes e mantê-los no poder. Defendem estes, principalmente, seus interesses imediatos e, em sobrando tempo e recursos, os interesses da sociedade.

Na Idade Média, os escravos da gleba não eram senão os "cidadãos" da época, escorchados por uma tributação irracional, destinada a sustentar os párias governantes enquistados em seus feudos, castelos e privilégios da nobreza.

Os senhores feudais da atualidade são os governantes e o povo, os escravos da gleba do século XXI. A única diferença é que estes acreditam que há democracia na "vampiragem tributária", por força do "marketing" político, enquanto aqueles não podiam acreditar em nada, por não existir na idade média o "verniz" democrático dos tempos modernos.

Como se percebe, a arrecadação não é o principal objetivo de uma adequada política tributária, mas mera decorrência. Em outras palavras, sempre que a política tributária for adequada, objetivando permitir o progresso da sociedade, termina por gerar mais desenvolvimento, mais justiça social e maior arrecadação.

O grande problema é que as autoridades são imediatistas e pouco conhecedoras de política tributária. Podem conhecer bem as técnicas de imposição, as sanções aplicáveis aos inadimplentes ou sonegadores, mas desconhecem os objetivos maiores da tributação, que é a pedir a participação da sociedade no colaborar com o Estado prestador de serviços, sem que seja afetada a capacidade de produção da sociedade e aquela de se autodesenvolver.

De rigor, um sistema correto deveria partir sempre de um número limitado de impostos sobre os três fatos geradores clássicos (renda, patrimônio e circulação de bens e serviços), assim como a remuneração, por taxas, de serviços públicos não cobertos pelos impostos necessários a manter o Estado prestador de serviços. E as contribuições deveriam ser sociais, de intervenção, de melhoria e no interesse das categorias relacionadas a políticas específicas de caráter e perfil superior. A contraprestação à mera prestação de serviços públicos cobertos caberia às taxas.

Por tal sistema, jamais se deveria, primeiro, planejar as despesas, para depois verificar de que forma se pode retirar recursos da sociedade. Em boa regra de planejamento, deve-se, em primeiro lugar, detectar a capacidade contributiva da sociedade – que não pode ser exaurida por excesso de tributação – para só depois dimensionarem-se as despesas públicas necessárias para garantir a manutenção da Administração e fazer com que o Estado preste os serviços essenciais à sociedade.

A boa regra do planejamento estatal, à evidência, passa à distância da maior parte das administrações tributárias e dos governos, que se interessam apenas em detectar as áreas em que podem retirar cada vez mais recursos da sociedade, visto que dedicam-se, primeiro, a projetar as despesas, para depois obter os recursos necessários a atendê-las; muitas destas despesas sendo ilegítimas, por dizerem respeito a privilégios de vencimentos e de aposentadoria de políticos e burocratas enquistados no poder.

Sendo assim, a única política tributária adequada passa, necessariamente, por um redimensionamento do tamanho das instituições estatais, dos privilégios dos detentores do poder, da redução da máquina administrativa e de uma política tributária que consiga permitir o crescimento da sociedade, com tributos adequados e alíquotas modestas, capazes de gerar, por decorrência, arrecadação maior do que a atual.

Da justiça tributária

Idealmente falando, o sistema tributário é instrumento hábil para permitir a reorientação dos costumes e o combate efetivo àquelas atividades indesejáveis e corrosíveis da convivência social.

Assim, a imposição tributária, em sua acepção ampla, à evidência, abrange as facetas fiscal, parafiscal e extrafiscal, pois, qualquer que seja seu campo próprio de ação e a finalidade da receita obtida ou desenvolvimento estipulado, o instrumental jurídico existente visualiza essa relação de índole econômica, de participação em determinadas atividades, mesmo que a título de paralelo desenvolvimento social.

Sendo de todos os ramos jurídicos aquele que mais permite a participação direta do Estado na evolução econômica natural, sua capacidade reguladora é de intensidade aferível na medida em que crie o desestímulo à exploração de determinadas atividades no aspecto mais sensível aos que a estimulam, ou seja, no seu benefício pecuniário.

Ora, sob essa perspectiva, um espectro de maior abrangência e um leque de alternativas teleológicas mais amplas implicam, por decorrência, funções também de maior relevo e a necessária aproximação entre a norma positiva e a norma natural, com a potencialidade inclusive de que tais normas possam sair, como visto, da categoria de regras de rejeição social.

A excessiva concentração de imposição sobre determinadas atividades e a perspectiva que leva a imposição tributária a não ser apenas a geradora de recursos para as efetivas necessidades estatais, mas também para os seus desperdícios, nem sempre ou quase nunca transforma a norma fiscal em hospedeira dos princípios, simultaneamente, que a devem reger.

A utilização, portanto, da norma jurídica tributária valorada pela Ciência das Finanças e Direito Financeiro e abastecendo seu conteúdo fático na economia e Direito Econômico, como forma de equilíbrio para não inibir o desenvolvimento econômico, mas de participar incentivando inclusive, e para não criar tensões sociais, mas reduzi-las e reorientar a moralização dos costumes, desestimulando as atividades capazes de desestabilização da sociedade em seus valores primeiros – é campo de indagação que, pela pouca literatura a respeito, vale a pena desvendar, pois é manancial inexplorado de soluções alternativas de relevância ainda hoje insuspeitada.

Os estudos que vêm a lume, normalmente, na procura de justiça fiscal pertinente, ou têm visão meramente tributária, pela qual essa justiça se faria na medida em que os ganhos derivados do capital fossem mais onerados que aqueles oriundos do trabalho, ou meramente econômica, na qual a tributação excessiva sobre o capital terminaria por desviá-lo de sua capacidade desenvolvimentista, retraindo-se as atividades produtoras, quando não ocorresse sua expatriação para nações que melhores condições lhe oferecessem.

Estamos convencidos de que a elasticidade maior que se der às atividades incindíveis, vinculando-as a finalidades inerentes à própria estabilização da sociedade, é forma das mais justas, necessárias e relevantes para a obtenção de adequada política tributária. Em vez de estudar graus de tributação maior ou menor sobre as áreas conhecidas, deve-se alargar a vastidão imponível, com potencialidade de resultados melhores para a sociedade e para o Estado.

Embora a realidade dos dois últimos séculos não tenha trazido à teoria de Kant, da paz perpétua e grande evolução na participação das 2ª e 3ª classes sociais na formulação de políticas tributárias, cremos que começamos a entrar numa era em que a convivência comunitária entre as nações e a disputa por mercados poderão gerar a inflexão necessária para que o nível impositivo destinado, fundamentalmente, à manutenção dos detentores do poder no poder, principie a exteriorizar elemento de desequilíbrio na competitividade entre as nações. Tal fato poderá provocar, por uma questão de sobrevivência, pela primeira vez na história, uma tentativa de se fazer do tributo um instrumento de justiça fiscal e social e de desenvolvimento econômico, mais destinado às 2ª e 3ª categorias que à 1ª.

Enfim, por enquanto, o tributo ainda é uma norma de rejeição social, com destinação maior à manutenção dos detentores do poder, e grande instrumento de exercício do poder por parte destes, com alguns efeitos colaterais positivos a favor do povo, quando há algum retorno de serviços públicos. Serve, entretanto, mais aos detentores e aos seus amigos do que aos produtores da riqueza e ao povo. No futuro, todavia, a globalização da economia poderá levar a ter uma função social maior, não por mudança de perfil dos governantes, mas por força da necessidade de sobrevivência.

Do Sistema Tributário Brasileiro

A Constituição Federal, promulgada em 5 de outubro de 1988, esquematizou uma ordem tributária dividida em seis partes, quais sejam: o sistema tributário propriamente dito (artigos 145 a 156B), prevendo desde logo os princípios gerais (145 a 149); as limitações constitucionais ao poder de tributar (artigos 150/152); os impostos federais (153 e 154); estaduais (155) e municipais (156) e, por fim, a ordem social (artigo 195 – contribuições sociais).

Cumpre observar que, partindo do princípio de que esse sistema é complexo, inseguro e oneroso, buscou a EC nº 132/2023 criar um sistema "simples, transparente e justo tributariamente" com três vezes mais disposições constitucionais do que temos no sistema atual, sem contar a legislação complementar.

Sem entrar, entretanto, no mérito desta "triplicação simplificadora", fato é que o sistema tributário brasileiro, em 1988, foi constituído mais em defesa do contribuinte do que do Estado, na linha, de resto, das ideias que o primeiro subscritor apresentou em audiência pública para os constituintes.

Houve, pois, clara encampação: do princípio da estrita legalidade; do não confisco da tributação; que as limitações constitucionais ao poder de tributar teriam que conformar uma seção clara e distinta do próprio Sistema; que a capacidade contributiva deveria ser respeitada e que o princípio da igualdade não poderia ser tisnado.

Entre os princípios implícitos decorrenciais daqueles mencionados, os princípios da proporcionalidade e o da razoabilidade passaram a ser conformadores do Sistema.

Antes mesmo da CF/88, na linha dos pais do Direito Tributário, Rubens Gomes de Souza, Gilberto de Ulhôa Canto, Carlos da Rocha Guimarães, Tito Rezende, Amílcar Falcão, Aliomar Baleeiro e outros, dois princípios fundamentais conformaram o sistema, ou seja, a norma tributária deveria ter seu tipo claramente delineado e a lei teria que conformar todos os aspectos da exigência tributária. A lei, além de escrita, teria que ser estrita, ou seja, não admitir elasticidade exegética para o Fisco.

Por esta razão, a retroatividade benigna foi adotada (art. 106 do CTN), assim como a interpretação mais favorável ao contribuinte, em caso de dúvida (art. 112 do CTN), sobre a integração analógica só ser admitida a favor do sujeito passivo da obrigação tributária e nunca a favor do Fisco (art. 108, §1º). Além disso, princípios como o da equidade só podem beneficiar o pagador de tributos, nas suas relações com o Fisco.

Em outras palavras, principalmente desde a CF de 1988, o princípio de que a norma tributária é de rejeição social prevalece, razão pela qual a sanção, como queria Kelsen, é o fator inibitório do descumprimento da norma de conduta, que, todavia, tem que ter o tipo bem delineado e claramente estabelecido em lei para não permitir aventuras a Erários com permanentes dificuldades de caixa, por fatores em que a eficiência sempre é de menor relevância.

Tanto é assim que o princípio da capacidade contributiva, pelo constituinte curiosamente chamado de capacidade econômica, e aquele do não confisco passaram a constituir cláusulas pétreas do ordenamento maior do país, em defesa do sujeito passivo da relação tributária, o qual, não podendo brandir a espada da imposição, só pode defender-se com o escudo da lei.

Nesta esteira, sempre que o aumento de um tributo atingir, no conjunto da carga tributária, a capacidade contributiva ultrapassando-a, aquele tributo, embora isoladamente possa não ser confiscatório, passa a sê-lo. É que destinando-se os tributos ao Estado, que é um só – embora sua Federação divisível em esferas de governo –, a exigência sobre o cidadão deve ser medida pelo conjunto e não apenas por cada tributo em particular.

Em outras palavras, os formuladores do sistema tributário – ao tempo em que as leis, desde a Suprema até as ordinárias, eram redigidas por juristas renomados e não por regulamenteiros –, partindo do princípio de que o Fisco tudo pode dentro da lei, mas nada fora da lei, buscaram criar um sistema de freios e contrapesos, capaz de dar ao Erário o necessário, mas não permitir que fossem cobrados tributos, fora da razoabilidade, proporcionalidade, igualdade e capacidade contributiva do sujeito passivo da relação fiscal. Tributar por mera necessidade de cobrir furos orçamentários não é possível, sem ferir algum desses princípios.

Assim é que, no princípio da igualdade, que complementa o da capacidade contributiva e o do não confisco, o constituinte foi além, pois transformou-o no princípio da equivalência, que é bem mais abrangente que o da igualdade, para que nenhuma situação de privilégios ou perseguições pudesse decorrer de legislação infraconstitucional, para beneficiar amigos ou punir inimigos dos detentores do poder.

Vale dizer: é impossível, em situações não só iguais, mas, mais do que isto, equivalentes, tratamento diferenciado, no que diz respeito às imposições fiscais.

À evidência, a razoabilidade e a proporcionalidade são elementos decorrenciais dos princípios da capacidade contributiva, do não confisco e da igualdade. Tributação irrazoável ou desproporcional pode ferir o princípio do não confisco, macular aquele da capacidade contributiva e desfigurar o princípio da igualdade, quando, por exemplo, meras formalidades, elementos não estruturais de uma exigência, sejam utilizados para tratar diferentemente contribuintes que se encontrem em situação de igualdade ou equivalência estrutural, relativamente às obrigações tributárias exigidas.

Ora, a Constituição, na verdade, com um de seus cinco títulos – o sistema tributário – dedicado às limitações constitucionais ao poder de tributar, é muito mais uma Carta de Defesa do Contribuinte, da parte mais fraca da relação tributária, do que um estatuto do direito da imposição, pois restringe a exigência tributária apenas às fechadas hipóteses lá estabelecidas, com rigoroso respeito aos direitos do pagador de tributos. Fato é que a colocação dos direitos individuais como norma imodificável da Constituição ofertou uma garantia maior, principalmente aos direitos dos contribuintes.

Significa dizer que o nosso atual sistema tributário tem estrutura suficiente para influenciar a própria concepção de uma sociedade mais cônscia de seus deveres, inclusive o cumprimento decorrente de suas obrigações essenciais, entre as quais o pagamento do tributo, desde que legítimo e justo.

Entretanto, a legislação pátria constitui, em prol dos detentores do Poder, uma colcha de retalhos adaptada a cada aumento do nível de impostos, com uma completa desfiguração do sistema e da própria natureza jurídica do tributo.

E a EC nº 132/2023, cuja eficácia passará a valer a partir de 01.01.2026, sobre amesquinhar a Federação, pois Estados e Municípios estão submetidos a um Comitê Gestor, a nosso ver, implicará aumento da carga tributária e de sustos internos das empresas para cumprir suas obrigações com o Fisco.

Conclusão

A função do sistema tributário deve ser, necessariamente, analisada do ponto de vista lógico e ético. Afinal, de rigor, é à luz da filosofia social e política que se há de estudar o tributo.

Como a ética do bem comum e da entidade que deveria realizá-lo – no caso o Estado – poucas vezes se compatibiliza com o diagnóstico real do poder, dos governos e dos benefícios "pro domo sua", é de se compreender que o tributo, estudado no Direito e na Economia como relevante propiciador do bem comum, acaba por tornar-se instrumento de opressão, sob a forma de carga tributária desproporcional e indesejável, desempenhando papel secundário, quando não obstaculizador de sua realização.

Ora, o cerne de uma correta política tributária está no respeito à capacidade contributiva do cidadão, único capaz de gerar desenvolvimento para um país e propiciar justiça social. É nessa esteira que o sistema constitucional tributário representa muito mais uma carta do contribuinte do que um estatuto do poder tributante, nada obstante hospedar instrumentos que possibilitam considerável aumento da carga.

Sendo assim, na contramão do que temos visto com a reforma tributária, a função social do sistema tributário só será possível diante da simplificação da legislação tributária, especialmente em nível infraconstitucional.

Significa dizer que uma das formas de começar a eliminar o evidente descompasso entre o Poder Onipotente – e muitas vezes irresponsável – e a sociedade esmagada em seus direitos, parece ser a luta por reformas. Tais reformas, por sua vez, devem, necessariamente, seguir a ideia da simplificação legislativa, lastreada no combate ao excesso de exação, na revogação de leis injustas e, consequentemente, na geração de empregos e desenvolvimento, algo que não vislumbramos na EC nº 132/2023.

Respondendo, por fim, à questão inicialmente proposta, concluímos que o atual sistema tributário teria tudo para deixar de ser regra de rejeição social, mas por ter sido utilizado em prol dos detentores do poder, de fato, servirá, a partir da atual reforma, apenas para aumentar a arrecadação a ser suportada pelo sofrido contribuinte.

Informação bibliográfica deste livro, conforme a NBR 6023:2018 da Associação Brasileira de Normas Técnicas (ABNT):

MARTINS, Ives Gandra da Silva; DE SICA, Ana Regina Campos. Função do Sistema Tributário. *In*: SCAFF, Fernando Facury; DERZI, Misabel de Abreu Machado; BATISTA JÚNIOR, Onofre Alves; TORRES, Heleno Taveira (coord.). *Tributação, desigualdade e desenvolvimento*. Belo Horizonte: Fórum, 2025. p. 177-188. ISBN 978-65-5518-100-5.

INOVAÇÃO TECNOLÓGICA, TRIBUTAÇÃO E DESENVOLVIMENTO: INTERSEÇÕES ENTRE OS REGIMES TRIBUTÁRIOS PREFERENCIAIS BRASILEIROS E A PROPRIEDADE INTELECTUAL: REQUISITO DA SUBSTÂNCIA

**JOSÉ ANTONIO DIAS TOFFOLI,
LUCILENE RODRIGUES SANTOS**

1 Introdução

A Constituição Federal de 1988 destinou um capítulo próprio sobre a pesquisa, o desenvolvimento tecnológico e científico e a inovação, que deverão receber tratamento prioritário do Estado brasileiro, tendo em vista o desenvolvimento econômico e social.

No que se refere ao mercado interno brasileiro, eleito como patrimônio nacional, o legislador ordinário deverá incentivá-lo de modo a viabilizar o desenvolvimento cultural e socioeconômico, o bem-estar da população e a autonomia tecnológica do país.

No *mix* de apoio estatal aos investimentos em *pesquisa e desenvolvimento de tecnologia* (P&D) por parte do setor privado, os incentivos tributários devem se voltar à formação e ao fortalecimento do processo de inovação substancial (disruptiva),[1] que somente se perfectibiliza

---

[1] "As tecnologias disruptivas são as inovações em produtos, serviços e modelos de negócios que apresentam soluções e alternativas diferentes ao mercado. A inovação disruptiva muda as práticas sociais, modo de viver, trabalhar e se relacionar. Em outras palavras,

se as atividades de P&D resultarem em criação, absorção, difusão ou transferência de tecnologia adequada ao país.

Com o olhar voltado para os objetivos maiores traçados na Constituição Federal de 1988, o presente artigo analisa as interseções entre algumas características dos três principais regimes tributários brasileiros de incentivo à inovação tecnológica e à *Propriedade Intelectual* (PI), observando se eles atendem o requisito da *substância*,[2] caracterizado pela presença de um nível de investimentos em Pesquisa, Desenvolvimento Tecnológico e Inovação – PD&I compatível com os rendimentos beneficiados nos regimes preferenciais que leve ao rompimento do equilíbrio no *fluxo circular* de crescimento econômico do país, em benefício do mercado interno em sua acepção social.

É importante ressaltar que o requisito da *substância*, aplicado em consonância com os objetivos maiores traçados na Carta Magna, alcança todo o processo da inovação tecnológica, abrangendo os denominados *inputs e outputs* da inovação, os quais constituem os *dois lados da mesma moeda* do fenômeno complexo da inovação disruptiva.

Nesse contexto, adaptar a tributação às novas realidades tecnológicas e ao incentivo à inovação disruptiva passou a ser a preocupação central de estudos internacionais no contexto de uma economia global digitalizada, alcançando novos patamares no atual estágio de mudanças no sistema tributário brasileiro.

2 Proteção constitucional à inovação tecnológica: conteúdo mínimo

Na Constituição Federal de 1988, o apoio e o estímulo à pesquisa, ao desenvolvimento tecnológico e científico e à inovação devem

---

não é a tecnologia em si que importa, mas o seu uso. Essas inovações são posicionadas inicialmente para um público diferente daquele que costumeiramente é o alvo das inovações sustentadoras". In: NOGAMI, Vitor Koki da Costa. *Destruição criativa, inovação disruptiva e economia compartilhada:* uma análise evolucionista e comparativa. Disponível em: https://www.redalyc.org/journal/6099/609964310002/html/. Acesso em: 3 nov. 2024.

[2] O requisito da "substância" é considerado pela OCDE, no escopo do Projeto BEPS, como um pressuposto para a existência de regimes tributários preferenciais, exigindo um nexo (*nexus approach*) entre as despesas incorridas pelo contribuinte, o controle de riscos assumidos e a execução das principais atividades de desenvolvimento de ativos intangíveis (OCDE. *Countering Harmful Tax Practices More Effectively, Taking into Account Transparency and Substance*, Action 5 – 2015 Final Report, OECD/G20 Base Erosion and Profit Shifting Project, OECD Publishing, Paris, 2015. Disponível em: http://dx.doi.org/10.1787/9789264241190-en. Acesso em: 17 set. 2024).

ser assimilados pelo legislador ordinário *como de importância basilar para o avanço econômico e social do país*. Essa é a compreensão de André Ramos Tavares, para quem a norma do art. 218 afirma as diretrizes desenvolvimentistas brasileiras e, de maneira similar às demais normas constitucionais dirigentes, apresenta um colorido propositivo que aponta para o futuro e um núcleo mínimo de significado.[3] Em relação ao núcleo mínimo de significado da proteção constitucional, destaca-se o tratamento prioritário do Estado, o qual deverá objetivar o interesse público, o progresso científico e tecnológico e a inovação.

Ainda em relação a esse conteúdo mínimo, verifica-se que as atividades de P&D devem se voltar, preponderantemente, para a solução dos problemas brasileiros e para o desenvolvimento do sistema produtivo nacional e regional. É com esses objetivos que o Estado deve apoiar e estimular a formação e o fortalecimento de empresas inovadoras que invistam não só em P&D, mas também na criação, absorção, difusão e transferência de tecnologia adequada ao país.

Por sua vez, o art. 219 da CF/1988 dispõe que o *mercado interno integra o patrimônio nacional* e que a lei federal deve incentivá-lo de modo a viabilizar o *desenvolvimento cultural e socioeconômico, o bem-estar da população e a autonomia tecnológica do país*.

Para muitos doutrinadores, o princípio da *integração do mercado interno ao patrimônio nacional* dotado de *caráter constitucional conformador*[4] acabou por imprimir ao mercado um valor constitucional de natureza mais social, pois inserido no âmbito da ordem social, que tem como base o primado do trabalho e como objetivo o bem-estar e a justiça social.[5]

É importante destacar que essa noção de mercado interno não conflita com a busca da integração econômica nas relações internacionais do Brasil. A atual política de consolidação e fortalecimento do sistema brasileiro de fomento à ciência e tecnologia está inserida em um contexto econômico internacional de intensa competição, em que a principal estrutura legal de criação de poder econômico é a patente, a qual representa um ativo valioso e uma ferramenta competitiva poderosa à disposição das organizações, uma vez que propicia o domínio

---

[3] TAVARES, 2007.
[4] GRAU, 1990. p. 259.
[5] MARQUES; MENDES, 2018.

da exploração monopolística de dado produto ou processo durante determinado tempo.[6]

Assim, a valorização do mercado interno mediante políticas tributárias que fortaleçam a proteção e o uso da propriedade intelectual em produtos e processos é de fundamental importância para a integração dos países menos desenvolvidos no mercado mundial, a partir de um esforço conjunto no sentido de se romper o pacto colonial vigente desde a época das grandes navegações para se estabelecer um ponto de equilíbrio entre as nações.[7]

Foi nesse sentido que o Supremo Tribunal Federal (STF) interpretou a proteção da propriedade industrial prevista no art. 5º, inciso XXIX, da Constituição Federal de 1988 como uma proteção que se dá de forma temporária, com fundamento no interesse social e no desenvolvimento tecnológico e econômico, lembrando que ela não se limita a um direito individual, dizendo respeito à coletividade e ao desenvolvimento do país.[8]

Isso se deu no julgamento de ação direta na qual se declarou a inconstitucionalidade do parágrafo único do art. 40 da Lei nº 9.279/1996,[9] especialmente quanto à ressalva atinente ao prazo de vigência da patente de invenção na hipótese de demora na análise do pedido de depósito no Instituto Nacional de Propriedade Industrial (INPI).[10] Especialmente em relação às patentes concedidas com extensão de prazo, relacionadas a produtos e processos farmacêuticos e a equipamentos e/ou materiais de uso em saúde, os efeitos da decisão resultaram na perda das extensões de prazo concedidas com base no dispositivo legal declarado inconstitucional, resguardando-se, no entanto, eventuais efeitos concretos já produzidos.

O Brasil vem procurando estruturar seu próprio Sistema Nacional de Ciência, Tecnologia e Inovação (SNCTI), com a adoção de uma série de políticas voltadas à inovação tecnológica.[11] Nesse cenário, deve-se ter em mira a clara determinação constitucional de articulação entre entes públicos e privados (instituições de ciência, tecnologia e inovação, entidades de gestão pública e empresas), com vistas à constituição

---

[6] SALOMÃO FILHO, 2021. p. 218.
[7] CAMARGO, 1996.
[8] BRASIL. Supremo Tribunal Federal, 2021.
[9] BRASIL. *Lei nº 9.279, de 14 de maio de 1996*.
[10] BRASIL. Supremo Tribunal Federal. *Ação Direta de Inconstitucionalidade nº 5.529/DF*, 2021.
[11] BRASIL. *Lei nº 13.243, de 11 de janeiro de 2016*.

de um ambiente adequado de difusão e absorção dos conhecimentos tecnológicos no país.

No atual quadro de crescimento exponencial do comércio internacional associado à revolução tecnológica da informática e das telecomunicações, assumem especial relevância as políticas internas de incentivos tributários que beneficiam os rendimentos das empresas que invistam em atividades de P&D (*front end*) em suas interseções com a criação, a absorção, a difusão e a transferência de tecnologia,[12] assim como daqueles voltados aos rendimentos da exploração dos ativos intangíveis, notadamente de patentes de invenção e outros ativos intangíveis funcionalmente equivalentes a patentes, desde que esses ativos sejam protegidos legalmente e sujeitos a processos semelhantes de aprovação e registro (*back end*).[13]

Note-se que a patente de invenção é um indicador relevante para se avaliar a capacidade do país de transformar o conhecimento científico em produtos ou inovações tecnológicas.[14] Não é por outro motivo que a patente de invenção é o principal ativo de propriedade intelectual (PI) beneficiado nos regimes preferenciais ao redor do mundo (v.g. *patent box*),[15] com impactos relevantes na concorrência tributária entre os países a na alocação da renda por parte das empresas transnacionais.[16]

3 Interseções dos regimes tributários preferenciais brasileiros com a propriedade intelectual (PI) e o requisito da substância

Antes de passar à análise dos três principais regimes tributários preferenciais brasileiros, cumpre esclarecer que o requisito da *substância* é um dos objetivos principais do Projeto BEPS (*Base Erosion and Profit*

---

[12] CORRÊA; BARBOSA, 2017.

[13] Para fins dos regimes preferenciais de PI, ativos intangíveis funcionalmente equivalentes a patentes são: (i) patentes amplamente definidas; (ii) *software* protegido por direitos autorais; e (iii) em determinadas circunstâncias, outros ativos de propriedade intelectual que não sejam óbvios, úteis e novos, mas que atendam a determinadas condições (OCDE. Harmful Tax Practices – 2018 Progress *Report on Preferential Regimes:* Inclusive Framework on BEPS: Action 5, cit., 2019).

[14] VASCONCELOS, 2005.

[15] SOUSA, 2019.

[16] OCDE. *Harmful Tax Practices – 2023.*

Shifting),[17] com vistas a combater práticas tributárias prejudiciais entre os estados soberanos e os planejamentos fiscais abusivos nas transações transfronteiriças, em especial naquelas realizadas entre empresas relacionadas. As atividades geograficamente móveis, entre as quais se inserem atividades de pesquisa e desenvolvimento de tecnologia (P&D) e transações com bens e serviços intangíveis, foram inseridas na Ação 5 do Projeto BEPS, com vistas à adoção de um novo padrão global sobre *substância* e *transparência* em relação aos regimes tributários que beneficiam os rendimentos dessas atividades.[18]

Na essência, um requisito substancial de atividade deve garantir que os contribuintes que se beneficiam desses incentivos fiscais realmente se envolvam em atividades de P&D e incorram em despesas reais na criação de um ativo intangível de propriedade intelectual (PI), por meio de um processo de *rastreamento* de despesas transparente, de modo a demonstrar que as principais atividades de PD&I foram exercidas com o *número adequado de funcionários qualificados em tempo integral e montante das despesas operacionais*.[19] Nesse caso, as principais atividades geradoras da renda devem ser a pesquisa e o desenvolvimento (em vez de simplesmente a aquisição de direitos sobre os ativos intangíveis ou a terceirização de sua criação), o que reflete o mesmo conceito da abordagem do nexo.[20]

Soma-se aos fatores assinalados a análise dos efeitos econômicos do regime preferencial, como, por exemplo, se o regime tributário estimula a transferência de atividades substanciais de um país para outro ou se estimula uma retenção dessas atividades no país anfitrião que seja compatível com o valor do investimento ou da renda beneficiada.[21]

---

[17] O Projeto BEPS (*Base Erosion and Profit Shifting*), acordado entre a Organização para Cooperação e Desenvolvimento Econômico (OCDE) e o G20, contém um plano de 15 ações baseado em dois pilares: (i) o combate às incompatibilidades e lacunas entre os sistemas tributários de todos os países, que têm favorecido a evasão fiscal; e (ii) a criação de um imposto mínimo global sobre os rendimentos das sociedades transnacionais.

[18] OCDE. Countering Harmful Tax Practices More Effectively, Taking into Account Transparency and Substance, Action 5 – 2015 Final Report.

[19] *Ibidem*.

[20] OCDE. Harmful Tax Practices – 2018 Progress Report on Preferential Regimes: Inclusive Framework on BEPS: Action 5, 2019.

[21] Se, na prática, os efeitos econômicos mostrarem que o regime é potencialmente prejudicial – mas não de fato prejudicial –, "o regime ficará sujeito a um processo de monitoramento anual" pelo Fórum de Práticas Tributárias Nocivas (FHTP). A conclusão pode ser revisada caso sejam identificadas alterações nos efeitos econômicos do regime *potencialmente prejudicial*. Na hipótese de uma política de incentivos fiscais ser considerada "verdadeiramente prejudicial", a jurisdição terá a oportunidade de abolir o regime ou remover as características que criam

Como se vê, o requisito da *substância* traduz os objetivos constitucionais de apoio, promoção e incentivo à inovação tecnológica, o que somente é possível com a *simbiose* necessária entre as atividades consideradas como de P&D (*inputs*) e a criação, a absorção, a difusão e a transferência de tecnologia (*outputs*) em benefício do mercado nacional em sua concepção social.

3.1 Regimes tributários preferenciais verticais: setores de semicondutores e de tecnologia e comunicação

As duas principais políticas verticais de incentivo à inovação tecnológica nas indústrias brasileiras instrumentalizadas por meio da tributação estão voltadas para o setor de componentes eletrônicos semicondutores e displays (*Padis*)[22] e para o setor de tecnologias da informação e comunicação (TIC).[23] Nos dois programas, os regimes tributários preferenciais concedem incentivos e benefícios tributários incidentes sobre as receitas e despesas que constituem os lucros originários das atividades incentivadas. Em contrapartida, os contribuintes qualificáveis aos benefícios fiscais devem realizar investimentos em P&D em percentual mínimo sobre o faturamento bruto decorrente da comercialização dos bens incentivados e exercer as atividades discriminadas em Processo Produtivo Básico (PPB), conforme definido em ato do Poder Executivo.[24]

Nos dois regimes preferenciais, o principal incentivo com impactos diretos na tributação dos lucros das pessoas jurídicas beneficiárias que operam no Brasil é um crédito financeiro que corresponde a valores proporcionais aos investimentos em atividades de PD&I. O valor do crédito fica limitado a um percentual aplicado sobre a base de cálculo dos valores investidos no país, a depender da região.[25]

O crédito financeiro pode ser tanto ressarcido em espécie como aproveitado na compensação de débitos relativos a impostos e contribuições administrados pela Secretaria da Receita Federal do Brasil

---

tal efeito. Outros países poderão tomar medidas defensivas para combater os efeitos do regime considerado nocivo (*Ibid.*, p. 15).
[22] BRASIL. *Lei nº 11.484, de 31 de maio de 2007.*
[23] BRASIL. *Lei nº 8.248, de 23 de outubro de 1991.*
[24] O Processo Produtivo Básico (PPB) foi definido por meio da Lei nº 8.387, de 30 de dezembro de 1991, como sendo "o conjunto mínimo de operações, no estabelecimento fabril, que caracteriza a efetiva industrialização de determinado produto".
[25] BRASIL. *Lei nº 13.969, de 26 de dezembro de 2019.*

(SRFB) – nos percentuais de 20%, a título de CSLL, e de 80%, a título de IRPJ.

Na legislação do *Padis*, há também a concessão de um benefício fiscal de redução em 100% das alíquotas do IRPJ e do adicional direcionado i) aos lucros da exploração de componentes ou dispositivos eletrônicos semicondutores e mostradores de informação (*displays*); ii) aos insumos destinados à fabricação desses produtos,[26] relacionados em ato do Poder Executivo e fabricados conforme o PPB,[27] e iii) a projetos (*design*) desses produtos.

No tocante ao requisito da *substância*, é interessante destacar característica expressiva de ambos os regimes preferenciais, os quais não exigem um nexo (*nexus approach*) entre as atividades beneficiadas pelos incentivos fiscais e a geração de um ativo de propriedade intelectual (PI), a qual pode ocorrer ou não.

Caso os investimentos em PD&I resultem na criação de um ativo intangível de PI, a legislação do *Padis* exige que a proteção seja feita inicialmente no Brasil e os rendimentos da exploração do ativo intangível (topografias de circuitos integrados) também farão jus à redução das alíquotas do IRPJ a zero.

Por sua vez, a Lei de Tecnologia da Informação e Comunicação (TIC) não exige que a proteção seja feita inicialmente no Brasil. Dessa forma, é possível haver projetos de pesquisa e desenvolvimento de tecnologia (P&D) com a participação de empresa de TIC nacional sob *total domínio de empresa estrangeira cuja proteção tenha se iniciado no exterior*.[28]

Há poucas distinções no desenho legal dos instrumentos tributários destinados ao fomento da inovação setorial, especialmente no que se refere às condicionalidades para a fruição dos benefícios fiscais, tanto no que concerne às *despesas qualificáveis* e aos *contribuintes qualificáveis* como no que concerne ao *nexo* entre os investimentos de pesquisa

---

[26] O benefício fiscal de redução a zero das alíquotas do IRPJ alcança as vendas, os serviços prestados ou importados, bem como os pagamentos realizados no Brasil e as remessas destinadas ao exterior em contratos relativos i) ao licenciamento, ao desenvolvimento, à implantação, à customização ou à atualização de *software*; ii) à exploração de patentes ou de uso de marcas; iii) ao licenciamento, à transferência ou ao fornecimento de tecnologia ou *know-how*; e iv) à prestação de assistência técnica, de serviços técnicos ou de assistência administrativa quando realizados por pessoa jurídica beneficiária do Padis e vinculados às atividades beneficiadas (Lei nº 14.968, de 11 de setembro de 2024, art. 3-A. Disponível em: https://www.planalto.gov.br/ccivil_03/_ato2023-2026/2024/lei/l14968.htm. Acesso em: 2 nov. 2024.

[27] BRASIL. *Decreto nº 10.615, de 29 de janeiro de 2021* e *Decreto nº 10.356, de 20 de maio de 2020.*

[28] FORTEC, 2021.

e desenvolvimento de tecnologia (P&D) exigidos e os rendimentos beneficiados nesses regimes preferenciais.[29]

3.2 Regime fiscal preferencial para a pesquisa e o desenvolvimento tecnológico (Lei do Bem)

No principal instrumento tributário horizontal de estímulo às atividades de PD&I nas empresas, instituído pela Lei nº 11.196/2005,[30] denominada *Lei do Bem*, os benefícios fiscais de deduções dos dispêndios com custeio nas atividades de PD&I são progressivos, a depender do número de empregados pesquisadores contratados, sendo acrescidos, ainda, de 20% nos casos de patente concedida ou de registro de cultivar. A dedutibilidade alcança os dispêndios com assistência técnica, científica ou assemelhados e de *royalties* por patentes industriais pagos a pessoa física ou jurídica no exterior, na forma da legislação de regência.

A legislação também prevê outros benefícios fiscais, tais como depreciação e amortização aceleradas de bens, novos e intangíveis, destinados à PD&I, bem como redução a zero da alíquota do IRRF nas remessas de recursos financeiros para o exterior destinadas ao registro e à manutenção de marcas, patentes e cultivares.

A *Lei do Bem* dispõe que a inovação tecnológica em produto ou processo de fabricação deve resultar em *maior competitividade no mercado*, mas não exige inovação *substancial*. De acordo com o *Guia da Lei do Bem*, a fruição dos benefícios fiscais não está condicionada *à introdução efetiva de um novo produto ou processo no mercado* por meio de sua produção ou comercialização, contemplando, ainda, inovações que ocorram no *ambiente interno das empresas* e que não necessariamente são lançadas ao mercado.[31]

---

[29] Para um estudo aprofundado dos regimes tributários preferenciais brasileiros à luz do princípio da substância, vide: SANTOS, Lucilene Rodrigues. *Tributação dos lucros das empresas transnacionais no contexto dos regimes preferenciais de propriedade intelectual*: princípio da substância e o *nexus approach*. Dissertação de mestrado. Disponível em http://bibliotecatede.uninove.br/handle/tede/3422. Acesso em: 18 set. 2024.

[30] BRASIL. *Lei nº 11.196, de 21 de novembro de 2005*.

[31] MCTI, *Guia da Lei do Bem*, p. 20.

4 Regimes preferenciais tributários brasileiros e desenvolvimento econômico e social

Como se viu até aqui, não há um liame claro entre os regimes tributários preferenciais incidentes sobre os lucros das atividades de pesquisa e desenvolvimento de tecnologia (P&D) desenvolvidas pelos contribuintes beneficiados nesses programas e a introdução efetiva de um novo produto ou processo no mercado interno em sua acepção social, tampouco se exige que os investimentos de P&D resultem na geração de um ativo de propriedade intelectual (PI).

Por pertinente, é interessante registrar o pensamento evolucionista do economista Joseph Alois Schumpeter, considerado um dos fundadores da teoria do desenvolvimento econômico. Schumpeter realça a distinção entre *desenvolvimento econômico* e *crescimento econômico* ao descrever a inovação tecnológica como a mola propulsora do processo de desenvolvimento econômico, na medida em que as inovações substanciais (disruptivas) introduzidas na atividade econômica produzem mudanças qualitativamente diferentes daquelas alterações do dia a dia, levando ao rompimento do equilíbrio no *fluxo circular*, que é caracterizado pelo crescimento econômico baseado em incrementos na produtividade, a partir de aperfeiçoamentos no processo de trabalho e de mudanças tecnológicas contínuas na função de produção, mas de forma previsível.[32]

A posição da indústria brasileira em vários setores no cenário da *Indústria 4.0* foi objeto de estudos da Confederação Nacional da Indústria (CNI) no âmbito do Projeto Indústria 2027, a fim de identificar as características atuais de diversos setores da economia e sugerir ações para a promoção de *processos de geração e difusão de inovações disruptivas* em razão de seus determinantes impactos na estrutura de mercado.[33]

No que concerne à *difusão da tecnologia 4.0* no setor industrial, o estudo registra que, em outros países, essas inovações estão também acompanhadas por inovações em produtos, na gestão e nos modelos de negócios; enquanto no Brasil, de um modo geral, essas tecnologias ainda estão pouco difundidas, sem uma implementação mais intensa na esfera dos processos de produção industrial.

---

[32] SCHUMPETER, 1997.
[33] CNI, 2020.

Os mesmos estudos apontaram como um dos fatores para a baixa competitividade das indústrias que atuam nos setores de semicondutores e de tecnologias da informação e comunicação, tanto em termos operacionais como em inovação, a presença delas apenas nas etapas finais da montagem de equipamentos, em cumprimento ao PPB, o qual é exigido pela legislação dos regimes fiscais preferenciais direcionados ao setor.[34]

O diagnóstico da CNI identificou, no conjunto de empresas beneficiadas pelos regimes tributários do *Padis* e da Lei de TIC, que esses mecanismos de incentivo à produção local de bens de TIC e ao *design* e à produção de semicondutores e *displays* são insuficientes para mudar o *status quo de inovação na indústria de hardware no Brasil, mesmo com a exigência de contrapartida de P&D local incluída nesses instrumentos*.[35]

Já o mercado de *software* é tido como em crescimento, *apresentando taxa satisfatória de inovação*. Entretanto, 75% do *software-produto* transacionado no mercado interno é desenvolvido no exterior, ficando o Brasil com o desenvolvimento e a prestação dos serviços associados a esses ativos intangíveis.[36]

No concernente ao *design* da Lei do Bem, especialistas afirmam que o principal fator potencialmente prejudicial à eficiência e à equidade do gasto público no Brasil é que ele limita o benefício às empresas que apuram o imposto de renda com base no lucro real, favorecendo, assim, empresas maiores e mais bem-estabelecidas do país, excluindo empresas que declaram o imposto de renda com base em seu lucro presumido e aquelas participantes do Simples Nacional.[37]

Pesquisadores da Universidade de São Paulo (USP) desenvolveram diversos estudos entre 2017 e 2020, buscando analisar a influência da política fiscal de incentivo à inovação da *Lei do Bem* no desenvolvimento econômico de empresas brasileiras. Em 2020, estudos mais conclusivos revelaram que o uso dos incentivos fiscais se reflete no desempenho das empresas selecionadas, o que se explicaria, em parte, pelo fato de lhes ser permitida a dedução dos investimentos em pesquisa e desenvolvimento de tecnologia (P&D) da base tributária. No

---

[34] CNI, 2018b, p. 57.
[35] CNI, 2018a.
[36] CNI, 2018b, p. 14.
[37] BANCO MUNDIAL, 2022, p. 40.

entanto, as ações governamentais e a postura das empresas ainda não teriam sido captadas pelo mercado.[38]

Estudo do Instituto de Pesquisas Aplicadas (IPEA) intitulado *Mais desoneração, mais inovação?* analisou o atual portfólio (*mix*) de instrumentos de fomento à inovação e se o aumento expressivo das desonerações fiscais a partir de 2008 – em absoluto e na participação relativa no *mix* de apoio governamental – gerou *aumento do dispêndio empresarial em P&D, como seria desejável e esperado*.[39]

A partir de um método *contrafactual* em que um *Brasil hipotético* sem aumento dos benefícios fiscais é confrontado com o *Brasil real*, com intervenção, os pesquisadores indicaram a ausência de efetividade do aumento dos incentivos na consecução de seu principal objetivo, que seria a alavancagem do gasto privado em PD&I.[40]

5 Propriedade intelectual e proteção do conhecimento

Diversos estudos indicam a necessidade de revisão dos atuais programas de incentivos à inovação tecnológica (*v.g.* Lei do Bem e Lei de TIC) e apontam que políticas de direito de propriedade intelectual (PI) bem concebidas e exequíveis[41] têm potencial para incentivar inovação substancial em benefício do mercado interno em sua acepção social.[42]

De acordo com a CNI, por exemplo, torna-se imprescindível fortalecer e aperfeiçoar as políticas de incentivo e fomento à inovação no Brasil, de forma a aumentar sua eficácia, inclusive mediante ações que aperfeiçoem as regras de compartilhamento de propriedade intelectual.[43]

Nesses termos, é relevante destacar que a modernização, adaptação ou ampliação de instrumentos de incentivo e benefício fiscal para empresas que invistam em inovação e na geração de propriedade intelectual (PI) pressupõe a construção de uma Estratégia Nacional de Propriedade Intelectual (ENPI), de modo a promover o *uso eficiente, eficaz e efetivo do sistema de PI como ferramenta para o sistema de inovação*.[44]

---

[38] BEUREN; KAVESKI; LOPES, 2020.
[39] RAUEN; ROCHA, 2018, p. 17.
[40] RAUEN; ROCHA, 2018, p. 17.
[41] BANCO MUNDIAL, 2022, p. 41.
[42] SANTOS.
[43] CNI, 2020.
[44] BRASIL. Secretaria Executiva do Grupo Interministerial de Propriedade Intelectual, 2020.

Note-se que um dos gargalos para a ENPI é a carência de indicadores que mostrem o impacto da propriedade intelectual na economia, seja em valores absolutos, seja em percentuais relativos a indústrias intensivas em tecnologia (patentes), a indústrias intensivas em direito autoral e a produtos de indicação geográfica.[45]

Artigo publicado na Revista do IPEA,[46] *Conhecimento tem de ser protegido*, procura responder à seguinte indagação: como avaliar se um país é inovador? Em relação aos indicadores, o estudo analisa a quantidade de pedidos de patente depositados por ano no escritório de marcas e patentes dos Estados Unidos (USPTO, na sigla em inglês). Para efeito de comparação, em 2000, 5.705 pedidos de patentes de invenção no USPTO provinham da Coreia do Sul, enquanto apenas 220 provinham do Brasil.

Na opinião da pesquisadora Lia Vasconcelos, os números são eloquentes e refletem a baixa capacidade do Brasil de transformar o conhecimento científico em produto ou processo tecnológico. Eles também indicariam a necessidade de se *desenvolver uma cultura de proteção à propriedade intelectual, chave para o desenvolvimento da indústria e para a atração de investimento estrangeiro.*[47]

O Professor Fábio Konder Comparato, já na década de 80 do século passado, demonstrava a diferença entre o desenvolvimento de tecnologia industrial e o crescimento do número de invenções em países industrialmente mais desenvolvidos e o desenvolvimento de tecnologia industrial e o crescimento do número de invenções em países menos desenvolvidos.[48]

Os últimos dados do Instituto Nacional da Propriedade Intelectual (INPI) acerca da trajetória de pedidos de patente de invenção depositados no órgão entre 2012 e 2023 demonstram que o cenário parece não ter se alterado. Em 2023, os pedidos de residentes no Brasil representavam 20% do total, enquanto os pedidos de não residentes representavam 80% do total. Dentre os não residentes, os Estados Unidos mantêm a liderança, seguidos da China, Alemanha, Suíça e Japão.[49]

---

[45] *Ibid.*, p. 25.
[46] VASCONCELOS, 2005.
[47] *Idem.*
[48] COMPARATO, 1982.
[49] INPI – Instituto Nacional de Propriedade Industrial. Anuário Estatístico de Propriedade Industrial.

Nesse ponto é importante destacar que a maioria dos países líderes mundiais em registros de patentes (*v.g.* Estados Unidos, China, Coreia do Sul e França), em maior ou menor extensão, instituiu regimes tributários preferenciais voltados aos rendimentos da exploração de ativos intangíveis de propriedade intelectual (PI) – *v.g.* patentes, desenhos e modelos de utilidade – com condicionalidades voltadas à criação, à absorção e à difusão da tecnologia em âmbito nacional.

Muitos desses regimes preferenciais, antes do prazo estipulado no escopo da Ação 5 do BEPS,[50] beneficiavam os rendimentos (*royalties*) derivados das patentes, marcas registradas e outros ativos intangíveis sem nenhuma vinculação com os gastos que originaram esses ativos. Posteriormente, a maioria dos incentivos passou a ser vinculada às despesas em pesquisa e desenvolvimento de tecnologia (P&D) necessárias à criação do ativo intangível objeto de contrato de transferência, de modo a se adequar às diretrizes da OCDE, a exemplo da *Patent Box* europeu.[51]

No cenário de guerra fiscal entre os países, os Estados Unidos lançaram a política de *dedução da renda* obtida com ativos intangíveis no exterior por meio do *Regime de Renda Intangível Derivada Estrangeira* (*Foreign derived intangible income* – FDII),[52] com redução significativa da alíquota do imposto sobre vendas e receitas de serviços de origem estrangeira, buscando incentivar as empresas norte-americanas a exportar mais bens e serviços e localizar mais ativos intangíveis nos Estados Unidos.[53]

No regime coreano de *taxas especiais para transferência e o licenciamento de tecnologia*, as alíquotas que se aplicam à base de cálculo são reduzidas em percentuais diferenciados, a depender do porte da empresa. Os ativos qualificados referem-se a *softwares* protegidos por

---

[50] No escopo da Ação 5 do BEPS, reconheceu-se que os países precisariam de tempo para qualquer processo legislativo, mas houve consenso de que os processos legislativos necessários para alinhar um regime com a abordagem do nexo deveriam se dar até a data de 30 de junho de 2021, quando todos os regimes preferenciais tidos por prejudiciais deveriam ser reformulados ou abolidos.

[51] No âmbito da União Europeia, os regimes preferenciais de propriedade intelectual (PI) dos 27 estados-membros ou foram abolidos ou emendados de modo a cumprir o princípio da *substância*, como recomendado na Ação 5 do BEPS (Cf. SANTOS).

[52] BISELLI, p. 1053.

[53] Esse regime consta da lista de regimes preferenciais de propriedade intelectual no escopo da Ação 5 do BEPS (OCDE. Effective tax rates for R&D: Modelling notes. Explanatory Annex to Corporate Tax Statistics 2024 Income-based tax incentives for R&D and innovation. Disponível em: https://www.oecd.org/content/dam/oecd/en/topics/policy-sub-issues/corporate-taxation/explanatory-annex-corporate-effective-tax-rates-ibti.pdf. Acesso em: 3 nov. 2024).

direitos autorais, patentes, marcas, desenhos e modelos, bem como a processos, fórmulas e informações relativas à experiência adquirida na indústria, suscetíveis de proteção legal.[54]

O modelo chinês de taxa reduzida para empresas de alta e nova tecnologia (HNTE) merece destaque em razão das suas características voltadas ao desenvolvimento nacional.[55] Para se qualificar ao *status* de HNTE as empresas são obrigadas a ter os direitos de propriedade intelectual (PI) da tecnologia central usada em seus produtos e serviços na China ou devem conceder a suas subsidiárias chinesas uma licença global exclusiva para essa propriedade por pelo menos 5 anos.[56]

Em Portugal, o antigo regime de *Patent Box* foi reformulado, no âmbito do Projeto BEPS, de modo a garantir que os benefícios fiscais atribuídos apenas abranjam rendimentos relativos a atividades de investigação e desenvolvimento do próprio sujeito passivo beneficiário.[57]

No *Patent Box* português de parcial isenção para renda de patentes e outros direitos de propriedade industrial, os direitos de propriedade industrial devem ser concedidos (patenteados) antes da utilização dos benefícios. A partir de 2022, passaram a ser tributados apenas 15% dos rendimentos provenientes de contratos que tenham por objeto a cessão ou o uso de *software* e direitos de propriedade industrial (patentes, desenhos ou modelos industriais) quando registrados em Portugal.[58]

Característica comum nos regimes tributários preferenciais citados é um forte incentivo à geração e à difusão de novas tecnologias vinculadas às atividades de pesquisa e desenvolvimento de tecnologia (P&D). Enquanto isso, no Brasil, são evidentes as lacunas e a ausência de integração das políticas de incentivos tributários no contexto do Sistema Nacional de Ciência, Tecnologia e Inovação (SNCTI).

Note-se que a Associação Brasileira de Propriedade Intelectual (ABPI) procurou contribuir com a ENPI 2023/25, especialmente no que tange à necessidade de se *modernizar[em], adaptar[em] ou ampliar[em] instrumentos de incentivo e benefício fiscal para empresas que invistam em inovação e geração de ativos de PI*, com foco na criação de um benefício

---

[54] OCDE, 2022.

[55] O regime fiscal chinês de taxa reduzida para empresas de alta e nova tecnologia (*reduced rate for high & new technology enterprises*) consta da relação da OCDE de regimes preferenciais de PI, mas foi considerado como não prejudicial (*not harmful*).

[56] CHINA, 2013.

[57] PORTUGAL. *Decreto-Lei nº 47/2016, de 22 de agosto*.

[58] PORTUGAL. Ministério das Finanças, 2023. p. 24.

fiscal específico, de acordo com o porte da empresa, condicionado a um dado resultado, que pode ser uma meta de depósitos ou de registros de direitos de propriedade intelectual (PI) por ano no Brasil.[59]

Conclusão

Sob diferentes perspectivas, procurou-se demonstrar a complexidade em se alcançar, no fenômeno da inovação, a indispensável simbiose entre as atividades de pesquisa e desenvolvimento de tecnologia (P&D) e a geração de propriedades intelectuais, com vistas a romper o *fluxo circular* de incremento no conhecimento tecnológico e na competitividade das empresas e incentivar o mercado interno, de modo a viabilizar o desenvolvimento cultural e socioeconômico do país, sua autonomia tecnológica e o bem-estar da população, conforme o mandamento constitucional.

Tendo como norte o conteúdo mínimo dos princípios e valores contidos na Magna Carta, mais do que garantir a participação de pesquisadores e da ICT nos ganhos econômicos resultantes de contratos de transferência de tecnologia firmados com empresas nacionais e transnacionais, é primordial garantir que os resultados dos projetos de P&D viabilizados com recursos de renúncia fiscal sejam efetivamente absorvidos e difundidos em processos e produtos, em benefício da autonomia tecnológica do país.[60]

No Brasil, o diagnóstico efetuado no escopo do SNCTI e a implementação da ENPI, com vistas à promoção do desenvolvimento científico e tecnológico e da inovação, representam uma iniciativa importante na estratégia de integração das políticas públicas do setor de CT&I. Porém, ainda são incipientes os esforços para se integrarem essas iniciativas e as políticas de incentivos fiscais destinadas à inovação disruptiva no contexto de uma estratégia nacional que envolva o SNPI e o SNI.

O cenário de extensão e de ampliação mundial do uso de *patent boxes*, que tornam alguns países mais atrativos para a instalação de parques de pesquisa e desenvolvimento de tecnologia (P&D) e para o registro de patentes e outros ativos intangíveis de propriedade intelectual (PI), merece ser considerado na avaliação dos atuais regimes

---

[59] ABPI.
[60] SANTOS.

preferenciais brasileiros e na instituição de novos regimes tributários preferenciais.

No contexto do Projeto BEPS, as recentes regras brasileiras de preços de transferência contidas na Lei nº 14.596/2023[61] introduziram disposições específicas aplicáveis às operações com ativos intangíveis (incluindo os de propriedade intelectual, de difícil valoração), representando um importante avanço na superação de lacunas e divergências significativas no tratamento da matéria em relação ao modelo da OCDE, as quais afastavam a legislação brasileira do princípio *arm's length*, em conformidade com a Ação 8 do BEPS.[62]

A disciplina infralegal, quando explicita os fatores de comparabilidade (características economicamente relevantes) que deverão ser considerados na análise dos termos contratuais, incorpora várias das disposições do Projeto BEPS, entre as quais, a busca das evidências da real conduta das partes, incluindo elementos como os direitos de exclusividade no licenciamento de ativos intangíveis.[63] É fundamental observar que pendem de regulamentação específica e mais detalhada determinadas transações controladas, tais como as transações com ativos intangíveis, os serviços intragrupo e os contratos de compartilhamento de custos, as quais ficaram para um momento posterior.[64]

Considerados os diversos atores do ecossistema de inovação, é necessário refletir e propor soluções para os desequilíbrios no uso do sistema de PI brasileiro, no que se conecta com a efetividade das políticas de incentivos tributários atualmente em vigor.

No escopo deste artigo, é possível afirmar que uma política tributária consistente de fomento e estímulo à inovação tecnológica direcionada ao setor privado deve combinar (e integrar) regimes de incentivos vinculados a despesas reais de pesquisa e desenvolvimento (P&D) com regimes de incentivos que beneficiem os rendimentos da exploração da propriedade intelectual (PI) gerada e registrada no país.

---

[61] BRASIL. *Lei nº 14.596, de 14 de junho de 2023.*
[62] FARIA; SANTOS, 2024, p. 235-256.
[63] BRASIL. *Instrução Normativa RFB nº 2.161, de 28 de setembro de 2023.*
[64] BRASIL. SRFB. Minuta de instrução normativa. Consulta Pública nº 1/2023.

Referências

ABPI. Associação Brasileira de Propriedade Intelectual. *Contribuição ABPI/Comitê empresarial para ENPI-2023-2025*. Disponível em: https://abpi.org.br/texto-de-apoio-publico/contribuicao-abpi-comite-empresarial-enpi-bienio-23-25/. Acesso em: 8 out. 2024.

BANCO MUNDIAL. BIRD-AID. *Oportunidades para todos. Notas de políticas públicas para o Brasil-2022*. Disponível em: https://documents1.worldbank.org/curated/en/099040201102328888/pdf/. Acesso em: 7 out. 2024.

BEUREN, Ilse Maria; KAVESKI, Itzhak David Simão; LOPES, Iago França. Effects of the use of fiscal policy of incentive to innovation in performance of Brazilian companies. *Revista Gestão e Produção*, v. 27, n 1, 2020. Disponível em: https://www.gestaoeproducao.com/article/doi/ 10.1590/0104-530x3832-20. Acesso em: 13 out. 2024.

BISELLI, Rubens Barrionuevo. As disputas de *Cost Sharing Agreements* envolvendo empresas de tecnologia nos Estados Unidos, p. 1053.

BRASIL. *Constituição Federal. Arts. 218, 219 e 219A*. Disponível em: https://www.planalto.gov.br/ccivil_03/constituicao.htm. Acesso em: 22 out. 2024.

BRASIL. *Decreto nº 10.356, de 20 de maio de 2020*. Disponível em: http://www.planalto.gov.br/ccivil_03/_ato2019-2022/2020/decreto/D10356.htm. Acesso em: 6 nov. 2024.

BRASIL. *Decreto nº 10.615, de 29 de janeiro de 2021*. Disponível em: http://www.planalto.gov.br/ccivil_03/_ato2019-2022/2021/decreto/D10615.htm. Acesso em: 11 nov. 2024.

BRASIL. *Instrução Normativa RFB nº 2.161, de 28 de setembro de 2023*. Dispõe sobre os preços de transferência a serem praticados nas transações efetuadas por pessoa jurídica domiciliadas no Brasil com partes relacionadas no exterior e dá outras providências. Disponível em: http://normas.receita.fazenda.gov.br/sijut2consulta/. Acesso em: 21 out. 2024.

BRASIL. *Lei nº 8.248, de 23 de outubro de 1991*. Dispõe sobre a capacitação e competitividade do setor de informática e automação, e dá outras providências. Disponível em: http://www.planalto.gov.br/ccivil_03/leis/l8248.htm. Acesso em: 12 nov. 2024.

BRASIL. *Lei nº 11.196, de 21 de novembro de 2005*. Disponível em: https://www.planalto.gov.br/ccivil_03/_ato2004-2006/2005/lei/l11196.htm. Acesso em: 18 mar. 2024.

BRASIL. *Lei nº 11.484, de 31 de maio de 2007*. Disponível em: http://www.planalto.gov.br/ccivil_03/_Ato2007-2010/2007/Lei/L11484.htm. Acesso em: 11 set. 2024.

BRASIL. *Lei nº 13.243, de 11 de janeiro de 2016*. Dispõe sobre estímulos ao desenvolvimento científico, à pesquisa, à capacitação científica e tecnológica e à inovação e dá outras providências. Disponível em: http://www.planalto.gov.br/ccivil_03/_Ato2015-2018/2016/Lei/L13243.htm#art2. Acesso em: 16 out. 2024.

BRASIL. *Lei nº 13.969, de 26 de dezembro de 2019*. Disponível em: http://www.planalto.gov.br/ccivil_03/_Ato2019-022/2019/Lei/L13969.htm#art11. Acesso em: 6 out. 2024.

BRASIL. *Lei nº 14.596, de 14 de junho de 2023*. Disponível em: http://www.planalto.gov.br/ccivil_03/_ato2023-2026/2023/lei/L14596.htm. Acesso em: 15 jul. 2023.

BRASIL. *Lei nº 9.279, de 14 de maio de 1996*. Disponível em: http://www.planalto.gov.br/ccivil_03/leis/l9279.htm. Acesso em: 25 set. 2022.

BRASIL. Ministério da Ciência, Tecnologia e Inovações. *Guia Prático da Lei do Bem. Lei 11.196/2005*. Versão 2020. Disponível em: https://www.gov.br/mcti/pt-br/acompanhe-o-mcti/lei-do-bem/arquivo/pdf/GuiaPraticodaLeidoBem2020MCTI.pdf. Acesso em: 1º out. 2024.

BRASIL. *Resolução GIPI/MDIC nº 8, de 18 de outubro de 2023*. Aprova o Plano de Ação 2023-2025 da Estratégia Nacional de Propriedade Intelectual. Disponível em: https://www.in.gov.br/en/web/dou/-/resolucao-gipi/mdic-n-8-de-18-de-outrubro-de-2023-518452014. Acesso em: 10 dez. 2024.

BRASIL. Secretaria Executiva do Grupo Interministerial de Propriedade Intelectual. *Construção da Estratégia Nacional de Propriedade Intelectual. Diagnóstico*. 2020. Disponível em: https://www.gov.br/inpi/pt-br/central-de-conteudo/noticias/cerimonia-marca-50-anos-do-inpi-e-lancamento-da-estrategia-nacional-de-propriedade-intelectual/. Acesso em: 21 set. 2024.

BRASIL. SRFB. Minuta de instrução normativa. Consulta Pública nº 1/2023. Disponível em: https://www.gov.br/receitafederal/pt-br/arquivos-e-imagens/noticias-dosite/consulta-publica.docx. Acesso em: 21 out. 2024.

BRASIL. Supremo Tribunal Federal. *ADI 5.529/DF*. Tribunal Pleno. Relator: Min. Dias Toffoli. DJe 01 set. 2021. Disponível em: https://portal.stf.jus.br/processos/. Acesso em: 16 set. 2024.

CAMARGO, Ricardo Antônio Lucas. O mercado interno, o patrimônio público e o art. 219 da Constituição brasileira de 1988 – Bases para a sua interpretação. *Rev. Trib. Reg. Fed. 1ª Região*, Brasília, 8 (4) 41-48, out./dez. 1996.

CHINA. The US-China Business Council. China's High and New-Technology Enterprise (HNTE) Program. June 2013. Disponível em: https://www.uschina.org/sites/default/files/2013%20HNTE%20Backgrounder.pdf. Acesso em: 25 set. 2024.

CNI – Confederação Nacional da Indústria. *A difusão das tecnologias da indústria 4.0 em empresas brasileiras*. Brasília, 2020. Disponível em: https://www.portaldaindustria.com.br/publicacoes/2020/9/difusao-das-tecnologias-da-40-em-empresas-brasileiras/. Acesso em: 8 out. 2024. p. 24.

CNI – Confederação Nacional da Indústria. *Estudo do sistema produtivo automotivo. Projeto Indústria 2027. Riscos e oportunidades para o Brasil diante das inovações disruptivas*. Brasília, 2018a. Disponível em: https://www.portaldaindustria.com.br/publicacoes/2018/5/industria-2027-estudo-de-sistema-produtivo/. Acesso em: 8 set. 2024.

CNI – Confederação Nacional da Indústria. *Indústria 2027. Estudo de sistema produtivo Tecnologias de informação e comunicação (TIC)*, Brasília, 2018b. p. 57. Disponível em: https://www.portaldaindustria.com.br/publicações/2018/5/. Acesso em: 8 set. 2024.

COMPARATO, Fábio Konder. *A transferência empresarial de tecnologia para países subdesenvolvidos*: um caso típico de inadequação dos meios aos fins. Conferência pronunciada no II Seminário Nacional de Propriedade Industrial no Rio de Janeiro, em 10/08/1982. Disponível em: https://www.revistas.usp.br/r.fdusp/article/view/. Acesso em: 23 set. 2024.

COREIA DO SUL. K-Chips Act. Disponível em https://www.jdsupra.com/legalnews/the-south-korean-k-chips-act-and-its. Acesso em: 29 set. 2024.

CORRÊA, Caetano Dias; BARBOSA, Patrícia L. A. Alves. Transferência de tecnologia em contratos internacionais de fornecimento – desenvolvendo a indústria local. *Cadernos do Programa de Pós-Graduação em Direito PPGDir/UFRGS*. Edição digital, Porto Alegre, v. XII, n. 2, p. 138-155, 2017.

FARIA, Luiz Alberto Gurgel de. SANTOS, Lucilene Rodrigues. O princípio *arm's length* em transações com intangíveis de propriedade intelectual: Uma análise sob o prisma do Projeto BEPS. *Revista da AGU*, Brasília-DF, v. 23, n. 1, p. 235-256, mar. 2024. Disponível em: https://revistaagu.agu.gov.br/index.php/AGU/article/view/3323/2623. Acesso em: 29 set. 2024.

FORTEC – Fórum Nacional de Gestores de Inovação e Transferência de Tecnologia. *Propriedade intelectual em projetos apoiados pela lei de informática*. Nota de Orientação aos Associados 01/2021. Brasília, 15 janeiro de 2021. Disponível em: https://fortec.org.br/wp-content/uploads/2021/07/. Acesso em: 12 set. 2024.

GRAU, Eros Roberto. *A ordem econômica na Constituição de 1988* (interpretação e crítica). São Paulo: RT, 1990.

HAUSER, Ghissia; SELÃO, Daniel Correa; ZEN, Aurora Carneiro. A indústria eletrônica no Brasil e na China: um estudo comparativo e a análise das políticas públicas de estímulo a capacidade tecnológica do setor. *Journal of Technology Management & Innovation*, v. 2, n. 3, 2007. Disponível em: https://www.researchgate.net/publication/26472492. Acesso em: 27 set. 2024.

INPI – Instituto Nacional de Propriedade Industrial. Anuário Estatístico de Propriedade Industrial. Disponível em https://www.gov.br/inpi/pt-br/inpi-data/relatorios/Anuario-Estatistico-de-Propriedade-Industrial. Acesso em: 20 set. 2024.

INPI – Instituto Nacional de Propriedade Industrial. *Panorama da utilização do sistema de propriedade industrial por startups*. Radar tecnológico. 2021. Disponível em: https://www.gov.br/inpi/pt-br/assuntos/informacao/. Acesso em: 6 out. 2024.

MARQUES, Claudia Lima; MENDES, Laura Schertel. Inovação no sistema produtivo brasileiro: um breve comentário ao Decreto 9.283/2018 à luz da Lei 13.243/2016 e do art. 219-A da Constituição Federal. *Revista de Direito do Consumidor*, São Paulo, v. 119, ano 27, p. 507-516, set./out. 2018.

NOGAMI, Vitor Koki da Costa. *Destruição criativa, inovação disruptiva e economia compartilhada: uma análise evolucionista e comparativa*. Disponível em: https://www.redalyc.org/journal/6099/609964310002/html/. Acesso em: 3 nov. 2024.

OCDE. *Countering Harmful Tax Practices More Effectively, Taking into Account Transparency and Substance*, Action 5 – 2015 Final Report, OECD/G20 Base Erosion and Profit Shifting Project, OECDPublishing, Paris, 2015. Disponível em: http://dx.doi.org/10.1787/9789264241190-en. Acesso em: 17 set. 2024.

OCDE. Harmful Tax Practices – 2018 Progress *Report on Preferential Regimes:* Inclusive Framework on BEPS: Action 5, cit., 2019.

OCDE. Harmful Tax Practices – 2023. Peer Review Results. Inclusive framework on BEPS: Action 5. 2Update (as of June 2023). Disponível em: https://www.oecd.org/tax/beps/harmful-tax-practices-consolidated-peer-review-results-on-preferential-regimes.pdf. Acesso em: 4 out. 2024.

OCDE. Manual de Frascati – Metodologia proposta para levantamentos sobre pesquisa e desenvolvimento experimental. Rio de Janeiro: F-Iniciativas, 2013. Disponível em: http://www.uesc.br/nucleos/nit/manualfrascati.pdf. Acesso em: 21 set. 2024.

OCDE. OECD R&D tax incentives database. 2021 edition. Mapping Business Innovation Support (MABIS). 9 December 2021. Disponível em: https://www.oecd.org/sti/rd-tax-stats-database.pdf. Acesso em: 13 set. 2024.

OCDE. Intelectual Property Regimes. 2022. Disponível em https://qdd.oecd.org/data/IP_Regimes. Acesso em: 21 out. 2024.

OCDE. Tax Incentives and the Global Minimum Corporate Tax: Reconsidering Tax Incentives after the GloBE Rules, 2022. OECD Publishing, Paris. Disponível em: https://doi.org/10.1787/25d30b96-en. Acesso em: 4 out. 2024.

PILLAR. Two: *Inclusive Framework on BEPS, OECD/G20 Base Erosion and Profit Shifting Project, OECD*, p. 6. Publishing, Paris, https://doi.org/10.1787/9afd6856-en. Acesso em: 6 dez. 2023.

PORTUGAL. Ministério das Finanças. *Relatório do orçamento do Estado 2022*. XXIII Governo Constitucional. Disponível em: https://www.dgo.gov.pt/politicaorcamental/Orcamentode Estado/ 2022/. Acesso em: 23 set. 2024.

RAUEN, André; ROCHA, Glauter. *Mais desoneração, mais inovação?* Uma avaliação da recente estratégia brasileira de intensificação dos incentivos fiscais a pesquisa e desenvolvimento. Texto para discussão 2393. Ipea. Brasília, julho de 2018. Disponível em: https://repositorio.ipea.gov.br/handle/11058/8517. Acesso em: 13 set. 2024.

SALOMÃO FILHO, Calixto. *Direito concorrencial*. 2. ed. Rio de Janeiro: Forense, 2021. p. 218.

SANTOS, Lucilene Rodrigues. *Tributação dos lucros das empresas transnacionais no contexto dos regimes preferenciais de propriedade intelectual:* princípio da substância e o nexus approach. Dissertação de mestrado. 2023. Disponível em: http://bibliotecatede.uninove.br/handle/tede/3422. Acesso em: 18 set. 2024.

SCHUMPETER, Joseph Alois. *Teoria do desenvolvimento econômico*: uma investigação sobre lucros, capital, crédito, juro e o ciclo econômico. Os economistas. Tradução de Maria Sílvia Possas. Disponibilizado por Ronaldo Dart Veiga. São Paulo: Nova Cultural, 1997. Disponível em: https://www.ufjf.br/oliveira_junior/files/2009/06/s. Acesso em: 11 set. 2024.

SILVA, José Afonso da. *Comentário contextual à Constituição*. 3. ed. São Paulo: Malheiros, 2007.

SOUSA, Catarina Martins de. *O regime da Pantent Box* – em destaque o caso português. Coimbra: Almedina, 2019.

TAVARES, André Ramos. Ciência e tecnologia na Constituição. *Revista de Informações Legislativas*, Brasília, ano 44, n. 175, jul./set. 2007. Disponível em: https://www12.senado.leg.br/ril/edicoes/44/175/ril_v44_n175_p7.pdf. Acesso em: 9 out. 2024.

VASCONCELOS, Lia. Tecnologia – Conhecimento tem de ser protegido. *Revista de Informações e debates do IPEA*, ano 2, n. 13, 1 ago. 2005. Disponível em: www.ipea.gov.br/desafios/index.php?option=com_content&view=article&id=936:catid=28&Itemid=23. Acesso em: 19 set. 2024.

Informação bibliográfica deste livro, conforme a NBR 6023:2018 da Associação Brasileira de Normas Técnicas (ABNT):

TOFFOLI, José Antonio Dias; SANTOS, Lucilene Rodrigues. Inovação tecnológica, tributação e desenvolvimento: interseções entre os regimes tributários preferenciais brasileiros e a propriedade intelectual: requisito da substância. *In*: SCAFF, Fernando Facury; DERZI, Misabel de Abreu Machado; BATISTA JÚNIOR, Onofre Alves; TORRES, Heleno Taveira (coord.). *Tributação, desigualdade e desenvolvimento*. Belo Horizonte: Fórum, 2025. p. 189-210. ISBN 978-65-5518-100-5.

BREVE ENSAIO SOBRE O PRINCÍPIO DA JUSTIÇA TRIBUTÁRIA (EC Nº 132/23)

LUCIANA GRASSANO DE GOUVÊA MELO

O princípio da justiça tributária passou a integrar a nossa Constituição Federal a partir da promulgação da Emenda Constitucional nº 132/23, que, além de revolucionar a forma como se tributa o consumo no Brasil, e com isso colocar em cheque o modo como tivemos a experiência do nosso federalismo fiscal desde a redemocratização, e mesmo antes disso, também, promoveu alteração em normas relacionadas a impostos incidentes sobre a propriedade, como é o caso do IPTU, ITCMD e IPVA, além de incorporar ao ordenamento constitucional brasileiro novos princípios tributários, como os princípios da simplicidade, da transparência, da justiça tributária, da cooperação e da defesa do meio ambiente.

O objetivo do presente ensaio é responder ao questionamento proposto pela coordenação da obra coletiva *Tributação, desigualdade e desenvolvimento*, sobre como interpretar o novo princípio da justiça fiscal em matéria tributária.

A questão apresentada pela coordenação da obra, como referida literalmente, por si só já apresenta um problema na medida em que justiça tributária e justiça fiscal são conceitos que não coincidem, de modo que justiça fiscal, ao que parece, apresenta conceito mais amplo que justiça tributária. Portanto, este seria um primeiro problema a ser considerado na interpretação do novo princípio da justiça tributária em nosso sistema constitucional.

Outro problema que considero relevante abordar, para o fim de se interpretar o alcance do princípio constitucional da justiça tributária, é o impacto que a nova norma inserida no §4º, art. 145, da CF/88 agrega a essa discussão. Esta norma, literalmente, estabelece: "As alterações na legislação tributária buscarão atenuar efeitos regressivos".

Evidentemente, este novo princípio norteará tanto a atividade executiva quanto legislativa e judiciária, de modo que cabe igualmente perquirir como essa alteração constitucional vai impactar na atuação de nossos poderes de Estado.

Se fizermos uma breve referência à concepção de justiça na filosofia, e para tanto partiríamos de John Rawls[1] e sua teoria da justiça como equidade, observamos que 'a ideia norteadora é que os princípios da justiça para a estrutura básica da sociedade são o objeto do consenso original'. Para Rawls, 'aqueles que se comprometem na cooperação social escolhem juntos, numa ação conjunta, os princípios que devem atribuir os direitos e deveres básicos e determinar a divisão de benefícios sociais'. Assim, essa escolha feita nessa situação hipotética de liberdade equitativa, em que os homens racionais de determinada sociedade decidem de antemão como suas reivindicações devem ser reguladas e as estabelecem numa carta constitucional, é que determina os princípios da justiça desta sociedade. Essa ideia coincide com a posição original de igualdade.

Em suas palavras precisas:

> A justiça como equidade começa, como já disse, com uma das mais genéricas dentre todas as escolhas que as pessoas podem fazer em conjunto, especificamente, a escolha dos primeiros princípios de uma concepção de justiça que deve regular todas as subsequentes críticas e reformas das instituições. Depois de haver escolhido uma concepção de justiça, podemos supor que as pessoas deverão escolher uma constituição e uma legislatura para elaborar leis, e assim por diante, tudo em consonância com os princípios da justiça inicialmente acordados. Nossa situação social será justa se for tal que, por essa sequência de consensos hipotéticos, nos tivermos vinculado por um sistema de regras que a definem.[2]

---

[1] RAWLS, John. *Uma teoria da justiça*. São Paulo: Martins Fontes, 2000, p. 12-19.
[2] RAWLS, *op. cit.* p. 14.

A partir desta breve citação ao pensamento de John Rawls, podemos chegar a duas conclusões iniciais sobre a ideia de justiça como equidade associada à justiça tributária de nosso ordenamento. A primeira é que a posição original de igualdade presente em nossa Constituição, desde o pacto constitucional de 1988, é que a tributação deve se reger por princípios que garantem a isonomia formal e a segurança jurídica de todos os contribuintes, como é o caso dos princípios da legalidade, irretroatividade e anterioridade tributárias, como também por princípios garantidores do Estado social proposto pela carta constitucional de 1988, qual seja, a isonomia material expressa pelos princípios tributários da capacidade contributiva e da progressividade, na tributação da renda e do patrimônio, e da essencialidade, na tributação do consumo.

Ou seja, a tributação brasileira poderá ser considerada justa se o sistema de regras que a define garantir a isonomia formal e a segurança jurídica do contribuinte, além da isonomia material na distribuição da carga tributária, expressa pela capacidade contributiva, progressividade e essencialidade, para financiamento do Estado fiscal, com vistas à entrega dos compromissos constitucionais do Estado social brasileiro.

A segunda conclusão é que a nossa situação social não é justa, na medida em que nosso sistema de regras tributárias não realiza a posição original de igualdade estabelecida em nosso pacto constitucional, como princípio de justiça. Eu já apontei isso em artigo publicado no livro Reformas ou deformas tributárias e financeiras, intitulado: A justiça fiscal entre o 'dever-ser' constitucional e o 'ser' institucional,[3] em que falo sobre a distorção da prática de todos os poderes do Estado brasileiro em relação à efetivação da justiça fiscal.

Partindo dessas duas conclusões iniciais, passa-se à análise da questão de fundo deste ensaio: como interpretar a escolha do legislador da reforma constitucional (EC nº 132/23) que decidiu reafirmar a centralidade da justiça tributária, desta feita como princípio explícito do ordenamento constitucional tributário brasileiro?

Inicialmente, é importante referir ao problema proposto quanto à diferença entre os conceitos de justiça tributária e justiça fiscal. Para tanto, vou valer-me do professor Saldanha Sanches,[4] cuja preocupa-

---

[3] MELO, Luciana Grassano de Gouvêa. A justiça fiscal entre o "dever-ser" constitucional e o "ser" institucional. *In*: SCAFF, Fernando Facury *et al.* (org.). *Reformas ou Deformas Tributárias e Financeiras*: por que, para que, para quem e como? Belo Horizonte: Casa do Direito, 2020, p. 684-698.

[4] SANCHES, Saldanha. *Justiça fiscal*. Lisboa: FMS, 2010.

ção com a justiça fiscal existiu até o seu último suspiro e encontra-se presente em seu pequeno grande último livro, que carrega justiça fiscal como seu título.

O capítulo inaugural do livro já aponta a pluralidade de sentidos da expressão justiça fiscal. Nas palavras de Saldanha Sanches:

> O conceito de justiça fiscal pode ter diversos significados: o primeiro é o de justiça fiscal no sentido de justiça tributária, que se limita a proceder a uma avaliação quantitativa do modo como são distribuídos os encargos tributários entre os cidadãos e as empresas, ou melhor, entre as várias categorias de contribuintes. Perante uma dada carga fiscal, trata-se de saber como é que ela é partilhada entre todos, particularmente na perspectiva da sua incidência entre os contribuintes com maiores e menores rendimentos.[5]

O professor português explica que essa primeira e limitada concepção pressupõe a existência de um Estado fiscal e que este seja um Estado 'sem pretensão de redistribuição de rendimentos, ou seja, se for um Estado mínimo[6] ou mero Estado-polícia'.[7] Essa limitada acepção, portanto, pressupõe uma atuação estatal sem quaisquer efeitos quanto à distribuição do rendimento entre cidadãos, que seria uma mera consequência da atuação normal do mercado, sem que o Estado possa ou deva interferir em suas decisões soberanas.

Nessa primeira acepção, a justiça fiscal teria um significado unívoco e constituiria uma questão ainda de pouca importância, dado o limitado peso da carga fiscal. Ademais, neste tipo de Estado não se teria que pensar na justiça da despesa, já que o papel constitucional do Estado se limitaria a financiar os bens que o Estado não pode deixar de produzir.

O autor aponta que essa simplicidade acaba quando o Estado começa a produzir bens que também poderiam ser produzidos pelo mercado. Nesse sentido, considerando que o Estado distribuirá esses bens de forma gratuita, ou vendê-los-á a preço abaixo do custo de

---

[5] SANCHES, *op. cit.*, p. 13.
[6] "O Estado mínimo é um Estado que cobra impostos apenas para financiar as despesas da produção daquele pequeno e reduzido núcleo de bens públicos que nenhum ente privado pode produzir – a defesa, a justiça, a administração – devido às falhas de mercado e ao efeito de boleia que torna impossível a produção voluntária de bens públicos" (SANCHES, *op. cit.*, p. 14).
[7] SANCHES, *opSANESSAOp. cit.* p. 13.

produção, a distribuição de rendimentos será necessariamente afetada. Por exemplo, quando alguém usa o serviço público de saúde, o Estado está atribuindo a essa pessoa um rendimento em espécie que terá de sair da esfera patrimonial de outros contribuintes, portanto existe aí uma transferência de riqueza. Do mesmo modo se uma empresa recebe um incentivo fiscal, o montante do tributo que deveria ter sido por ela suportado, em face da desoneração passará a ser suportado por outros contribuintes, portanto, existe aí também uma transferência de riqueza. Assim sendo, o autor português aponta que a justiça na tributação e a justiça na distribuição têm a mesma importância e conclui:

> A partir dessa fase, a justiça fiscal, na tal concepção que para ser rigorosa tem de ser abrangente, deve considerar também as grandes decisões sobre a despesa pública: o modo como o Estado vai gastar os recursos que obtém torna-se o outro lado da questão justiça fiscal.[8]

Desse modo, ao que parece, o que está constitucionalizado é a acepção de justiça fiscal apenas na perspectiva de justiça tributária, na medida em que esta é a literalidade da nova norma constitucional, que ademais foi inserida no capítulo que dispõe sobre o sistema tributário nacional, apesar de inserido no título VI, que trata da tributação e do orçamento.

Entretanto, como visto anteriormente, os princípios originários de justiça que já estavam associados à justiça tributária, antes da constitucionalização desse princípio explicitamente, persistem em nosso ordenamento. De modo que, ao que parece, a inserção desse princípio da justiça tributária no texto constitucional é uma decisão do legislador da reforma constitucional de reafirmar aquele pacto originário que garante a isonomia formal, a segurança jurídica do contribuinte e a isonomia material por meio do princípio da capacidade contributiva, da progressividade e da essencialidade na tributação do consumo.

Considero bastante importante essa decisão do legislador constitucional de reafirmar o pacto originário em torno dos princípios da justiça tributária, porque essa mesma emenda constitucional, por outro lado, mitigou fortemente o pacto em torno do princípio federativo, ao ponto de alguns renomados tributaristas questionarem se a EC nº

---

[8] SANCHES, op. cit. p. 15.

132/23 tenderia a abolir o federalismo no Brasil e, com isso, ferir uma cláusula pétrea.[9]

É evidente que a reafirmação dos princípios constitucionais tributários concretizadores da isonomia material é, por si só, um avanço e um reconhecimento legislativo de que estes não vêm sendo cumpridos pelos poderes de Estado, na medida em que, se a justiça em nossa situação social quanto à equânime distribuição da carga tributária estivesse sendo cumprida, desnecessário seria reafirmar o compromisso parlamentar com esse valor constitucional.

Acredito também que a reafirmação constitucional do princípio da justiça fiscal apenas na acepção de justiça tributária não retira de nossa Constituição o pacto original em torno da justiça na despesa pública, aí inserida a justiça no gasto tributário. Isso se depreende de vários dispositivos constitucionais, dos quais emana a necessidade de se perquirir sobre a justiça na despesa e assim controlá-la.[10]

É inegável que os questionamentos em torno da justiça tributária em nosso ordenamento se fortaleceram a partir de estudos efetivados, tanto no âmbito das instituições públicas, como é o caso da Receita Federal do Brasil (RFB) e do Instituto de Pesquisa Econômica Aplicada (IPEA), como no âmbito das universidades, com base em dados do IBGE e declarações de imposto de renda, em que fica sobremaneira evidenciada a ausência de cumprimento do princípio da capacidade contributiva e da progressividade na tributação das rendas muito altas.

Não muitos anos atrás o que restava alardeado, quando se tratava de carga tributária no Brasil, era o seu peso e o quão elevada se apresentava, sem que se destacasse qualquer questionamento em torno de como essa carga tributária era distribuída entre os mais diversos contribuintes no país. Isso acontecia tanto quanto à tributação da renda como quanto à tributação do consumo – não custa referir aos desditosos impostômetros espalhados pelo país, que transmitiam a distorcida

---

[9] Ver por todos: CARVALHO, Paulo de Barros. Reforma tributária e o pacto federativo. *In*: SCAFF, Fernando Facury *et al.* (org.). *Reforma tributária do consumo no Brasil*: entre críticos e apoiadores. Belo Horizonte: Casa do Direito, 2024, p. 584-600.

[10] Sobre o tema, escrevi o artigo: MELO, Luciana Grassano de Gouvêa. Existe um limite constitucional à extrafiscalidade no sistema tributário brasileiro? *In*: MELO, Luciana Grassano de Gouvêa (org.). *Reforma tributária*: estudos críticos para uma tributação justa. Coleção de Direito tributário e financeiro. Belo Horizonte: Casa do Direito, 2021, p. 18-37 e orientei a dissertação de mestrado (PPGD/UFPE) de Rafaella Santos Costa sobre *O conceito de gasto tributário justo: um estudo de caso do Simples nacional*, 2023.

ideia de que todos eram igualmente onerados pela tributação e que o fisco brasileiro e seu furor arrecadatório eram o único vilão da história.

Recente nota técnica do IPEA (outubro/2024)[11] que analisa a progressividade tributária no Brasil, com vistas a um diagnóstico para uma proposta de reforma, não deixa dúvidas quanto a essa conclusão: 'Dado que os rendimentos do capital são, em geral, menos tributados que os do trabalho, e que os mais ricos têm uma maior proporção de suas rendas relacionadas à remuneração do capital, disto resulta uma incidência do imposto de renda pouco progressiva ou até regressiva no topo da pirâmide'. E é necessário que se frise que é assim por obra legislativa – e de legislador ordinário, que edita leis que contrariam descaradamente os princípios norteadores da justiça tributária em nosso ordenamento constitucional.

O referido estudo do IPEA conclui pela baixa ou nula progressividade da tributação da renda em nosso país, em especial no topo da distribuição, textualmente:

> A baixa (ou nula) progressividade da tributação da renda, em especial no topo da distribuição (0,2% mais ricos, precisamente), é reflexo de inúmeras distorções e privilégios perpetuados no sistema tributário brasileiro. Entre elas, destacam-se não só a isenção sobre lucros e dividendos distribuídos a pessoas físicas (caso raro no mundo atual) como também os benefícios inerentes aos regimes especiais de tributação e as brechas existentes no regime de Lucro Real, que tornam a tributação do lucro das empresas brasileiras tão díspar entre diferentes corporações e setores econômicos, como vimos anteriormente.

Esses estudos, portanto, trouxeram luz ao problema da regressividade na tributação brasileira – conclusão que hoje não se discute, porque amparada em dados empíricos e de fontes confiáveis, que a evidenciam.

Já apontei isso em artigo publicado em coletânea sobre justiça fiscal. Em *Para entender o papel da tributação na desigualdade,*[12] refiro-me a estudo de Marc Morgan, publicado em 2018, sobre desigualdade de

---

[11] GOBETTI, Sérgio Wulff. Progressividade tributária: Diagnóstico para uma proposta de reforma. IPEA. Carta de conjuntura n. 65, 29.10.2024. Carta de Conjuntura, acesso em: 4 nov. 2024.

[12] MELO, Luciana Grassano de Gouvêa. Para entender o papel da tributação na desigualdade. *In*: MELO, Luciana Grassano de Gouvêa (org.). *Justiça fiscal*: estudos críticos de problemas atuais. Belo Horizonte: Casa do Direito, 2020, p. 21-35.

renda, crescimento e tributação da elite no Brasil, em que analisa o período de 2001 a 2015 e combina dados de pesquisas domiciliares e de declarações de rendimentos, considerando a renda antes da tributação. Esse estudo, sem dúvidas, representa um importante gérmen da discussão em nossa sociedade sobre a falta de equidade na distribuição da tributação da renda, entre os contribuintes brasileiros.

Quando analisamos o relatório Grandes Números DIRPF 2021, da CETAD/ RFB, na tabela 9, que apresenta o resumo da declaração por faixa de rendimentos totais, percebemos que a progressividade do IRPF ocorre apenas nas rendas mensais de até 30 salários mínimos, a partir de onde a tributação passa a ser regressiva, na medida em que as alíquotas médias do imposto decrescem enquanto as rendas totais crescem, até o ponto de atingir a alíquota média de 2,1% para as rendas mensais de mais de 320 salários mínimos, alíquota essa compatível com a que incide sobre as rendas mensais de 5 ou 6 salários mínimos.

Não deixo de desconfiar que esse estado tão evidente, e por esses estudos evidenciado, de injustiça na tributação, de falta de equidade na distribuição da carga tributária e de regressividade do sistema tributário brasileiro nortearam a introdução da norma do §4º, do art. 145, da CF/88, literalmente: "As alterações na legislação tributária buscarão atenuar efeitos regressivos", e acredito que esta norma deve ser interpretada conjuntamente com o novel princípio da justiça tributária e com os princípios garantidores da isonomia material na tributação, quais sejam: capacidade contributiva e progressividade e essencialidade.

Afinal, buscar atenuar efeitos regressivos é o mesmo que reafirmar os valores da isonomia material, da capacidade contributiva e da progressividade na tributação da renda e do patrimônio. Parece também ser um indicativo do compromisso do governo federal, já estampado em vários meios de comunicação, sobre a segunda etapa da reforma tributária, que visa mudar as regras do imposto de renda.[13]

O problema é que grande parte dos compromissos constitucionais firmados no Brasil não norteiam a atuação do legislador ordinário nacional. É fato inconteste que o nosso sistema tributário é injusto muito mais pela atuação do legislador nacional ordinário, que por falta de respaldo constitucional necessário para a construção de uma ordem tributária justa e equânime.

---

[13] Ver por todos: Segunda etapa da reforma tributária mudará regras do Imposto de Renda; entenda | Economia | G1, acesso em: 1 nov. 2024.

Importante referir mais uma contradição em torno do tema em debate. Na mesma semana em que escrevo o presente ensaio sobre justiça tributária é amplamente divulgada nos meios de comunicação nacionais[14] a rejeição, na Câmara de Deputados, de um destaque que visava incluir no PLP nº 108/24,[15] que regulamenta a reforma tributária do consumo e fixa regras para a composição do comitê gestor do IBS, entre outras, apresentado pelo partido de esquerda PSOL,[16] que buscava a implementação do imposto sobre grandes fortunas – previsto em nossa Constituição Federal desde a sua promulgação. A proposta considerava grande fortuna um conjunto de bens superior a R$ 10 milhões.

Diante disso, ao que parece, o §4º, do art. 145, da CF/88, que afirma literalmente que "as alterações na legislação tributária buscarão atenuar efeitos regressivos", não implica a conclusão de que legislações que visem atenuar essa regressividade serão necessariamente aprovadas, mas resta saber se essa previsão constitucional, ao menos, vai servir para afastar iniciativas legislativas que expressamente a contrariem, ou seja, cuja introdução no ordenamento jurídico nacional venha a agravar a regressividade deste mesmo ordenamento.

Nesse ponto, chegamos ao questionamento de como o princípio da justiça tributária e a norma do art. 145, §4º, dialogam com a atuação dos poderes de Estado, considerando-se o Legislativo, o Executivo e o Judiciário.

Importante dizer que prepondera em minha atuação como cidadã, docente e pesquisadora a compreensão freiriana no sentido de que: "Não existe imparcialidade. Todos são orientados por uma base ideológica. A questão é: sua base ideológica é inclusiva ou excludente?" (FREIRE, *passim*).

---

[14] Ver por todos: Câmara rejeita incluir imposto sobre fortunas acima de R$ 10 milhões na reforma tributária | Política | G1, acesso em: 4 nov. 2024.

[15] Institui o Comitê Gestor do Imposto sobre Bens e Serviços (CG-IBS), dispõe sobre o processo administrativo tributário relativo ao lançamento de ofício do Imposto sobre Bens e Serviços (IBS), sobre a distribuição para os entes federativos do produto da arrecadação do IBS, e sobre o Imposto sobre Transmissão Causa mortis e Doação de Quaisquer Bens ou Direitos (ITCMD), e dá outras providências. Portal da Câmara dos Deputados, acesso em: 4 nov. 2024.

[16] O plenário rejeitou um destaque do PSOL para a criação de um imposto sobre grandes fortunas. A medida, proposta pelo deputado Ivan Valente (PSOL-SP), recebeu 262 votos contrários e 136 favoráveis. Apenas a federação liderada pelo PT, o PSB e o próprio PSOL orientaram voto a favor. O governo decidiu não se posicionar e liberou a base aliada para votar como quisesse. Câmara rejeita tributar grandes fortunas e conclui votação do 2º projeto da reforma tributária, acesso em: 4 nov. 2024.

É indiscutível que em matéria tributária ter uma base ideológica inclusiva pressupõe a aceitação e a atuação institucional, no sentido de fazer cumprir a isonomia material na distribuição da carga tributária, em especial, por meio dos princípios constitucionais da capacidade contributiva e da progressividade. Um sistema tributário é excludente quando onera mais a renda do trabalho que a do capital; quando desonera excessivamente as altas rendas e quando não protege o mínimo existencial com o compromisso de reajuste anual da tabela do IRPF, entre outros exemplos possíveis e correntes em nosso país.

Fortemente acredito que quando um parlamentar vota, quando um juiz decide e um gestor público governa assim o fazem orientados por uma base ideológica, que pode ser inclusiva ou excludente. Como também acredito que os princípios constitucionais tributários explicitados orientam uma Constituição dirigida por uma base ideológica inclusiva.

Trazendo essa constatação para o campo da Filosofia do Direito, mais especificamente do pragmatismo jurídico de Peirce, cuja filosofia científica invoca a "investigação da verdade pelo amor à verdade" e assevera que "a fim de raciocinar bem é absolutamente necessário possuir..." um amor real pela verdade, e que a verdade "é ASSIM, quer você, eu ou qualquer outra pessoa pense ser assim ou não",[17] trago mais uma vez a importância dos estudos acadêmicos e institucionais já referidos, para o alcance da verdade e a neutralização da parcialidade ideológica na atuação dos poderes de estado, em nosso país.

Quero crer que os estudos citados neste ensaio, entre outros, que apontam a verdade da regressividade de nosso ordenamento tributário, serão o farol para nortear a aplicação do princípio da justiça tributária e da nova norma do §4º do art. 145, pelos poderes Legislativo, Executivo e Judiciário de nosso país, na medida em que este é o nosso pacto original, previsto na Constituição Federal de 1988.

Esse, portanto, é o caminho para construir, na perspectiva da tributação, uma sociedade justa. Sabemos, entretanto, que uma sociedade justa tem seus inimigos. E eles são poderosos. À guisa de uma palavra final, valho-me de Cattani,[18] em seu artigo *Sofismas da riqueza*, à letra:

---

[17] HAACK, Susan. Pragmatismo. *In*: BUNNIN, Nicholas *et al.* (org.). *Compêndio de filosofia*. São Paulo: Edições Loyola, 2013, p. 837.

[18] CATTANI, Antonio David. Sofismas da Riqueza. *In*: CATTANI, Antonio David *et al.* (org.). *A sociedade justa e seus inimigos*. Porto Alegre: Tomo editorial, 2018, p. 21.

Os privilégios, a impunidade, o respeito e reconhecimento sociais assegurados à riqueza derivam frequentemente de sofismas, de argumentos que produzem uma ilusão de verdade, mas, na realidade, são inconsistentes, incorretos ou mesmo propositalmente enganosos. Encobre-se, assim, um princípio essencial para discussão sobre desigualdade: a riqueza concentrada é um dos fundamentos da injustiça e contribui para naturalizar a dominação e a subserviência.

Informação bibliográfica deste livro, conforme a NBR 6023:2018 da Associação Brasileira de Normas Técnicas (ABNT):

MELO, Luciana Grassano de Gouvêa. Breve ensaio sobre o Princípio da Justiça Tributária (EC nº 132/23). *In*: SCAFF, Fernando Facury; DERZI, Misabel de Abreu Machado; BATISTA JÚNIOR, Onofre Alves; TORRES, Heleno Taveira (coord.). *Tributação, desigualdade e desenvolvimento.* Belo Horizonte: Fórum, 2025. p. 211-221. ISBN 978-65-5518-100-5.

INTELIGÊNCIA ARTIFICIAL, DIREITOS HUMANOS E TRIBUTAÇÃO: NOTAS PARA BREVES REFLEXÕES E UMA PERSPECTIVA

LUIZ EDSON FACHIN,
ROBERTA ZUMBLICK MARTINS DA SILVA

Introdução

Saudamos os eminentes organizadores por mais uma obra de temática sensível para os desafios atuais do Direito. Ante o honroso convite para colaborar com o tema "tributação, desigualdade e desenvolvimento", este breve texto não tem a pretensão de oferecer respostas, é uma reflexão acadêmica singela que visa somente analisar o tema da mudança tecnológica que se vive, dividindo preocupações quanto a uma perspectiva: a de um futuro possível e a promoção dos direitos fundamentais. Se é sabido que o tema complexo demanda soluções multidisciplinares, qual o papel e os desafios do Direito Tributário nesta seara?

A premissa é sempre esta: tomar a Constituição como limite e como possibilidade. A prestação constitucional brasileira, sua teorização e prática, está sendo interpelada a dar respostas que protejam, promovam e efetivem na vida social o texto normativo vinculante e emancipatório da Constituição da República, para a realização dos direitos fundamentais. O problema é que, não raro, a empiria bem sabe a ontem. Quiçá ainda pouco saiba a um habitável amanhã. E esse futuro já se mostra pleno de interrogações ao Direito e ao que pode ser chamado de justiça, liberdade e solidariedade, enfim, à liberdade com igualdade.

O olhar ao Direito Tributário como espacialidade da efetivação de direitos fundamentais tem natureza dúplice: tanto no sentido de Estado tributário,[1] modelo de Estado governado pela proteção e promoção de direitos fundamentais, em que os tributos são os meios de arrecadação de recursos para a promoção de políticas públicas para a sua efetivação; quanto no sentido da proteção dos direitos fundamentais dos seus contribuintes.

Daí porque essa interlocução dialógica entre técnicas e saberes, entre experiências e conhecimentos, pode ser útil para mirar os desafios da liberdade com igualdade.

1 Inteligência artificial e um futuro possível

São conhecidos os caminhos até emergir o significante IA. Stuart Russel define inteligência artificial como o estudo de métodos para fazer computadores comportarem-se de forma inteligente.[2] São muitas as áreas do conhecimento na base do estudo e desenvolvimento da IA, e esta funciona como um termo guarda-chuva que abriga diferentes técnicas e áreas, como: visão computacional, robótica, processamento de linguagem natural e *machine learning*, por exemplo.[3]

A travessia é contínua. Russel, em obra mais recente, coloca que, desde o início da IA, a inteligência das máquinas é definida da mesma maneira: "máquinas são inteligentes na medida em que suas ações sejam capazes de atingir os seus objetivos" e aponta que máquinas – diferentemente de humanos – não têm objetivos próprios e são estes que, ao construírem-nas, lhes dão os objetivos a atingir. Ante os rápidos avanços do campo, o autor retoma um argumento de Norbert Wiener de 1960 em que este alertava que, ante o risco de usar um agente mecânico no qual não se poderia interferir efetivamente, seria crucial ter a certeza de que o objetivo incutido na máquina é algo que de fato desejamos. Expõe no livro "Inteligência artificial a nosso favor" uma mudança de

---

[1] CALIENDO, Paulo. *Curso de Direito Tributário*, 2. ed. São Paulo: Saraiva, 2019.
[2] RUSSEL, Stuart. QA: The Future of Artificial Intelligence. University of Berkley. 2016. Disponível em: https://people.eecs.berkeley.edu/~russell/research/future/q-and-a.html. Aceso em: 2024.
[3] HARTMANN PEIXOTO, Fabiano; DA SILVA, Roberta Zumblick Martins. *Inteligência Artificial e Direito*. 1. ed. Curitiba: Alteridade Editora, 2019.

conceito, no sentido de se projetar não somente máquina inteligentes, e sim verdadeiramente benéficas: "máquinas são benéficas na medida em que suas ações sejam capazes de atingir nossos objetivos".[4]

Problemas recentes há, todavia, nem tão antigos são. Fernanda de Carvalho Lage aponta que a ideia de se criar máquinas que reproduzam capacidades e habilidades humanas não é nova, sem embargo as noções de IA como as conhecemos se iniciam em 1943 com a publicação de artigo de McCulloch e Pitts, que discute a noção de redes e neurônios artificiais simplificados. Em 1950, Alan Turing publica trabalho com a indagação filosófica "máquinas podem pensar?" e introduz a ideia do famoso "teste de Turing", o que chama de jogo da imitação, que fornece uma estrutura para a discussão de conceitos fundamentais em filosofia, ciência cognitiva e ciência da computação. O nome "inteligência artificial" teria sido usado pela primeira vez academicamente na conferência de *Dartmouth* de 1956, considerada pela academia como o nascimento da IA. Os anos que se seguiram foram de plenos avanços no campo e havia grandes expectativas para suas aplicações. A partir dos anos 70, adentrou-se no que se chama (informalmente) de *inverno da IA*, uma estagnação no desenvolvimento, em que parecia que as promessas de futuro não seriam cumpridas.[5]

Após esse período, que durou cerca de quatro décadas, vive-se desde 2015 o período chamado de primavera da inteligência artificial, no qual, em razão do aumento de capacidade de processamento dos computadores e incremento na armazenagem e processamento de dados, se veem rápidos avanços nas aplicações e desenvolvimento da IA.[6]

A Inteligência Artificial Generativa (IAG), que se popularizou a partir de 2022, difere dos métodos tradicionais de aprendizado de máquina descritivos de padrões estatísticos encontrados em dados, pois gera conteúdo de texto, imagem, vídeo e áudio de fácil acessibilidade para usuários leigos. Ante a revolução provocada por esse novo desenvolvimento, espera-se que os mercados sofram profundas alterações. Há expectativas de um aumento no PIB global de 7% e aumento da produtividade em 1,5 ponto percentual em 10 anos. Apesar dos avanços

---

[4] RUSSELL, Stuart. *Inteligência artificial a nosso favor*: como manter o controle sobre a tecnologia. Tradução de Berilo Vargas. 1. ed. São Paulo: Companhia das Letras, 2021.

[5] LAGE, Fernanda de Carvalho. *Manual de inteligência artificial no direito brasileiro*. Salvador: Juspodivm, 2021.

[6] HARTMANN PEIXOTO, Fabiano; DA SILVA, Roberta Zumblick Martins. *Inteligência Artificial e Direito*. 1. ed. Curitiba: Alteridade Editora, 2019.

da popularização e democratização desta nova tecnologia, há grande receio dos riscos da IA tradicional serem agravados pelo aumento da eficiência das ferramentas e dispersão do seu uso, bem como novas preocupações relacionadas a direitos autorais.[7]

Há muitas promessas e possibilidades de uso desta tecnologia para fomentar o desenvolvimento humano, com o registro – inclusive – de área de pesquisa denominada *AI for social good* (AI4SG), em que se buscam parcerias interdisciplinares centradas na aplicação de IA visando a metas de desenvolvimento sustentável.[8] Mas, ante a mentalidade de precaução que deve nortear o desenvolvimento tecnológico, não é possível ignorar os riscos inerentes a esta tecnologia:

> o risco de erro, dadas as limitações de acurácia estatística, falhas no design ou treinamento e a incompletude ou incerteza dos dados para observação do domínio de aplicação; (ii) o risco de discriminação (de gênero, de raça, social etc.), na medida em que os dados de treinamento podem incorporar vieses sociais estruturais presentes nos dados disponíveis usados para treinamento ou presentes no design do modelo ou ainda vieses cognitivos dos seus desenvolvedores humanos; (iii) o risco à privacidade e à proteção de dados, na medida em que os dados de treinamento incorporam dados pessoais e que o poder de inferência da IA é capaz de extrair informações para finalidades diversas da coleta; e (iv) o risco à transparência, tendo em vista a dificuldade em identificar critérios determinantes para tomada de decisão, predição ou recomendação automatizada ou em interpretar causalmente as correlações estatísticas encontradas, principalmente em modelos complexos de aprendizado de máquina, como redes neurais.[9]

O que ocorre está diante da imprescindível dimensão axiológica do coexistir. Fábio de Sousa Santos, Pablo Ademir de Souza e Victor Guilherme Esteche Filho, em artigo publicado na Revista "Suprema",

---

[7] CONSELHO NACIONAL DE JUSTIÇA. O uso da inteligência artificial generativa no Poder Judiciário brasileiro: relatório de pesquisa. Brasília: CNJ, 2024. Disponível em: https://www.cnj.jus.br/wp-content/uploads/2024/09/cnj-relatorio-de-pesquisa-iag-pj.pdf. Acesso em: 10 out. 2024.

[8] TOMASEV, N.; CORNEBISE, J.; HUTTER, F. *et al*. AI for social good: unlocking the opportunity for positive impact. *Nature Communications*, 11, 2468, 2020. Disponível em: https://doi.org/10.1038/s41467-020-15871-z.

[9] CONSELHO NACIONAL DE JUSTIÇA. O uso da inteligência artificial generativa no Poder Judiciário brasileiro: relatório de pesquisa. Brasília: CNJ, 2024. Disponível em: https://www.cnj.jus.br/wp-content/uploads/2024/09/cnj-relatorio-de-pesquisa-iag-pj.pdf. Acesso em: 10 out. 2024.

chamam de "problema do alinhamento" a busca por garantir que os modelos de IA expressem nossos valores e normas, bem como intenções e objetivos. Apontam que a resolução deste desalinhamento é crucial para evitar resultados catastróficos, já que a utilização contínua de sistemas de IA sem revisão poderia reforçar e potencializar problemas preexistentes, como vieses e tratamentos discriminatórios. Apontam para a importância da qualidade dos dados fornecidos aos sistemas de IA para a garantia de resultados confiáveis ante a observação de que dados coletados de uma sociedade permeada por desigualdades e discriminações podem levar a padrões discriminatórios nos algoritmos e, assim, ao desalinhamento. Ressaltam que o aprendizado da máquina pode confirmar e reproduzir esses padrões discriminatórios presentes nos dados e que a introdução de um sistema de IA desalinhado em alguma função na sociedade poderia significar o agravamento de problemas sociais decorrentes de condutas discriminatórias.[10]

Quanto ao âmbito do trabalho, observa-se que a quarta revolução industrial acelerou a adoção de tecnologias e alterou os limites entre pessoas e máquinas por diversos setores e localidades. A tecnologia está alterando não somente a forma como se trabalha, mas também as competências necessárias e os empregos que estão sendo substituídos. Compreender como as novas tecnologias impactarão o mercado de trabalho é crucial para avaliar se as pessoas conseguirão se ajustar das ocupações em declínio para os empregos do amanhã.

No último relatório "Future of Jobs",[11] de 2023, do Fórum Econômico Mundial, coloca-se a evidência de que a IA generativa tem recebido recentemente alegações de que 19% da força de trabalho poderia ter até 50% de suas tarefas automatizadas pela IA e que a expectativa dos impactos em perdas de emprego tem virado notícia. Estima-se que 34% de todas as tarefas relacionadas a negócios sejam desempenhadas por máquinas, com um restante de 66% a ser desempenhado por pessoas. Coloca-se que essa estimativa contradiz as expectativas do último

---

[10] SANTOS, Fábio de Sousa; SOUZA, Pablo Ademir de; ESTECHE FILHO, Victor Guilherme. Governança tecnológica e auditabilidade do alinhamento ético-valorativo (*alignment*) das inteligências artificiais generativas. *Suprema: Revista de Estudos Constitucionais*, Brasília, v. 3, n. 2, p. 113-143, jul./dez. 2023.

[11] WORLD ECONOMIC FORUM. Future of jobs report 2023. Insight report. Genebra: World Economic Forum, maio 2023. Disponível em: https://www3.weforum.org/docs/WEF_Future_of_Jobs_2023.pdf]. Acesso em: 8 out. 2024.

relatório de 2020, em que se esperava que em 5 anos metade das tarefas estaria automatizada.

Credita-se essa mudança a uma visão de que as máquinas e algoritmos têm melhorado a performance humana ao invés de automatizar tarefas neste período. Espera-se que, nos próximos anos, o escopo da automação expanda-se com as técnicas de IA amadurecendo e encontrando aplicação *mainstream* em mais setores. Coloca-se ainda que não há como saber o impacto das tecnologias que atravessam mudanças mais ágeis, como a IA generativa, na automação de tarefas nos próximos 5 anos.

O cenário posto desperta preocupação e reflexão. Não há sentido filosófico em pensar em desenvolvimento tecnológico que não seja orientado a buscar a promoção dos direitos humanos, o cuidado com o planeta e a busca de um futuro possível. Oportunas as ponderações da Encíclica Laudato Si, em que o Papa Francisco faz um apelo sobre os cuidados com o planeta – nossa casa comum: "Tendo em conta que o ser humano também é uma criatura desse mundo, que tem direito a viver e ser feliz e, além disso, possui uma dignidade especial, não podemos deixar de considerar os efeitos da degradação ambiental, do modelo atual de desenvolvimento e da cultura de descarte sobre a vida das pessoas".[12] Aponta como componentes sociais da mudança global, nas quais se incluem os efeitos laborais de algumas inovações tecnológicas, a exclusão social, a desigualdade no fornecimento e no consumo da energia e de outros serviços, são sinais a apontar que o crescimento nos últimos dois séculos não significou progresso integral verdadeiro e melhoria na qualidade de vida; os sinais são simultaneamente sintomas de uma verdadeira degradação social e de uma ruptura dos vínculos de integração social.

> Não se deve procurar que o progresso tecnológico substitua cada vez mais o trabalho humano: procedendo assim, a humanidade prejudicar-se-ia a si mesma. O trabalho é uma necessidade, faz parte do sentido da vida nesta terra, é o caminho de maturação, desenvolvimento humano e realização pessoal. (...) Mas a orientação da economia favoreceu um tipo de progresso tecnológico cuja finalidade é reduzir os custos de produção com base na diminuição dos postos de trabalho, que são substituídos por máquinas. É mais um exemplo de como a ação do homem se pode

---

[12] FRANCISCO. *Carta Encíclica Laudato Sí*. Sobre o cuidado da casa comum. São Paulo: Paulus; Loyola 2015, p. 31.

voltar contra si mesmo. A diminuição dos postos de trabalho tem também um impacto negativo no plano econômico com a progressiva corrosão do "capital social", isto é, daquele conjunto de relações de confiança, de credibilidade, de respeito das regras, indispensável em qualquer convivência civil. Em suma, os custos humanos são sempre também custos econômicos, e as disfunções econômicas acarretam sempre também custos humanos. Renunciar o investimento nas pessoas para se obter maior receita imediata é um péssimo negócio para a sociedade.[13]

A cientista de dados e pesquisadora na área de ética da IA Rumman Chowdhury[14] faz um alerta: uma visão maniqueísta de bem e mal da IA, que a trata como se fosse uma força inevitável com natureza própria – seja ela qual for –, é bastante comum. Chama "moral outsourcing" – terceirização da moral, em tradução livre – o fenômeno de tratar-se a IA, que nada mais é do que produto de criação humana, como uma força própria, desvinculando a responsabilidade de criadores e desenvolvedores. Um conceito problemático, quando se percebe que soluções de IA podem ter comportamentos discriminatórios, gerando danos à dignidade humana.

No exercício metodológico de usar o legado do passado para compreender o presente e prospectar possibilidades de futuro, a pesquisadora retoma as lições da banalidade do mal, de Hannah Arendt.[15] A filósofa, ao acompanhar o julgamento de Eichmann, desenvolve o conceito da banalidade do mal ao constatar a mediocridade do acusado. A sociedade democrática, as liberdades e a dignidade estão em perigo quando as pessoas não conseguem discernir sua responsabilidade por condutas maléficas, por fazerem parte de uma engrenagem ou sistema.

As questões têm feitio inteiro multidisciplinar. O professor Flávio du Pin Calmon,[16] em palestra proferida no Supremo Tribunal Federal, apontou como as soluções para desafios como discriminação, arbitrariedade e privacidade em inteligência artificial requerem um diálogo

---

[13] FRANCISCO. *Carta Encíclica Laudato Sí*. Sobre o cuidado da casa comum. São Paulo: Paulus; Loyola 2015, p. 79-80.
[14] CHOWDHURY, Rumman. Moral Outsourcing: Humanity in the age of AI | Rumman Chowdhury TEDxOccidentalCollege.2018. Disponível em: https://www.youtube.com/watch?v=AXjKad6ECmk&t=230s.
[15] ARENDT, Hannah. *Eichmann em Jerusalém*. Um relato sobre a banalidade do mal. São Paulo: Companhia das Letras, 1999.
[16] CALMON, Flávio Du Pin. Impactos da IA no Constitucionalismo Contemporâneo – Abertura e Painel 1 (português). Youtube, 2024. Disponível em: https://www.youtube.com/watch?v=mNkZ_Aw2tFs. Acesso em: 14 out. 2024.

e colaboração entre várias áreas e disciplinas. Ressaltou que são problemas técnicos, nada obstante requerem um intercâmbio entre ciência da computação, engenharia, estatística, direito, sociologia, políticas públicas, ética e educação. O professor defendeu que, ao contrário do que muitos afirmam, não entende que esses esforços de limitação de riscos limitarão o desenvolvimento da IA, porém, eles são fundamentais para garantir que futuras tecnologias sejam úteis em larga escala e funcionem para todos.

É neste sentido que se coloca o papel e a contribuição do Direito. Oportuna a reflexão de Maria Celina Bodin de Moraes[17] a respeito das circunstâncias e características do progresso científico que conduziram à disseminação da incerteza, oposta aos parâmetros tradicionais e consolidados de segurança jurídica; elas vêm propondo a criação de novos valores no paradigma da pós-modernidade. A primeira circunstância é a constatação da impossibilidade de domínio dos efeitos da tecnologia, em suas dimensões de espaço e tempo: "novas questões (...) configuram situações-problema cujos limites não poderão ser decididos internamente, estabelecidos pelos próprios biólogos, físicos ou médicos, mas deverão ser resultantes de escolhas ético-político-jurídicas da sociedade". A segunda circunstância é a denominada "explosão de ignorância", causada pelo volume monumental de informações em ambiente virtual. À medida que crescem os horizontes do conhecimento, toma-se conhecimento da própria ignorância. Não há mais tempo suficiente para transformar as informações em conhecimento e certeza.

A modernidade é marcada por duas grandes guerras e os horrores praticados dentro do Estado constituído – especialmente no nazismo. O Estado de Direito iluminista e racional não bastou para a proteção da coletividade do totalitarismo. Abandona-se, assim, a legalidade em sentido estrito, direcionando-se a opções valorativas, nas quais os princípios da democracia, liberdade e solidariedade não possam ser ignorados. Os princípios são alçados à categoria de normas jurídicas, "modificando-as para que reflitam o valor sobre o qual se funda, na atualidade, grande parte dos ordenamentos jurídicos, isto é, o valor da dignidade da pessoa humana".[18] Foi justamente esse contexto de violação de direitos humanos que deu ensejo à mudança para uma

---

[17] MORAES, Maria Celina Bodin de. *Danos à Pessoa Humana*: uma leitura civil-constitucional dos danos morais. Rio de Janeiro: Renovar, 2007.

[18] MORAES, Maria Celina Bodin de. *Danos à Pessoa Humana*: uma leitura civil-constitucional dos danos morais. Rio de Janeiro: Renovar, 2007.

ordem jurídica valorativa, centrada na dignidade da pessoa humana. A leitura das características e do funcionamento desse novo campo da tecnologia é fundamental para adequá-lo aos princípios fundamentais de Direito – especialmente quando se pensa no impacto da implementação dessas tecnologias nas relações humanas e de trabalho.

Assim, ao tratar do uso da inteligência artificial no STF, a professora Christine Petter ensina que o Estado de direitos fundamentais decorre do reconhecimento da influência irradiante, dirigente e horizontal dos direitos fundamentais e humanos. A adaptação institucional para os novos cenários de efetivação de direitos fundamentais e humanos é demanda da sociedade digital. Há uma ambivalência na relação entre *internet* e tecnologia e a teoria constitucional dos direitos fundamentais e humanos. Ao mesmo tempo em que a tecnologia pode ser utilizada como instrumental para concretizar objetivos clássicos do constitucionalismo – no sentido de garantia de direitos fundamentais e humanos e regulação do poder político –, cria-se também a necessidade de proteção desses direitos, que ficam sujeitos a novas formas de violação nos ambientes digitais.[19]

2 Visão multidisciplinar e o papel do Direito Tributário

É neste cenário – de expansão tecnológica e precaução ante a promoção e proteção dos direitos fundamentais como única forma de construção para um futuro possível – que se dirige o olhar para o Direito Tributário, em razão do honroso convite para colaborar em relevante obra. Na intercessão colocada, qual papel o Direito Tributário pode desempenhar na construção de um futuro possível para a humanidade com a tecnologia?

Nesse contexto dialógico entre IA e tributação, Bruna Lietz[20] traduz o potencial desta tecnologia para a construção de uma relação tributária mais justa, como o emprego na identificação de quaisquer irregularidades, e alerta para os riscos e desafios que a implementação desses sistemas pelo Fisco traz aos direitos e deveres que permeiam a relação tributária. As alterações fáticas ensejadas pela aplicação da

---

[19] SILVA, Christine Oliveira Peter da. Inteligência artificial no Supremo Tribunal Federal 4.0. *In*: ROSA, Beatriz de Castro; ARAUJO, Kassia Zinato S. M. (org.). *Direito e novas tecnologias*: um olhar feminino sobre a inteligência artificial. Santo Ângelo: Metrics, 2024. p. 57-67.

[20] LIETZ, Bruna. *O uso da inteligência artificial e a fiscalização dos contribuintes na perspectiva dos direitos e deveres da relação tributária*. Rio de Janeiro: Lumen Juris, 2021. p. 100.

inteligência artificial refletem no plano jurídico, especialmente pela necessidade do seu desenvolvimento dar-se em conformidade aos preceitos de direitos fundamentais. Ressalta a importância de termos no campo do Direito, estruturas jurídicas que disciplinem a aplicação tecnológica, visando à promoção do bem-estar humano e à remoção de vulnerabilidades.

Assim, os direitos e deveres reconhecidos no ordenamento jurídico que regem a relação tributária figuram como balizas na orientação e limites para a implementação da inteligência artificial no processo fiscalizatório. Isso porque esta pode representar um grande avanço na arrecadação de tributos, contudo não pode ser regressiva dos direitos dos contribuintes, que limitam a sua aplicação indiscriminada.

Dentre os direitos dos contribuintes, coloca-se o da informação do uso da IA no auxílio e tomada de decisões no processo fiscalizatório como decorrência do dever de proteção e informação. Tal conhecimento é fundamental, pois a partir dele que os obrigados tributários poderão discutir questões como transparência e controle.[21]

Inexiste imunidade diante da imperatividade constitucional. Álisson José Maia Melo[22] assevera que o princípio da publicidade da Administração Pública previsto no art. 37 da Constituição impõe a transparência das regras e critérios adotados na programação da inteligência artificial pela Administração Tributária. Afirma que essa deve ser a regra tanto por força do princípio republicano quanto para a promoção do aprendizado de falhas na programação e discussão social a respeito dos vieses e preconceitos possivelmente incutidos em tais programas.

O tema foi fotografado pelas lentes da acutíssima doutrina. Hugo de Brito Machado Segundo,[23] ao tratar da possibilidade de diminuição de postos de trabalho, aponta para duas ordens de problemas ao Direito Tributário intrinsicamente relacionadas: (i) a diminuição da receita tributária da seguridade social advinda em boa parte da remuneração sobre o trabalho e (ii) o aumento da demanda por despesas públicas no tratamento dos problemas gerados pelo desemprego. Aponta que

---

[21] LIETZ, Bruna. *O uso da inteligência artificial e a fiscalização dos contribuintes na perspectiva dos direitos e deveres da relação tributária*. Rio de Janeiro: Lumen Juris, 2021. p. 110.

[22] MELO, Álisson José Maia et al. *Tributação e novas tecnologias*. Coordenado por Hugo de Brito Machado. Indaiatuba, SP: Foco, 2021. p. 27.

[23] MACHADO SEGUNDO, Hugo de Brito. Tributação e Inteligência Artificial. *Revista Jurídica Luso-Brasileira*, Lisboa, v. 6 n. 1, p. 57-77, 2020. Disponível em https://www.cidp.pt/revistas/rjlb/2020/1/2020_01_0057_0077.pdf, acesso em: set. 2024.

já se fala na criação de tributos sobre a utilização de robôs e sistemas inteligentes, havendo, sem prejuízo, grandes desafios em especificar quais fatos podem ser alcançados: a propriedade dos sistemas, o licenciamento e se o lucro auferido pelos usuários seria sujeito a alíquotas maiores dos que os que utilizam trabalho humano. O autor reforça a necessidade de pensar em tributos com estruturas e perfis novos e diversos, capazes de alcançar essas novas formas de produção de riqueza, para tributá-las com justiça e repartir com equidade entre os diversos países desta economia globalizada.

Reforça que os desenhos de sistemas tributários como o brasileiro estimulam a mecanização e automação e desestimulam o emprego humano. Afirma que vivemos um *"robot tax"* às avessas, num cenário em que há elevado ônus fiscal incidindo sobre o pagamento de salários, cumulado ao fato de despesas com aquisições de *softwares*, equipamentos e computadores serem dedutíveis como créditos das contribuições de PIS e COFINS não cumulativas. Sugere que, antes de pensar na criação de tributos destinados especificamente a onerar os sistemas de inteligência artificial, há espaços para ajustes no sistema vigente para torná-lo ao menos neutro no que diz respeito às suas interferências na escolha entre trabalho humano e automação.

Conclusão

Na acelerada revolução tecnológica que vivemos há promessas e riscos de igual magnitude. Imperioso não perder de vista que não há razão para o desenvolvimento se este não se pautar pela persecução de um futuro habitável e pela promoção dos direitos humanos. Não demonizar nem divinizar a tecnologia, em abstrato, de forma alguma. É preciso cautela, ponderação e esforço conjunto para que utilizemos o desenvolvimento humano em prol da humanidade e do planeta.

O Direito Tributário, como todas as áreas do Direito e do saber, enfrentará grandes desafios nos tempos vindouros. Que possamos voltar e ver que os endereçamos tendo em mente nossos compromissos com as gerações futuras. Essa compreensão intergeracional é a perspectiva que deve mover técnicas e conhecimentos.

Informação bibliográfica deste livro, conforme a NBR 6023:2018 da Associação Brasileira de Normas Técnicas (ABNT):

FACHIN, Luiz Edson; SILVA, Roberta Zumblick Martins da. Inteligência artificial, direitos humanos e tributação: notas para breves reflexões e uma perspectiva. *In*: SCAFF, Fernando Facury; DERZI, Misabel de Abreu Machado; BATISTA JÚNIOR, Onofre Alves; TORRES, Heleno Taveira (coord.). *Tributação, desigualdade e desenvolvimento*. Belo Horizonte: Fórum, 2025. p. 223-234. ISBN 978-65-5518-100-5.

FUNDO NACIONAL DE DESENVOLVIMENTO REGIONAL (FNDR): INSTRUMENTO FINANCEIRO PARA A MITIGAÇÃO DAS DESIGUALDADES DIANTE DO DIREITO AO DESENVOLVIMENTO

LUMA CAVALEIRO DE MACEDO SCAFF

Introdução

Muito se discute sobre a Reforma Tributária e os impactos diretos ou indiretos na relação dual Fisco-Contribuinte. Contudo, apresenta-se uma perspectiva financeira da Emenda Constitucional nº 32 alinhando a função da atividade financeira com os instrumentos de fundos fiscais.

Esta modificação constitucional foi responsável por instituir novos princípios do Sistema Tributário Nacional: simplicidade, transparência, justiça tributária, cooperação e preservação do meio ambiente.

A aproximação entre a tributação e o direito ao desenvolvimento passa pelo estudo sobre a mitigação das desigualdades. Dentre os principais objetivos da alteração constitucional estão: a necessidade de fazer a economia brasileira crescer de forma sustentável, gerando emprego e renda; tornar o sistema tributário mais justo, reduzindo as desigualdades sociais e regionais; e reduzir a complexidade da tributação, assegurando transparência e provendo maior cidadania fiscal.

A dinâmica da atividade financeira do Estado foi também reformada diante de uma série de reflexos nos entes federados. Atentos ao receio dos entes federativos, o legislador previu uma série de medidas compensatórias e de incremento de receitas para garantir a estabilidade federativa. Entre as medidas que promovem um aumento nas receitas dos Estados se vislumbra a criação do Fundo Nacional de Desenvolvimento Regional (FNDR).

A criação de fundos para financiar o desenvolvimento nacional não é novidade no cenário econômico brasileiro. Nesse sentido, já existiu no Brasil um Fundo Nacional de Desenvolvimento, criado pelo Decreto-Lei nº 2.288, de 23 de julho de 1986. Esse fundo tinha por finalidade prover recursos para a realização de investimentos de capital necessários à dinamização de desenvolvimento nacional, bem como apoiar a iniciativa privada na organização e ampliação de suas atividades econômicas. Contudo, esse fundo foi extinto pela Medida Provisória nº 517, de 30 de dezembro de 2010.

Também no mesmo sentido, existem os Fundos de Desenvolvimento da Amazônia (FDA), do Nordeste (FNDE) e do Centro-Oeste (FDCO), criados entre 2009 e 2010 com a finalidade assegurar recursos para a realização de investimentos nas áreas de atuação das Superintendências do Desenvolvimento da Amazônia (SUDAM), do Nordeste (SUDENE) e do Centro-Oeste (SUDECO), em infraestrutura, serviços públicos e empreendimentos produtivos com grande capacidade de novos negócios e novas atividades produtivas.

Questiona-se de que forma o Fundo Nacional de Desenvolvimento Regional implementado pela reforma tributária se estrutura e como se relaciona com a mitigação das desigualdades diante do direito ao desenvolvimento.

Utilizando pesquisa bibliográfica e documental com método hipotético dedutivo, este trabalho está dividido em quatro fases. A primeira apresenta a atividade financeira do Estado diante do direito ao desenvolvimento e a implementação de políticas públicas. A segunda examina os fundos fiscais como instrumentos financeiros para a mitigação das desigualdades. A terceira retrata a Política Nacional de Desenvolvimento e o combate às desigualdades sociais. A quarta investiga a estruturação do Fundo Nacional do Desenvolvimento Regional e as desigualdades regionais e sociais.

No cenário da reforma tributária, o FNDR visa auxiliar a consecução do objetivo constitucional de redução das desigualdades regionais e sociais, mediante a entrega de recursos da União aos Estados e Distrito Federal para investimentos na área de infraestrutura, em atividades produtivas com elevado potencial de geração de emprego e renda e para a promoção de ações com vistas ao desenvolvimento científico, tecnológico e à inovação. Este fundo vista o compartilhamento de recursos no âmbito federativo para gerenciar os recursos públicos nas áreas escolhidas pelo legislador constitucional como estratégicas para a redução das desigualdades e, consequentemente, investimento de projetos sobre o direito ao desenvolvimento.

1 Atividade financeira do Estado: o desenvolvimento e as políticas públicas

A atividade financeira do Estado envolve a receita, a despesa, o orçamento, a fiscalização e a dívida pública, evidenciando de que forma a sociedade pode financiar o Estado para a realização dos objetivos constitucionais. Fernando Facury Scaff explica que:

> O sistema de financiamento para a implementação dos Direitos Humanos no Brasil foi inicialmente implantado pela Constituição de 1988 com a Vinculação de Impostos e de Contribuição para custeio e ampliação dos Direitos Humanos, especialmente os de 2ª dimensão, que é um dos principais problemas a serem enfrentados para atingirmos os Objetivos da República brasileira estabelecidos no art. 3º de nossa Carta. E tal procedimento não faz parte daqueles listados como fundamento de nossa pátria (art. 1º, CF). (SCAFF, 2007. p. 308)

Uma vez adotadas as duas premissas; de que a sociedade financia o Estado e que o Estado distribui, gerencia ou maneja os valores públicos para atender as finalidades constitucionais – com destaque para erradicar a pobreza e a marginalização e reduzir as desigualdades sociais e regionais (art. 3º, III da CF) –, fica o questionamento sobre a relação entre os fundos financeiros e a mitigação das desigualdades.

Sobre desigualdades e o direito financeiro, Alexandre Coutinho da Silveira afirma que:

> Afirma-se, então, que reduzir desigualdades é possível e depende de escolhas políticas à disposição da sociedade na pauta de debates; que as desigualdades no Brasil, embora tenham recentemente sido promovidas à ribalta dos debates públicos, continuam observando índices muito altos e surpreendentemente estáveis; que a redução dessas desigualdades é um imperativo, não apenas ideológico, mas econômico, político e social; que

a atividade financeira do Estado pode e deve servir, como outros meios, para promover esta redução das desigualdades (SILVEIRA, 2020. p. 437).

Uma das maneiras de mitigar as desigualdades é aplicar o direito ao desenvolvimento enquanto direito fundamental através da realização de múltiplas políticas públicas. Afinal, o direito ao desenvolvimento compõe uma síntese de vários outros direitos humanos existentes (DONNELLY, 1982, p. 480-481), tanto os de cunho individual e político quanto aqueles de cunho econômico, social e cultural. Seria, portanto, uma espécie de direito que engloba e une todos os demais.

Adotando o ideário de Sengupta, o direito ao desenvolvimento, tomado como direito humano, opera uma função diretiva para a consecução dos demais direitos. Afirma o autor que:

> não é apenas alcançar os objetivos do desenvolvimento, mas também a forma como eles são alcançados, o que se torna essencial para o processo. O objetivo é o cumprimento dos direitos humanos e o processo de alcançar isso também é um direito humano (SENGUPTA, 2002, p. 851).

Logo, vale a pena apresentar a interpretação proposta por Orellana de que o desenvolvimento deve ser feito em um programa, de maneira que haja a promoção de um direito sem a violação dos demais em um processo que reúna todos esses elementos (ORELLANA, p. 156, 2010). O direito fundamental ao desenvolvimento não se restringe apenas à soma de outros já existentes, mas apresenta independência teórica e autonomia de aplicabilidade. Envolve o binômio entre individual e social porque influencia na vida de todos, alinhado à programação de políticas públicas eficientes capazes de impactar o sistema social.

A atividade financeira do Estado é dinâmica, apresentando renovação entre o momento de receitas e despesas a cada exercício financeiro, utilizando o princípio da programação para o orçamento enquanto elemento que organiza e distribui recursos públicos. Adotar medidas em prol do desenvolvimento sustentável de forma sistêmica e estrutural pressupõe o funcionamento das políticas públicas. Os fundos fiscais são instrumentos capazes de organizar e direcionar recursos para essas políticas públicas.

A Emenda Constitucional nº 32 apresenta um novo fundo fiscal que liga a mitigação das desigualdades ao direito ao desenvolvimento.

2 Fundos fiscais: instrumentos financeiros para a mitigação das desigualdades

A trajetória dos fundos financeiros perpassa pela contabilidade porque são instrumentos contábeis utilizados pelo Direito Financeiro para a gestão dos valores públicos. Destaca-se o art. 83 do Código de Contabilidade Pública de 1922, que conceituou fundo especial como o "produto das fontes de renda a que, em virtude de preceitos de lei e de estipulações contratuais, houver sido determinada aplicação especial". Em se tratando de normas gerais de receitas e despesas, a Lei nº 4.320/64 disciplina o direito financeiro quanto à contabilidade e estabelece em seu art. 71 que "constitui fundo especial o produto de receitas especificadas que, por lei, se vinculam à realização de determinados objetivos ou serviços, facultada a adoção de normas peculiares de aplicação".

Em 1967, o Decreto-Lei nº 200[1] inaugurou no sistema uma figura inédita, os fundos de natureza contábil. Em seu art. 17, parágrafo segundo, dispõe que nos casos de concessão de autonomia financeira fica o Poder Executivo autorizado a instituir fundos especiais de natureza contábil, a cujo crédito se levarão todos os recursos vinculados às atividades do órgão autônomo.

A disciplina constitucional exige lei complementar para estabelecer normas de gestão financeira e patrimonial da administração direta e indireta, bem como condições para a instituição e o funcionamento de fundos, conforme parágrafo 9º do art. 165. Com isso, é vedada a instituição de fundos de qualquer natureza, sem prévia autorização legislativa, observando o princípio da legalidade.

O estudo dos fundos fiscais conduz necessariamente a evocar as vedações constitucionais em Direito Financeiro porque é vedada a utilização, sem autorização legislativa específica, de recursos dos orçamentos fiscal e da seguridade social para suprir necessidade ou cobrir déficit de empresas, fundações e fundos, inclusive dos mencionados no art. 165, §5º, conforme art. 167, VIII, da Constituição Federal.

O regime disciplina acerca dos fundos fiscais e exige compreender que se trata de um ambiente financeiro em que os valores públicos são reunidos e afetados a determinada finalidade pública prevista em lei. Por este motivo, os fundos fiscais são instrumentos financeiros capazes de direcionar recursos públicos a fim de satisfazer as necessidades sociais.

---

[1] Posteriormente, modificado pelo Decreto-Lei nº 900.

Regis Fernandes de Oliveira,[2] ao explicar o tema, apresenta o conceito: "o produto de receitas especificadas que por lei se vinculam à realização de determinados objetivos ou serviços, facultada a adoção de normas peculiares de aplicação", fundamentando no art. 71 da Lei nº 4.320/64. Ao discutir sobre as diferentes classificações, opta por destacar os fundos de destinação e os fundos de repartição, utilizando como universo de estudos aqueles previstos na Constituição Federal.

Isabela Morbach Machado e Silva, em sua dissertação de mestrado sobre Fundos de exploração de recursos naturais não renováveis, explica que:

> As definições apresentadas acima têm um caráter amplo, uma vez que a finalidade de cada fundo, a forma como está organizada a transferência dos recursos que o compõem e a forma pela qual suas receitas serão distribuídas, podem variar segundo a determinação contida em cada lei que os criou. Assim, diante da confusão e/ou generalidade em relação aos tipos e nomenclaturas atribuídas aos fundos existentes, bem como da dificuldade em apresentar uma definição para cada um, faz-se necessário buscar compreender como essa figura está prevista na legislação e na doutrina brasileira (MORBACH, 2017. p. 130).

Lucas Gabriel Lopes Pinheiro, ao realizar um levantamento teórico sobre as dificuldades doutrinárias acerca do tema fundos fiscais em sua dissertação de mestrado, escreve que:

> definir um fundo como uma reserva de ativos, em regra correlata a um modo de gestão descentralizado (por exemplo, em relação ao orçamento; ou em referência ao patrimônio da organização gestora e da instituição apoiada, no caso dos fundos patrimoniais), afetada ao apoio ou consecução de determinado(s) objetivo(s), com submissão a um regime jurídico próprio e com possibilidade de assumir natureza pública ou privada (PINHEIRO, 2023. p. 24).

Embora seja possível identificar diversidade de aspectos teóricos sobre findos fiscais, é preciso delimitar para fins deste estudo que os fundos envolvem: a) o gerenciamento de dinheiro; b) a reunião de recursos como estratégia financeira de alocação de recursos, c) o alinhamento entre o tipo de fundo e a destinação de recursos por meio do

---

[2] OLIVEIRA, Regis Fernandes. *Curso de Direito Financeiro*. 3. ed. São Paulo: Revista dos Tribunais, 2010.

princípio da legalidade e transparência e controle fiscal. Com isso, vale esclarecer que esses fundos podem ser a origem do dinheiro de duas formas. Em se tratando de dinheiro público, são fundos públicos, como o Fundo Nacional da Saúde. Em se tratando de recursos privados, são fundos privados, a exemplo dos fundos patrimoniais como o Fundo Amigos da Poli. Embora não seja objeto deste estudo, vale pontuar os fundos híbridos, porque apresentam a potencialidade de captar recursos públicos e/ou privados, como ocorre com o Fundo Amazônia.

3 Política Nacional de Desenvolvimento e o combate às desigualdades: questão delicada entre a arrecadação, a gestão e o destino dos valores públicos

A ação da Política Nacional de Desenvolvimento Regional procura reduzir as desigualdades regionais, focando-se no combate à estagnação econômica observada em algumas sub-regiões brasileiras, que devem ser priorizadas no processo de transferência de recursos promovido pelo governo federal.

O Decreto nº 11.962/2024 dispõe sobre a Política Nacional de Desenvolvimento Regional (PNDR), cuja finalidade é reduzir as desigualdades econômicas e sociais, intrarregionais e inter-regionais, por meio da criação de oportunidades de desenvolvimento que resultem em crescimento econômico sustentável, geração de renda e melhoria da qualidade de vida da população.

A PNDR fundamenta-se na mobilização planejada e articulada da ação federal, estadual, distrital e municipal, pública e privada, por meio da qual programas e investimentos da União e dos entes federativos, associadamente, estimulem e apoiem processos de desenvolvimento.

Esta política está estruturada com base no planejamento com os seguintes eixos estratégicos: desenvolvimento produtivo; difusão do conhecimento, da tecnologia e da inovação; educação e qualificação profissional; infraestruturas econômica e urbana; desenvolvimento social e acesso a serviços públicos essenciais; fortalecimento das capacidades governativas dos entes federativos; e meio ambiente e sustentabilidade.

Assim como as ações de desenvolvimento se organizam em diversas escalas, o financiamento da política deve ser direcionado de forma a fornecer suporte financeiro adequado às diversas escalas de intervenção. Em síntese, o financiamento do desenvolvimento nas múltiplas escalas conta com instrumentos diversos, a exemplo do orçamento geral da União e dos entes federativos, bem como dos Fundos Constitucionais de Financiamento, dos Fundos de Desenvolvimento Regional e dos incentivos fiscais.

É válido pontuar os instrumentos de financiamento da PNDR que integram os planos regionais de desenvolvimento articulados com os planos sub-regionais, quais sejam:

1. Orçamento Geral da União;
2. Fundos Constitucionais de Financiamento do Norte, do Nordeste e do Centro-Oeste;
3. Fundos de Desenvolvimento da Amazônia, do Nordeste e do Centro-Oeste;
4. Programas de desenvolvimento regional de bancos públicos federais;
5. Incentivos e benefícios de natureza financeira, tributária ou creditícia; e
6. Outras fontes de recursos nacionais e internacionais.

Os Fundos Constitucionais de Financiamento (do Norte, do Nordeste e do Centro-Oeste) são os principais instrumentos de fomento às atividades produtivas desenvolvidas naquelas regiões. São agentes operadores desses fundos o Banco da Amazônia (FNO), o Banco do Nordeste (FNE) e o Banco do Brasil (FCO).

Os outros fundos de desenvolvimento seguem a mesma estrutura de apoio a crescimento e desenvolvimento e podem ser geridos por governos, organizações e entidades. Os Fundos de Desenvolvimento da Amazônia, do Nordeste e do Centro-Oeste estão entre as principais ações de promoção do desenvolvimento regional no Brasil.

Esses fundos em específico têm como finalidade assegurar recursos para investimentos nas áreas das Superintendências do Desenvolvimento da Amazônia, do Nordeste e do Centro-Oeste em infraestrutura, serviços públicos e empreendimentos produtivos. O FDR atua de forma descentralizada, direcionando recursos para estados e municípios que apresentam maiores necessidades de desenvolvimento.

4 Fundo Nacional de Desenvolvimento Regional e desigualdades regionais e sociais

A Emenda Constitucional nº 132 de 2023, conhecida como reforma tributária, instituiu o Fundo Nacional de Desenvolvimento Regional com o objetivo de reduzir as desigualdades regionais e sociais. Observa-se que esse instrumento fiscal foi instituído com dois objetivos sobre a dinâmica fiscal federativa.

O primeiro deles é mitigar os efeitos da guerra fiscal que existe atualmente entre os Estados, referente à competição por investimentos e negócios por meio de benefícios fiscais diante da intenção de criar um ambiente de distribuição de recursos por meio de fundos fiscais. Ao invés de uma lógica de concorrência, instalar-se-ia uma ideia de distribuição a partir de mecanismo fiscal comum.

O segundo é compensar aqueles que se sentem prejudicados com a proposta de mudança da tributação do local de origem para o local de destino. Tradicionalmente, o imposto é coletado pelo Estado onde os bens são produzidos, mas com a mudança passaria a ser coletado pelo Estado onde os bens são consumidos. Esta mudança tem implicações para os entes da federação que atualmente se beneficiam por serem grandes centros de produção, pois perdem uma parte significativa da receita tributária para as regiões onde os produtos são efetivamente consumidos.

Este fundo constitucional está vinculado aos objetivos previstos no art. 3º, III, qual seja: erradicar a pobreza e a marginalização e reduzir as desigualdades sociais e regionais. É vedada a retenção ou qualquer restrição ao recebimento dos recursos. A distribuição dos recursos está prevista mediante a entrega de recursos da União aos Estados e ao Distrito Federal para três eixos:

(i) Realização de estudos, projetos e obras de infraestrutura;
(ii) Fomento a atividades produtivas com elevado potencial de geração de emprego e renda, incluindo a concessão de subvenções econômicas e financeiras; e
(iii) Promoção de ações com vistas ao desenvolvimento científico e tecnológico e à inovação.

Esta mudança constitucional estabelece uma preferência legal na destinação do dinheiro, qual seja a imposição aos Estados e ao Distrito Federal de direcionar para projetos sobre ações de sustentabilidade ambiental e redução das emissões de carbono. Embora a Constituição Federal estabeleça esse tipo de destinação, não se trata de vinculação constitucional porque o parágrafo terceiro prevê tratar-se de uma faculdade dos Estados e do Distrito Federal.

Além disso, estabelece alguns critérios para o rateio de recursos para Estados e Distrito Federal por coeficientes individuais de participação calculados com base nos seguintes indicadores e com os seguintes pesos:

1. População do Estado ou do Distrito Federal, com peso de 30% (trinta por cento);

2. Coeficiente individual de participação do Estado ou do Distrito Federal nos recursos de que trata o art. 159, I, "a", da Constituição Federal, com peso de 70% (setenta por cento), qual seja: A União entregará o produto da arrecadação dos impostos sobre renda e proventos de qualquer natureza e sobre produtos industrializados e do imposto previsto no art. 153, VIII, 50% (cinquenta por cento), da seguinte forma: a) vinte e um inteiros e cinco décimos por cento ao Fundo de Participação dos Estados e do Distrito Federal;

Logo, são dois os critérios de rateio: um populacional e outro fundo de participação dos Estados. Seguindo o princípio da simetria, o Tribunal de Contas será o órgão responsável por regulamentar e calcular os coeficientes individuais de participação mencionados.

O critério populacional é amplamente aplicado em diversos estudos técnicos e na elaboração de políticas públicas. A utilização do critério demográfico é fundamental para entender as necessidades da população, planejar os serviços públicos e determinar a necessidade de infraestrutura de determinado local, culminando em uma alocação eficiente de recursos. Nota-se que a Constituição Federal foi simplória ao estabelecer o critério populacional, assim dizendo: "população do Estado ou do Distrito Federal, com peso de 30% (trinta por cento) (art. 159-A, §4º, I, CF) por induzir se tratar da população relativa, correspondendo ao número de habitantes em determinado território".

Diante da inexistência das especificações para estabelecer a população de cada Estado e do Distrito Federal, assume-se que o órgão responsável pelo repasse de recursos deverá se lastrear nos dados constantes das pesquisas elaboradas pela Fundação Instituto Brasileiro de Geografia e Estatística (IBGE).

Considerações finais

Questiona-se de que forma o Fundo Nacional de Desenvolvimento Regional implementado pela Reforma Tributária se estrutura e como se relaciona com a mitigação das desigualdades diante do direito ao desenvolvimento.

A Reforma Tributária inovou pela constitucionalização do fundo enquanto mecanismo financeiro adotado para o direcionamento de recursos para o Fundo Nacional de Desenvolvimento Regional. O relacionamento entre o fundo, o direito ao desenvolvimento e as políticas públicas apresenta as seguintes características:

a) Os fundos fiscais são instrumentos financeiros de distribuição e gestão de recursos públicos voltados à finalidade do desenvolvimento regional;

b) Diante dos novos princípios consagrados na Reforma Tributária, percebe-se que este fundo adota o propósito de alinhar políticas de desenvolvimento à justiça tributária;

c) Trata-se de uma manobra para equalizar as compensações e a distribuição de recursos entre os entes federativos diante da centralização de caixa na União;

d) Objetiva reduzir as desigualdades regionais e sociais diante do art. 3º, III, da Constituição Federal mediante mecanismo de entrega de recursos da União aos Estados e ao Distrito Federal, ausente previsão sobre os Municípios;

e) A própria Constituição Federal limita áreas consideradas como integrantes do "desenvolvimento regional" de maneira restrita, quais sejam:

I. Realização de estudos, projetos e obras de infraestrutura;

II. Fomento a atividades produtivas com elevado potencial de geração de emprego e renda, incluindo a concessão de subvenções econômicas e financeiras; e

III. Promoção de ações com vistas ao desenvolvimento científico e tecnológico e à inovação.

f) Diante da dificuldade de definir o conteúdo jurídico do direito ao desenvolvimento, fica uma lacuna sobre a destinação para essas áreas.

Sabe-se que não é novidade ao legislador constitucional a previsão de fundos voltados ao desenvolvimento regional, já tendo feito com a delimitação das regiões, a exemplo do Fundo Constitucional do Centro-Oeste. Contudo, o Fundo implementado pela reforma apresenta sua estruturação prevista na Constituição Federal, ainda aguardando a sua implementação prática.

Referências

BUCCI, Maria Paula Dallari. O conceito de política pública em direito. *In: Políticas Públicas*. Reflexões sobre o Conceito Jurídico. São Paulo: Saraiva, 2006.

DONNELLY, Jack. In Search Of The Unicorn: The Jurisprudence and Politics of The Right to Development. *California Western International Law Journal*, vol. 15, p. 473-509, 1982. Disponível em: https://www.academia.edu/4737997/In_Search_of_the_Unicorn._The_Jurisprudence_and_Politics_of_the_Right_to_Development. Acesso em: 30 ago. 2021.

FERREIRA, Leandro José; GOMES, Magno Federici. Políticas Públicas e os Objetivos de Desenvolvimento Sustentável. *Revista Direito e Desenvolvimento*, João Pessoa, v. 9, n. 2, p. 155-178, ago./dez. 2018.

GONÇALVES, Oksandro. A ordem democrática no Estado Democrático de Direito e a teoria de Martha Nussbaum: entre o crescimento econômico e o desenvolvimento humano. *In: Crise das Políticas Desenvolvimentistas*. Rio de Janeiro: Lumen Juris, 2018, p. 15-32.

MORBACH, Isabela. *Direito financeiro e os fundos de exploração de recursos naturais não renováveis*. Dissertação de Mestrado. Universidade de São Paulo. Disponível em: https://www.teses.usp.br/teses/disponiveis/2/2133/tde-18122020-030446/publico/8656031_Dissertacao_Original.pdf. Acesso em: 28 out. 2024.

OLIVEIRA, Regis Fernandes. *Curso de Direito Financeiro*. São Paulo: Revista dos Tribunais, 2006.

PRADO, D. L.; MASTRODI, J.; CASALINO, V. G. Direito ao desenvolvimento como direito humano incondicional: crítica ao pacto de desenvolvimento de Arjun Sengupta. *Direito e Desenvolvimento*, 13(1), p. 123-139, 2022. Disponível em: https://doi.org/10.26843/direitoedesenvolvimento.v13i1.1480.

RELLANA, Marcos A. Mudança climática e os objetivos de desenvolvimento do milênio: o direito ao desenvolvimento, cooperação internacional e o mecanismo de desenvolvimento limpo. *Sur – Rev. Int. Direitos humanos*, v. 7, n. 12, p. 153-179, 2010. Disponível em: https://sur.conectas.org/wp-content/uploads/2017/11/sur12-port-marcos-a-orellana.pdf. Acesso em: 30 ago. 2021.

SCAFF, Fernando Facury. Como a Sociedade Financia o Estado para a Implementação dos Direitos Humanos no Brasil. *In*: GUERRA, Sidney (org.). *Temas Emergentes de Direitos Humanos*. 1. ed. Faculdade de Direito de Campos: Rio de Janeiro, 2007, v. 2, p. 347-382

SEN, Amartya. *Desenvolvimento como liberdade*. Tradução de Laura Teixeira Motta. São Paulo: Companhia das Letras, 2000.

SENGUPTA, Arjun. Aid and Development Policy in the 1990s. *Economic and Political Weekly*, vol. 28, n. 11, p. 453-464, 1993. Disponível em: http://www.jstor.org/stable/4399488. Acesso em: 30 ago. 2021.

SENGUPTA, Arjun. Realizing the Right to Development. *Development and Change*, vol. 31, p. 553-578, dez. 2000. Disponível em: https://onlinelibrary.wiley.com/doi/abs/10.1111/1467-7660.00167. Acesso em: 30 ago. 2021.

SILVEIRA, Alexandre Coutinho. *O direito financeiro e a redução de desigualdades*. Belo Horizonte: D'Plácido, 2020.

Informação bibliográfica deste livro, conforme a NBR 6023:2018 da Associação Brasileira de Normas Técnicas (ABNT):

SCAFF, Luma Cavaleiro de Macedo. Fundo Nacional de Desenvolvimento Regional (FNDR): instrumento financeiro para a mitigação das desigualdades diante do direito ao desenvolvimento. *In*: SCAFF, Fernando Facury; DERZI, Misabel de Abreu Machado; BATISTA JÚNIOR, Onofre Alves; TORRES, Heleno Taveira (coord.). *Tributação, desigualdade e desenvolvimento*. Belo Horizonte: Fórum, 2025. p. 235-247. ISBN 978-65-5518-100-5.

O DESINTERESSE DOS ESTADOS BRASILEIROS QUANTO À EFETIVA CONCRETIZAÇÃO DA PROGRESSIVIDADE DO IMPOSTO SOBRE HERANÇAS E DOAÇÕES EXIGIDA NA EMENDA CONSTITUCIONAL Nº 132/2023

MARCIANO SEABRA DE GODOI

1 Introdução

O presente artigo dá prosseguimento a um estudo publicado no início de 2024 na coletânea *Reforma tributária do consumo no Brasil: entre críticos e apoiadores*,[1] no qual analisei a norma da Emenda Constitucional nº 132/2023 que determinou que o imposto sobre heranças e doações "será progressivo em razão do valor do quinhão, legado ou doação" (novo inciso VI do art. 155, §1º, da Constituição), bem como as normas da referida emenda que buscaram finalmente viabilizar a incidência do imposto sobre heranças e doações em situações com elementos de conexão com o exterior (art. 16 da EC nº 132).

---

[1] GODOI, Marciano Seabra de. A Emenda Constitucional 132/2023 como o início de um possível desbloqueio institucional que permita uma incidência equitativa do imposto sobre heranças e doações no Brasil. In: SCAFF, Fernando Facury *et al.* (coord.). *Reforma tributária do consumo no Brasil*: entre críticos e apoiadores. Belo Horizonte: Casa do Direito, 2024, p. 207-240.

Após afirmar que essas normas concretizadoras da capacidade contributiva destoam da histórica má vontade do Congresso Nacional com relação a uma tributação progressiva e efetiva do patrimônio, e somente foram aprovadas em 2023 em razão do "contexto peculiar e único" da reforma tributária aprovada pela EC nº 132, concluí:

> Portanto, ainda é cedo para afirmar que o bloqueio institucional que durou tantas décadas foi afinal vencido. Com as normas da EC 132, estamos diante de um possível *início* de desbloqueio institucional que enfim permita uma incidência efetiva e equitativa do ITCMD. Ainda são necessários vários movimentos, de vários poderes e de vários entes federativos, para destravar a incidência progressiva e equitativa deste que é um imposto muito significativo para o Estado Social e Democrático de Direito.[2]

O presente artigo, escrito em novembro de 2024, a partir de uma pesquisa legislativa realizada entre setembro e outubro de 2024 por membros do Grupo de Pesquisa Finanças Públicas, Igualdade e Democracia,[3] tem por objetivo geral investigar se os estados brasileiros se movimentaram ou não, durante o ano de 2024, para colocar em prática e dar efetividade às normas da EC nº 132 anteriormente citadas.

2 Perfil geral das legislações do imposto sobre heranças e doações: capacidade contributiva às avessas e resistência de nove Estados à progressividade de alíquotas

A análise das 27 legislações estaduais do imposto sobre heranças e doações indica que há uma espécie de cumprimento às avessas do princípio da capacidade contributiva. Esse fenômeno desconcertante decorre de dois fatores.

---

[2] GODOI, Marciano Seabra de. A Emenda Constitucional 132/2023 como o início de um possível desbloqueio institucional que permita uma incidência equitativa do imposto sobre heranças e doações no Brasil. *In*: SCAFF, Fernando Facury *et al.* (coord.). *Reforma tributária do consumo no Brasil*: entre críticos e apoiadores. Belo Horizonte: Casa do Direito, 2024, p. 240.

[3] A pesquisa foi realizada por André Vocurca, Ana Luiza Rodrigues, Elizabete Dias Silva, Fabiana Ribeiro, Gabriela Lemos, Gabriela Muzzi, Jéssica Nery, Juliana Moreira, Lucilene Carolina, Marina Falcão, Pricylla Ramos e Ulisses Medeiros, todos membros do Grupo de Pesquisa Finanças Públicas, Igualdade e Democracia, certificado junto ao CNPq pela PUC Minas.

O primeiro deles é o fato de os contribuintes com maior capacidade econômica, detentores de grandes fortunas, terem à sua disposição um planejamento tributário simples e seguro para evitar a incidência do imposto: a constituição de *holdings* patrimoniais ou outras estruturas societárias no exterior. Quando da transmissão *mortis causa* ou por doação das participações nessas *holdings* constituídas no exterior, o imposto deixa de incidir por força da ausência da lei complementar prevista no art. 155, §1º, III, da Constituição, lei complementar que o Congresso Nacional se omitiu por mais de três décadas quanto à sua aprovação e que o Supremo Tribunal Federal considerou imprescindível para a incidência do imposto (RE 851.108, Relator Ministro Dias Toffoli, acórdão publicado em 20 de abril de 2021).[4]

Os contribuintes com maior capacidade econômica também têm acesso a várias outras estratégias de planejamento tributário consideradas lícitas pelos tribunais para reduzir drasticamente a carga do imposto.[5] A consequência disso é que, quanto mais nos aproximamos do topo da pirâmide de distribuição de renda e patrimônio, mais são frequentes – e autorizados pela legislação (ou por sua ausência) e pela jurisprudência – os planejamentos tributários que podem afastar por completo ou reduzir drasticamente a carga tributária representada pelo imposto de heranças e doações. Em uma frase: quanto mais rico, menor é a chance de o indivíduo realmente ser tributado pelo imposto de heranças e doações.

O segundo fator que explica essa espécie de cumprimento às avessas da capacidade contributiva é o fato de que a quase totalidade das legislações estaduais não possui normas de isenção capazes de proteger efetivamente da incidência do imposto a transmissão de herança no seio de famílias com patrimônio reduzido e limitado a um só bem imóvel destinado à moradia de seus membros. Na imensa maioria das legislações estaduais, é excessivamente diminuto o teto máximo de

---

[4] Criticamos a omissão injustificável do Congresso Nacional quanto à aprovação de referida lei complementar e defendemos uma interpretação distinta da que o STF veio a aplicar sobre o caso no artigo GODOI, Marciano Seabra de; FURMAN, Melody Araújo Pinto. Os Estados e o Distrito Federal podem cobrar o imposto sobre heranças e doações em situações internacionais antes da edição da Lei Complementar prevista na Constituição? *Revista de Direito Internacional Econômico e Tributário – RDIET*, Brasília, vol. 13, n. 1, 1-44, jan./jun. 2018. Disponível em: https://portalrevistas.ucb.br/index.php/rdiet/issue/view/542.

[5] Vide FRANCO, André Luiz Secco. A erosão da base tributária do ITCMD em São Paulo. *In*: VALENTIN, Jefferson (org.). *Estudos Fiscais sobre ITCMD*. São Paulo: Max Limonad, 2024, p. 111-130; VALENTIN, Jefferson. *Holding: estudo sobre a evasão fiscal no planejamento sucessório*, São Paulo: Letras Jurídicas, 2021.

valor para as heranças consideradas isentas do imposto, com a consequência de submeter famílias sem efetiva capacidade contributiva à incidência do imposto, inviabilizando em muitos casos que o inventário seja concluído.

Vejamos o exemplo de São Paulo. O art. 6º da Lei Paulista nº 10.705/2000 considera isenta a transmissão *causa mortis* "de imóvel de residência, urbano ou rural, cujo valor não ultrapassar 5.000 (cinco mil) Unidades Fiscais do Estado de São Paulo – UFESPs e os familiares beneficiados nele residam e não tenham outro imóvel". Referido montante corresponde em 2024 a R$ 176.800,00. Esse patamar, definido no ano 2000 e nunca mais reavaliado, mostra-se excessivamente baixo e não é corrigido no tempo conforme a realidade do mercado imobiliário.[6] Segundo informações de empresas do setor imobiliário, o valor médio de mercado do metro quadrado de residências por exemplo no bairro de Itaquera, localizado numa região pouco valorizada da capital paulista, é de R$ 5.432.[7] Portanto, a transmissão *causa mortis* de um imóvel de aproximadamente 40 metros quadrados em Itaquera, no qual os familiares residem sem que possuam outro imóvel, é considerada tributável pela legislação paulista. Esse exemplo indica claramente que pessoas de baixa renda e patrimônio modesto são incluídas entre os contribuintes do imposto e tributadas, o que contrasta fortemente com a realidade da tributação das heranças em outros países, cuja legislação efetivamente protege da incidência do imposto as famílias de renda baixa e média.[8]

---

[6] O valor da UFESP é corrigido por índices de inflação sem relação com a realidade específica do mercado imobiliário.

[7] Disponível em: https://www.proprietariodireto.com.br/preco-m2/itaquera-sao_paulo. Acesso em: 15 nov. 2024.

[8] Em 2024, a legislação do imposto federal estadunidense sobre heranças ("estate tax") determina que a exação não incida sobre heranças cujo valor não atinja 13,61 milhões de dólares. No Reino Unido, os limites de isenção do "inheritance tax" são bem mais baixos do que nos EUA, mas ainda assim bastante significativos: 325 mil libras esterlinas, valor que é alçado a 500 mil libras esterlinas (mais de 3,5 milhões de reais pelo câmbio atual) caso a herança se destine aos filhos do *de cujus*. Na Espanha, o imposto sobre sucessões *mortis causa* das Comunidades Autônomas em geral preserva de sua incidência os quinhões individuais que não atingem 300 mil euros, o que equivale a um milhão e oitocentos mil reais pelo câmbio atual – cf. GODOI, Marciano Seabra de. A Emenda Constitucional 132/2023 como o início de um possível desbloqueio institucional que permita uma incidência equitativa do imposto sobre heranças e doações no Brasil, In: SCAFF, Fernando Facury *et al.* (coord.). *Reforma tributária do consumo no Brasil: entre críticos e apoiadores*, Belo Horizonte: Casa do Direito, 2024, 222.

A isenção da legislação paulista analisada, com valores extremamente baixos, se repete em quase todos os Estados.⁹ Exceção digna de nota é a legislação do Espírito Santo, cuja Lei nº 10.011, de 2013, isenta do imposto o imóvel destinado exclusivamente à moradia do herdeiro ou legatário, até o limite de duzentos mil Valores de Referência do Tesouro Estadual (VRTEs), o que equivale a R$ 900 mil em 2024, e desde que o herdeiro ou legatário não possua outro bem imóvel. Além de prever um valor (R$ 900 mil) muito mais adequado para proteger do imposto as famílias de renda baixa e média, a lei capixaba também destoa (positivamente) das demais legislações estaduais ao dispor que, caso o valor do imóvel ultrapasse aquele limite de R$ 900 mil, "o imposto será calculado apenas sobre a parte excedente" (art. 7º da Lei nº 10.011, de 2013).

Com relação à progressividade das alíquotas do imposto, atualmente há 18 Estados com alguma forma de progressividade de alíquotas,¹⁰ e 9 Estados com alíquotas fixas.¹¹ Chama a atenção o fato de que na região Nordeste a proporção de Estados com alíquotas progressivas é de 89% e na região Centro-Oeste é de 75%, enquanto na região Sudeste somente o Rio de Janeiro instituiu alíquotas progressivas. Com efeito, a região Sudeste é a única do país em que a maioria dos Estados cobra o imposto sobre heranças e doações com alíquotas fixas.

No caso de Minas Gerais, instituiu-se um sistema de alíquotas progressivas em 1996, com alíquotas variando entre 1 e 7% no caso de sucessão *causa mortis* e entre 1,5 e 5% no caso de doações (Lei nº 12.426). Em 2003, as alíquotas progressivas foram substituídas por uma alíquota fixa de 5% com a justificativa – questionável – de que a jurisprudência do Supremo Tribunal Federal vedaria a progressividade de alíquotas do

---

⁹ No caso de Minas Gerais, se uma família que vive na periferia de Belo Horizonte realizar a partilha de seu único imóvel residencial de baixo padrão de acabamento e apenas 60 metros quadrados, haverá incidência do imposto sobre heranças com alíquota de 5%, visto que a isenção do imposto relativa a um único imóvel residencial (art. 3º, I, da Lei nº 14.941, de 2003) somente alcança imóveis de até 40.000 Unidades Fiscais do Estado de Minas Gerais (valor inalterado desde 2007), o que corresponde em 2024 a aproximadamente R$ 211 mil – vide informações disponíveis em https://www.agenteimovel.com.br/mercado-imobiliario/a-venda/mg/belo-horizonte/. Acesso em: 15 nov. 2024.

¹⁰ Os Estados com alíquotas progressivas são: Acre, Bahia, Ceará, Distrito Federal, Goiás, Maranhão, Mato Grosso, Pará, Paraíba, Pernambuco, Piauí, Rio de Janeiro, Rio Grande do Norte, Rio Grande do Sul, Rondônia, Santa Catarina, Sergipe e Tocantins.

¹¹ Os Estados sem alíquotas progressivas são: Alagoas (o único do Nordeste sem alíquotas progressivas), Amapá, Amazonas, Espírito Santo, Mato Grosso do Sul, Minas Gerais, Paraná (o único do Sul sem alíquotas progressivas), Roraima e São Paulo.

imposto sobre heranças e doações.¹² Em 2013 a jurisprudência do STF se pacificou no sentido da constitucionalidade da progressividade de alíquotas do imposto sobre heranças e doações (RE nº 562.045, Redatora do Acórdão Ministra Cármen Lúcia, acórdão publicado em 27 nov. 2013), mas desde então nenhuma proposta de alteração da alíquota fixa de 5% chegou sequer a ser votada na Assembleia Legislativa de Minas Gerais.

Até mesmo nos Estados que contam com alíquotas progressivas é duvidoso que haja progressividade real e efetiva na incidência concreta do tributo, visto que os contribuintes com maior capacidade contributiva são exatamente aqueles com maior facilidade de acessar os planejamentos tributários que promovem a transferência jurídica de ativos para o exterior com o objetivo de, dada a ausência da lei complementar anteriormente referida, provocar a não incidência do imposto.

Como se verá nos itens a seguir, é forte a resistência dos Estados com alíquota fixa a instituírem alíquotas progressivas. Mesmo com uma ordem clara emanada da EC nº 132 em 2023, esses Estados nada ou quase nada fizeram no ano de 2024 para cumprirem a Constituição.

3 Medidas da EC nº 132 no sentido da transformação do imposto sobre heranças e doações num imposto efetivamente progressivo

O Congresso Nacional, desde 1988, se omite em várias frentes com relação à tarefa de dar efetividade à tributação do patrimônio e da riqueza prevista na Constituição de 1988. Além de passar mais de três décadas e meia sem aprovar a lei complementar (prevista no art. 155, §1º, III, da Constituição) que o STF considerou necessária para viabilizar a cobrança do imposto sobre heranças e doações nas transmissões envolvendo elemento de conexão com o exterior, o Congresso também se omitiu quanto à aprovação de leis complementares que definam as próprias normas gerais do imposto estadual sobre heranças e doações e do imposto municipal sobre transmissão *inter vivos* por ato oneroso de bens imóveis e de direitos reais sobre imóveis (fato gerador, base de cálculo e contribuintes, nos termos do art. 146, III, "a", da Constituição).¹³

---

¹² Sobre o tema, vide GODOI, Marciano Seabra de. *Crítica à Jurisprudência Atual do STF em Matéria Tributária*, São Paulo: Dialética, 2011, 96-115.

¹³ Essas normas gerais foram incluídas no PLP nº 108/2024, aprovado na Câmara dos Deputados no final de outubro de 2024.

Tudo isso sem contar a recusa em instituir o imposto sobre grandes fortunas previsto no art. 153, VII, da Constituição, recusa mais uma vez afirmada no ano de 2024, quando da votação, pela Câmara dos Deputados, de um destaque ao PLP nº 108/2024 que previa a instituição do imposto.

Tendo em vista esse conhecido histórico de posturas francamente contrárias do Congresso Nacional a uma tributação progressiva do patrimônio e da riqueza, as medidas previstas na EC nº 132 com relação ao imposto sobre heranças e doações constituíram por assim dizer um ponto fora da curva, explicado pelo contexto peculiar e único da reforma constitucional tributária do consumo aprovada em dezembro de 2023.

Na EC nº 132, há três normas que alteram significativamente o perfil constitucional do ITCMD, no sentido de torná-lo efetivamente progressivo:

- criação da norma de que o ITCMD "será progressivo em razão do valor do quinhão, legado ou doação" (novo inciso VI do art. 155, §1º, da Constituição);

- revogação da norma constitucional segundo a qual o imposto sobre heranças, relativamente a bens móveis, títulos e créditos, cabia ao Estado onde se processasse o inventário ou arrolamento, passando-se a dispor que, nesses casos, o imposto caberá "ao Estado onde era domiciliado o *de cujus*" (art. 155, §1º, II, da Constituição), regra aplicável "às sucessões abertas a partir da data de publicação desta Emenda Constitucional" (art. 17 da EC nº 132);

- criação da norma de que o ITCMD, até que lei complementar regule o disposto no art. 155, §1º, III, da Constituição, competirá: "I - relativamente a bens imóveis e respectivos direitos, ao Estado da situação do bem, ou ao Distrito Federal; II - se o doador tiver domicílio ou residência no exterior: a) ao Estado onde tiver domicílio o donatário ou ao Distrito Federal; b) se o donatário tiver domicílio ou residir no exterior, ao Estado em que se encontrar o bem ou ao Distrito Federal; III - relativamente aos bens do *de cujus*, ainda que situados no exterior, ao Estado onde era domiciliado, ou, se domiciliado ou residente no exterior, onde tiver domicílio o sucessor ou legatário, ou ao Distrito Federal" (art. 16 da EC nº 132).

3.1 Obrigatoriedade de alíquotas progressivas

Com relação à regra constitucional de progressividade obrigatória do ITCMD, retoma-se a salutar norma do art. 128 da Constituição de 1934, segundo a qual "ficam sujeitas a imposto progressivo as transmissões por herança ou legado". A nova regra obriga os nove Estados que não têm alíquotas progressivas a instituí-las em suas legislações. Além disso, obriga os Estados (como o Estado da Bahia) que atualmente preveem alíquotas progressivas para as transmissões *causa mortis*, mas não para as transmissões por doação, que também instituam alíquotas progressivas para as transmissões gratuitas.

Note-se que a Emenda Constitucional nº 132 determinou a progressividade do imposto "em razão do valor do quinhão, legado ou da doação", e não em razão do montante total da herança. Trata-se de uma norma que prestigia a capacidade contributiva, a qual, no caso do imposto sobre heranças, se refere ao herdeiro/legatário e não ao *de cujus*. A capacidade econômica demonstrada por um dos dez herdeiros de uma herança total de 1 milhão de reais não é a mesma capacidade econômica demonstrada pelo herdeiro único de herança do mesmo valor.[14]

Note-se que a legislação dos Estados que preveem alíquotas progressivas sobre as heranças dispõe que a base de cálculo do imposto é o valor total dos bens transmitidos e não o valor do quinhão ou legado. No Rio de Janeiro, por exemplo, a Lei nº 7.174/2015 dispõe que a base de cálculo do imposto é "o valor de mercado do bem ou do direito transmitido", sem qualquer previsão de que, na incidência sobre as transmissões *mortis causa*, a base de cálculo seria o valor do quinhão ou legado.

Uma exceção é o Estado do Tocantins, que teve sua legislação alterada em 2015 por uma norma segundo a qual, no âmbito do ITCMD, "ocorrem tantos fatos geradores distintos quantos forem os herdeiros, legatários, donatários ou usufrutuários, ainda que o bem ou direito seja indivisível" (art. 59, §3º, da Lei nº 1.287/2001). Com base nesse dispositivo, de resto também previsto no parágrafo único do art. 35 do CTN, a Administração Tributária do Tocantins aplica as alíquotas sobre o valor do quinhão ou legado, e não sobre o valor de toda a herança.[15]

---

[14] Neste mesmo sentido, cf. MACHADO, Hugo de Brito, *Curso de Direito Tributário*, 33. ed. São Paulo: Malheiros, 2012, 369.

[15] GOVERNO DO TOCANTINS. Consulta SEFAZ/DTRI n.026/2018, Palmas, 23 de julho de 2018. Disponível em: https://dtri.sefaz.to.gov.br/legislacao/consultas/2018/cons%20n%C2%BA%20026.18.htm. Acesso em: 18 nov. 2024.

Portanto, a regra definida na EC nº 132 obriga os Estados a alterarem sua legislação para: a) no caso dos Estados com alíquota fixa do imposto, instituírem alíquotas progressivas em razão do valor do quinhão, legado ou da doação; b) no caso dos Estados com alíquotas progressivas somente para as transmissões *mortis causa*, instituírem alíquotas progressivas também para as transmissões gratuitas; c) no caso dos Estados cuja legislação prevê que a base de cálculo na transmissão *mortis causa* é o valor total dos bens transmitidos, definirem como base de cálculo o valor do quinhão ou legado.

3.2 Competência para a cobrança do imposto no caso de bens móveis, títulos e créditos

Quanto à nova regra de competência para tributar a transmissão *causa mortis* de bens móveis, títulos e créditos, a EC nº 132 contribui para uma efetiva progressividade do ITCMD na medida em que dificulta que os residentes nos Estados com alíquotas progressivas tenham sua sucessão submetida a alíquotas fixas e mais baixas em outros Estados. Com efeito, após a Lei nº 11.441/2007 (inventário e partilha extrajudicial) e a Resolução nº 35/2007 do CNJ, passou a ser possível realizar o inventário em cartório de notas localizado em Estado distinto daquele em que residia o *de cujus*, de modo a se escolher como competente para cobrar o ITCMD um Estado que não contempla em sua legislação alíquotas progressivas, como o Estado do Amazonas, em que a alíquota é de 2% e não se eleva à medida que cresce o vulto das heranças.

Essa prática era permitida até a EC nº 132, visto que a regra de competência do ITCMD fixada em 1988 para a sucessão *causa mortis* de bens móveis, títulos e créditos era a do local do processamento do inventário, o qual, a partir de 2007, passou a poder ser livremente escolhido no caso de ser cabível o inventário extrajudicial.

3.3 Autorização constitucional expressa para a cobrança do imposto em situações com elementos de conexão no exterior

A norma do art. 16 da Emenda Constitucional 132 busca viabilizar – por força de uma regra de transição – a incidência do ITCMD sobre sucessões e doações com elementos internacionais, incidência que permanecia bloqueada pela ausência de aprovação pelo Congresso Nacional da lei complementar prevista no art. 155, §1º, III, da Constituição.

Note-se que o STF, após considerar no julgamento do RE 851.108[16] que tal lei complementar seria imprescindível para viabilizar a cobrança do imposto, impôs ao Congresso Nacional no julgamento da ADO nº 67[17] o dever de produzir a norma até agosto de 2023, prazo que foi descumprido.

Como dissemos em estudo anterior, essa norma transitória do art. 16 da EC nº 132 "é talvez a que gere maiores efeitos concretos, visto que pretende, finalmente, passar a tributar as heranças das famílias mais ricas, que, como visto anteriormente, até então somente pagavam o ITCMD se quisessem", já que tinham à sua disposição um planejamento tributário simples e seguro (criação de *holdings* patrimoniais no exterior).

Note-se que o efeito concreto dessa norma da EC nº 132 não foi iniciar a cobrança do imposto nos casos ali previstos, e sim autorizar-ordenar que os Estados aprovassem legislação para incorporar esses elementos de conexão do imposto tal como fixados no art. 16 da referida Emenda. Vários Estados já haviam no passado aprovado leis com esses mesmos elementos de conexão, mas o STF, como explicado antes, declarou tais normas inconstitucionais no julgamento de diversas ações diretas de inconstitucionalidade julgadas após o RE 851.108.[18]

4 A inércia dos Estados quanto ao cumprimento da EC nº 132 durante o ano de 2024

A EC nº 132 não exigiu dos Estados a aprovação de complexas e numerosas normas sobre o ITCMD. As três exigências foram simples e objetivas:

---

[16] RE 851.108, Relator Ministro Dias Toffoli, acórdão publicado em 20 abr. 2021. Houve modulação de efeitos da decisão pela inconstitucionalidade da incidência do ITCMD. Nos termos da modulação, os efeitos da decisão tiveram eficácia *ex nunc*, a contar da publicação do acórdão, com ressalva: a) das ações judiciais pendentes de conclusão até a publicação do acórdão, nas quais se discuta a qual estado o contribuinte deve efetuar o pagamento do ITCMD, considerando a ocorrência de bitributação; ou b) das ações nas quais se discuta a validade da cobrança desse imposto, não tendo sido ele pago anteriormente. Vide Emb. Decl. no Recurso Extraordinário 851.108, Relator Ministro Dias Toffoli, acórdão publicado em 6 out. 2021.

[17] ADO nº 67, Relator Ministro Dias Toffoli, acórdão publicado em 29 jun. 2022.

[18] Cf. MELO, Antheia Aquino. *A omissão na regulamentação do ITCMD com elemento de conexão internacional:* impacto social, resposta dos poderes Judiciário e Legislativo e proposta de conteúdo mínimo para a Lei Complementar que deverá regulamentar a matéria, Dissertação de mestrado, Programa de pós-graduação em Direito da Pontifícia Universidade Católica de Minas Gerais, 2023.

a) Todos os Estados deveriam incorporar às suas legislações os elementos de conexão previstos no art. 16 da EC nº 132, numa alteração normativa objetiva e sem margem a variações e escolhas políticas específicas;
b) Os Estados com alíquotas fixas do imposto para as transmissões *mortis causa*, ou então para as doações, deveriam aprovar legislação instituindo alíquotas progressivas em razão do valor do quinhão, legado ou da doação, respeitando a alíquota máxima de 8% contida na Resolução do Senado nº 9, de 1992;
c) Os Estados cuja legislação prevê que a base de cálculo na transmissão *mortis causa* é o valor total dos bens transmitidos deveriam aprovar legislação definindo como base de cálculo o valor do quinhão ou legado.

A EC nº 132 foi promulgada em 20 de dezembro e publicada em 21 de dezembro de 2023. Não se mostrava viável aos Estados aprovar as alterações legislativas do ITCMD mencionadas ainda no exercício de 2023. Mas se esperava de Poderes Executivos estaduais comprometidos com o cumprimento da Constituição e da Lei de Responsabilidade Fiscal[19] que enviassem aos Legislativos estaduais nos primeiros meses de 2024 os projetos de lei relativos a tais alterações legislativas.

Caso esses projetos de lei iniciassem sua tramitação nas Assembleias estaduais nos primeiros meses de 2024, seria totalmente factível sua aprovação até o final do mês de setembro, viabilizando desse modo, com pleno respeito à regra da anterioridade mista prevista no art. 150, III, "c", da Constituição, que as normas prevendo a progressividade de alíquotas do ITCMD e sua incidência sobre transmissões com elementos de conexão com o exterior gerassem efeitos concretos a partir de 1º de janeiro de 2025.

Contudo, confirmando a previsão contida em estudo realizado logo após a promulgação da EC nº 132, houve desinteresse e desmazelo por parte dos legislativos e executivos estaduais quanto à aprovação de tais medidas.[20] Em pesquisa legislativa levada a cabo com relação

---

[19] O art. 11 da Lei de Responsabilidade Fiscal dispõe que são "requisitos essenciais da responsabilidade na gestão fiscal a instituição, previsão e efetiva arrecadação de todos os tributos da competência constitucional do ente da Federação", sendo vedada a realização de transferências voluntárias para o ente que não observe referida norma, no que se refere aos impostos.

[20] "É possível, quiçá provável, que o poder legislativo de alguns Estados, como o de Minas Gerais, relute muito em cumprir a EC 132 e instituir alíquotas progressivas para o ITCMD"; "Não se descarte a possibilidade de que alguns legislativos estaduais permaneçam inertes anos a fio, e seja necessário requerer ao STF, por ação própria, que fixe um prazo para que os legisladores dos Estados cumpram o novo art. 155, §1º, VI, da Constituição". GODOI, Marciano Seabra de. A Emenda Constitucional 132/2023 como o início de um possível

aos 27 Estados, verificou-se que até o final de outubro de 2024 nenhum chefe de Poder Executivo estadual havia enviado à Assembleia projeto de lei com as referidas providências legislativas exigidas pela EC nº 132. No que diz respeito a projetos de lei de iniciativa de parlamentares, somente no Estado de São Paulo isso ocorreu, mas sem que o projeto tenha avançado.[21]

5 O caso de Minas Gerais

Em Minas Gerais ocorreu um fenômeno curioso. Em 19 de setembro de 2024, a imprensa anunciou que o Executivo iria protocolar nesse mesmo dia junto à Assembleia um projeto de lei com previsão de incidência do ITCMD em transmissões envolvendo elementos de conexão com o exterior.[22] Contudo, em pesquisa junto à Assembleia e órgãos do Executivo, constatou-se que não houve o envio ao Legislativo de nenhum projeto de lei sobre o ITCMD no dia 19 de setembro de 2024.

É possível que o Governador do Estado tenha desistido de enviar o projeto de lei ao Legislativo tendo em vista a realização do segundo turno da eleição municipal na capital do Estado, na qual o Governador apoiou um dos candidatos. O cálculo político talvez tenha sido o de que o envio à Assembleia de um projeto para instituir o ITCMD sobre transmissões internacionais poderia ser explorado eleitoralmente, acusando-se o Executivo de "sanha arrecadatória" ou coisas do gênero.

Aliás, registre-se que o imposto sobre heranças e doações tem sido ultimamente objeto de muitas *fake news* maliciosas por parte de políticos de extrema direita. Quando da tramitação da PEC que resultou na EC nº 132, em 2023, circularam nas redes sociais mensagens massivas no sentido de que a reforma tributária iria acabar com o direito de

---

desbloqueio institucional que permita uma incidência equitativa do imposto sobre heranças e doações no Brasil, In: SCAFF, Fernando Facury et al. (coord.). *Reforma tributária do consumo no Brasil*: entre críticos e apoiadores, Belo Horizonte: Casa do Direito, 2024, 233-234.

[21] O Projeto nº 7/2024, apresentado pelo Deputado Donato, prevê alíquotas progressivas de 2 a 8% para o ITCMD, mas não especifica que as alíquotas devem incidir sobe o valor do quinhão, legado ou doação. O Projeto foi apresentado em fevereiro de 2024 e em 13 de março deu entrada na Comissão de Finanças, Orçamento e Planejamento da Assembleia paulista. Desde então permaneceu sem qualquer tramitação.

[22] GOVERNO de Minas quer alterar regras de imposto de transferências de bens imóveis – Projeto de lei do executivo estadual prevê cobrança quando donatário ou doador não residem no Brasil, O Tempo, Política, Belo Horizonte, 19 set. 2024. Disponível em: https://www.otempo.com.br/politica/2024/9/19/governo-de-minas-quer-alterar-regras-de-imposto-de-transferencia. Acesso em: 16 nov. 2024.

herança.²³ Em novembro de 2024, o Presidente da República no período de 2019-2022 divulgou em sua rede social X um vídeo afirmando que "o governo federal vai taxar heranças em 40%".²⁴

O projeto que o Governador de Minas Gerais iria enviar à Assembleia Legislativa em 19 de setembro somente foi enviado em 13 de novembro de 2024 (Projeto de Lei nº 2.881/2024). Em sua mensagem de envio do projeto, o Governador afirma:

> Com o advento da Emenda à Constituição da República nº 132/2023, foi estabelecida norma transitória sobre a incidência do ITCD para doadores que tenham domicílio no exterior e sobre transmissão causa mortis nos casos em que o de cujus era residente no exterior ou seus bens se encontrem fora do país, enquanto não seja aprovada a lei complementar de que trata o inciso III do §1º do art. 155 da Constituição da República. Neste sentido, a proposta ora apresentada tem por objetivo incorporar as inovações trazidas pela referida emenda constitucional à legislação estadual que dispõe sobre o ITCD, a fim de que as regras sobre a cobrança do imposto no Estado estejam adequadas às previsões constitucionais.²⁵

As normas do Projeto de Lei nº 2.881/2024 se limitam a incorporar à lei que regula o ITCMD no Estado (Lei nº 14.941, de 2003) as normas da EC nº 132 que tratam da incidência do imposto sobre transmissões com elementos de conexão no exterior, e a revogar a norma da lei mineira que, seguindo a norma constitucional anterior à EC nº 132, dispunha que, no caso de "bens móveis, inclusive semoventes, direitos, títulos e créditos, e direitos a eles relativos", a competência seria do Estado de Minas Gerais se o "inventário ou o arrolamento judicial ou extrajudicial se processar neste Estado" (redação original do art. 155, §1º, II).

---

[23] É #FAKE que reforma tributária acabe com direito de herança, *G1*, Rio de Janeiro, 18 jul. 2023. Disponível em: https://g1.globo.com/fato-ou-fake/noticia/2023/07/18/e-fake-que-reforma-tributaria-acabe-com-direito-a-heranca.ghtml. Acesso em: 16 nov. 2024.

[24] GOVERNO não tem proposta para taxar imóveis em 25% e herança em 40%, ao contrário do que diz Bolsonaro, *Terra*, São Paulo, 5 nov. 2024. Disponível em: https://www.terra.com.br/noticias/checamos/governo-nao-tem-proposta-para-taxar-imoveis-em-25-e-heranca-em-40-ao-contrario-do-que-diz-bolsonaro,7613ed2caecbcb543b5a8e1bfa64c856nl0rd56x.html?utm_source=clipboard. Acesso em: 16 nov. 2024.

[25] GOVERNO DE MINAS GERAIS. Projeto de Lei nº 2.881/2024. Altera a Lei nº 14.941, de 29 de dezembro de 2003, que dispõe sobre o Imposto sobre Transmissão Causa Mortis e Doação de Quaisquer Bens ou Direitos – ITCD. Diário do Legislativo, Assembleia Legislativa de Minas Gerais, 15 nov. 2024, Disponível em: https://diariolegislativo.almg.gov.br/2024/L20241115.pdf. Acesso em: 17 nov. 2024.

O artigo final do Projeto de Lei nº 2.881/24 dispõe que

> Art. 3º Esta lei entra em vigor na data de sua publicação, produzindo efeitos a partir do primeiro dia do exercício financeiro subsequente, após decorridos noventa dias da publicação, relativamente à incidência do ITCD quando o bem transmitido se encontre neste Estado, caso o donatário também não tenha domicílio no País, incluída no inciso II, e ao acréscimo do inciso V do § 2º do art. 1º da Lei nº 14.941, de 2003.

Quanto a esse artigo final, que determina a aplicação da regra da anterioridade mista (art. 150, III, "c", da Constituição) às alterações promovidas pela lei na incidência do imposto sobre transmissões com elementos de conexão no exterior, chama a atenção que o texto do artigo não preveja a aplicação de referida anterioridade também à situação em que o doador tem residência ou domicílio no exterior e o donatário tem residência ou domicílio em Minas Gerais. A competência do Estado de Minas Gerais para tributar esse tipo de transferência já estava prevista em sua legislação, mas foi declarada inconstitucional pelo Supremo Tribunal Federal na ADI nº 6.839.[26] Portanto, nos casos de doação, a anterioridade mista mencionada no art. 3º deve ser aplicada em relação à exigência do imposto "quando o bem transmitido se encontre neste Estado, caso o donatário também não tenha domicílio no País" (hipótese mencionada no art. 3º) e, também, em relação à exigência do imposto quando o doador tem residência ou domicílio no exterior e o donatário tem residência ou domicílio em Minas Gerais (hipótese omitida do texto do art. 3º).

Não há justificativa jurídica para que esse projeto de lei tenha sido enviado pelo Executivo à Assembleia somente no apagar das luzes do primeiro semestre, a pouco mais de um mês para o recesso parlamentar. Repita-se: as mudanças que o projeto de lei promove na legislação do ITCMD são poucas, simples e objetivas, estando todas elas previstas de modo claro no art. 1º e no art. 16 da EC nº 132.

Como o Projeto de Lei nº 2.881/24 somente começará a tramitar na Assembleia no final de novembro, é muito provável que não seja aprovado até o final do exercício de 2024. A consequência disso, certamente conhecida pelo Executivo, é que todas as transmissões *mortis causa* ou gratuitas que envolvem elementos de conexão no exterior

---

[26] ADI nº 6.839, Relatora Ministra Cármen Lúcia, acórdão publicado em 11 mar. 2022.

continuarão *tax free* durante o exercício de 2025. Fica claro, mais uma vez, que o bloqueio institucional para a efetiva cobrança equitativa do ITCMD não terminou com a promulgação da EC nº 132.

Esse forte e resistente bloqueio institucional também se manifesta no fato de que o Executivo mineiro decidiu não enviar à Assembleia projeto de lei para instituir alíquotas progressivas do imposto em razão do valor do quinhão, legado ou da doação. Qual a justificativa para tanto? Relembre-se que a EC nº 132 não determinou que a progressividade das alíquotas do ITCMD seria uma opção legislativa (tal como ocorre com o IPTU), mas determinou expressamente em seu art. 1º que o ITCMD "será progressivo em razão do valor do quinhão, do legado ou da doação" (art. 155, §1º, VI, da Constituição, incluído pela EC 132). Com essa decisão do Executivo, o imposto continuará a ser cobrado em Minas Gerais durante o exercício de 2025 com alíquota fixa: mesmo que isso seja frontalmente contrário ao que determina a Constituição, é o que parece mais adequado na avaliação do Executivo e do Legislativo mineiros. Eis mais um claro exemplo da "persistente recusa da política tributária brasileira a reduzir a desigualdade".[27]

6 Conclusão

Na carta-convite enviada aos autores e autoras convidados para contribuir com a coletânea em que se insere o presente artigo, constava como um dos "eixos temáticos" a seguinte questão: "Como é a tributação sobre a propriedade e/ou sobre herança e doações no Brasil, sob a ótica da capacidade contributiva?". A elaboração do presente estudo indicou com clareza o quanto é difícil tornar equitativa e aderente à capacidade contributiva a tributação sobre as heranças e doações.

O perfil geral das legislações estaduais do ITCMD bem como a omissão do Congresso Nacional entre 1988 e 2023 quanto à regulamentação da incidência do imposto sobre transmissões com elementos de conexão no exterior perfazem uma situação de cumprimento às avessas do princípio da capacidade contributiva. Enquanto os contribuintes com maior capacidade contributiva têm à sua disposição um

---

[27] GODOI, Marciano Seabra de. Concentração de renda e riqueza e mobilidade social: a persistente recusa da política tributária brasileira a reduzir a desigualdade. *Revista de Informação Legislativa*: RIL, Brasília, DF, v. 59, n. 235, p. 61-74, jul./set. 2022. Disponível em https://www12.senado.leg.br/ril/edicoes/59/235/ril_v59_n235_p61. Acesso em: 17 nov. 2024.

planejamento tributário simples e seguro[28] para evitar a incidência do imposto sobre suas fortunas (constituição de holdings patrimoniais ou outras estruturas societárias no exterior), a transmissão *causa mortis* de imóveis residenciais modestos no seio de famílias com reduzida capacidade contributiva é colhida pela incidência do tributo, já que as legislações estaduais em geral não possuem normas de isenção capazes de proteger efetivamente da incidência do imposto a transmissão de herança no seio de famílias com patrimônio reduzido e limitado a um só bem imóvel destinado à moradia de seus membros.

Mesmo com a Emenda Constitucional nº 132 tendo determinado expressamente em dezembro de 2023 que as alíquotas do ITCMD devem ser progressivas e o imposto deve incidir também (conforme as regras de competência previstas no art. 16 da EC nº 132) sobre as transmissões com elementos de conexão no exterior, segue firme o bloqueio institucional contra medidas tributárias que atinjam a capacidade contributiva dos contribuintes com maior riqueza – os Estados permanecem inertes e por ações ou omissões conseguem postergar ao máximo a efetividade das normas constitucionais antes referidas.

Referências

FRANCO, André Luiz Secco. A erosão da base tributária do ITCMD em São Paulo. *In*: VALENTIN, Jefferson (org.). *Estudos Fiscais sobre ITCMD*. São Paulo: Max Limonad, 2024, p. 111-130.

GODOI, Marciano Seabra de. A Emenda Constitucional 132/2023 como o início de um possível desbloqueio institucional que permita uma incidência equitativa do imposto sobre heranças e doações no Brasil. *In*: SCAFF, Fernando Facury *et al*. (coord.). *Reforma tributária do consumo no Brasil: entre críticos e apoiadores*. Belo Horizonte: Casa do Direito, 2024, p. 207-240.

GODOI, Marciano Seabra de. Concentração de renda e riqueza e mobilidade social: a persistente recusa da política tributária brasileira a reduzir a desigualdade. Revista de Informação Legislativa: RIL, Brasília, DF, v. 59, n. 235, p. 61-74, jul./set. 2022. Disponível em https://www12.senado.leg.br/ril/edicoes/59/235/ril_v59_n235_p61. Acesso em: 17 nov. 2024.

---

[28] IMPOSTO DE HERANÇA: com as novas regras, saiba evitar a mordida do Leão, *Isto É Dinheiro*, Finanças, São Paulo, 16 set. 2024. Disponível em: https://istoedinheiro.com.br/imposto-de-heranca-com-as-novas-regras-saiba-evitar-a-mordida-do-leao/. Acesso em: 17 nov. 2024.

GODOI, Marciano Seabra de. *Crítica à Jurisprudência Atual do STF em Matéria Tributária*. São Paulo: Dialética, 2011, 96-115.

GODOI, Marciano Seabra de; FURMAN, Melody Araújo Pinto. Os Estados e o Distrito Federal podem cobrar o imposto sobre heranças e doações em situações internacionais antes da edição da Lei Complementar prevista na Constituição? *Revista de Direito Internacional Econômico e Tributário – RDIET*, Brasília, vol. 13, n. 1, 1-44, jan./jun. 2018. Disponível em https://portalrevistas.ucb.br/index.php/rdiet/issue/view/542.

GOVERNO DE MINAS GERAIS. Projeto de Lei nº 2.881/2024. Altera a Lei nº 14.941, de 29 de dezembro de 2003, que dispõe sobre o Imposto sobre Transmissão Causa Mortis e Doação de Quaisquer Bens ou Direitos – ITCD. Diário do Legislativo, Assembleia Legislativa de Minas Gerais, 15 nov. 2024, Disponível em https://diariolegislativo.almg.gov.br/2024/L20241115.pdf. Acesso em: 17 nov. 2024.

GOVERNO DO TOCANTINS. Consulta SEFAZ/DTRI N.026/2018, Palmas, 23 de julho de 2018. Disponível em: https://dtri.sefaz.to.gov.br/legislacao/consultas/2018/cons%20n%C2%BA%2026.18.htm. Acesso em: 18 nov. 2024.

MACHADO, Hugo de Brito. *Curso de Direito Tributário*. 33. ed. São Paulo: Malheiros, 2012.

MELO, Antheia Aquino. *A omissão na regulamentação do ITCMD com elemento de conexão internacional*: impacto social, resposta dos poderes Judiciário e Legislativo e proposta de conteúdo mínimo para a Lei Complementar que deverá regulamentar a matéria. Dissertação de mestrado, Programa de pós-graduação em Direito da Pontifícia Universidade Católica de Minas Gerais, 2023.

STF. ADI nº 6.839, Relatora Ministra Cármen Lúcia, acórdão publicado em 11 mar. 2022.

STF. ADO nº 67, Relator Ministro Dias Toffoli, acórdão publicado em 29 jun. 2022.

STF. Emb. Decl. no Recurso Extraordinário 851.108, Relator Ministro Dias Toffoli, acórdão publicado em 6 out. 2021.

STF. RE 851.108, Relator Ministro Dias Toffoli, acórdão publicado em 20 abr. 202.

VALENTIN, Jefferson. *Holding*: estudo sobre a evasão fiscal no planejamento sucessório. São Paulo: Letras Jurídicas, 2021.

Informação bibliográfica deste livro, conforme a NBR 6023:2018 da Associação Brasileira de Normas Técnicas (ABNT):

GODOI, Marciano Seabra de. O desinteresse dos Estados brasileiros quanto à efetiva concretização da progressividade do imposto sobre heranças e doações exigida na Emenda Constitucional nº 132/2023. In: SCAFF, Fernando Facury; DERZI, Misabel de Abreu Machado; BATISTA JÚNIOR, Onofre Alves; TORRES, Heleno Taveira (coord.). *Tributação, desigualdade e desenvolvimento*. Belo Horizonte: Fórum, 2025. p. 249-265. ISBN 978-65-5518-100-5.

A EVASÃO TRIBUTÁRIA COMO UMA CAUSA CENTRAL DA DESIGUALDADE

MARCOS CINTRA

A desigualdade econômica é um dos maiores desafios enfrentados pelas sociedades contemporâneas. Ela não apenas compromete os valores morais, mas também fragiliza a coesão social, a eficiência dos sistemas tributários e, ao cabo, o desenvolvimento econômico.

Trata-se de um fenômeno complexo, resultante de uma combinação de fatores estruturais de longo prazo que se entrelaçam e se reforçam mutuamente. Esses fatores não apenas influenciam a distribuição de renda e riqueza, mas também afetam o acesso a oportunidades e serviços essenciais, como educação, saúde e crédito.

Por outro lado, há uma série de fatores correntes, de curto prazo, conjunturais, que acentuam as desigualdades e tornam-se fatores crônicos de agravamento do problema.

Dentre os mais importantes fatores impulsionadores da desigualdade menciono o tema deste artigo, ou seja, como a tributação pode tornar-se regressiva, malgrado suas características formais aparentemente progressivas. Vou argumentar que evasão, incluindo a elisão, a sonegação, a informalidade e agora o crime organizado, com seus tentáculos econômicos e políticos, distorcem o funcionamento do sistema tributário, tornando-o mais perverso e, portanto, reforçando a desigualdade.

Trata-se não apenas de uma questão de equidade, mas também de um fator determinante para o crescimento e a estabilidade de uma nação. Em sociedades onde a desigualdade é extrema, os efeitos colaterais incluem a redução do consumo, o aumento da instabilidade social e a perpetuação de ciclos de pobreza.

Diversos estudos têm demonstrado que a desigualdade extrema pode, de fato, desestimular o crescimento e gerar conflitos que levam a políticas econômicas populistas e nem sempre racionais. Quando a riqueza é concentrada nas mãos de poucos, o potencial de crescimento econômico é comprometido. A falta de consumo por parte da maioria da população reduz a demanda agregada, um dos motores do crescimento econômico.

Além disso, a desigualdade gera um ambiente de incerteza e instabilidade. A insatisfação social resultante de disparidades extremas pode levar a conflitos, protestos e até mesmo revoltas populares. Esses eventos não apenas desestimulam investimentos, mas também criam um círculo vicioso, em que a instabilidade política e social retroalimenta a própria desigualdade.

O impacto estrutural da desigualdade no desenvolvimento econômico

Estruturalmente, um dos fatores mais significativos que contribuem para a desigualdade, principalmente em países emergentes, é a disparidade no acesso à educação de qualidade,[1] pois é um determinante crucial na formação de capital humano, que, por sua vez, influencia a produtividade e a renda dos indivíduos. A falta de políticas públicas que promovam a inclusão no mercado de trabalho e a formalização do emprego informal agrava ainda mais essa situação.[2]

---

[1] O Brasil é reconhecido como um dos países com maior desigualdade no mundo. O último levantamento do IBGE mostra que em 2023 na faixa dos 10% da população mais rica o rendimento familiar per capita médio foi de R$ 7.580, enquanto nos 40% da população mais pobre o rendimento familiar médio foi de R$ 527. Já a população 1% mais rica teve rendimento per capita médio de R$ 20.664 frente aos 5% mais pobres que tiveram rendimento per capita médio de R$ 126. Os dados estão disponíveis em: IBGE – Instituto Brasileiro de Geografia e Estatística. *PNAD Contínua, Rendimentos de todas as fontes*, 2023, Brasília, DF, IBGE, 2024.
Dados da Cepal apontam que em 2022 o coeficiente de Gini (indicador de desigualdade na distribuição da renda, sendo mais desigual quanto mais próximo de 1) foi de 0,514 no Brasil frente a média de 0,454 na América Latina. Os dados podem ser consultados em: CEPAL – Comissão Econômica para a América Latina e o Caribe, *Panorama Social de América Latina y el Caribe: La transformación de la educación como base para el desarrollo sostenible*, novembro de 2022.

[2] Os gastos em políticas públicas diretamente focadas no desenvolvimento humano geram maior retorno social em relação à mera transferência incondicional de renda. Vide KEARNEY,

Nos países em desenvolvimento, o acesso à educação (provavelmente o mais importante mecanismo de inclusão econômica e social) é desigual, com populações marginalizadas enfrentando barreiras significativas, como a falta de infraestrutura, recursos financeiros limitados e discriminação. Essa desigualdade educacional resulta em uma força de trabalho com habilidades e qualificações desiguais, perpetuando a pobreza e limitando as oportunidades de educação e ascensão social.[3]

Outro fator estrutural que contribui para a desigualdade é o acesso desigual ao mercado de trabalho. As oportunidades de emprego são frequentemente concentradas em setores específicos, enquanto outros setores, que poderiam absorver uma parte significativa da força de trabalho, são desestimulados. Isso é exacerbado por redes de nepotismo e corrupção, que favorecem indivíduos com conexões políticas ou sociais em detrimento de candidatos qualificados, mas sem influência.

A globalização tem um papel ambíguo na dinâmica da desigualdade em países emergentes. Por um lado, pode criar oportunidades de crescimento econômico e acesso a mercados internacionais; por outro, pode exacerbar as disparidades existentes. A globalização tende a beneficiar setores que já são competitivos, como indústrias exportadoras, enquanto setores menos desenvolvidos podem ser marginalizados. Isso resulta em uma concentração de riqueza em determinadas áreas geográficas e setores da economia, aumentando a desigualdade tanto pessoal como regional.

Igualmente prejudiciais são políticas fiscais regressivas, que oneram desproporcionalmente os mais pobres e favorecem as camadas sociais mais elevadas. A corrupção e a falta de transparência nas instituições governamentais podem desviar recursos que poderiam ser utilizados para promover maior inclusão social e econômica.

Causas culturais e sociais também desempenham um papel importante na perpetuação da desigualdade. Normas sociais que discriminam certos grupos, como mulheres, minorias étnicas e pessoas com deficiência, podem limitar o acesso a oportunidades e recursos.

M. S.; MOGSTAD, M. *Universal basic income (UBI) as a policy response to current challenges.* Maintaining the strength of American capitalism, August 2019. Disponível em: https://www.econ.umd.edu/node/7376.

[3] Esse aspecto é analisado em KEARNEY, M. S.; LEVINE, P. *Income inequality, social mobility, and the decision to drop-out of high school.* Brookings Papers on Economic Activity, March 2016. Disponível em: https://www.econ.umd.edu/publication/income-inequality-social-mobility-and-decision-drop-out-high-school-0.

A discriminação de gênero, por exemplo, pode resultar em diferenças significativas em salários e oportunidades de emprego entre homens e mulheres. Além disso, a falta de representação política de grupos marginalizados pode resultar em políticas que não atendem às suas necessidades, perpetuando a exclusão e a desigualdade.

Este conjunto de fatores cria a "cultura da pobreza", como analisado por John Kenneth Galbraith.[4]

Finalmente, mudanças tecnológicas também desempenham um papel significativo na desigualdade. A automação e a digitalização podem beneficiar trabalhadores altamente qualificados, enquanto aqueles com menor nível de educação e habilidades enfrentam riscos de desemprego e subemprego.[5]

Os efeitos aumentativos da tributação na desigualdade

É importante notar que todos os fatores listados não atuam isoladamente; eles estão interconectados e se reforçam mutuamente. Para a superação dessas causas indutoras da desigualdade o sistema tributário apresenta-se como importante instrumento, seja para viabilizar financeiramente os projetos e programas de reformas estruturais de longo prazo, mas ainda como instrumento conjuntural de curto prazo para atenuar desigualdades.

Daí a importância de um sistema tributário robusto, abrangente e estável, e que seja capaz de ampliar o universo de contribuintes no sentido de arrecadar dos setores com capacidade de pagamento, evitando a evasão, e aliviando o ônus nos setores carentes, sobre os quais recai parte desproporcionalmente elevada da carga tributária brasileira.

A ausência de um sistema tributário no mínimo proporcional, ou idealmente moderadamente progressivo, onde os mais ricos pagam uma porcentagem maior de sua renda em impostos, limita a capacidade do Estado de redistribuir riqueza e financiar programas sociais. Isso resulta em um ciclo em que os grupos mais pobres permanecem em

---

[4] GALBRAITH, John Kenneth. *The Nature of Mass Poverty*. Cambridge, MA, Harvard University Press, 1979.
[5] O papel da educação na redução da desigualdade é abordado em HERSHBEIN, B.; KEARNEY, M.; PARDUE, L. College attainment, income inequality, and economic security: a simulation exercise. *American Economic Association Papers & Proceedings*, v. 110, p. 352-355, 2020. Disponível em: https://www.econ.umd.edu/publication/college-attainment-income-inequality-and-economic-security-simulation-exercise.

desvantagem, enquanto os mais ricos conseguem proteger sua riqueza e patrimônio.

Em geral, as políticas de combate à desigualdade se limitam a medidas redistributivas, ou seja, a transferência de renda e riqueza dos mais abastados aos mais carentes. Evidente que, sem prejuízo dessas medidas, há outros fatores a serem considerados.[6]

Dentre todas essas causas da desigualdade econômica, o fator mais crítico, e raramente discutido, quando não propositadamente ignorado, se encontra na evasão, sonegação e elisão fiscal, práticas frequentemente utilizadas de forma desequilibrada pelas diferentes camadas socioeconômicas da sociedade para minimizar sua carga tributária.

As empresas e seus acionistas frequentemente utilizam formas sofisticadas de planejamento tributário para minimizar os ônus sobre os rendimentos do capital, enquanto a população de baixa renda enfrenta uma carga tributária mais pesada, especialmente em relação aos impostos indiretos sobre o consumo e contribuições previdenciárias. E esses impostos, que são mais difíceis de serem burlados, tendem a ser regressivos, onerando desproporcionalmente os mais pobres. Essa dinâmica contribui para a regressividade do sistema tributário, onde os mais ricos conseguem proteger sua riqueza, enquanto a população de menor renda é sobrecarregada.

Rompendo o círculo vicioso

Para romper esse círculo vicioso, é fundamental a adoção de políticas e reformas que promovam a reversão desse estado de coisas, dentre as quais, o combate à evasão fiscal em suas variadas formas.

A implementação de um sistema tributário progressivo, que assegure que os mais ricos contribuam proporcionalmente mais, sem

---

[6] Estudo recente aponta que transferências de recursos impactam no consumo de curto prazo, mas não geram melhora persistente nas condições financeiras da população de baixa renda, tal conclusão é apontada em BARTIK, A. W.; RHODES, E.; BROOCKMAN, D. E.; KRAUSE, P. K.; MILLER, S.; VIVALT, E. The impact of unconditional cash transfers on consumption and household balance sheets: experimental evidence from two US states. *National Bureau of Economic Research (NBER) Working Paper*, n. 29877, August 2024. Disponível em: https://www.nber.org/papers/w32784. A mesma conclusão encontra-se em MILLER, S.; RHODES, E.; BARTIK, A. W.; BROOCKMAN, D. E.; KRAUSE, P. K.; VIVALT, E. Does income affect health? Evidence from a randomized controlled trial of a guaranteed income. *National Bureau of Economic Research (NBER) Working Paper*, n. 31555, July 2024. Disponível em: https://www.nber.org/papers/w32711.

desestimulá-los a produzir e investir, é essencial para redistribuir riqueza e financiar serviços públicos essenciais.

Contudo, quem sabe mais importante ainda seja o uso da tributação como um fator de inclusão da massa mais necessitada da população ao sistema econômico, e nesse mister a tributação universal pode ser um instrumento essencial.

A evasão, ao se concentrar nas camadas de maior renda e de maior poder político da sociedade, acaba por concentrar rendas e riqueza. Grupos com maior poder econômico frequentemente conseguem influenciar as políticas tributárias em seu favor, resultando em estruturas que perpetuam a desigualdade.

Nesse contexto, a tributação acaba sendo uma vítima fácil, sofrendo tentativas de correção de desigualdades por meio de privilégios concedidos a grupos mais carentes. Isso prejudica a neutralidade econômica que uma boa tributação deve garantir, além de pressionar o orçamento público para financiar políticas populistas.[7] Como resultado, transferências se tornam dominantes no orçamento público, pressionando ainda mais a tributação e o endividamento.

Um sistema tributário que universalize a base tributária, eliminando a evasão, é fator essencial para desconcentrar renda e ao mesmo tempo gerar recursos de forma mais equânime para o financiamento das atividades públicas.

Em busca de soluções

Nesta nota, abordo uma inovação tributária intimamente relacionada com a questão da desigualdade. Trata-se de um tema ignorado na recente reforma tributária instituída pela EC nº 132/2023.

Falo do uso da tributação das transações e da movimentação financeira, ITF (Imposto sobre Transações Financeiras) como um instrumento

---

[7] O exemplo mais recente desta tendência é o chamado *cashback* incluído na EC nº 132/2023. Trata-se de uma diferenciação de tratamento (devolução do imposto) que depende da renda do consumidor e curiosamente instituída dentro de um tributo sobre o consumo. Com certeza esse aspecto será judicializado em seu tempo. Há claro desvio de finalidade, pois, não se tratando de um imposto pessoal, é contraditório que o benefício seja concedido a pessoas e não ao bem consumido. Ademais, pouco se avaliou a relação custo-benefício deste programa, o que faz prever que se transforme em mais uma política assistencialista, populista e de baixa eficácia para melhorar a distribuição de renda no país. Para tal, o instrumento adequado jurídica e economicamente é o Imposto de Renda Pessoa Física (IRPF) e jamais um tributo sobre o consumo.

capaz de compor a reforma do sistema tributário brasileiro, tema que, infelizmente, vem sendo evitado e ignorado no debate público.[8]

Irei argumentar a favor dessa espécie tributária por duas razões principais:

a) a evasão tributária é elemento fulcral na geração de desigualdade de renda, e pouca atenção, se é que alguma, tem recebido das autoridades econômicas; o resgate do ITF (já conhecido no Brasil) na composição de um novo sistema tributário propicia a necessária a ampliação da base tributária nacional por meio de sua incidência universal e da eliminação da economia informal, que reúne hoje cerca de 25% a 30% da produção nacional, não alcançada plenamente pelo atual sistema tributário.

b) o uso da tributação sobre movimentação financeira (ITF) se apresenta como uma forma eficiente e altamente produtiva de financiamento da seguridade brasileira, sabidamente em estado pré-falimentar.

Vê-se, portanto, que o uso de um tributo sobre movimentação financeira para o financiamento da seguridade brasileira teria o condão de minorar dois problemas graves na economia, quais sejam, a enorme desigualdade econômica e ao mesmo tempo e resgatar a solvência do sistema previdenciário brasileiro.[9]

O combate à desigualdade

A análise sobre o papel do Imposto sobre Movimentação Financeira (ITF) na redução da desigualdade e na promoção de uma tributação mais justa e inclusiva oferece uma nova e importante perspectiva.

A evasão fiscal, quando beneficia desproporcionalmente as camadas de alta renda, funciona como um mecanismo de concentração de renda, permitindo que os mais ricos paguem proporcionalmente menos

---

[8] Essa forma inovadora de tributação é detalhada em CINTRA, Marcos. *Bank transactions: pathway to the Single Tax ideal*. Amazon Books, 2009. Disponível em: https://www.marcoscintra.org/product-page/bank-transactions-pathway-to-the-single-tax-ideal.

[9] A CPMF foi uma corruptela do IUT, Imposto Único sobre Transações, proposto como um tributo único para substituir os demais tributos arrecadatórios. Ao ser implantada como um imposto a mais, na forma do IMF e da CPMF entre 1993 e 2007, a experiência granjeou rejeição. Contudo, comprovou ser um tributo robusto, eficiente e sobretudo universal. Vide *Por uma revolução tributária*, in: CINTRA, Marcos *Tributação no Brasil e o Imposto Único*, p. 85-89, São Paulo: Makron Books,1994.

impostos, enquanto as camadas de menor renda arcam com uma carga tributária proporcionalmente maior.

O ITF, normalmente lembrado por suas características de simplicidade, economicidade e universalidade, por sua natureza insonegável (a exemplo do IPMF e CPMF aplicados no Brasil entre 1993 e 2007) tem o potencial de ser uma ferramenta de inclusão tributária. Ao incidir sobre todas as transações financeiras, ele alcança segmentos da economia que tradicionalmente escapam à tributação convencional, incluindo a economia informal e mecanismos sofisticados de evasão fiscal. Com a ampliação da base tributária proporcionada pelo ITF, é possível que os atuais contribuintes, especialmente a classe média e os assalariados de menor renda, experimentem um alívio em sua carga tributária, pois a arrecadação seria distribuída de forma mais equitativa entre todos os agentes econômicos.

Agrega-se, portanto, às qualidades conhecidas do ITF, como simplicidade, economicidade e universalidade, a de dispersividade, uma nova e insuspeita característica desconcentradora de renda.

O ITF, ao minimizar a evasão fiscal e incluir todos os segmentos econômicos na base tributária, tem o potencial de reduzir a desigualdade de forma indireta, não pela redistribuição direta de renda, mas pela criação de um sistema tributário mais equilibrado e justo.

Além dos benefícios de inclusão e equidade, o ITF também oferece vantagens em termos de simplificação administrativa e eficiência na arrecadação, o que pode resultar em menores custos de conformidade para os contribuintes e para o governo.

É claro que, por sua natureza possuidora de uma base de incidência universal e que assimila praticamente todas as mais importantes bases tributárias conhecidas (renda, circulação, consumo, folha de salários), o ITF poderia substituir qualquer tributo em uso hodiernamente.

Observando o quadro atual da economia brasileira, a mais imediata e urgente substituição a ser feita seria a folha de salários, por ser uma base de incidência em franca deterioração no mundo digital, e ainda por ser a maior e mais importante base de financiamento da seguridade social, juntamente com a Cofins e a CSLL.[10]

---

[10] Importante mencionar que a EC nº 132/2023 não altera a tributação sobre o trabalho e nem a da CSLL. Contudo, a Cofins será incluída na nova CBS.

O resgate da previdência: um bem-vindo subproduto

A implementação de um imposto sobre movimentação financeira (ITF) como nova base de financiamento para a seguridade brasileira, em substituição às incidências patronais e laborais sobre o trabalho, surge como uma alternativa promissora para enfrentar a crise previdenciária que se avizinha.[11] O sistema atual, baseado principalmente em impostos sobre a folha de pagamento, tem se mostrado insuficiente e vulnerável às mudanças no mercado de trabalho, como o aumento da informalidade e as novas formas de contrato na economia digital. Futuramente o uso do ITF como uma contribuição para o financiamento da seguridade social poderá incluir a Cofins e a CSLL, deslocando a tributação do consumo do (IBS/CBS) inteiramente para os Estados e Municípios, como aliás está implícito na Constituição Federal de 1988, que não concedeu à União a competência para tributar a circulação de bens e serviços, mas tão somente o faturamento das empresas.

A seguridade brasileira e particularmente a previdência social acha-se em profunda crise financeira. O déficit do Regime Geral de Previdência Social (RGPS) atingiu cifras alarmantes segundo a Secretaria do Tesouro Nacional chegando a R$ 306 bilhões em 2023, e com projeções indicando um rombo superior a R$ 350 bilhões em 2024. Além disso, o déficit atuarial dos funcionários públicos alcança a impressionante quantia de R$ 6 trilhões. Esses números evidenciam a urgência de uma reforma estrutural no modelo de financiamento da previdência.

A proposta de um ITF visa substituir as contribuições incidentes sobre a folha de salários, tanto do empregador quanto do empregado, ainda que futuramente possa eliminar também a Cofins e a CSLL. Este modelo apresenta várias vantagens em relação ao sistema atual.

Primeiramente, ele amplia a base de contribuintes, alcançando setores da economia informal que atualmente escapam à tributação convencional. A natureza insonegável do ITF é uma de suas principais forças. Ao incidir sobre todas as transações financeiras, torna-se extremamente difícil de ser evadido, garantindo uma arrecadação mais estável

---

[11] Essa base previdenciária alternativa foi apresentada em publicação do Ministério da Previdência Social. Base de financiamento da Previdência Social: *Alternativas e perspectivas, Movimentação financeira: a base de uma nova Contribuição Social*, p. 177-228, Brasília, DF, Março de 2003. Disponível em: https://www.marcoscintra.org/post/basecontribuicaosocial. Alternativamente, vide a série de artigos em www.orbisnews.com.br sobre a reforma da previdência social brasileira. Disponível em: https://linktr.ee/profmarcoscintra.

e eficiente. Isso contrasta com os tributos declaratórios convencionais, que são mais suscetíveis à sonegação e à evasão fiscal.

Além disso, o ITF pode contribuir para a redução dos custos de produção e da carga tributária, especialmente nos setores intensivos em mão de obra, estimulando a formalização do emprego e aumentando a competitividade dos produtos brasileiros no mercado internacional.

A adoção do ITF como base de financiamento da previdência poderia também simplificar o sistema tributário, reduzindo a burocracia e os custos de conformidade tanto para as empresas quanto para o governo. Isso poderia resultar em um ambiente de negócios mais favorável e em uma administração tributária mais eficiente.

O imposto sobre movimentação financeira (ITF) emerge como uma ferramenta fundamental para a desconcentração de renda, possibilitando que aqueles que atualmente suportam cargas indevidamente altas, como os assalariados formais, venham a pagar menos, enquanto os que sonegam ou se beneficiam de brechas legais passarão a contribuir com sua parte justa.

Além disso, por ser um tributo de difícil evasão, o ITF permite a aplicação de alíquotas nominais mais baixas para atingir uma mesma meta de arrecadação dos tributos convencionais, eliminando a sonegação e a evasão, e por força de sua elevada produtividade expressa em suas baixas alíquotas, reduzindo grandemente sua cumulatividade implícita.[12]

Ao substituir as contribuições previdenciárias incidentes sobre a folha de pagamento, o ITF reduz os custos de contratação formal, estimulando a criação de empregos e a formalização do mercado de trabalho. Isso não apenas amplia a base de contribuintes para a previdência, mas também melhora as condições de trabalho e a proteção social dos trabalhadores.

Simultaneamente, a arrecadação mais eficiente e estável proporcionada pelo ITF garante um fluxo constante de recursos para o financiamento da previdência, ajudando a resolver o atual déficit do sistema.

O ITF atua como uma solução integrada, abordando tanto a questão da desigualdade de renda quanto a sustentabilidade do sistema previdenciário, promovendo um desenvolvimento econômico mais inclusivo e equilibrado.

---

[12] Vide CINTRA 2009, *op. cit.*, p 108-125; para estimativas recentes ver *Economia digital e tributação II*, Conjuntura Econômica, IBRE/FGV, maio 2020.

Informação bibliográfica deste livro, conforme a NBR 6023:2018 da Associação Brasileira de Normas Técnicas (ABNT):

CINTRA, Marcos. A evasão tributária como uma causa central da desigualdade. *In*: SCAFF, Fernando Facury; DERZI, Misabel de Abreu Machado; BATISTA JÚNIOR, Onofre Alves; TORRES, Heleno Taveira (coord.). *Tributação, desigualdade e desenvolvimento*. Belo Horizonte: Fórum, 2025. p. 267-277. ISBN 978-65-5518-100-5.

O PAPEL DAS HERANÇAS NA DESIGUALDADE INTERGERACIONAL

MARIANA CORRÊA DE ANDRADE PINHO

A tributação das heranças está amparada no sistema de justiça que considera a igualdade de oportunidades como uma premissa. A tributação das heranças é justificada quando se assume a necessidade de impedir discrepâncias no conjunto de oportunidades adquiridas por pura sorte, as quais se perpetuam ao longo de gerações, a chamada desigualdade intergeracional.

Nas palavras de Murphy e Nagel, a desigualdade é uma consequência natural da economia capitalista de mercado, que frequentemente se torna hereditária, ao menos que se tomem medidas especiais para combatê-las.[1] A riqueza e a pobreza são formas sociais hereditárias, especialmente quando pensadas em termos de grandes agregados coletivos no longo prazo.[2]

Dito isto, o presente artigo tem por finalidade demonstrar a relação entre a assimetria das heranças e a desigualdade intergeracional no Brasil.

Na realidade brasileira é preciso considerar que, até 1888, a maioria dos ascendentes dos atuais cidadãos brasileiros não tinha

---

[1] MURPHY, Liam; NAGEL, Thomas. *O mito da propriedade*: os impostos e a justiça. São Paulo: Martins Fontes, 2005. p. 248-249.

[2] PEREIRA, Fernando Marcelino. Classes sociais e hereditariedade: fundamentos sociológicos. *In:* OLIVEIRA, Ricardo Costa de (org.). *Família importa e explica:* instituições políticas e parentesco no Brasil. São Paulo: LiberArs, 2018. p. 107.

sequer poder sobre o próprio corpo, ou direito de ir e vir, de modo que acumular patrimônio e transferi-lo a alguém estava fora de cogitação.

Muito pelo contrário: as pessoas escravizadas eram desconsideradas enquanto sujeito de direitos e eram, elas mesmas, tratadas como bens e transmitidas por herança. Ao analisar quase quatrocentos processos de inventários abertos na capitania do Rio de Janeiro entre 1790 e 1830, Florentino e Góes afirmam que "nunca menos de 88% dos inventariados eram donos de escravos".[3] A conclusão de José Flávio Motta acerca desse dado é de que, à época da Independência, deter a posse de pessoas escravizadas era um atributo relativamente difundido, não se reduzindo a um pequeno grupo de proprietários de elevadas quantidades de cativos.[4]

Nesse sentido, a alforria era o máximo de "herança" que poderia ser recebida por alguns escravos. E, note-se, não tanto por senso de justiça, mas em decorrência do chamado altruísmo parental.[5] Os alforriados eram geralmente os filhos bastardos do testador ou de algum familiar, o que demonstra a importância dos laços de parentesco na determinação da herança, ainda que sejam laços socialmente ilegítimos. Gilberto Freyre observa que era comum a concessão de alforrias em testamentos e codicilos.

> Os testamentos acusam a preocupação econômica com a perpetuidade patriarcal através de descendentes legítimos. Mas acusam-se às vezes em antagonismo com esse espírito de perpetuidade e de legitimidade – um vivo sentimento cristão de ternura pelos bastardos e pelas negras.

---

[3] FLORENTINO, Manolo; GÓES, José R. *A paz das senzalas*: famílias escravas e tráfico atlântico. Rio de Janeiro: 1790-1850. Rio de Janeiro: Civilização Brasileira, 1997. p. 52. A obra reúne elementos que comprovam a hipótese da existência de sólida organização familiar entre a população escravizada, obtidos através do levantamento dos inventários dos fazendeiros do norte fluminense entre 1790 e 1850.

[4] MOTTA, José Flávio. A escravidão brasileira à época da Independência. *Revista USP*, n. 132, p. 44, jan./mar. 2022.

[5] O termo altruísmo recíproco foi proposto por Robert Trivers, em 1971, que o definiu como "o comportamento que beneficia outro organismo, sem relação de parentesco, apesar de aparentemente prejudicial ao organismo que realiza o comportamento" (TRIVERS, Robert. The Evolution of Reciprocal Altruism. *Quarterly Review of Biology*, Chicago, v. 46, n. 1, p. 35-57, 1971. Disponível em: https://greatergood.berkeley.edu/images/uploads/Trivers-EvolutionReciprocalAltruism.pdf. Acesso em: 2 abr. 2024). A ciência já observou espécies de morcegos-vampiros e babuínos alimentando e protegendo filhotes de outras colônias. Em alguns casos, como o dos peixes limpadores e dos peixes que eles limpam, existem laços de reciprocidade entre espécies completamente diferentes.

[...] Raro o senhor de engenho que morreu sem deixar alforriados, no testamento, negros e mulatas de sua fábrica.⁶

Essa determinante histórica vai se refletir no atual estágio das heranças no Brasil, altamente concentrada no topo e praticamente inexistente nas bases, na medida em que a renda obtida pela maior parte da população é consumida imediatamente com gêneros necessários à própria sobrevivência.

Nesse ponto, Marcelo Medeiros é preciso ao dizer que quem quer entender a desigualdade no Brasil precisa olhar para a desigualdade racial. E quem quer entender a desigualdade racial tem que olhar para os ricos. Os negros são uma minoria no grupo dos ricos e, entre eles, são os menos ricos.⁷ Basta uma simples consulta à listagem dos maiores bilionários do Brasil para concluir que há pouquíssimos negros. Segundo a Oxfam, a renda dos brancos está mais de 70% acima da renda da população negra.⁸

É notório que as heranças contribuíram e contribuem fortemente para o sucesso daqueles que as possuem. Por maior que seja, o esforço individual dos não herdeiros encontra limites materiais e não é capaz de anular a vantagem concedida pela riqueza herdada de alguns.

Ao concentrar-se nessa questão, o foco do estudo da desigualdade é deslocado para a sua porção superior.

1 A desigualdade é uma expressão em que cabe muita coisa

A desigualdade costuma ser tratada como uma coisa só. Contudo, a expressão, comporta pelo menos duas análises distintas, em razão das questões igualmente diversas que são estudadas.

Toda distribuição social é uma distribuição de "algo" para "alguém".⁹ Sobre o enfoque do "algo", há vários aspectos que mere-

---

⁶ FREYRE, Gilberto. *Casa-grande & senzala*: formação da família brasileira sob o regime da economia patriarcal. 48. ed. Recife: Global, 2003, p. 278.
⁷ MEDEIROS, Marcelo. *Os ricos e os pobres*: o Brasil e a desigualdade. São Paulo: Companhia das Letras, 2023. Edição Kindle, local 1086.
⁸ OXFAM. *Desigualdade S.A.*: como o poder das grandes empresas divide o nosso mundo e a necessidade de uma nova era de ação pública. p. 20. Disponível em: https://www.oxfam.org.br/forum-economico-de-davos/desigualdade-s-a/. Acesso em: 2 fev. 2024.
⁹ MEDEIROS, Marcelo. *Os ricos e os pobres*: o Brasil e a desigualdade. São Paulo: Companhia das Letras, 2023. Edição Kindle, local 57.

cem atenção, e dentre eles destaca-se a desigualdade de riqueza. Sob o enfoque do "alguém", a desigualdade pode ser estudada sob a ótica dos mais pobres, e daquilo que lhes falta, ou sob a ótica dos mais ricos, e daquilo que lhes sobra.

Mas é claro que essa questão do que falta e do que sobra é muito subjetiva. É difícil achar o fiel da balança. Como bem resumiu Pedro Souza:

> Do ponto de vista moral, para cada Rawls, há um Nozick; do ponto de vista consequencialista, o caráter normalmente precário das evidências empíricas em ciências sociais e as reações viscerais provocadas pelo assunto fazem que os consensos duradouros sobre níveis desejáveis de desigualdade sejam pouco prováveis.[10]

No Brasil, país cuja característica mais marcante é a concentração de renda e riqueza no topo das classes sociais, a desigualdade vista de cima é um tema muito pouco estudado.[11] Conforme identificado por Souza, estuda-se com mais frequência a desigualdade vista das "bases", e é possível apontar algumas razões para que seja assim, como a convivência com a pobreza extrema desde o período do descobrimento do Brasil. O sociólogo cita também a mobilização nacional das últimas décadas para a diminuição da desigualdade por meio de uma ampla oferta de educação pública, ainda que não necessariamente de boa qualidade, que foi responsável pela concentração dos esforços na desigualdade vista das bases.

Por outro lado, há também certo pudor com o uso da expressão no meio acadêmico, dada a posição social da maioria de quem escreve. "Todos querem ser ricos, mas ricos são sempre os outros".[12] Essa expressão, semanticamente verdadeira, na medida em que sempre haverá alguém mais rico do que você, esconde uma tentativa de interditar o debate em torno das causas da enorme desigualdade existente

---

[10] SOUZA, Pedro H. G. Ferreira de. *Uma história de desigualdade*: a concentração de renda entre ricos no Brasil (1926-2013). São Paulo: Anpocs, 2018. p. 35.

[11] Souza faz um contraponto para dizer que a literatura brasileira nunca perdeu totalmente de vista a ênfase no "topo". Segundo ele, o Brasil possui uma pequena, mas pioneira, literatura quantitativa sobre os ricos, com contribuições importantes para a discussão internacional sobre linhas de riqueza (SOUZA, Pedro H. G. Ferreira de. *Uma história de desigualdade*: a concentração de renda entre ricos no Brasil (1926-2013). São Paulo: Anpocs, 2018. p. 166).

[12] SOUZA, Pedro H. G. Ferreira de. *Uma história de desigualdade*: a concentração de renda entre ricos no Brasil (1926-2013). São Paulo: Anpocs, 2018. p. 23-24.

entre ricos e pobres, entre as quais é possível citar a fraca tributação do patrimônio.

Quando a riqueza em excesso é um problema, o rico tende a não se reconhecer como tal. Faz recordar a crítica de Eduardo Gianetti, de que, "aos seus próprios olhos, cada indivíduo é bom, progressista e até gostaria de poder 'dar um jeito' no país", pois o brasileiro (enquanto causa dos males do Brasil) é sempre o outro.13

O herdeiro normalmente tem vergonha de assumir que o seu patrimônio vem dos pais e não do próprio esforço. Segundo Daniel Shaviro, "vivemos numa era que valoriza 'supostos 'heróis' geradores de empregos e CEOs superpoderosos, que ostensivamente fazem coisas tremendas para promover o bem comum".14

Esse autor destaca que esse pudor em assumir o *status* de herdeiro nem sempre existiu. Ao tratar do chamado *status* social do herdeiro, existente na Europa e nos Estados Unidos durante todo o século XIX e início do século XX, Shaviro afirma que o sentimento dos nobres à época era que viver de heranças era mais honroso do que trabalhar. A métrica social era determinada por elas.15

Ainda segundo Shaviro, a formação de desigualdades no topo foi fortemente incentivada a partir da transição de sociedades estamentárias para sociedades com maior mobilidade social. Para provar seu ponto de vista, cotejou-se o pensamento aristocrático da era pré-industrial na Inglaterra do século XIX (sociedade estamentária) com o da sociedade americana do início do século XX (sociedade com mobilidade social), ambos retratados em clássicos da literatura.16

O pensamento inglês anterior à Revolução Industrial acreditava que ricos e pobres possuíam obrigações recíprocas e relevantes na sociedade, e que o pobre não poderia ser culpado por ter nascido pobre, até porque provavelmente morreria pobre. Diametralmente oposto, o modelo de sociedade americana que se desenvolve no início do século XX, fortemente embasado em premissas meritocráticas, passou a associar

---

[13] GIANETTI, Eduardo. *Vícios privados, benefícios públicos*: a ética na riqueza das nações. São Paulo: Companhia das Letras, 2007. p. 12.

[14] SHAVIRO, Daniel. *Literature and Inequality*: Nine Perspectives from the Napoleonic Era through the First Gilded Age. Londres: Anthem Press, 2020. Edição Kindle, p. 11. Daniel Shaviro é professor de Direito Tributário na Universidade de Nova Iorque.

[15] SHAVIRO, Daniel. *Literature and Inequality*: Nine Perspectives from the Napoleonic Era through the First Gilded Age. Londres: Anthem Press, 2020. Edição Kindle, p. 11.

[16] Shaviro utiliza como referência as sociedades e as relações sociais retratadas em clássicos como *Orgulho e Preconceito* (1813), de Jane Austen, e *O pai Goriot* (1835), de Honoré de Balzac.

a riqueza à superioridade moral e intelectual da pessoa, e à crença de que há ganhadores e perdedores na vida.

A conclusão é que é o instinto humano de sobrevivência na sociedade atual quem mais contribui para a formação de desigualdades no topo. A eterna comparação entre riquezas cria rivalidades e estimula sentimentos de superioridade e dominância. A ideia de que não basta ser excelente no que faz, mas ser melhor que alguém, é muito forte no presente.

Esses sentimentos impedem, na opinião daquele autor, que a desigualdade no topo seja vista apenas como um problema econômico, passível de solução pela redução da utilidade marginal dos ricos.[17] Essa conclusão tergiversa o tema, mas merece ser destacada: a desigualdade extrema nos torna mais ansiosos, paranoicos e tendentes a adotar comportamentos de risco. O custo para tornar-se mais rico que o outro é enorme.

Ricardo Lodi chega à mesma conclusão que o professor da NYU. Para ele, a desigualdade parece ser muito mais grave do que a pobreza de um país. A enorme distância em relação à média, que apenas uma minoria consegue alcançar, gera um constante incômodo, um sinal de que houve falhas enquanto comunidade.[18]

Tanto Shaviro quanto Lodi têm como referência a obra de Wilkinson e Pickett, *The Spirit Level*, que concluiu que a desigualdade no topo é problema de toda sociedade, uma vez que mina a confiança entre desiguais, e está diretamente associada à escassez de bem-estar, a questões relacionadas à perda da vida comunitária, às doenças mentais, à toxicodependência e aos altos níveis de encarceramento.19

---

[17] SHAVIRO, Daniel. *Literature and Inequality*: Nine Perspectives from the Napoleonic Era through the First Gilded Age. Londres: Anthem Press, 2020. Edição Kindle, p. 14.

[18] RIBEIRO, Ricardo Lodi. Piketty e a reforma tributária igualitária no Brasil. *Revista de Finanças Públicas, Tributação e Desenvolvimento*, Rio de Janeiro, v. 3, n. 3, p. 6, 2015. Disponível em: https://www.e-publicacoes.uerj.br/index.php/rfptd/article/view/15587/11798. Acesso em: 13 maio 2021.

[19] The spirit level authors: why society is more unequal than ever. Richard Wilkinson and Kate Pickett. *The Guardian*, 9 mar. 2014. Disponível em: https://www.theguardian.com/commentisfree/2014/mar/09/society-unequal-the-spirit-level. Acesso em: 6 jan. 2023.

concentração monetária, espera-se ainda um aumento no volume de heranças transmitidas, especialmente em razão do envelhecimento e morte da geração *baby-boom*.

E há indicativos de que o aumento do volume de heranças transmitidas já esteja ocorrendo. Segundo os dados da Forbes 2024, pela primeira vez em 15 anos, toda a lista de bilionários com menos de 30 anos é composta por herdeiros. Trata-se, segundo a revista, de um movimento esperado de planejamento sucessório para antecipação da herança da geração *baby-boom*. Os *boomers* bilionários norte-americanos detêm atualmente US$ 95,9 trilhões de dólares, mais da metade dos US$ 147,1 trilhões de dólares da riqueza nacional estimado pelo *Federal Reserve*.[26]

Por outro lado, o aumento da expectativa de vida mundial, também considerado uma das causas da concentração de heranças, tem tornado a incidência do imposto sobre heranças um evento cada vez mais esparso entre as gerações e, portanto, passível de planejamento tributário, oferecendo ao detentor da riqueza opções legais para driblar a fiscalização tributária, licitamente ou não.

E essa situação irá se acentuar progressivamente nos próximos anos, segundo a lógica cumulativa de Piketty. Na França, a herança representou 25% dos rendimentos totais dos franceses em 2010 (herança mais trabalho), percentual que remonta ao século XIX. Ainda para o século XXI, estima-se que tal percentual avance para próximo de 40%.

A conclusão é de que a influência das heranças no acúmulo de riqueza impacta diretamente na mobilidade intergeracional. Diferentemente da riqueza oriunda da renda acumulada pelo trabalho, a riqueza herdada congela e replica sucessivamente uma parcela da classe economicamente dominante. Em todo o mundo, a riqueza costuma ser muito mais concentrada que a renda, e nada sugere que o Brasil seja exceção à regra.[27]

A principal causa desse *establishment* decorre da constatação de que o rendimento do capital tende a ocorrer em percentuais mais elevados que o crescimento demográfico e o da própria economia, o que implica dizer que as riquezas acumuladas no passado, e transferidas

---

[26] HUNTER-HART, Monica. The World's Yoyngest Bilionaires 2024. *Forbes*. Disponível em: https://www.forbes.com/sites/monicahunter-hart/2024/03/31/worlds-youngest-billionaires-2024-john-collison-ben-francis-evan-spiegel/?sh=69c2d6101352. Acesso em: 4 abr. 2024.

[27] SOUZA, Pedro H. G. Ferreira de. *Uma história de desigualdade*: a concentração de renda entre ricos no Brasil (1926-2013). São Paulo: Anpocs, 2018. p. 381.

2 A contribuição das heranças na formação de um[...] mundial

A partir da análise do fluxo sucessorial anual na França [entre] anos 1820 e 2010, expresso graficamente em percentual do PIB n[...] o economista francês Thomas Piketty concluiu que o papel da [herança] na formação do patrimônio nacional do século XXI será muito p[arecido] com o papel exercido no século XIX (de fonte de renda e dom[inação] social) marcantemente retratados por Honoré de Balzac e Jane[...] em suas obras.[20]

A curva estudada por Piketty ao longo de quase dois [séculos] demonstra que as heranças perderam abruptamente sua força eco[nômica] nos entreguerras e chegaram ao ponto mínimo no gráfico nos an[os próximos] a 1960, quando praticamente desaparecem do cenário econô[mico. A] geração *baby boom*[21] aprendeu desde cedo que, ao contrário da h[erança,] o capital é um bem acumulado em virtude da poupança e do es[...]

O "desaparecimento" das heranças nos pós-guerra é um re[sultado de] um efeito cascata no período: a queda do valor global dos patri[mônios] seguida da imposição de impostos progressivos aplicados às h[eranças] nos países europeus envolvidos na guerra, bem como nos E[stados] Unidos e no Japão. Somados, esses fatores explicam a descon[centra]ção gradual da propriedade dos mais ricos no período, decorr[ente da] diminuição do volume das transmissões patrimoniais mais e[levadas] com o passar das gerações.[23]

O fim da "era da progressividade" vai ocorrer a partir d[os anos] 1980, quando os ricos conseguem barrar as altas alíquotas ou d[...] através de regimes especiais,[24] permitindo uma recuperação [...] geral das propriedades privadas e da concentração de patrimô[nio nas] décadas seguintes.

A OCDE tem observado um aumento da participação da [herança] na riqueza acumulada nos últimos anos.[25] Além de um aum[ento]

---

[20] PIKETTY, Thomas. *Le capital au XXIe siècle*. Paris: Éditions du Seuil, 2013. p. 60[...]
[21] Segundo o *site* Wikipedia, um *baby boomer* é uma pessoa nascida entre 1946 e 1964 [...] (especialmente Grã-Bretanha e França), Estados Unidos, Canadá ou Austrália. [Após a] Segunda Guerra Mundial estes países experimentaram um súbito aumento de [...] que ficou conhecido como *baby boom*.
[22] PIKETTY, Thomas. *Le capital au XXIe siècle*. Paris: Éditions du Seuil, 2013. p. 60[...]
[23] PIKETTY, Thomas. *Capital e ideologia*. Rio de Janeiro: Intrínseca, 2020. p. 399.
[24] *Ibidem*, p. 490.
[25] OECD. Inheritance Taxation in OECD Tax Policy Studies. *OECD Publishing*, Pa[ris]

para o futuro, evoluirão numa progressão muito maior do que aquelas produzidas a partir do trabalho.[28]

Em outras palavras, o baixo crescimento econômico, aliado ao baixo crescimento demográfico, é responsável pela concentração de riqueza e supervalorização daquilo que se herda, em detrimento daquilo que se produz.

Como visto, a desigualdade no topo é uma constante quase imutável ao longo de décadas. O problema é antigo, mas a ênfase doutrinária é recente e está relacionada ao aumento da concentração de renda e riqueza em diversos países, a partir do final do século passado, especialmente nos Estados Unidos, o que realocou os ricos no centro da discussão.[29] Sem falar que a repercussão em torno da obra de Piketty (*O capital no século XXI*) transformou o estudo dos ricos em fenômeno *pop*.[30]

O interesse pelo estudo da desigualdade no topo está relacionado à prevalência do modelo dicotômico (ricos *versus* pobres), que, por sua vez, remete inexoravelmente à problematização da distribuição da renda ou da riqueza.[31] Permite contrapor um grupo mais ou menos delineado de ricos – os 1% – à massa amorfa representada pelos 99% restantes.

No mais, a redescoberta dos ricos fortaleceu explicações baseadas na determinação institucional da desigualdade, em detrimento de explicações que se ancoravam predominantemente no capital humano e em mudanças tecnológicas.[32] Ou seja, chegou-se à conclusão de que

---

[28] PIKETTY, Thomas. *Le capital au XXIe siècle*. Paris: Éditions du Seuil, 2013. p. 599-601.

[29] SOUZA, Pedro H. G. Ferreira de. *Uma história de desigualdade*: a concentração de renda entre ricos no Brasil (1926-2013). São Paulo: Anpocs, 2018. p. 367. A explosão das desigualdades verificadas nos Estados Unidos desde 1980 deve-se, sobretudo, a um salto sem precedentes das remunerações muito altas, e em particular do famoso "1%". Em 2015, a renda média do 1% mais rico nos Estados Unidos era mais de oitenta vezes maior do que a dos 50% mais pobres. PIKETTY, Thomas. *Capital e ideologia*. Rio de Janeiro: Intrínseca, 2020. p. 463.

[30] SOUZA, Pedro H. G. Ferreira de. *Uma história de desigualdade*: a concentração de renda entre ricos no Brasil (1926-2013). São Paulo: Anpocs, 2018. p. 33. Segundo Batchelder, os Estados Unidos possuem hoje um dos menores níveis de mobilidade econômica intergeracional entre os países desenvolvidos. BATCHELDER, Lily. Leveling the Playing Field between Inherited Income and Income from Work through an Inheritance Tax. *In:* SHAMBAUGH, Jay; NUNN Ryan (ed.). *Tackling the tax code*: efficient and equitable ways to raise revenue. Washington: Brookings, 2020. p. 44.

[31] Souza afirma que o retorno do debate sobre a desigualdade em termos binários é um retorno a um padrão semelhante ao do início do século XX. A discussão é herdeira da era das narrativas benignas e das controvérsias sobre classes, empregando linhas demarcatórias puramente nominalistas para iluminar aspectos até então pouco comentados na distribuição de renda ou riqueza. Todos reconhecem a heterogeneidade do 1%. O enquadramento dicotômico é, portanto, um modelo conceitual e não uma afirmação ontológica sobre o mundo (*Ibidem*, p. 27-28 e 156).

[32] *Ibidem*, p. 369.

a redução da desigualdade está mais associada aos arranjos políticos do que a qualquer outra coisa.

Nesse movimento, e especialmente no Brasil, a recuperação dos dados tributários como fonte de informação de renda e riqueza mostrou-se fundamental para estimular a adoção de perspectivas de longo prazo, para além dos horizontes restritos impostos pelas pesquisas domiciliares amostrais.[33]

3 A desigualdade vista do topo no Brasil

O desenvolvimento dos estudos sobre a desigualdade dos ricos no Brasil colocou um fim no ciclo de otimismo sustentado pelos anos de recuperação econômica observados nas primeiras décadas do século XXI. Naquela época, vivia-se um período de pleno emprego, de aumento da renda real do trabalho em quase 50%[34] e PIB crescendo a uma média de 4,5%. Por outro lado, as pesquisas domiciliares subestimavam os rendimentos dos mais ricos, reportando menor concentração no topo que a já existente. Segundo Souza, havia um nítido descompasso entre os dados de desigualdade aferidos nas pesquisas domiciliares, Censos e PNADs, e aqueles revelados nos dados do DIRPF.[35]

Com base na análise dos dados tributários do imposto de renda, Souza chega à conclusão de que há uma clara estabilidade na concentração de renda e riqueza no Brasil ao longo de quase um século (1926-2013), com exceção de variações abruptas e significativas, coincidentes com os grandes ciclos políticos no País e no mundo, como o Estado Novo, a Segunda Guerra Mundial e a ditadura militar. Essa também é a conclusão de Piketty em relação à concentração no topo em países

---

[33] *Ibidem*, p. 29.
[34] Ao longo dos últimos dez anos, o Brasil experimentou um movimento de contínuo crescimento da renda do trabalho. Entre 2004 e 2014, o rendimento médio da população ocupada apresentou um aumento real de quase 50%, passando de pouco mais de R$ 1.000, em 2004, para R$1.595, em 2014. Este crescimento foi maior para mulheres (61%) do que para homens (44%), sendo que o maior aumento foi para as mulheres negras (77%) e o menor para os homens brancos (43%). Houve, portanto, uma redução nas desigualdades salariais entre homens e mulheres e entre negros/as e brancos/as nos últimos dez anos (BRASIL. Ministério do Planejamento, Orçamento e Gestão. IPEA. *Mulheres e trabalho*: breve análise do período 2004-2014. Brasília, 2016. Disponível em: https://repositorio.ipea.gov.br/bitstream/11058/6524/1/Nota_n24_Mulheres_trabalho.pdf. Acesso em: 15 mar. 2024).
[35] SOUZA, Pedro H. G. Ferreira de. *Uma história de desigualdade*: a concentração de renda entre ricos no Brasil (1926-2013). São Paulo: Anpocs, 2018. p. 367 e 372.

europeus e nos Estados Unidos.³⁶ Ambos acreditam que as mudanças na concentração dependem de rupturas institucionais, que abrem espaço para o redesenho de um amplo leque de instituições.³⁷

E, diferentemente do que se poderia imaginar, Souza demonstra que o amadurecimento democrático e a consolidação do Estado de Bem-Estar à brasileira não importaram na diminuição progressiva da desigualdade de renda, tampouco traduziram em redução persistente das fatias dos ricos. Além disso, em comparação ao restante do mundo, o Brasil fica muito aquém da média: o centésimo mais rico apropria-se hoje de 23% da renda total, enquanto na maior parte dos países esse percentual está entre 5% e 15%.³⁸

Portanto, o que ele observa é que a concentração de renda no topo é uma determinação institucional, traduzida por diversos fatores combinados, e que tende à estabilidade, pois os mais ricos dispõem de recursos políticos e econômicos que facilitam a sua organização em grupos capazes de exercer poder de veto ou barganhar posições vantajosas.³⁹

Por outro lado, não há exemplos de países que tenham partido de um grau tão alto de concentração de renda no topo e tenham logrado avançar de forma tranquila e gradual para percentuais próximos aos de um país desenvolvido.

No limite, as medidas adotadas em um ambiente democrático e preocupado com a igualdade social servem muito mais para conter o aumento da desigualdade do que efetivamente para reduzi-la, especialmente quando está em jogo a desigualdade vista do topo. Conforme resume Souza:

> O ponto central é que, em condições normais, o arranjo institucional de uma sociedade reflete e sobretudo molda os conflitos distributivos, e a combinação de recursos econômicos e organização política é fiadora da persistência da concentração no topo. Só um louco acharia que é

---

[36] Ibidem, p. 370. Thomas Piketty recorda que, além da destruição física, o período pós-Segunda Guerra Mundial foi marcado pela inflação alta e volátil, falências, elevações de tributos e intervenção dos governos na economia, até mesmo com controles temporários de salários e políticas confiscatórias (PIKETTY, Thomas. *Capital e ideologia*. Rio de Janeiro: Intrínseca, 2020. p. 371-429).
[37] SOUZA, Pedro H. G. Ferreira de. *Uma história de desigualdade*: a concentração de renda entre ricos no Brasil (1926-2013). São Paulo: Anpocs, 2018. p. 30.
[38] SOUZA, Pedro H. G. Ferreira de. *Uma história de desigualdade*: a concentração de renda entre ricos no Brasil (1926-2013). São Paulo: Anpocs, 2018. p. 375.
[39] Ibidem, p. 377.

possível alcançar a prosperidade em um estalar de dedos ou com base em "vontade política".[40]

A partir do cenário descrito por ele, caberia então analisar se a tendência relevada alhures e descrita também se aplica ao Brasil, isto é, se a causa da desigualdade de renda pode estar associada à crescente participação das heranças na riqueza total.

Contudo, diferentemente do que é produzido no norte global, no Brasil há poucos estudos socioeconômicos relacionando a influência das heranças ao aumento da desigualdade. Essa escassez de estudos e análises críticas deve-se a alguns fatores.

Do ponto de vista fiscal, o primeiro fator decorre do fato de não termos um único imposto sobre heranças, mas 27 impostos muito diferentes entre si e com sistemas administrativos também diversos.

No plano teórico, a coordenação das fazendas estaduais em relação à cobrança do imposto sobre transmissão *causa mortis* e doação (ITCMD) caberia ao Conselho Nacional de Política Fazendária, o Confaz,[41] mas essa coordenação é praticamente inexistente. O dado mais relevante produzido pelo Conselho são os Boletins de Arrecadação de Tributos Estaduais, os quais contêm dados históricos e em valores nominais da arrecadação anual do ITCMD, desde 2010, segregados por Estados da Federação.

Os boletins dão uma ideia da evolução da arrecadação do imposto na última década:

---

[40] *Ibidem*, p. 379-380.

[41] O Confaz é um órgão colegiado que integra a estrutura do Ministério Fazenda e possui atribuições que vão além do ICMS, conforme prevê o art. 60 do Decreto nº 11.344/2023, como "coleta, elaboração e distribuição de dados básicos essenciais à formação de políticas econômico-fiscais e ao aperfeiçoamento permanente das administrações tributárias" e a promoção de "estudos que visem ao aperfeiçoamento da administração tributária e do Sistema Tributário Nacional como mecanismo de desenvolvimento econômico e social, nos aspectos de inter-relação da tributação federal, distrital e estadual". Em 2015, o extinto Conselho Nacional de Secretarias de Fazenda, Finanças, Receita e Tributação – Consefaz, integrante da estrutura do CONFAZ, apresentou ao presidente do Senado Federal o Ofício Consefaz 11/15, que encaminhou proposta de Resolução que aumentava o ITCMD para 20% (vinte por cento).

Gráfico 1 – ITCMD arrecadado no Brasil – valores de 2022 – corrigido pelo IPCA

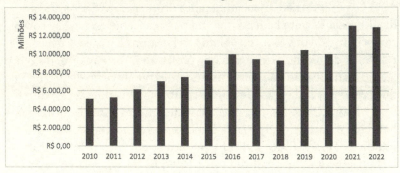

Fonte: Elaboração da autora, com base em dados disponíveis no Anexo do Boletim Estimativa da Carga Tributária Bruta do Governo Geral. Disponível em: https://www.tesourotransparente.gov.br/publicacoes/carga-tributaria-do-governo-geral/2022/114. Acesso em: 9 dez. 2023.

A partir desse dado bruto é possível fazer poucas inferências. Primeiro, nota-se uma tendência de estabilidade da arrecadação do ITCMD, pelo menos entre 2015 e 2020. Segundo, que em 2021 a arrecadação contou com um expressivo aumento em relação ao ano anterior (37%) e manteve-se nesse patamar no ano seguinte. Apesar da melhoria dos índices de arrecadação, possivelmente fruto de investimento e esforço dos Fiscos Estaduais, não é possível saber quais os valores arrecadados por faixa de renda, nem as estratégias de cobrança atreladas a cada faixa de renda.

Uma pesquisa feita pelo jornal Valor Econômico aponta no mesmo sentido. Segundo ela, a arrecadação do ITCMD teve um aumento de 41,5% acima da inflação, no comparativo entre os períodos de abril de 2018 a abril de 2019, e abril de 2022 a abril de 2023, ao passo em que o aumento do ICMS foi de apenas 10,2% no mesmo período.[42]

Além da dificuldade em unificar os dados para produzir conclusões comuns, há ainda o problema da não dissociação entre os dados do imposto *causa mortis* (ITCM) e do imposto sobre doação (ITD), de

---

[42] WATANABE, Marta; CARRO, Rodrigo. Taxação a patrimônio cresce, e Estados veem 'alternativa' às portas da reforma: propriedade de veículos e doações e heranças ampliam participação na receita e ultrapassam 10% do total mesmo com o crescimento geral da arrecadação. *Valor Econômico*. São Paulo, 18 jul. 2023. Disponível em: https://valor.globo.com/brasil/noticia/2023/07/18/taxacao-a-patrimonio-cresce-e-estados-veem-alternativa-as-portas-da-reforma.ghtml. Acesso em: 18 jul. 2023.

modo que as análises feitas acabam considerando os dados consolidados de ambos os impostos.

Apesar de não dissociar herança de doação, os dados disponibilizados pela Receita Federal dão um passo à frente na análise comparativa entre, de um lado, os valores de heranças e doações declaradas por faixa de renda, por sexo e por profissão informada[43] e, do outro lado, a participação das heranças e doações no universo de patrimônio declarado por cada faixa de renda, conforme as variáveis disponíveis.

Pedro Carvalho Júnior é autor de um dos raros estudos sobre heranças a partir dos dados da Declaração Anual de Imposto sobre a Renda da Pessoa Física (DIRPF), publicado em 2023 pelo Instituto de Pesquisa Econômica Aplicada (IPEA)[44] que, dada a sua relevância e clareza, merece referência.

A DIRPF representa a melhor base de dados sobre heranças disponível hoje, por permitir uma análise dos dados econômicos e sociais do herdeiro.[45] A outra base de dados com a mesma característica é a Pesquisa de Orçamentos Familiares (POF), que, por ser domiciliar, não alcança as grandes heranças, sendo o valor total reportado em 2017-2018 equivalente apenas a 14% do declarado na DIRPF de 2018.[46]

A pesquisa parte do dado extraído da DIRPF de que o valor total de heranças e doações recebidas em 2020 correspondeu a 15% do incremento do patrimônio líquido das famílias verificado entre 2019 e 2020, valor este que vem crescendo anualmente, conforme evidência

---

[43] O que não significa que o imposto foi efetivamente pago.

[44] CARVALHO JÚNIOR, Pedro Humberto Bruno de. O papel do sistema de heranças na desigualdade brasileira. *Instituto de Pesquisa Econômica Aplicada – Ipea*, Texto para Discussão n. 2843, fev. 2023. Brasília: Ipea, 2023.

[45] A Receita Federal do Brasil obriga o herdeiro residente no Brasil a apresentar a DIRPF sempre que o valor da herança recebida for superior a R$ 40 mil, mesmo que os rendimentos tributáveis sejam inferiores ao limite de isenção de R$ 28.559,70 (valores vigentes para o exercício de 2023, conforme artigo 2º, inciso II, da Instrução Normativa RFB 2134/2023).

[46] CARVALHO JUNIOR, Pedro Humberto Bruno de. O papel do sistema de heranças na desigualdade brasileira. *Instituto de Pesquisa Econômica Aplicada – Ipea*, Texto para Discussão n. 2843, p. 25, fev. 2023. Brasília: Ipea, 2023. Disponível em: https://repositorio.ipea.gov.br/bitstream/11058/11564/1/Publicacao_ preliminar_TD_O_papel_do_sistema.pdf. Acesso em: 11 ago. 2023. Piketty e Zucman afirmam que, na França, as informações extraídas a partir de pesquisas baseadas em autoavaliação tendem a reportar uma realidade 50% inferior à encontrada a partir de dados fiscais (PIKETTY, Thomas; ZUCMAN, Gabriel. Wealth and inheritance in the long run. *Handbook of Income Distribution*, v. 2B, p. 1303-1368, 2015. p. 1342).

descrita por Piketty e Zucman após 1970-1980 em diversos países, inclusive europeus.[47]

Infelizmente, o estudo não se propõe a uma análise evolutiva da participação das heranças no patrimônio líquido das famílias no Brasil, conforme a faixa de renda. Não obstante, ele tem por finalidade testar quatro hipóteses diretamente relacionadas ao papel das heranças na concentração de riqueza no topo no Brasil, a saber: 1) as famílias mais ricas têm menos filhos; 2) as famílias mais ricas têm mais capital a ser transmitido; 3) as heranças são transmitidas principalmente para os filhos; 4) as heranças foram muito pouco tributadas ao longo do tempo.

Para as duas primeiras hipóteses, Carvalho Júnior utiliza os dados da Pesquisa Nacional por Amostra de Domicílios (PNAD), divulgada anualmente pelo Instituto Brasileiro de Geografia e Estatística (IBGE), interpolando-os[48] com a base de Declaração de Imposto sobre a Renda das Pessoas Físicas, publicada anualmente pela Receita Federal do Brasil (RFB).

A primeira hipótese (1) é demonstrada a partir da análise objetiva da PNAD, a qual informa que, entre 1976 e 2015, a taxa de fecundidade entre os 5% mais ricos foi de 2,3 filhos, enquanto entre os 40% mais pobres foi de 3,2 filhos. Com menos descendentes, e sendo eles mesmos os principais beneficiários das heranças, houve um inevitável aumento da concentração da riqueza no espectro intergeracional.

A segunda hipótese (2) é demonstrada a partir de dois indicadores de capital disponíveis: a) percentual de chefes de família que declararam ser empregadores e b) percentual de chefes de família que declararam possuir rendimentos de aluguel. Segundo a PNAD, entre 1976 e 2015, a proporção média desses dois tipos de declaração foi de 38,2% entre os 5% mais ricos, e de apenas 2,3% entre os 40% mais pobres, o que permitiu concluir que 2/3 dos 5% mais ricos não depende exclusivamente da renda oriunda do trabalho para sobreviver e podem contar com rendimentos outros decorrentes de patrimônio acumulado.

---

[47] PIKETTY, Thomas; ZUCMAN, Gabriel. Wealth and inheritance in the long run. *Handbook of Income Distribution*, v. 2B, p. 1303-1368, 2015. p. 1334-1342. Os autores demonstram que a curva da participação das heranças em relação à riqueza acumulada ao longo dos séculos XIX e XX. A curva observada na França, Reino Unido, Alemanha e Suécia é uma curva em "U", tendo como ponto mínimo o período do entreguerras.

[48] Interpolação é uma expressão utilizada pela matemática que denomina o método que permite construir um novo conjunto de dados a partir de um conjunto discreto de dados pontuais previamente conhecidos.

Essa desigualdade crescente identificada por Carvalho Junior está "alinhada" ao que já foi constatado em outros países, especialmente nos Estados Unidos e em países europeus. Segundo a pesquisa brasileira, em 2019, as pessoas que recebem acima de 40 salários mínimos detêm 80,9% de todas as heranças recebidas no período.[49]

A terceira hipótese (3) não passa de uma consequência da legislação civil: havendo herdeiros necessários, o testador só pode dispor livremente de metade da herança,[50] o que limita a sua pulverização e estimula a concentração nos herdeiros necessários. Por outro lado, o Brasil não tem uma legislação que estimula doações e a transmissão de heranças a instituições de caridade, reduzindo ou isentando a alíquota.[51] Assim, a consequência natural é que os principais herdeiros sejam os filhos do testador.

Por fim, a quarta e última hipótese (4) aponta para a baixíssima tributação das heranças no último século, especialmente durante a ditadura militar (1964-1988), restrita apenas aos imóveis e com alíquotas máximas de apenas 2% até 1981, e depois 4%, até 1992.[52]

Diante do cenário, ele defende que uma tributação alta e progressiva sobre heranças pode servir como uma contraforça à tendência de aumento da desigualdade, que ele considera razoável que seja fixada no patamar de 20%.[53]

Ora, se as heranças representam 15% de toda a riqueza (sabe-se que é maior, dada a baixa declaração) e correspondem a uma riqueza herdada, sem qualquer contribuição por parte do seu detentor, o que

---

[49] Considerando o salário mínimo de R$ 998,00 em 2019, 40 salários mínimos equivalem a uma renda mensal de R$ 39.920,00.

[50] O Código Civil de 1916 também repetia a redação quanto à restrição da disposição testamentária à metade da herança, havendo herdeiros necessários. Na verdade, essa norma vale desde 1907, quando foi publicado o Decreto nº 1.839/1907, que aumentou a parte disponível de um terço para metade. Portanto, antes de 1907 e de acordo com a Consolidação das Leis Civis de 1876, o testador somente poderia dispor de um terço de sua herança.

[51] É preciso fazer a ressalva de que, em 2022, a Emenda Constitucional nº 126/2022 adicionou o inciso V ao §1º do art. 155 da Constituição, estabelecendo que o ITD "não incidirá sobre as doações destinadas, no âmbito do Poder Executivo da União, a projetos socioambientais ou destinados a mitigar os efeitos das mudanças climáticas e às instituições federais de ensino".

[52] Observe-se que essas são as alíquotas máximas, o que não se confunde com as alíquotas médias efetivamente praticadas nos Estados, as quais costumam ser bem menores.

[53] Esse limite foi mencionado por Carvalho Júnior em entrevista concedida à BBC em setembro de 2023 (SCHREIBER, Mariana. Como super-ricos podem continuar driblando impostos. *BBC News Brasil*, Brasília, 4 set. 2023. Disponível em: https://www.bbc.com/portuguese/articles/cv21n8482keo. Acesso em: 9 jan. 2023).

justificaria uma alíquota mais baixa que a do imposto de renda? Segundo Piketty, as heranças são tributadas em média em apenas 5%, ao passo em que os rendimentos do trabalho se sujeitam a uma alíquota média de 30%.[54]

Além de representarem parcela considerável da riqueza, as heranças perpetuam famílias no topo da riqueza, conforme demonstra um levantamento desta autora a partir da lista dos 100 maiores bilionários brasileiros segundo a revista Forbes.[55]

A ideia do levantamento é identificar quais, dentre os 100 mais ricos do país, puderam contar com uma herança (ainda que recebida antecipadamente) para erguer os seus impérios. A fonte do levantamento é a internet: redes sociais, o próprio site da Forbes, sites das empresas da pessoa consultada e sites de revistas que costumam fazer uma biografia de nomes importantes no cenário político e econômico do país.

Dos 100 maiores bilionários analisados, 66 construíram ou mantiveram a sua fortuna com o auxílio de uma herança. 28 bilionários fizeram fortuna sem que houvesse o auxílio de heranças significativas. E para 6 bilionários, não foi possível precisar o *"background* hereditário". Na dúvida, foram considerados como não herdeiros.

A importância das heranças pode ser ainda mais significativa que a proporção mencionada (66% da amostra). Conforme advertem Piketty e Zucman, há uma maior dificuldade em identificar as riquezas herdadas, pois como dito no início do texto, o herdeiro tem várias razões para esconder a riqueza (e a sua origem); ao contrário, o empresário tem várias razões para mostrá-la.[56] Além disso, conforme identificado por Raub, Johnson e Newcomb, herdeiros costumam ter um *portfólio* mais diversificado de bens, entre os quais se sobressaem os de baixa liquidez e de difícil avaliação.[57]

---

[54] PIKETTY, Thomas. *Le capital au XXIe siècle*. Paris: Éditions du Seuil, 2013. p. 665-666.
[55] PINHO, Mariana Corrêa de Andrade. *Imposto sobre as heranças no Brasil*: maldição ou benção? Tese de Doutorado. São Paulo: Universidade de São Paulo, 2024, p. 221-231.
[56] PIKETTY, Thomas; ZUCMAN, Gabriel. Wealth and inheritance in the long run. *Handbook of Income Distribution*, v. 2B, p. 1303-1368, 2015. p. 1342.
[57] Segundo eles, a determinação do valor dos bens requer mais conhecimentos artísticos que científicos (RAUB, Brian; JOHNSON, Barry; NEWCOMB, Joseph. A comparison of wealth estimates for America's wealthiest decedents using tax data and data from the Forbes 400. *National Tax Association Proceedings*, Annual Conference on Taxation, 103, 2010. p. 134).

Para concluir, destaque-se também que na lista dos "100 mais" há apenas 11 mulheres.[58] Dessas, 10 são herdeiras ou viúvas de bilionários, e apenas 1 empresária fez fortuna sem uma herança prévia (Lúcia Borges Maggi,[59] fundadora da Amaggi, a mulher mais rica do Brasil, detentora de fortuna avaliada em R$ 7,10 bilhões). Esse dado revela um outro lado da moeda, que decorre da imposição cultural posta à mulher para abrir mão da carreira e assumir a criação dos filhos e o trabalho doméstico, ficando o homem com tempo e o conjunto de privilégios necessários para desempenhar trabalhos mais bem pagos no mercado.

4 O papel redistributivo do imposto sobre heranças

Em adição ao que foi dito, também não se pode descuidar do papel redistributivo do imposto sobre heranças, na medida em que, quanto mais progressivo for,[60] maior será o alcance da limitação às super-heranças.

Assim, mesmo para países considerados pouco desiguais, o imposto sobre as heranças permanece legítimo do ponto de vista da redistributividade, porque permite a alimentação de um sistema tributário igualitário, evitando-se uma concentração extrema de riqueza no topo. É o caso de países como Bélgica, Alemanha, Espanha e Reino Unido.

O Brasil não apenas ostenta um dos maiores níveis de desigualdade social do mundo, como também prevê expressamente na sua Constituição, por pelo menos duas vezes, que compete ao Estado reduzir as desigualdades sociais.[61] Como lembra Onofre Batista Junior, o Estado brasileiro é modelado sob a forma do Estado tributário redistribuidor,[62] conceito que carrega a ideia da juridicização da igualdade material, que não se limita à igualdade jurídica, mas abrange também a igualdade

---

[58] A lista completa dos 284 maiores bilionários brasileiros de 2022 está disponível em: https://forbes. com.br/bilionarios-2022/2022/12/lista-forbes-de-bilionarios-brasileiros/. Acesso em: 30 jan. 2024.
[59] Lúcia era casada com André Maggi, que começou a vida profissional trabalhando numa serraria. Em 1977, o casal funda em São Miguel do Iguaçu (PR) a Sementes Maggi.
[60] A EC nº 132/2023 incluiu o inciso VI ao §1º do art. 155 da Constituição Federal para determinar que o ITCMD será progressivo em razão do valor do quinhão, legado ou doação.
[61] Art. 3º, III, e art. 170, VII, da Constituição Federal.
[62] A expressão é utilizada por Onofre Batista (BATISTA JÚNIOR, Onofre Alves. *O outro Leviatã e a corrida ao fundo do poço*: guerras fiscais e precarização do trabalho, a face perversa da globalização, a necessidade de uma ordem econômica global mais justa. São Paulo: Almedina, 2015), que, por sua vez, faz referência a WOLFF, Hans; BACHOF, Otto; STOBER, Rolf. *Verwaltungsrecht*. 2. ed. Munchen: C. H Beck, 1999, v. 1, p. 204.

social e econômica.⁶³ O tributo é um instrumento de realização da sua própria concepção de justiça distributiva.⁶⁴

Para Scaff, pela lógica redistributiva, o Estado retira de quem tem capacidade contributiva e destina a quem tem capacidade receptiva, e o sucesso da política tributária está diretamente atrelado à fonte de riqueza tributável e à maneira como isso ocorre.⁶⁵

A assunção do papel redistributivo do tributo acrescenta algo além do habitual exame exegético. O imposto sobre heranças possui preponderantemente uma finalidade extrafiscal, sendo o efeito fiscal uma consequência, mas não a causa do imposto. E o simples fato de reduzir as discrepâncias de riqueza transferida já é suficiente para alcançar essa finalidade, que só se enxerga a partir do momento em que o problema da desigualdade é visto sob a ótica dos que têm de sobra, e não (apenas) sob a ótica dos que nada têm. Não se trata de tributar para expandir direitos, mas de tributar para impedir situações de desigualdade extrema que inviabilizam a vida em sociedade no longo prazo e comprometem as futuras gerações.

Mas é claro que a lógica da redistributividade tributária não está isenta de críticas. Segundo Batista Júnior, as críticas constroem-se a partir dos seguintes argumentos: o de que políticas de redistribuição econômica poderiam reduzir os incentivos ao trabalho, fazendo com que os mais pobres deixem de "se esforçar" para melhorar sua condição de vida; e o de que a redistribuição poderia desestimular os ricos a investir seus recursos, levando à estagnação da economia. Argumentos que, segundo ele, não possuem fundamento teórico e comprovação empírica.⁶⁶

O debate vai longe. Por ora, concentra-se no fato de que as críticas, em especial a fundada no desestímulo econômico, estão tão arraigadas no inconsciente coletivo e são utilizadas como instrumentos de retórica em situações descabidas. É o que aconteceu na justificativa do Projeto de Lei Estadual Paulista nº 511/2020, que propôs a redução das alíquotas do

---

⁶³ BATISTA JÚNIOR, Onofre Alves. *O outro Leviatã e a corrida ao fundo do poço*: guerras fiscais e precarização do trabalho, a face perversa da globalização, a necessidade de uma ordem econômica global mais justa. São Paulo: Almedina, 2015. p. 87.
⁶⁴ *Ibidem*, p. 85.
⁶⁵ SCAFF, Fernando Facury. *Orçamento republicano e liberdade igual*: ensaio sobre o direito financeiro, república e direitos fundamentais no Brasil. Belo Horizonte Fórum, 2018. p. 278.
⁶⁶ BATISTA JÚNIOR, Onofre Alves. *O outro Leviatã e a corrida ao fundo do poço*: guerras fiscais e precarização do trabalho, a face perversa da globalização, a necessidade de uma ordem econômica global mais justa. São Paulo: Almedina, 2015. p. 69.

ITCMD em 75% (de 4% para 1%) e 87,5% (de 4% para 0,05%) nos casos de transmissão *causa mortis* e doação, respectivamente.[67] Nos motivos do projeto, foram utilizadas justificativas falaciosas, apoiando-se no conhecido subterfúgio retórico do princípio da razoabilidade (como se fosse razoável reduzir uma alíquota, qualquer que seja, em 87,5%) e, pasmem, na Curva de Laffer,[68] para tentar emplacar a ideia de que a redução das alíquotas do imposto aumentaria a arrecadação.

O projeto também se escorou no senso comum de sobrecarga tributária, responsável pelo desestímulo ao crescimento econômico, pela baixa dos salários e da renda da população, prejudicando os mais pobres. Não atentou ao óbvio de que as medidas de crescimento econômico são insensíveis à distribuição da riqueza ou da renda[69] e nem todo crescimento econômico é sempre bom para a igualdade, pois depende efetivamente de "quem cresce". Se são apenas os ricos que se beneficiam do crescimento, a desigualdade aumenta.

Em suma, a proposta afirmou com todas as letras que tributar heranças em 4% prejudicaria os mais pobres, no curto e no longo prazo, já que provocaria a supressão da atividade laborativa e, consequentemente, a diminuição da arrecadação! Mesmo assim – e talvez justamente por isso – o projeto foi aprovado por maioria pela Assembleia Legislativa, no apagar das luzes de 2022.[70] Felizmente, o Governador do Estado recém-eleito, Tarcísio de Freitas, vetou o projeto, por considerar, entre outros motivos, que é absolutamente contrário aos interesses políticos e fiscais do Estado.[71]

O que se observa do exemplo citado é uma completa distorção da lógica essencialmente redistributiva do imposto sobre heranças,

---

[67] ALESP. Assembleia Legislativa do Estado de São Paulo. Disponível em: https://www.al.sp.gov.br/propositura/?id=1000331890&tipo=1&ano=2020. Acesso em: 20 jun. 2023.

[68] A Curva de Laffer é uma teoria bastante controvertida, desenvolvida na década de 80 pelo economista americano Arthur Laffer, e visou demonstrar a relação entre a redução dos impostos à renda e o crescimento econômico. A teoria não guarda relação com os impostos sobre a transmissão do patrimônio que já foi acumulado ao longo da vida.

[69] MEDEIROS, Marcelo. *Os ricos e os pobres:* o Brasil e a desigualdade. São Paulo: Companhia das Letras, 2023. Edição Kindle, local 597.

[70] O projeto teve parecer favorável da Comissão de Constituição e Justiça e foi aprovado pela maioria dos presentes, contando apenas com o voto desfavorável da Bancada do PT e da Deputada Mônica Seixas (PSOL). O projeto foi apreciado pela Assembleia legislativa de São Paulo na 48ª sessão extraordinária, de 21 de dezembro de 2022, a última do ano. A transcrição da sessão encontra-se disponível em: https://www.al.sp.gov.br/repositorio/ementario/anexos/20230112-154719-ID_SESSAO=15230.htm. Acesso em: 26 jun. 2023.

[71] As razões do veto estão disponíveis em: https://www.al.sp.gov.br/spl/2023/02/Acessorio/1000483184_1000620017_Acessorio.pdf. Acesso em: 26 jun. 2023.

que interdita o debate sobre as reformas necessárias, muito similar ao que Élida Graziane denominou de "interdição fiscal ao planejamento orçamentário". Nas palavras dela:

> A interdição abre caminhos para a naturalização da extrema concentração de renda no topo. Para que não haja uma reflexão sobre as opções de arrecadação, o foco das regras fiscais brasileiras é reduzido apenas à tentativa de conter o tamanho do Estado, reduzindo-o proporcionalmente ao longo do tempo.[72]

E esse não é um caso isolado. Historicamente, o legislativo tem se posicionado contrariamente à progressividade dos tributos. Dos 2.500 projetos de lei complementares ou ordinários que foram apresentados por parlamentares brasileiros entre 1988 e 2020, a imensa maioria (88,6%) propõe medidas regressivas ou cujo resultado importaria na redução arrecadação do governo federal, a exemplo da criação de novas despesas dedutíveis no IRPF e isenções diversas.[73]

Conclusão

Segundo série histórica de concentração de riqueza dos últimos 30 anos, estimada pelo *World Inequality Database*, o percentual de riqueza acumulada dos 10% mais ricos no Brasil saiu de 73,9% em 1995 para 79,7% em 2022. Entre o 1% mais rico, essa evolução é ainda mais íngreme, de 41,6% em 1995 para 48,7% em 2022. No outro extremo, os 50% mais pobres detinham 1,1% em 1995 e caíram para -0,5% em 2022.[74]

Considerando apenas os ativos financeiros, o estudo *Desigualdade S.A.*, elaborado pela Oxfam e publicado em janeiro de 2024, revela dados ainda mais gritantes: o 0,01% mais rico possui 27% dos ativos

---

[72] GRAZIANE PINTO, Élida. Quem se beneficia do teto e dele não abdicará, apesar do seu fim iminente? *Consultor Jurídico*, São Paulo, 27 dez. 2022.

[73] ARRETCHE, Marta; MAHLMEISTER, Rodrigo; LAZZARI, Eduardo. Plano de Biden de aumentar impostos dos mais ricos teria poucas chances no Brasil: pós-ditadura, Congresso ignorou quase todas as propostas para tornar a tributação mais progressiva. *Folha de S. Paulo*, São Paulo, 25 junho 2021. Disponível em: https://www1.folha.uol.com.br/ilustrissima/2021/06/plano-de-biden-de-aumentar-impostos-dos-mais-ricos-teria-poucas-chances-no-brasil.shtml?utm_source=whatsapp&utm_medium=social&utm_campaign=compwa&origin=folha. Acesso em: 25 jun. 2021.

[74] Disponível em: https://wid.world/country/brazil/. O número é negativo porque o cálculo de riqueza considera o patrimônio menos as dívidas de cada indivíduo.

financeiros do país, o 0,1% mais rico, 43%, e o 1% mais rico, 63%.[75] Já os 50% mais pobres têm apenas 2% do total de ativos financeiros do país. É natural que seja assim, uma vez que os rendimentos do capital são, além de mais rentáveis que os do trabalho, tributados numa alíquota muito inferior e, eventualmente, isentos de tributos. E, na síntese de Medeiros, capital é riqueza que se reproduz; logo, quanto mais capital inicial, mais fácil poupar e investir, num círculo virtuoso para quem tem dinheiro e liquidez.[76]

Assim, mesmo sob um olhar liberal, que valoriza a neutralidade e a preservação das escolhas individuais, não se pode ignorar que os dados colocados não são sustentáveis do ponto de vista da manutenção do próprio modelo capitalista. E nem mesmo o crescimento econômico pode remediar o problema, uma vez que a desigualdade não é medida diretamente proporcional a ele: a depender de quem se beneficia com o crescimento, ele pode acentuar ainda mais as desigualdades de renda e riqueza existentes, tornando inviável o próprio crescimento econômico no futuro. Isso sem falar que o irrefutável esgotamento dos recursos naturais limitará o crescimento econômico do futuro (sem meio ambiente, não tem pra onde crescer).

Do ponto de vista jurídico, garantir o direito à herança a todos também não é suficiente. Segundo Scaff, "a República pressupõe que as pessoas tenham iguais direitos e esses possam ser efetivamente exercidos, e não meramente declarados".[77] Para além de concordar, é preciso acrescentar que a República também pressupõe a identificação das diferenças reais entre poder e dinheiro na sociedade, que por sua vez permitem constatar que alguns direitos, apesar de estarem assegurados a todos, somente serão efetivamente exercidos por uma parcela ínfima da população e, por isso, não podem ser tratados como se fossem direitos de todos.

Em outras palavras, a maioria da população brasileira não consegue sequer poupar para a sua própria velhice, enquanto uma minoria garante as heranças para várias gerações no porvir. Dizer a essa maioria

---

[75] OXFAM. *Desigualdade S.A.*: como o poder das grandes empresas divide o nosso mundo e a necessidade de uma nova era de ação pública. p. 23. Disponível em: https://www.oxfam.org.br/forum-economico-de-davos/desigualdade-s-a/. Acesso em: 2 fev. 2024.

[76] MEDEIROS, Marcelo. *Os ricos e os pobres*: o Brasil e a desigualdade. São Paulo: Companhia das Letras, 2023. Edição Kindle, local 1002.

[77] SCAFF, Fernando Facury. *Orçamento republicano e liberdade igual*: ensaio sobre o direito financeiro, república e direitos fundamentais no Brasil. Belo Horizonte Fórum, 2018. p. 562.

que a Constituição Federal e o Estado brasileiro garantem o direito à herança é quase uma piada sem graça. Uma herança maldita, podem pensar, já que a ideia de "herança" como um patrimônio ou recurso financeiro para a geração seguinte simplesmente não lhe pertence, e nem é considerada como possível no horizonte.

Referências

ARRETCHE, Marta; MAHLMEISTER, Rodrigo; LAZZARI, Eduardo. Plano de Biden de aumentar impostos dos mais ricos teria poucas chances no Brasil: pós-ditadura, Congresso ignorou quase todas as propostas para tornar a tributação mais progressiva. *Folha de S. Paulo*, São Paulo, 25 junho 2021. Disponível em: https://www1.folha.uol.com.br/ilustrissima/2021/06/plano-de-biden-de-aumentar-impostos-dos-mais-ricos-teria-poucas-chances-no-brasil.shtml. Acesso em: 25 jun. 2021.

BATCHELDER, Lily. Leveling the Playing Field between Inherited Income and Income from Work through an Inheritance Tax. *In*: SHAMBAUGH, Jay; NUNN Ryan (ed.). *Tackling the tax code: efficient and equitable ways to raise revenue*. Washington: Brookings, 2020. p. 43-88.

BATISTA JÚNIOR, Onofre Alves. *O outro Leviatã e a corrida ao fundo do poço*: guerras fiscais e precarização do trabalho, a face perversa da globalização, a necessidade de uma ordem econômica global mais justa. São Paulo: Almedina, 2015.

BRASIL. Ministério do Planejamento, Orçamento e Gestão. IPEA. *Mulheres e trabalho*: breve análise do período 2004-2014. Brasília, 2016. Disponível em: https://repositorio.ipea.gov.br/bitstream/11058/6524/1/Nota_n24_Mulheres_trabalho.pdf. Acesso em: 15 mar. 2024.

CARVALHO JUNIOR, Pedro Humberto Bruno de. O papel do sistema de heranças na desigualdade brasileira. *Instituto de Pesquisa Econômica Aplicada – Ipea*, Texto para Discussão n. 2843, fev. 2023. Brasília: Ipea, 2023. Disponível em: https://repositorio.ipea.gov.br/bitstream/11058/11564/1/Publicacao_preliminar_TD_O_papel_do_sistema.pdf. Acesso em: 11 ago. 2023.

FLORENTINO, Manolo; GÓES, José R. *A paz das senzalas*: famílias escravas e tráfico atlântico. Rio de Janeiro: 1790-1850. Rio de Janeiro: Civilização Brasileira, 1997.

FREYRE, Gilberto. *Casa-grande & senzala*: formação da família brasileira sob o regime da economia patriarcal. 48. ed. Recife: Global, 2003.

GIANETTI, Eduardo. *Vícios privados, benefícios públicos*: a ética na riqueza das nações. São Paulo: Companhia das Letras, 2007.

GRAZIANE PINTO, Élida. Quem se beneficia do teto e dele não abdicará, apesar do seu fim iminente? *Consultor Jurídico*, São Paulo, 27 dez. 2022. Disponível em: https://www.conjur.com.br/2022-dez-27/contas-vista-quem-beneficia-teto-dele-nao-abdicara-apesar-fim-iminente. Acesso em: 6 jun. 2023.

HUNTER-HART, Monica. The World's Yoyngest Bilionaires 2024. *Forbes*. Disponível em: https://www.forbes.com/sites/monicahunter-hart/2024/03/31/worlds-youngest-billionaires-2024-john-collison-ben-francis-evan-spiegel/?sh=69c2d6101352. Acesso em: 4 abril 2024.

MEDEIROS, Marcelo. *Os ricos e os pobres*: o Brasil e a desigualdade. São Paulo: Companhia das Letras, 2023. Edição Kindle.

MOTTA, José Flávio. A escravidão brasileira à época da Independência. *Revista USP*, n. 132, p. 37-58, jan./mar. 2022. Disponível em: https://jornal.usp.br/wp-content/uploads/2022/03/2-Flavio-Mota.pdf. Acesso em: 6 jan. 2023.

MURPHY, Liam; NAGEL, Thomas. *O mito da propriedade*: os impostos e a justiça. São Paulo: Martins Fontes, 2005.

OECD. Inheritance Taxation in OECD Tax Policy Studies. *OECD Publishing*, Paris, 2021. Disponível em: https://doi.org/10.1787/e2879a7d-en. Acesso em: 16 maio 2021.

OXFAM. *Desigualdade S.A.*: como o poder das grandes empresas divide o nosso mundo e a necessidade de uma nova era de ação pública. Disponível em: https://www.oxfam.org.br/forum-economico-de-davos/desigualdade-s-a/. Acesso em: 2 fev. 2024.

PEREIRA, Fernando Marcelino. Classes sociais e hereditariedade: fundamentos sociológicos. *In:* OLIVEIRA, Ricardo Costa de (org.). *Família importa e explica:* instituições políticas e parentesco no Brasil. São Paulo: LiberArs, 2018. p. 95-112.

PIKETTY, Thomas. *Capital e ideologia*. Rio de Janeiro: Intrínseca, 2020.

PIKETTY, Thomas. *Le capital au XXIe siècle*. Paris: Éditions du Seuil, 2013.

PIKETTY, Thomas; ZUCMAN, Gabriel. Wealth and inheritance in the long run. *Handbook of Income Distribution*, v. 2B, p. 1303-1368, 2015. Disponível em: https://bit.ly/3ZMbzhg. Acesso em: 5 jan. 2024.

PINHO, Mariana Corrêa de Andrade. *Imposto sobre as heranças no Brasil*: maldição ou benção? Tese de Doutorado. São Paulo: Universidade de São Paulo, 2024, p. 221-231.

RAUB, Brian; JOHNSON, Barry; NEWCOMB, Joseph. A comparision of wealth estimates for america's wealthiest decedents using tax data and data from the Forbes 400. *National Tax Association Proceedings*, Annual Conference on Taxation, 103, p. 128-135, 2010. Disponível em: http://piketty.pse.ens.fr/files/RaubJohnsonNewcomb2010.pdf. Acesso em: 5 fev. 2024.

RIBEIRO, Ricardo Lodi. Piketty e a reforma tributária igualitária no Brasil. *Revista de Finanças Públicas, Tributação e Desenvolvimento*, Rio de Janeiro, v. 3, n. 3, 2015. Disponível em: https://www.e-publicacoes.uerj.br/index.php/rfptd/article/view/15587/11798. Acesso em: 13 maio 2021.

SCAFF, Fernando Facury. *Da igualdade à liberdade*: considerações sobre o princípio jurídico da igualdade. Belo Horizonte: D'Plácido, 2022.

SCAFF, Fernando Facury. *Orçamento republicano e liberdade igual*: ensaio sobre o direito financeiro, República e direitos fundamentais no Brasil. Belo Horizonte Fórum, 2018.

SCHREIBER, Mariana. Como super-ricos podem continuar driblando impostos. *BBC News Brasil*, Brasília, 4 set. 2023. Disponível em: https://www.bbc.com/portuguese/articles/cv21n8482keo. Acesso em: 9 jan. 2024.

SHAVIRO, Daniel. *Literature and Inequality*: Nine Perspectives from the Napoleonic Era through the First Gilded Age. Londres: Anthem Press, 2020. Edição Kindle.

SOUZA, Pedro H. G. Ferreira de. *Uma história de desigualdade*: a concentração de renda entre ricos no Brasil (1926-2013). São Paulo: Anpocs, 2018.

THE SPIRIT level authors: why society is more unequal than ever. Richard Wilkinson and Kate Pickett. *The Guardian*, 9 mar. 2014. Disponível em: https://www.theguardian.com/commentisfree/2014/mar/09/society-unequal-the-spirit-level. Acesso em: 6 jan. 2023.

TRIVERS, Robert. *The Evolution of Reciprocal Altruism*. Chicago: Quarterly Review of Biology, 1971. v. 46, n. 1, p. 35-57. Disponível em: https://greatergood.berkeley.edu/images/uploads/Trivers-EvolutionReciprocalAltruism.pdf. Acesso em: 2 abr. 2024.

WATANABE, Marta; CARRO, Rodrigo. Taxação a patrimônio cresce, e estados veem 'alternativa' às portas da reforma: propriedade de veículos e doações e heranças ampliam participação na receita e ultrapassam 10% do total mesmo com o crescimento geral da arrecadação. *Valor Econômico*. São Paulo, 18 jul. 2023. Disponível em: https://valor.globo.com/brasil/noticia/2023/07/18/taxacao-a-patrimonio-cresce-e-estados-veem-alternativa-as-portas-da-reforma.ghtml. Acesso em: 18 jul. 2023.

Referências jurisprudenciais e legislativas

ALESP. Assembleia Legislativa do Estado de São Paulo. *Projeto de Lei nº 511/2020*. Disponível em: https://www.al.sp.gov.br/propositura/?id=1000331890&tipo=1&ano=2020. Acesso em: 20 jun. 2023.

Informação bibliográfica deste livro, conforme a NBR 6023:2018 da Associação Brasileira de Normas Técnicas (ABNT):

PINHO, Mariana Corrêa de Andrade. O papel das heranças na desigualdade intergeracional. *In*: SCAFF, Fernando Facury; DERZI, Misabel de Abreu Machado; BATISTA JÚNIOR, Onofre Alves; TORRES, Heleno Taveira (coord.). *Tributação, desigualdade e desenvolvimento*. Belo Horizonte: Fórum, 2025. p. 279-303. ISBN 978-65-5518-100-5.

# FEDERALISMO EM TRANSIÇÃO: O FIM DOS INCENTIVOS FISCAIS DE ICMS PARA O DESENVOLVIMENTO REGIONAL COM A REFORMA TRIBUTÁRIA DO CONSUMO

PAULO ROSENBLATT,
CAIO DE SOUZA LEÃO

Introdução

A história do Brasil é marcada por desigualdades. Essa palavra remete não apenas à desigualdade social e de renda, mas também à desigualdade regional. Embora distintas, ambas se retroalimentam e possuem raízes históricas comuns.

Enquanto a desigualdade de renda faz do Brasil um "microcosmo do mundo", com uma elite equiparada aos ricos dos países mais desenvolvidos convivendo ao lado de pessoas em condições de extrema pobreza, comparáveis às dos países mais pobres,[1] o país também enfrenta, desde os tempos coloniais, uma crescente divisão entre o próspero eixo Sul-Sudeste em contraposição às regiões Norte e Nordeste, menos desenvolvidas e com maiores problemas sociais.

Em 1988, o constituinte originário fez a opção por um texto dirigente no qual, em seu art. 3º, inciso III, anuncia entre os objetivos fundamentais da República a erradicação da pobreza, da marginalização e

---

[1] NERY, Pedro Fernando. *Extremos*: um mapa para entender as desigualdades no Brasil. Rio de Janeiro: Zahar, 2024. Livro Eletrônico, posição 140.

a redução das desigualdades sociais e regionais. Além disso, consagrou a forma federativa de Estado em bases cooperativas, estabelecendo, além de uma repartição de competências tributárias, também uma repartição de receitas.[2]

Porém, o federalismo brasileiro encontra-se desequilibrado e enfraquecido. Isso ocorre principalmente devido à concentração da arrecadação tributária nos tributos federais, o que impõe à política do "pires na mão", em que os entes subnacionais, em especial os municípios – a maioria dependente das transferências indiretas –, recorrem constantemente às transferências voluntárias diretas para fazerem suprir as necessidades públicas.

Além disso, na ausência de uma política industrial e de desenvolvimento regional contínua e integrada, os entes federativos vêm recorrendo ao manejo de suas competências tributárias, em especial em relação ao ICMS estadual, com o objetivo de atraírem investimentos privados, situação conhecida por guerra fiscal.

Entre as mudanças trazidas com a recém aprovada reforma tributária (EC 132/2023) está a previsão do inciso X do art. 156-A de que o Imposto sobre Bens e Serviços (IBS), substituto do ISS e do ICMS, não pode ser objeto de incentivos fiscais, uma esperança de fim à guerra fiscal.

Contudo, essa previsão gerou preocupação, pois a concessão de incentivos fiscais constitui elemento central da própria competência tributária e da capacidade de autofinanciamento e auto-organização dos entes federativos. Além disso, questiona-se como os estados enfrentarão a desigualdade regional por meio da atração de investimentos geradores de empregos e renda na região.

Assim, o presente artigo busca analisar os impactos do "fim dos incentivos fiscais" do ICMS para o desenvolvimento regional, especialmente no Nordeste, considerando os elementos que compõem o modelo cooperativo de federalismo estabelecido pela Constituição Federal de 1988.

---

[2] Nesse sentido: FÉ, Raquel Mousinho de Moura. A repartição de rendas entre os entes da federação e sua repercussão na caracterização do federalismo brasileiro: uma investigação acerca do desenvolvimento do federalismo fiscal-financeiro no Brasil. *Revista Brasileira de Políticas Públicas*, [s.l.], v. 5, n. 1, p. 94-114, 14 jun. 2015. Disponível em: https://www.publicacoesacademicas.uniceub.br/RBPP/article/view/2869/2560. Acesso em: 10 jul. 2024.

1 Incentivos fiscais e desenvolvimento regional: fim da guerra fiscal em detrimento da competência tributária

Os incentivos fiscais são instrumentos de desoneração tributária provisórios destinados a encorajar relações jurídicas econômicas.[3] Ou seja, a norma que institui o incentivo fiscal sempre possui uma finalidade específica, não se tratando apenas de mera desoneração ou renúncia de receita. É importante mencionar que, ao estabelecer a desoneração ou renúncia com um determinado propósito, há sempre uma derrogação dos princípios da igualdade e da capacidade contributiva em alguma medida. Portanto, o incentivo fiscal deve ser sempre bem fundamentado e embasado nas previsões constitucionais.[4]

Por sua natureza, os incentivos fiscais constituem um instrumento extrafiscal e se inserem no âmbito das chamadas normas tributárias indutoras, pois possuem não apenas um viés regulatório, mas preservam aspectos de fiscalidade.[5] Dessa forma, eles são de valiosa importância na intervenção do Estado no campo econômico para a realização das mais diversas finalidades. A tributação jamais se limita à função fiscal, pois a mera arrecadação de tributos de nada vale sem o fomento ao desenvolvimento e à distribuição das riquezas, sobretudo com a redução das desigualdades.[6]

Os incentivos fiscais, portanto, por meio da renúncia tributária, visam induzir o comportamento dos particulares para a realização de um objetivo específico determinado pelo ente instituidor. Desse modo, pode o ente instituir incentivo fiscal para, por exemplo, fomentar novas práticas de proteção ambiental ou para atrair a instalação de empresas em determinada região. Este último exemplo, aliás, é de particular interesse no presente artigo.

---

[3] CATÃO, Marcos André Vinhas. *Regime Jurídico dos Incentivos Fiscais*. Rio de Janeiro: Renovar, 2004, p. 13.
[4] SOUZA LEÃO, Caio de. *Incentivos Fiscais e Moralidade Tributária*. Belo Horizonte: Arraes Editores, 2020, p. 44.
[5] ELALI, André. Incentivos fiscais, neutralidade da tributação e desenvolvimento econômico: a questão da redução das desigualdades regionais e sociais. *In*: MARTINS, Ives Gandra da Silva; ELALI, André; PEIXOTO, Marcelo Magalhães. *Incentivos Fiscais*: questões pontuais nas esferas federal, estadual e municipal. São Paulo: Mp Editora, 2007, p. 40-41.
[6] LOBATO, Valter de Souza; LEITE, Matheus Soares. A extrafiscalidade como fator essencial para o alcance da justiça distributiva em tempos de crise. *In*: LOBATO, Valter de Souza (coord.); DELIGNE, Maysa de Sá Pittondo (org.); LEITE, Matheus Soares (org.). *Exrafiscalidade*: conceito, interpretação, imites e alcance. Belo Horizonte: Fórum, 2017, p. 194.

A Constituição de 1988, de caráter eminentemente dirigente, além de estabelecer objetivos a serem atingidos, prevê expressamente no artigo 174 que o Estado, como agente normativo e regulador da atividade econômica, deve não só exercer a função fiscalizatória, mas também atuar no incentivo e planejamento dessa atividade. Esta previsão reforça a utilização dos incentivos fiscais como instrumento de fomento aos objetivos constitucionais.

Sobre este ponto, muito se questiona a chamada neutralidade tributária. É evidente que se trata de princípio fundamental para o ordenamento jurídico brasileiro. Tanto é assim que a reforma tributária a incluiu de maneira expressa como elemento central do novo Imposto sobre Bens e Serviços (IBS). No entanto, conforme dizer de Aliomar Baleeiro, "o exercício do poder de tributar é fenômeno de caráter iniludivelmente político",[7] ou seja, ainda que se pretenda absolutamente neutra, a tributação jamais será. Por mais que se tente evitar as chamadas externalidades, estas sempre estarão presentes ao se exercer a competência tributária. Nesse mesmo sentido, ensina Heleno Torres:

> A neutralidade tributária é uma quimera. A atividade financeira do Estado nunca foi neutra, nem aqui, nem alhures. Todo e qualquer gasto público relevante ou ato de criação ou aumento de tributo é intervenção direta e indireta sobre a maro e a microeconomia de uma nação, a modificar o volume da renda total disponível ou a distribuição de rendas.[8]

Assim, embora a neutralidade deva ser considerada, há outros princípios constitucionais e os próprios objetivos da República (art. 3º, CF/88) que legitimam a intervenção estatal, inclusive por meio dos incentivos fiscais.

Conforme mencionado na introdução do presente artigo, a Constituição Federal de 1988 elegeu, como um dos objetivos da República, a redução das desigualdades regionais. Os Poderes e os entes públicos, ao menos em tese, devem considerar a redução das desigualdades regionais quando da formulação e aplicação das políticas públicas.

---

[7] BALEEIRO, Aliomar. *Uma Introdução à ciência das finanças*. Rio de Janeiro: Forense, 2015, p. 231.

[8] TORRES, Heleno Taveira. Relação entre constituição financeira e constituição econômica. In: LOBATO, Valter de Souza (coord.); DELIGNE, Maysa de Sá Pittondo (org.); LEITE, Matheus Soares (org.). *Extrafiscalidade*: conceito, interpretação, limites e alcance. Belo Horizonte: Fórum, 2017, p. 136.

A tributação, como mais uma das ferramentas existentes para a realização dos objetivos estatais, é utilizada de forma frequente com esse propósito. Neste sentido, Silveira e Scaff apontam para a importância dos incentivos fiscais na promoção do desenvolvimento regional:

> E os incentivos fiscais são instrumentos dos mais efetivos para promover o desenvolvimento de áreas nacionais de movimentação econômica atrasada. Concedem-se incentivos para atrair investimentos privados (estimular comportamentos) em áreas mais pobres, possibilitando o crescimento de mercados produtores e consumidores que alavanquem os níveis de vida e desenvolvimento da população dessa área.[9]

A CF/88 estabeleceu que estaria no âmbito da competência tributária dos estados o ICMS, em que pese a sua essência nacional.[10] E é este tributo em que há a significativa e contenciosa utilização de incentivos fiscais para a atração de investimento.

No entanto, na busca por atrair investimentos, o uso de incentivos fiscais – notadamente de ICMS – gerou uma competição entre os entes federativos, criando consequências nefastas para a própria estrutura federativa. Essa disputa, chamada "guerra fiscal", é bem definida por José Roberto Rodrigues Afonso *et al* nos seguintes termos:

> A Guerra Fiscal é fundamentalmente um caso de concorrência fiscal predatória, praticada, marcado pelo reiterado descumprimento, por parte de determinados entes federativos, do sistema legal e constitucionalmente previsto para a concessão de incentivos fiscais em matéria de ICMS, aqui tomados em sentido amplo para indicar qualquer vantagem de cunho fiscal concedida pelo Estado para estimular ou desestimular comportamentos1 na ordem econômica por intermédio do tributo.[11]

A disputa entre os entes, no entanto, embora potencialmente nefasta, não é uma condição específica do Brasil, mas sim uma

---

[9] SILVEIRA, Alexandre Coutinho; SCAFF, Fernando Facury. Incentivos Fiscais na Federação Brasileira. *In*: MACHADO, Hugo de Brito. *Regime Jurídico dos Incentivos Fiscais*. São Paulo: Malheiros, 2015, p. 39-40.

[10] BEVILACQUA, Lucas. *Incentivos Fiscais de ICMS e Desenvolvimento Regional*. São Paulo: Quartier Latin, 2013, p. 60.

[11] AFONSO, José Roberto Rodrigues; FUCK, Luciano Felício; CORREIA NETO, Celso de Barros; SZELBRACIKOWSKI, Daniel Corrêa. Guerra Fiscal do ICMS: organizar o desembarque. *Revista de Direito Internacional Econômico e Tributário*, Brasília, v. 12, n. 1, p. 416-443, out. 2017. Disponível em: https://portalrevistas.ucb.br/index.php/rdiet/article/view/8236. Acesso em: 13 jul. 2024, p. 417.

característica comum em países com forte heterogeneidade econômica interna.[12] No entanto, a marca distintiva da experiência brasileira é a inobservância frequente e reiterada das regras infraconstitucionais e constitucionais de um ente, em prejuízo dos demais,[13] além da falta de mecanismos eficazes para regular o cenário e mitigar o impacto sobre o tecido federativo.[14]

A alínea "g", do inciso XII, do art. 155 da Constituição Federal de 1988 estabelece que cabe a lei complementar regular a forma como estados e Distrito Federal devem deliberar acerca da concessão e revogação de incentivos e benefícios fiscais. Essa previsão foi regulamentada pela Lei Complementar nº 24/1975, que já condicionava que as isenções de ICMS devem ser concedidas e revogadas por meio de convênios autorizativos firmados no âmbito do CONFAZ, órgão deliberativo criado especialmente para esse propósito.

A referida lei, em seu §2º do art. 2º, determina ainda que a concessão de benefícios necessita da aprovação por unanimidade dos entes representados. Essa exigência, no entanto, foi tradicionalmente descumprida por muitos entes, o que constitui retrato perfeito da falência do modelo federativo brasileiro diante da guerra fiscal.

Diante desse cenário, o Supremo Tribunal Federal (STF), em algumas ocasiões, julgou inconstitucionais os benefícios de ICMS instituídos à margem do procedimento determinado pela Constituição. Contudo, para burlar a declaração de inconstitucionalidade, muitos estados passaram revogar a lei instituidora antes da apreciação do STF, o que levava a Corte a julgar as ações prejudicadas. Logo depois, o estado instituía nova lei de mesmo teor. Essa situação levou o Supremo a deixar de julgar prejudicadas as ações nos casos em que lei questionada já houvesse sido revogada.[15]

Embora seja fundamental que as determinações legais e constitucionais sejam cumpridas, é importante mencionar que a exigência de unanimidade no CONFAZ é inexequível. Em um país marcado por intensa desigualdade regional, a conciliação de interesses de forma

---

[12] DULCI, Otávio Soares. Guerra fiscal, desenvolvimento desigual e relações federativas no Brasil. *Revista de Sociologia e Política*, Curitiba, v. 1, n. 18, p. 95-107, jun. 2002, p. 95.

[13] AFONSO, José Roberto Rodrigues; FUCK, Luciano Felício; CORREIA NETO, Celso de Barros; SZELBRACIKOWSKI, Daniel Corrêa. *Ibidem*, p. 418.

[14] DULCI, Otávio Soares. *Ibidem*, p. 95.

[15] AFONSO, José Roberto Rodrigues; FUCK, Luciano Felício; CORREIA NETO, Celso de Barros; SZELBRACIKOWSKI, Daniel Corrêa. *Ibidem*, p. 422.

unânime seria missão quase impossível, como de fato se mostrou. Criada nos anos da ditadura militar esta exigência deveria ter sido modificada há anos, em nome não apenas da eficiência, mas também da democratização do próprio federalismo.

Assim, foi necessária também a edição da Lei Complementar nº 160/2017 a fim de sanar os "incentivos e dos benefícios fiscais ou financeiro-fiscais instituídos em desacordo com o disposto na alínea "g" do inciso XII do §2º do art. 155 da Constituição Federal e a reinstituição das respectivas isenções, incentivos e benefícios fiscais ou financeiro-fiscais". Nesse diploma, afastou-se a regra da unanimidade, no seu art. 2º, para prever que o convênio poderá ser aprovado e ratificado com o voto favorável de, no mínimo, 2/3 (dois terços) das unidades federadas, e 1/3 (um terço) das unidades federadas integrantes de cada uma das 5 (cinco) regiões do País.

Além do evidente esgarçamento do tecido federativo, a guerra fiscal contribui para a corrosão das finanças públicas, para o comprometimento de receitas futuras e para o desvio de preços relativos.[16] A remissão dos créditos e a convalidação de convênios inconstitucionais trouxeram um sinal negativo para o descumprimento, pelos estados, do texto da Constituição Federal, no plano do federalismo cooperativo.

A recém aprovada reforma tributária, no entanto, além de levar à substituição do ICMS (e o ISS) pelo IBS, determina o fim da possibilidade de os estados utilizarem os incentivos e benefícios fiscais como forma de atrair investimentos. Essa mudança pretende pôr um fim à guerra fiscal, mas compromete, em certa medida, a competência tributária dos entes subnacionais, um dos alicerces da autonomia financeira, que sustenta a forma federativa do Estado brasileiro.

2 Reforma tributária com deformação federativa

Com a EC nº 132/2023, a Constituição Federal passou a prever, no novo art. 156-A, o Imposto sobre Bens e Serviços (IBS) – uma espécie de imposto sobre o valor agregado – de "competência compartilhada" entre estados, Distrito Federal e municípios. De acordo com o inciso I, do §1º do mesmo artigo, o IBS deverá incidir sobre operações com bens

---

[16] DULCI, Otávio Soares. *Ibidem*, p. 97.

materiais ou imateriais, inclusive direitos ou com serviços. Em outras palavras, foi assegurada ao IBS uma ampla hipótese de incidência.

No entanto, a EC nº 132/2023, ao prever o IBS, com o objetivo de encerrar a guerra fiscal, trouxe no inciso X, do §1º do art. 156-A a previsão de que este não será objeto de concessão de incentivos e benefícios fiscais ou financeiros ou de regimes específicos, diferenciados ou favorecidos de tributação, com exceção daquelas já previstas pelo próprio texto constitucional.

De início, é preciso aclarar que a reforma tributária substitui dois impostos – o ICMS e o ISS –, um estadual e outro municipal, que constituem hoje os mais importantes tributos de cada âmbito federativo, por um só imposto cuja competência é, na realidade, federal. Embora o texto constitucional fale em "competência compartilhada entre Estados, Distrito Federal e Municípios", a lei complementar que o instituirá e o disciplinará será editada pelo Congresso Nacional, o que o faz, em verdade, um tributo de competência federal.[17]

Há quem possa argumentar ainda que essa competência federal é temperada no contexto federativo brasileiro pelo fato de que o produto da arrecadação do IBS será distribuído entre estados, Distrito Federal e municípios e que isso tornaria o tributo de competência compartilhada. Além da existência do chamado Comitê Gestor, órgão formado por representantes da União, estados, DF e municípios que congregará diversas competências administrativas, e da previsão do inciso V, do §1º, do art. 156-A, de acordo com o qual cada ente fixará sua alíquota própria para bens e serviços que se destinem aos seus próprios territórios. Contudo, ainda assim, essas previsões não alteram o fato de que não detém a competência tributária quem recebe o produto da arrecadação, mas sim o ente que possui o poder para instituir o tributo e legislar sobre ele.[18]

Desse modo, compreendendo a outorga do poder de tributar como uma face da autonomia financeira dos entes políticos,[19] a mudança trazida pela reforma traz impactos para a estrutura federativa.

---

[17] MACHADO SEGUNDO, Hugo de Brito. *Reforma Tributária comentada e comparada*: emenda constitucional 132, de 20 de dezembro de 2023. Barueri: Atlas, 2024, p. 79.
[18] MACHADO SEGUNDO. *Ibidem*, p. 79.
[19] SILVEIRA, Alexandre Coutinho; SCAFF, Fernando Facury. Incentivos Fiscais na Federação Brasileira. *In*: MACHADO, Hugo de Brito. *Regime Jurídico dos Incentivos Fiscais*. São Paulo: Malheiros, 2015, p. 26.

O fato de o IBS ser um tributo de competência tributária federal, em tese, cria uma dificuldade para municípios e estados, pois, ao terem suas competências tributárias do ISS e do ICMS suplantadas, perdem também a possibilidade de manejar a competência tributária, inclusive para fazer uso da função extrafiscal,[20] tão importante na realização de outros objetivos constitucionais. Esse ponto gera debates sobre uma possível deformação imposta ao pacto federativo, ao fragilizar a autonomia financeira desses entes subnacionais.

A gradativa substituição do ICMS e do ISS pelo IBS não retira completamente a autonomia dos estados e municípios, uma vez que continuam aptos a instituir os demais tributos de suas competências.[21] Porém, no caso do ICMS, é a principal fonte de arrecadação dos estados-membros, sendo evidente que a reforma tributária impõe uma redução da autonomia legislativa deles e um fortalecimento da União.

Um ponto negativo dessa mudança é o fortalecimento da União Federal, numa tendência "centrípeta", em detrimento dos estados e municípios, que passam a ter reduzida sua autonomia financeira.

Essa mudança procura, por outro lado, através da aglutinação de competências, pôr um freio à guerra fiscal, fenômeno bastante danoso ao federalismo brasileiro.[22]

É importante mencionar também que a reforma estabelece a tributação no destino, em que o tributo será devido em regra ao local em que for disponibilizado ao consumo o bem ou serviço. Essa previsão tende a favorecer estados e municípios mais pobres e que possuem menos empresas e indústrias instaladas. Porém, ainda que ocorra aumento de receita, a redução da competência tributária é inquestionável.

Conforme mencionado anteriormente, a reforma tributária prevê também a vedação à concessão de incentivos e benefícios fiscais, assim como a instituição de regimes específicos relativos ao IBS, à exceção daqueles já previstos na própria Constituição. Essa mudança representa uma virada ainda mais radical em relação ao quadro atual, onde o manejo da extrafiscalidade por meio da concessão de incentivos fiscais é utilizado, sobretudo, como forma de promover a atração de

---

[20] SEGUNDO, Hugo de Brito Machado, *op. cit.*, p. 80.
[21] ALBINO, Amanda. O impacto federativo da reforma tributária: a emenda constitucional nº 132/2023. *Revista Carioca de Direito*, Rio de Janeiro, v. 5, n. 1, p. 67-84, jul. 2024. Disponível em: https://revistacarioca.openjournalsolutions.com.br/index.php/rcd/article/view/154/180. Acesso em: 20 jul. 2024, p. 81.
[22] ALBINO, Amanda. *Idem*, p. 74.

investimentos, a geração de postos de trabalho e o desenvolvimento econômico e social. Essa situação exigirá um rearranjo nas políticas de desenvolvimento regional, inclusive tributárias.

3 Desenvolvimento regional pós-reforma tributária: coordenação e integração nacional?

Um dos maiores desafios enfrentados pelo Brasil ao longo de sua história tem sido o de promover o desenvolvimento regional do Norte e Nordeste do país. Esse contexto remonta a raízes históricas longínquas, que se iniciam com a decadência da indústria sucroalcooleira do Nordeste e o subsequente crescimento econômico da região Sudeste, primeiro com o ciclo do ouro e posteriormente com a cultura do café.[23] Esse processo se agravou ainda mais a partir da década de 1950, quando houve uma concentração de indústrias na região Sudeste.[24]

A prosperidade econômica do eixo Sul-Sudeste acarretou dificuldades do Nordeste e do Norte não apenas de atrair empresas, mas também em obter receitas tributárias, em especial por se tratar o ICMS de um tributo cuja tributação ocorre, em regra, na origem. Com a concentração industrial distante do Nordeste, menor passou a ser a capacidade de arrecadação tributária em relação aos estados sudestinos.

Essa disparidade econômica e social que opõe o Norte e Nordeste do Sul e Sudeste agrava o desequilíbrio e compromete o federalismo brasileiro. Em um contexto em que a arrecadação é concentrada nas mãos da União – dada a distribuição da competência tributária –, diante da dificuldade de se obter recursos e, sobretudo, de atrair investimentos, os incentivos fiscais generosos se tornaram uma opção relevante.[25]

---

[23] SZAJNBOK, Lucienne Michelle Treguer Cwikler. Desenvolvimento e redução das desigualdades regionais: análise sobre a efetividade dos incentivos fiscais federais nas áreas de atuação da SUDENE. *Revista Tributária e de Finanças Públicas*, v. 141, p. 151-170, 2019, p. 156.

[24] HERNANDES, Kelzer Schneider; VIEIRA, Stela Santos Fiaes. Impactos do fim da concessão de benefícios fiscais na reforma tributária. Disponível em: https://www.conjur.com.br/2024-jul-02/reforma-tributaria-e-os-impactos-do-fim-da-concessao-de-beneficios-fiscais/#:~:text=Com%20a%20Emenda%20Constitucional%20n%C2%BA,e%20redu%C3%A7%C3%A3o%20das%20desigualdades%20regionais.. Acesso em: 27 jul. 2024.

[25] FEITOSA, Raymundo Juliano Rego; OLIVEIRA, Gustavo Henrique Maciel de. Federalismo Fiscal e Desigualdades Regionais. *In*: OLIVEIRA, José André Wanderley Dantas de; ROSENBLATT, Paulo (org.). *Direito Tributário*: os 30 anos do sistema tributário nacional na constituição. Recife: Edição dos Organizadores, 2018. p. 191.

A partir da década de 90, com forte influência do pensamento liberal então em voga, o governo Federal passou a abandonar instrumentos e políticas de coordenação inter-regional. Este movimento incluiu o esvaziamento das superintendências e agências de desenvolvimento regional, criadas nos anos 50 e 60, além de uma postura menos ativa do governo federal em relação à política industrial, o que contribuiu para o agravamento da guerra fiscal.[26] Diante da ausência de esforços coordenados, os próprios entes passaram a promover medidas voltadas ao seu desenvolvimento.

No começo dos anos 2000, no entanto, o Governo Federal decidiu retomar, ainda que de forma insuficiente, a coordenação de esforços no sentido de garantir o desenvolvimento regional tendo em vista a diminuição das desigualdades. Uma das iniciativas notáveis foi a instituição da chamada Política Nacional de Desenvolvimento Regional (PNRD), criada em 2007 e que prevê uma série de planos, programas e ações dentre as quais está a concessão de incentivos fiscais.[27]

No entanto, por se tratar de uma política de âmbito federal, são incentivos fiscais relativos a tributos federais, a exemplo do Imposto de Renda Pessoa Jurídica (IRPJ). Nesse contexto, o PNRD deu nova importância à Superintendência do Desenvolvimento do Nordeste (Sudene), a qual passou a estar responsável pela emissão de pareceres técnicos relativos aos incentivos fiscais a serem concedidos dentro de sua área de atuação.[28]

Nesse contexto, os chamados "incentivos fiscais da Sudene", ainda que insuficientes, demonstram ao longo dos anos capacidade de fomentar o desenvolvimento da região. Por exemplo, em relação ao incentivo que oferta 75% de redução do IRPJ, por exemplo, este foi capaz de gerar um efeito causal de 9,82% na geração de vínculos de emprego formal dentro da área de atuação na região.[29] No entanto,

---

[26] DULCI, Otávio Soares. Guerra fiscal, desenvolvimento desigual e relações federativas no Brasil. *Revista de Sociologia e Política*, Curitiba, v. 1, n. 18, p. 95-107, jun. 2002, p. 96.

[27] SZAJNBOK, Lucienne Michelle Treguer Cwikler. Desenvolvimento e redução das desigualdades regionais: análise sobre a efetividade dos incentivos fiscais federais nas áreas de atuação da SUDENE. *Revista Tributária e de Finanças Públicas*, v. 141, p. 151-170, 2019, p. 157-158.

[28] *Ibidem*, p. 159.

[29] CARNEIRO, Diego Rafael Fonseca. Análises dos incentivos fiscais da Sudene e seus impactos sobre o mercado de trabalho na região nordeste do Brasil. *Cadernos de Finanças Públicas*, Brasília, v. 24, n. 1, p. 1-36, jan. 2024. Disponível em: https://repositorio.ufc.br/bitstream/riufc/75878/1/2024_art_drfcarneiro.pdf. Acesso em: 28 jul. 2024, p. 27-30.

sabe-se que iniciativas como essas não são suficientes para resolver o problema de forma integral, exigindo maiores – e mais eficientes e direcionadas – iniciativas integradas.[30]

Em um cenário sem os incentivos fiscais de ICMS à disposição dos estados-membros, será fundamental que se dê ainda mais relevância a mecanismos integrados de desenvolvimento regional. O fim da chamada guerra fiscal não será a solução em si mesma para a questão da desigualdade regional, será preciso reforçar iniciativas como o PNRD e os incentivos fiscais da Sudene para que os entes sigam dispondo de formas de atrair investimentos por meio da extrafiscalidade.

Conclusão

A extrafiscalidade e a concessão de incentivos fiscais constituem ferramenta importante para o Estado no atingimento de seus objetivos. No contexto brasileiro, diante da imensa desigualdade regional, os incentivos fiscais, em especial no tocante ao ICMS, tornaram-se uma das ferramentas mais utilizadas pelos estados-membros na busca por investimento privados que pudessem gerar postos de trabalhos e dinamizar a economia local.

No entanto, a "guerra fiscal" deflagrada pela disputa dos entes por meio da concessão de incentivos fiscais passou a constituir um risco para a sobrevivência de um federalismo já fragilizado pela própria desigualdade social e regional historicamente presente no Brasil.

Com o advento da Reforma Tributária, o ICMS e o ISS serão substituídos pelo IBS, o qual de acordo com o texto aprovado será de competência "compartilhada" entre os entes federativos. Além disso, o novo tributo não poderá ser objeto da concessão de quaisquer incentivos e benefícios fiscais, assim como da instituição de regimes específicos, à exceção daqueles já previstos na própria constituição. Esta previsão, além de estabelecer o fim da guerra fiscal parece inaugurar um novo momento no que tange ao desenvolvimento regional. Resta ver a eficiência dos novos fundos que serão criados.

Com o "fim" dos incentivos fiscais de ICMS, torna-se necessário fortalecer ações coordenadas para a atração de investimentos. É essencial que a União atue no sentido de coordenar os esforços no âmbito

---

[30] SZAJNBOK, Lucienne Michelle Treguer Cwikler. *Idem*, p. 167.

do desenvolvimento regional, não apenas por meio dos novos fundos, mas de políticas coordenadas voltadas a esse propósito.

Tais iniciativas devem estar tanto no âmbito da extrafiscalidade – através dos mencionados "incentivos fiscais da Sudene" –, mas também através de gastos diretos em infraestrutura e distribuição de renda. Ademais, a desigualdade regional é dos mais graves problemas brasileiros, conforme lecionou Celso Furtado:

Queiramos ou não, os grandes problemas do Brasil somente podem ser diagnosticados se se tem do País uma visão que leve em conta a fratura fundamental dessa desigualdade regional. Portanto, uma política adequada para o Nordeste significa renunciar à ilusão de que essa região é tão somente um apêndice, algo que pode ser relegado a segundo plano, que pode esperar um amanhã incerto em que "o bolo a distribuir" seja maior.[31]

Portanto, é preciso que se coordenem esforços não apenas no âmbito tributário, para que o desiderato constitucional de pôr fim à gritante desigualdade regional, assim como à erradicação da pobreza e da miséria, seja enfim enfrentado.

Referências

AFONSO, José Roberto Rodrigues; FUCK, Luciano Felício; CORREIA NETO, Celso de Barros; SZELBRACIKOWSKI, Daniel Corrêa. Guerra Fiscal do ICMS: organizar o desembarque. *Revista de Direito Internacional Econômico e Tributário*, Brasília, v. 12, n. 1, p. 416-443, out. 2017. Disponível em: https://portalrevistas.ucb.br/index.php/rdiet/article/view/8236. Acesso em: 13 jul. 2024.

ALBINO, Amanda. O impacto federativo da reforma tributária: a emenda constitucional nº 132/2023. *Revista Carioca de Direito*, Rio de Janeiro, v. 5, n. 1, p. 67-84, jul. 2024. Disponível em: https://revistacarioca.openjournalsolutions.com.br/index.php/rcd/article/view/154/180. Acesso em: 20 jul. 2024.

BALEEIRO, Aliomar. *Uma Introdução à ciência das finanças*. Rio de Janeiro: Forense, 2015.

BEVILACQUA, Lucas. *Incentivos Fiscais de ICMS e Desenvolvimento Regional*. São Paulo: Quartier Latin, 2013.

---

[31] FURTADO, Celso. Uma política de desenvolvimento para o Nordeste. *Novos Estudos CEBRAP*, São Paulo, v. 1, p. 13, 1981.

CARNEIRO, Diego Rafael Fonseca. Análises dos incentivos fiscais da Sudene e seus impactos sobre o mercado de trabalho na região nordeste do Brasil. *Cadernos de Finanças Públicas*, Brasília, v. 24, n. 1, p. 1-36, jan. 2024. Disponível em: https://repositorio.ufc.br/bitstream/riufc/75878/1/2024_art_drfcarneiro.pdf. Acesso em: 28 jul. 2024.

CATÃO, Marcos André Vinhas. *Regime Jurídico dos Incentivos Fiscais*. Rio de Janeiro: Renovar, 2004.

DULCI, Otávio Soares. GUERRA FISCAL, DESENVOLVIMENTO DESIGUAL E RELAÇÕES FEDERATIVAS NO BRASIL. *Revista de Sociologia e Política*, Curitiba, v. 1, n. 18, p. 95-107, jun. 2002.

ELALI, André. Incentivos fiscais, neutralidade da tributação e desenvolvimento econômico: a questão da redução das desigualdades regionais e sociais. *In*: MARTINS, Ives Gandra da Silva; ELALI, André; PEIXOTO, Marcelo Magalhães. *Incentivos Fiscais*: questões pontuais nas esferas federal, estadual e municipal. São Paulo: Mp Editora, 2007. p. 37-66.

FÉ, Raquel Mousinho de Moura. A repartição de rendas entre os entes da federação e sua repercussão na caracterização do federalismo brasileiro: uma investigação acerca do desenvolvimento do federalismo fiscal-financeiro no Brasil. *Revista Brasileira de Políticas Públicas*, [s.l.], v. 5, n. 1, p.94-114, 14 jun. 2015. CEUB. Disponível em: https://www.publicacoesacademicas.uniceub.br/RBPP/article/view/2869/2560. Acesso em: 10 jul. 2024.

FEITOSA, Raymundo Juliano Rego; OLIVEIRA, Gustavo Henrique Maciel de. Federalismo Fiscal e Desigualdades Regionais. *In*: OLIVEIRA, José André Wanderley Dantas de; ROSENBLATT, Paulo (org.). *Direito Tributário*: os 30 anos do sistema tributário nacional na constituição. Recife: Edição dos Organizadores, 2018. p. 172-193.

FURTADO, Celso. Uma política de desenvolvimento para o Nordeste. *Novos Estudos CEBRAP*, São Paulo, v. 1, p. 12-19, 1981.

HERNANDES, Kelzer Schneider; VIEIRA, Stela Santos Fiaes. Impactos do fim da concessão de benefícios fiscais na reforma tributária. Disponível em: https://www.conjur.com.br/2024-jul-02/reforma-tributaria-e-os-impactos-do-fim-da-concessao-de-beneficios-fiscais/#:~:text=Com%20a%20Emenda%20Constitucional%20n%C2%BA,e%20redu%C3%A7%C3%A3o%20das%20desigualdades%20regionais.. Acesso em: 27 jul. 2024.

LOBATO, Valter de Souza; LEITE, Matheus Soares. A extrafiscalidade como fator essencial para o alcance da justiça distributiva em tempos de crise. *In*: LOBATO, Valter de Souza (coord.); DELIGNE, Maysa de Sá Pittondo (org.); LEITE, Matheus Soares (org.). *Exrafiscalidade*: conceito, interpretação, imites e alcance. Belo Horizonte: Fórum, 2017, p. 187-206.

MACHADO SEGUNDO, Hugo de Brito. *Reforma Tributária comentada e comparada*: emenda constitucional 132, de 20 de dezembro de 2023. Barueri: Atlas, 2024.

NERY, Pedro Fernando. *Extremos*: um mapa para entender as desigualdades no Brasil. Rio de Janeiro: Zahar, 2024. Livro Eletrônico.

SILVEIRA, Alexandre Coutinho; SCAFF, Fernando Facury. Incentivos Fiscais na Federação Brasileira. *In*: MACHADO, Hugo de Brito. *Regime Jurídico dos Incentivos Fiscais*. São Paulo: Malheiros, 2015. p. 19-53.

SZAJNBOK, Lucienne Michelle Treguer Cwikler. Desenvolvimento e redução das desigualdades regionais: análise sobre a efetividade dos incentivos fiscais federais nas áreas de atuação da SUDENE. *Revista Tributária e de Finanças Públicas*, v. 141, p. 151-170, 2019.

SOUZA LEÃO, Caio de. *Incentivos Fiscais e Moralidade Tributária*. Belo Horizonte: Arraes Editores, 2020.

TORRES, Heleno Taveira. Relação entre constituição financeira e constituição econômica. *In*: LOBATO, Valter de Souza (coord.); DELIGNE, Maysa de Sá Pittondo (org.); LEITE, Matheus Soares (org.). *Extrafiscalidade*: conceito, interpretação, limites e alcance. Belo Horizonte: Fórum, 2017, p. 123-139.

Informação bibliográfica deste livro, conforme a NBR 6023:2018 da Associação Brasileira de Normas Técnicas (ABNT):

ROSENBLATT, Paulo; LEÃO, Caio de Souza. Federalismo em transição: o fim dos incentivos fiscais de ICMS para o desenvolvimento regional com a reforma tributária do consumo. *In*: SCAFF, Fernando Facury; DERZI, Misabel de Abreu Machado; BATISTA JÚNIOR, Onofre Alves; TORRES, Heleno Taveira (coord.). *Tributação, desigualdade e desenvolvimento*. Belo Horizonte: Fórum, 2025. p. 305-319. ISBN 978-65-5518-100-5.

SISTEMA TRIBUTÁRIO JUSTO E A CONCRETIZAÇÃO DA FRATERNIDADE NO FEDERALISMO FISCAL BRASILEIRO

**REYNALDO SOARES DA FONSECA,
RAFAEL CAMPOS SOARES DA FONSECA**

1 Introdução

Celebra-se, uma vez mais, a oportunidade de colaborar com já clássico e longevo projeto editorial capitaneado pelos Professores Heleno Taveira Torres, Fernando Facury Scaff, Misabel Abreu Machado Derzi e Onofre Alves Batista Júnior. Em nosso modo de ver, logra-se semestralmente refletir sobre as fronteiras do Direito Financeiro e Tributário brasileiro, sempre com temáticas atuais e vanguardistas. Portanto, o eixo principal da obra vertido na relação entre tributação, desigualdades e desenvolvimento a partir da Emenda Constitucional nº 132, de 2023, não poderia ser mais oportuno.

Este singelo contributo acadêmico versará sobre o conteúdo constitucional do federalismo fiscal brasileiro como parâmetro referencial para o desenvolvimento do modelo de tributação sobre o consumo no Brasil. Ademais, buscará apontar possíveis caminhos de diálogo entre os princípios federativo e da fraternidade, de modo a identificar como deste decorrem exigências normativas no espaço de justificação do pacto federativo em sua dimensão financeira.

Fixados esses pressupostos, o presente artigo divide-se em quatro partes, além desta introdução e das considerações finais. Na primeira, pretende-se situar a noção de federalismo fiscal no âmbito da teoria da Constituição Financeira. Em seguida, será desenvolvida a qualificação do federalismo fiscal equilibrado. Na terceira parte, semelhante esforço se mostrará necessário em relação ao federalismo fiscal cooperativo. Enfim, na quarta parcela do desenvolvimento deste artigo, o objetivo será indicar pontos de contato e diálogo entre o federalismo e o princípio constitucional da fraternidade, de modo a sugerir um parâmetro normativo caracterizado pelo federalismo fiscal fraternal.

2 O federalismo fiscal na Constituição Financeira[1]

Em um prisma substantivo, a atividade financeira do Estado deve ser funcionalizada para a realização de um critério de justiça distributiva previsto na Constituição da República por intermédio dos fundamentos e dos objetivos do Estado brasileiro. "Pela Constituição brasileira o orçamento deve ser utilizado de forma a tratar desigualmente os desiguais, na medida de suas desigualdades socioeconômicas, de forma a arrecadar de quem mais possui riquezas e gastar mais com quem as possui em menor monta".[2] Portanto, torna-se necessário realizar um exame das incidências e gastos públicos prioritários em cada ordenamento jurídico nacional historicamente considerado. Nesse sentido, torna-se relevante construir um arquétipo normativo de federalismo fiscal cooperativo e equilibrado baseado na Constituição Financeira. Portanto, a adjetivação do federalismo financeiro experimentado no Brasil pauta-se nos vetores da cooperação e do equilíbrio.

Esses vetores normativos operam e conformam a realidade a partir da Constituição Financeira, por sua vez definível como parcela material de normas jurídicas que regulam a atividade financeira do Estado ao formatar uma unidade entre obtenção de receitas, orçamento, realização de despesas, gestão do erário e controle. Nessa linha, do pensamento de Heleno Torres extraímos o que é essa parcela da ordem constitucional:

---

[1] Parcela do argumento foi apresentada pelo segundo autor em contexto prévio à EC nº 132, de 2023: FONSECA, Rafael Campos Soares da. Repercussões do federalismo fiscal na reforma tributária. SZELBRACIKOWSKI, Daniel Corrêa; PORTO, Laís Khaled (org.). *Perspectivas e desafios das reformas tributárias*. São Paulo: Almedina, 2023, p. 99-114.

[2] SCAFF, Fernando Facury. *Orçamento Republicano e Liberdade Igual*: ensaio sobre direito financeiro, república e direitos fundamentais no Brasil. Belo Horizonte: Fórum, 2018, p. 291.

A Constituição Financeira consiste na parcela material de normas jurídicas integrantes do texto constitucional, composta pelos princípios fundamentais, as competências e os valores que regem a atividade financeira do Estado, na unidade entre obtenção de receitas, orçamento, realização de despesas, gestão do patrimônio estatal e controles internos e externos, bem como a intervenção do Estado, na relação com as Constituições Econômica ou Social. A Constituição Financeira visa a garantir a certeza do direito a estabilidade sistêmica ao longo de toda a aplicabilidade das competências do direito financeiro, segundo princípios e valores uniformes, nos limites dos direitos e liberdades fundamentais, com máxima efetividade das Constituições Econômica, Político-Federativa e Social.[3]

Com referência à hodierna experiência de redemocratização brasileira, a Constituição Financeira cria o atual Estado Fiscal em seus aspectos formais e materiais. Na dimensão formal, a ordem constitucional financeira coincide com os artigos 145 a 169 da CR/88 (Título VI - Da Tributação e do Orçamento). Noutra banda, é a perspectiva material que transforma o sistema financeiro em um problema político, espraiando-se para outros dispositivos constitucionais, topograficamente deslocados do Título VI da CR/88, como, por exemplo, as competências administrativas e políticas dos entes federativos e dos Poderes da União, a seguridade social e o ADCT.

Nessa linha, Torres bem examina o Texto Constitucional à exaustão, identificando ao longo de toda a ordem constitucional normas referentes ao orçamento, precatórios, despesas públicas (qualquer forma de gasto, como indenizações etc., afora as competências gerais), receitas, débito com crédito público, patrimônio, fundos, transferências entre os entes federativos, fomento público, estímulos e incentivos, controles interno e externos e Fazenda Pública. Em suas palavras, "uma simples conferência do texto constitucional dá mostras do erro de redução da Constituição Financeira a uns poucos dispositivos. E isso porque ao longo de todo o texto constitucional persistem regras sobre matérias conexas com a atividade financeira do Estado".[4]

Por isso, é possível depreender das leis orçamentárias uma visão de governo do conjunto temporalmente determinado das receitas

---

[3] TORRES, Heleno Taveira. *Direito Constitucional Financeiro*: teoria da constituição financeira. São Paulo: Revista dos Tribunais, 2014, p. 75.
[4] TORRES, Heleno Taveira. *Direito Constitucional Financeiro*: teoria da constituição financeira. São Paulo: Revista dos Tribunais, 2014, p. 92-93, n. 52.

arrecadadas e das despesas públicas fixadas, mesmo que diante de reduzida margem de mobilidade financeira. Segundo Paul Kirchhof, a Constituição Financeira dedica-se a normatizar o poder mediado pelo dinheiro nas mãos do Estado, assim se assegura a continuidade do Estado Constitucional. Para atingir esse intento, a ordem constitucional é um "camaleão", porque conquanto preserva e consolida a vida pública por meio da juridicidade, também rege a renovação política do Estado, garantindo liberdades e ações financeiras. Portanto, o legislador e o governo devem ser concretamente capacitados e encarregados de liderar o Estado de maneira contemporânea e voltada para o futuro. Sob a perspectiva jusfinanceira, deve ser facultado às lideranças políticas ousar o novo na medida do financeiramente possível.[5]

No âmbito dessas ideias nucleares, o federalismo fiscal pode ser concebido na condição de conceito político-jurídico lastreado por fundamentação crítico-reflexiva depreendida da moralidade política e passível de explicitação em um critério de justiça, à luz da Teoria da Constituição Financeira. Nesse ponto, a própria dimensão contrafactual da ordem jurídica incentiva, ou pelo menos facilita, a produção de parâmetros ideais, positivados ou não, de correção da conduta das instituições.

Conforme se depreende das lições de Humberto Ávila, os Direitos Tributário e Financeiro têm muito a ganhar caso sejam informados por um estruturalismo argumentativo, de modo que a ciência do Direito agregue uma fusão de proposições descritivas e normativas, sob as luzes de uma função criativa, e não só descritiva, por parte dessa literatura acadêmica.[6]

Sendo assim, torna-se certo que o "federalismo fiscal é o tema do direito financeiro de maior expressão na atualidade e que dominará a pauta política e jurídica dos próximos anos, a envolver a reforma do pacto federativo e do seu financiamento".[7] Nesse quadrante, justifica-se a necessidade de maior engajamento acadêmico e cívico em temática jurídica fundamental, de modo a compreender a linha de raciocínio

---

[5] KIRCHHOF, Paul. Kontinuität dank Finanzverfassung. *In*: HUFELD, Ulrich; KUBE, Hanno; REIMER, Ekkehart (coord.). *Entwicklungslinien der Finanzverfassung*. Heidelberg: Institu fur Finanz- und Steuerrecht, 2016, p. 25 e 48.

[6] ÁVILA, Humberto. Função da Ciência do Direito Tributário: do formalismo epistemológico ao estruturalismo argumentativo. *Revista Direito Tributário Atual*, São Paulo, n. 29, p. 199-204, 2013.

[7] TORRES, Heleno Taveira. *Direito Constitucional Financeiro* – teoria da constituição financeira. São Paulo: Revista dos Tribunais, 2014, p. 245.

segundo a qual o Estado brasileiro estabelece o rateio das rendas públicas entre os entes federados.

Na verdade, considerada a definição segundo a qual "o federalismo fiscal significa a partilha dos tributos pelos diversos entes federativos, de forma a assegurar-lhes meios para atendimento dos fins. Não só dos tributos, no entanto, mas também das receitas não tributárias",[8] o escopo de preocupação teórica proposto por este artigo é mais amplo, tendo em vista que considera a estrutura federativa da atividade financeira do Estado em sua totalidade, isto é, além das receitas públicas, há uma tensão entre cooperação e competição em prol da unidade entre receitas, despesas e dívidas públicas, assim como a forma de gestão mediante orçamento e instituições federativas e o controle financeiro dessa dinâmica. Daí por que parte da doutrina jurídica passou a denominar a dinâmica das relações entre diferentes níveis de governança de federalismo financeiro.[9]

3 Federalismo fiscal de equilíbrio

Exposto o arcabouço conceitual atinente à Constituição Financeira e ao federalismo fiscal, demonstra-se possível investigar na ordem constitucional a existência de um sistema de financiamento do Estado federal. Em termos sintéticos, no plano vertical o sistema distribui renda pela competência tributária, ao passo que no plano horizontal autoriza meios funcionais de financiamento recíproco, à luz do desenvolvimento sustentável equilibrado e da redução das desigualdades locais e regionais. Então, busca-se "implantar um federalismo de equilíbrio, na correlação entre fortalecimento da União para planejamento e ordenação das políticas públicas e aprimoramento das competências das unidades periféricas".[10]

Portanto, o modelo normativo em questão funda-se no ideal de equilíbrio financeiro consistente em uma série de mecanismos

---

[8] OLIVEIRA, Regis Fernandes de. *Curso de Direito Financeiro*. 7. ed. São Paulo: Revista dos Tribunais, 2015, p. 115.

[9] SCAFF, Fernando Facury; DERZI, Misabel de Abreu Machado; TORRES, Heleno Taveira; BATISTA JÚNIOR, Onofre Alves. Prefácio: o federalismo como uma forma de organização do poder. *In*: SCAFF, Fernando Facury; DERZI, Misabel de Abreu Machado; TORRES, Heleno Taveira; BATISTA JÚNIOR, Onofre Alves (coord.). *Federalismo (s)em Juízo*. São Paulo: Noeses, 2019, p. XIV.

[10] TORRES, Heleno Taveira. *Direito Constitucional Financeiro* – teoria da constituição financeira. São Paulo: Revista dos Tribunais, 2014, p. 262.

legislativos e regulamentares pelos quais a divisão dos recursos públicos e respectivas despesas são critérios relevantes ao grau de autonomia e interdependência política dos entes federados, com sustentabilidade financeira, estabilidade econômica e satisfação do interesse público.[11] O objetivo precípuo desses arranjos federativos reside em guarnecer de condições de possibilidade a autonomia das unidades constituintes:

> A autonomia dos entes político-administrativos garante-lhes a possibilidade de administração dos recursos públicos atribuídos constitucionalmente para a consecução das atividades próprias. Nessa tarefa, caberá ao orçamento de cada ente federado a definição de sua despesa em decorrência da eleição de prioridades e programas que pretende atingir/executar, e, bem assim, a opção do grau e a modalidade de endividamento necessário ao desenvolvimento das atividades e/ou financiamento de investimento. Cada ente federativo tem a tarefa de estabelecer seu próprio orçamento, respeitando o princípio da legalidade e a autonomia de cada unidade política, sem a supervisão ou responsabilização da outra.[12]

Ademais, além da referida união indissolúvel e mutuamente vantajosa que promove uma correlação entre fortalecimento da União para planejamento e ordenação das políticas públicas e aprimoramento das competências das unidades subnacionais, restam também pertinentes o princípio da correspondência fiscal e a dialética entre autonomia fiscal e solidariedade financeira.

Quanto à correspondência ou outra terminologia que se adote, Régis Oliveira é enfático ao afirmar que "como a Constituição estabeleceu as atribuições de cada ente federal, evidente que deve dar-lhes instrumentos ou recursos para que possa atendê-las".[13] Por isso mesmo, o sistema tributário deve ser repartido em três níveis de governo, pois "se a Constituição distribui as competências político-administrativas

---

[11] SCAFF, Fernando Facury; ROCHA, Francisco Sergio Silva. Princípios, elementos e conceitos do estado federal. In: RAMOS, Dircêo Torrecillas (coord.). *O Federalista Atual*: teoria do federalismo. Belo Horizonte: Arraes, 2013, p. 74.

[12] SCAFF, Fernando Facury; ROCHA, Francisco Sergio Silva. Princípios, elementos e conceitos do estado federal. RAMOS, Dircêo Torrecillas (coord.). *O Federalista Atual*: teoria do federalismo. Belo Horizonte: Arraes, 2013, p. 74.

[13] OLIVEIRA, Regis Fernandes de. *Curso de Direito Financeiro*. 7. ed. São Paulo: Revista dos Tribunais, 2015, p. 114.

de cada qual, forçosamente deve atribuir os recursos necessários para que possam cumprir suas finalidades".[14]

Embora a atual Constituição da República não disponha de dispositivo semelhante ao previsto no anteprojeto da Comissão Provisória de Estudos Constitucionais da Presidência da República, o qual explicitava a imperatividade dos recursos necessários ao financiamento das funções constitucionalmente atribuídas, essa relação é ínsita ao pacto federativo, compondo, na pior das hipóteses, poder implícito decorrente da autonomia fiscal dos entes federativos.

A regra jurídica da correspondência fiscal tem por função interligar as relações financeiras intergovernamentais e respectivas atribuições, ocasionando uma série de relações jurídicas entre os recursos públicos, responsabilidades e competências. Ao estabelecer uma plêiade normativa entre receitas, despesas e competências, a correspondência complementa-se, ainda, com o princípio da separação dos governos, porquanto permite que a unidade constituinte consiga por si só desincumbir-se de suas responsabilidades, sem a indevida interferência dos demais centros governamentais.

Nessa linha, o que se denomina por correspondência fiscal possui referenciais distintos em um vasto espectro de regimes constitucionais e regras operacionais,[15] embora com o mesmo *leitmotiv*. Esse fio condutor permite, para efeitos comparativos, a acomodação de formas variadas de relações financeiras intergovernamentais. Cuida-se de equivalente funcional indispensável em uma estrutura federativa, desimpedindo que a variante linguística constitua obstáculo intransponível no campo dos estudos comparados sobre federalismo fiscal.

4 Federalismo fiscal cooperativo

Quanto ao federalismo cooperativo, tornam-se objetos de preocupações jurídicas as questões da subsidiariedade, da descentralização de funções públicas e da equalização fiscal de unidades desiguais. A esse respeito, a evocação de um federalismo cooperativo pode servir tanto para opor-se ao federalismo dual de origem norte-americana quanto,

---

[14] OLIVEIRA, Regis Fernandes de. *Curso de Direito Financeiro*. 7. ed. São Paulo: Revista dos Tribunais, 2015, p. 112.

[15] NICOLINI, Matteo. The principles of separation and correspondence, the comparative method, and the problem of semantic change. *In*: VALDESALICI, Alice; PALERMO, Francesco (ed.). *Comparing Fiscal Federalism*. Leiden: Brill, 2018, p. 85.

de forma mais abrangente, para representar uma construção teórica a respeito da análise conceitual do princípio federativo. Opta-se pela segunda forma de tratamento por ser mais condizente com a linha de raciocínio deste artigo.

Nesse sentido, uma tentativa de explicar a teoria da federação por um caminho clássico significa identificá-la com uma divisão de poderes entre autoridades centrais e regionais em que cada um tem autonomia e coordenam-se mutuamente. O critério de repartição é, portanto, a independência dos níveis de governo. Essa noção pode desbordar para um formalismo legal pouco producente, ao não explicar a realidade crítica decorrente de guerras, depressão e planejamento econômicos e a prestação compartilhada de serviços públicos. Arrisca-se ao isolamento de cada nível de governo como resultante da independência relativa.

Sob pena de despolitizar-se a ordem constitucional, deve-se ter em mente que o federalismo é a solução para um problema eminentemente político, isto é, a divisão territorial do poder, por conseguinte resulta de uma negociação política em que as unidades constituintes (e seus atores relevantes) cedem soberania em troca de centralização de atividades essenciais. Supera-se a discussão taxonômica a respeito do federalismo dual e cooperativo, ao entender o fenômeno federal como processo, ao invés de causa da união aglutinadora. A propósito, Paleker compreende que a combinação dialética das variações de federalismo dual e cooperativo permite entender o princípio federativo como ideal regulatório da sociedade em que se cria sistema político com múltiplos níveis de governo com poderes e funções definidas e oriundas de fatores e barganha políticos, em permanente processo de adaptação com vistas a responder aos desafios que surgem na comunidade internacional e no relacionamento financeiro entre as unidades constituintes.[16]

Isso porque o sistema federativo move-se entre os polos de dualismo e integração, o que leva a movimento similar no desenho fiscal da estrutura estatal entre autonomia fiscal e solidariedade. A primeira demanda alocação de competências tributárias, ação independente, autossuficiência e autogoverno de cada ente decisório, conquanto a segunda exige a interdependência, interesses comuns e alocação de soberania em ente estatal único com competências espraiadas nas esferas de governo.

---

[16] PALEKER, S. A. Federalism: a conceptual analysis. *The Indian Journal of Political Science*, v. 67, n. 2, p. 303-310, abr./jun. 2006, p. 309.

Segundo Saunders, embora cada federação tenha um desenho fiscal único, todas possuem alguma composição entre a autonomia fiscal e a solidariedade financeira, a ser definida pelo contexto econômico, lutas políticas internas e externas e implementação de políticas, assim como passíveis de mudanças por reforma formal da Constituição ou interpretação constitucional. Por conseguinte, o controle de constitucionalidade e a interpretação constitucional de medidas que interfiram na engenharia federativa e respectiva dimensão financeira deve não apenas controlar os limites do federalismo fiscal em uma acepção negativa, mas também auxiliar de forma propositiva na promoção de princípios nos quais se assenta o arranjo federativo financeiro.[17]

Igualmente, os exatos contornos jurídicos de uma categoria jurídica referente à solidariedade são objeto de constante revisitação e polêmica, de modo a explicitar os deveres jurídicos decorrentes dessa norma, assim como sua autonomia no que diz respeito à moral ou à metafísica, em um exato contexto sócio-histórico.[18] Na ordem constitucional vigente, a adoção da solidariedade financeira como ideal de legitimação do federalismo cooperativo de equilíbrio é justificada em termos metodológicos pela teoria da Constituição Financeira e a necessária correlação entre meios e fins no projeto constitucional, haja vista que a construção de uma sociedade livre, justa e solidária é um dos objetivos republicanos (art. 3º, I, CR/88), o que tem implicações no plano deontológico ao conjunto de direitos e deveres financeiros das unidades constituintes entre si, sob uma lógica de lealdade à Federação.

A juridicidade do federalismo fiscal encontra-se no objetivo de estudar as fundações constitucionais das competências financeiras e os mecanismos por meio dos quais os governos centrais e periféricos apropriam-se de recursos públicos para financiar suas responsabilidades constitucionais, notadamente a promoção de direitos fundamentais. Almeja-se, então, aumentar e distribuir rendas, equalizar as condições de vida da população vivente em diversas unidades constituintes e promover riqueza social na forma de gastos. Sob a perspectiva do Direito, são preocupações teóricas relevantes a autonomia fiscal dos

---

[17] SAUNDERS, Cheryl. Financial autonomy vs. solidarity: a dialogue between two complementary opposites. *In*: VALDESALICI, Alice; PALERMO, Francesco (ed.). *Comparing Fiscal Federalism*. Leiden: Brill, 2018, p. 41 e ss.

[18] FEDERER-MEYER, Christiana. *Finanzielle Solidarität im Bundesstaat*: der horizontale Länderfinanzausgleich des Grundgesetzes und die bundesstattliche Solidargemeinschaft. Berlin: Duncker & Humblor, 2017, p. 82.

entes federativos, a solidariedade financeira como princípio legitimador do pacto federativo e a capacidade de realização de despesas públicas para a redução de desigualdades sociais e regionais.

Em síntese, na Constituição da República de 1988, essa tensão dialógica entre autonomia e solidariedade reproduz-se ao longo de toda ordem constitucional financeira, sendo, a depender do contexto, modificada por ação do Poder Constituinte Derivado e dos Poderes republicanos constituídos.

5 Federalismo fiscal fraternal[19]

A força da experiência histórica revela uma série de deficiências relativas à capacidade explicativa, descritiva e informacional da categoria federalismo, dado que a estrutura do sistema federal se demonstra cambiável e circunstancial.[20] De forma minimalista, não é despropositada a conclusão de que o denominador comum de todo esse amplo arco histórico e conceitual se cinge a grupos territoriais que desejam manter-se juntos ou reconstituírem-se em forma associativa, ou seja, células sociais que se unem para promover simultaneamente interesses particulares e comuns. Sob outra perspectiva, mais recente, nota-se uma plêiade de filósofos, politólogos, juristas e demais cientistas sociais interessada na reconstrução da fraternidade na condição de norma regulatória da vida pública em prol do bem comum, o que possui reflexos no sistema jurídico. Resta saber, portanto, se o objetivo de estabelecer uma comunidade política fraterna impacta na legitimação normativa do ideal federativo, sobretudo no que diz respeito à atividade financeira do Estado.

Assumido como premissa de raciocínio que a fraternidade tem condições de gerar uma contribuição específica à vida política institucional e ordinária, porquanto sua origem remonta a uma ligação universal entre seres igualmente dignos que tem por resultado um

---

[19] Sob uma perspectiva mais filosófica e geral, parcela do argumento já foi apresentada por ambos os autores em: FONSECA, Rafael Campos Soares da; FONSECA, Reynaldo Soares da. Federalismo fraternal: concretização do princípio da fraternidade no federalismo. *In*: FRÓZ SOBRINHO, José de Ribamar; VELOSO, Roberto Carvalho; LIMA, Marcelo de Carvalho; TEIXEIRA, Márcio Aleandro Correia; APOLIANO JÚNIOR, Ariston Chagas (org.). *Direitos humanos e fraternidade*: estudos em homenagem ao ministro Reynaldo Soares da Fonseca. v. 1. São Luís: EDUFMA, 2021, p. 20-38.

[20] MOGI, Sobei. *The Problem of Federalism*. 2 v. Londres: Allen & Unwin, 1930.

complexo sistema de solidariedade social e atenção aos necessitados, à luz da imperatividade de afirmação da ética pública.

Na condição de categoria política, o ideal fraternal promete refundar a prática democrática, ao compatibilizar o relacionamento entre a igualdade (paridade) e a liberdade (diferença), em prol de uma causa única. Em termos políticos, o conteúdo desse princípio expressa-se pela condição de igualdade entre irmãos e irmãs que sirva de suporte ao desenvolvimento livre de cada qual na sua própria diversidade. Portanto, na forma de parte constitutiva do processo de tomada de decisões públicas e guia hermenêutico das demais normas em interação dinâmica, a fraternidade consiste em método e teor da política.[21]

No bojo da gramática jurídica, a fraternidade também se revela parâmetro normativo de correção da conduta de sujeitos de direito. Dito de forma direta, consiste em categoria jurídica relacional com aptidão para regular a vida gregária e estabilizar as expectativas sociais no tocante às condutas humanas. Diante dessa razão, o ideal da fraternidade assume centralidade nas operações de fundamentação, legitimação, identificação, qualificação e positivação de direitos fundamentais.

Na qualidade de condicionante normativo-estrutural ao sistema jurídico, o conceito de fraternidade incidente sobre a ordem constitucional implica limitação ao conteúdo, função e finalidade desta. As condições sociológicas vinculantes ao Poder Constituinte decorrem de influxos valorativos cujo marco é a dignidade da pessoa humana, uma ideologia constitucional e uma função transformativa da estrutura social a que se rompe na transição de ordens jurídicas, como pôde se verificar na concepção de um constitucionalismo transformativo.

Nesses termos, a fraternidade propõe vedações e limites materiais ao conteúdo da Constituição e à própria autodeterminação coletiva de um povo, sob a perspectiva do republicanismo, assim como formulações e arranjos sociais alternativos em prol de maior isonomia entre os cidadãos e de um bem-estar fraternalmente considerado.[22]

Realizadas essas breves aproximações a respeito da fraternidade na condição de categoria com significâncias política e jurídica, demonstram-se conexões intrínsecas entre essa ideia e o federalismo. Há significativa utilidade em uma categoria normativa que indica vias

---

[21] FONSECA, Reynaldo Soares da. *O Princípio Constitucional da Fraternidade*: seu resgate no sistema de Justiça. Belo Horizonte: D'Plácido, 2019, p. 55.

[22] FONSECA, Reynaldo Soares da. *O Princípio Constitucional da Fraternidade*: seu resgate no sistema de Justiça. Belo Horizonte: D'Plácido, 2019, p. 74.

comunicacionais para a olução de controvérsias sociais e a gerência comum da vida pública, à luz de valores humanistas, como tolerância, compaixão e irmandade.

Nesse sentido, projeta-se favoravelmente ao duplo compromisso da igualdade traduzido em autonomia individual e autogoverno coletivo. Isso é válido não apenas para indivíduos, mas também para coletividades, inclusive institucionalizadas, como é o caso dos entes federativos. Por isso, resta facilitado o fim público de promoção de interesses particulares e comuns mediante a união em formato associativo entre células sociais autônomas com dispersão territorial.

A transcendência social, política, econômica e jurídica do imaginário fraterno auxilia, ainda, a governança de comunidades parcialmente sobrepostas que compartilham espaço político, decisões e corpo cívico. Considerada o componente ético e moral das categorias jurídicas fundamentais, a exemplo do federalismo, a construção do vínculo federativo de colaboração fraterna melhor justifica as práticas decorrentes de política territorial, indicando também opções e correções ao desvirtuamento do impulso colaborativo típico do fenômeno associativo ora analisado. Portanto, torna-se evidente que o ideal federativo e a fraternidade influenciam-se reciprocamente, por serem instrumentos de paz nas perspectivas de soberania política tanto interna quanto externa.

Após uma origem internacionalista do federalismo, até mesmo pela reconfiguração do papel do Estado no contexto de guerra total posto duas vezes no século XX, diversos povos e nações escolheram, mediante procedimentos democráticos, a resolução de problemas de coordenação social mediante a centralização de decisões em esferas governamentais maiores nas hipóteses de entes estatais decompostos. Nessa linha, a mediação possível à fraternidade em contraposição aos excessos nas ênfases conferidas ora à liberdade, ora à igualdade, também se demonstra vantagem à associação representada pelo federalismo fraternal, notadamente diante do perigo sempre presente de que a centralização de poderes no governo federal descambe para o autoritarismo no sistema político.

Em síntese, a consolidação de um modelo de federalismo fiscal cooperativo e de equilíbrio tem muito a ganhar do ponto de vista conceitual e pragmático de um diálogo direto e franco com as exigências políticas e jurídicas do princípio da fraternidade.

6 Considerações finais

Este singelo contributo acadêmico apontou possíveis caminhos para um diálogo entre os princípios federativo e da fraternidade, de modo a identificar como deste decorrem exigências normativas no espaço de justificação do pacto federativo em sua dimensão financeira.

Nesse sentido, é viável concluir que o ideal federativo está intimamente ligado à afirmação de uma organização política estatal formada por associações coletivas, por sua vez motivadas pela convivência entre cidadãos em redes comunicativas que se ajudam na gestão do bem comum historicamente referenciado, o que, enfim, promove o bem-estar humano. Sendo assim, demonstra-se oportuno advogar pela influência do arcabouço conceitual e normativo emanado do princípio constitucional da fraternidade para fins de reabilitar a capacidade explicativa, descritiva e informacional do federalismo nos sistemas sociais. Em síntese, advoga-se pela utilidade da inclusão das exigências normativas decorrentes da fraternidade no espaço de justificação do pacto federativo.

Especificamente no campo do federalismo fiscal, pode-se dizer que a formação de um pacto federativo pressupõe a institucionalização de um critério de justiça, atribuindo-se responsabilidade alocativa aos entes menores na medida das respectivas autonomias financeiras e para fins de persecução de seus próprios interesses. Sendo assim, a configuração fático-normativa do federalismo fiscal implica assumir a dupla necessidade de perseguir-se a cooperação e o equilíbrio na dimensão financeira da estrutura federativa do Estado brasileiro, haja vista que uma ideia somente plenifica-se na presença da outra, sendo possível unificar o padrão normativo de comportamento entre as unidades constituintes sob o signo do federalismo cooperativo equilibrado. Portanto, torna-se urgente pensar na fraternidade como categoria política e jurídica apta a imaginar-se a organização político-administrativa do Estado brasileira na seara da tributação, das desigualdades e do desenvolvimento.

Referências

ÁVILA, Humberto. Função da Ciência do Direito Tributário: do formalismo epistemológico ao estruturalismo argumentativo. *Revista Direito Tributário Atual*, São Paulo, n. 29, p. 199-204, 2013.

FEDERER-MEYER, Christiana. *Finanzielle Solidarität im Bundesstaat*: der horizontale Länderfinanzausgleich des Grundgesetzes und die bundesstattliche Solidargemeinschaft. Berlin: Duncker & Humblor, 2017.

FONSECA, Rafael Campos Soares da; FONSECA, Reynaldo Soares da. Federalismo fraternal: concretização do princípio da fraternidade no federalismo. *In*: FRÓZ SOBRINHO, José de Ribamar; VELOSO, Roberto Carvalho; LIMA, Marcelo de Carvalho; TEIXEIRA, Márcio Aleandro Correia; APOLIANO JÚNIOR, Ariston Chagas (org.). *Direitos humanos e fraternidade*: estudos em homenagem ao ministro Reynaldo Soares da Fonseca. v. 1. São Luís: EDUFMA, 2021.

FONSECA, Rafael Campos Soares da. Repercussões do federalismo fiscal na reforma tributária. *In*: SZELBRACIKOWSKI, Daniel Corrêa; PORTO, Laís Khaled (org.). *Perspectivas e desafios das reformas tributárias*. São Paulo: Almedina, 2023.

FONSECA, Reynaldo Soares da. *O Princípio Constitucional da Fraternidade*: seu resgate no sistema de Justiça. Belo Horizonte: D'Plácido, 2019.

KIRCHHOF, Paul. Kontinuität dank Finanzverfassung. *In*: HUFELD, Ulrich; KUBE, Hanno; REIMER, Ekkehart (coord.). *Entwicklungslinien der Finanzverfassung*. Heidelberg: Institu fur Finanz- und Steuerrecht, 2016.

MOGI, Sobei. *The Problem of Federalism*. 2 v. Londres: Allen & Unwin, 1930.

NICOLINI, Matteo. The principles of separation and correspondence, the comparative method, and the problem of semantic change. *In*: VALDESALICI, Alice; PALERMO, Francesco (ed.). *Comparing Fiscal Federalism*. Leiden: Brill, 2018.

OLIVEIRA, Regis Fernandes de. *Curso de Direito Financeiro*. 7. ed. São Paulo: Revista dos Tribunais, 2015.

PALEKER, S. A. Federalism: a conceptual analysis. *The Indian Journal of Political Science*, v. 67, n. 2, p. 303-310, abr./jun. 2006.

SAUNDERS, Cheryl. Financial autonomy vs. solidarity: a dialogue between two complementary opposites. *In*: VALDESALICI, Alice; PALERMO, Francesco (ed.). *Comparing Fiscal Federalism*. Leiden: Brill, 2018.

SCAFF, Fernando Facury. *Orçamento republicano e liberdade igual*: ensaio sobre direito financeiro, república e direitos fundamentais no Brasil. Belo Horizonte: Fórum, 2018.

SCAFF, Fernando Facury; DERZI, Misabel de Abreu Machado; TORRES, Heleno Taveira; BATISTA JÚNIOR, Onofre Alves. Prefácio: o federalismo como uma forma de organização do poder. *In*: SCAFF, Fernando Facury; DERZI, Misabel de Abreu Machado; TORRES, Heleno Taveira; BATISTA JÚNIOR, Onofre Alves (coord.). *Federalismo (s)em Juízo*. São Paulo: Noeses, 2019.

SCAFF, Fernando Facury; ROCHA, Francisco Sergio Silva. Princípios, elementos e conceitos do estado federal. *In*: RAMOS, Dircêo Torrecillas (coord.). *O Federalista Atual*: teoria do federalismo. Belo Horizonte: Arraes, 2013.

TORRES, Heleno Taveira. *Direito Constitucional Financeiro*: teoria da constituição financeira. São Paulo: Revista dos Tribunais, 2014.

Informação bibliográfica deste livro, conforme a NBR 6023:2018 da Associação Brasileira de Normas Técnicas (ABNT):

FONSECA, Reynaldo Soares da; FONSECA, Rafael Campos Soares da. Sistema tributário justo e a concretização da fraternidade no federalismo fiscal brasileiro. *In*: SCAFF, Fernando Facury; DERZI, Misabel de Abreu Machado; BATISTA JÚNIOR, Onofre Alves; TORRES, Heleno Taveira (coord.). *Tributação, desigualdade e desenvolvimento*. Belo Horizonte: Fórum, 2025. p. 321-335. ISBN 978-65-5518-100-5.

REFORMA TRIBUTÁRIA, CAPACIDADE CONTRIBUTIVA NOS IMPOSTOS SOBRE O CONSUMO E A REGRESSIVIDADE SISTÊMICA DA EC Nº 132/2023

RICARDO LODI RIBEIRO

1 Introdução

No dia 20 de dezembro de 2023, foi promulgada a Emenda Constitucional nº 134/2024, que promoveu uma significativa reforma tributária na incidência sobre bens e serviços no Brasil. De acordo com a emenda, foram extintos o IPI,[1] ICMS, ISS, PIS e COFNS, e substituídos por um Imposto sobre o Valor Agregado Dual, composto pelo Imposto sobre Bens e Serviços (IBS), de competência de Estados e Municípios, e pela Contribuição sobre Bens e Serviços (CBS), na esfera federal.

Com a unificação tributária proposta, o IBS agrega o ICMS e o ISS, sendo gerida por um comitê gestor, que, a partir das definições estabelecidas uniformemente em lei complementar, irá exercer a administração tributária do novo imposto. Aos Estados e Municípios restará a possibilidade de alterar uniformemente a alíquota singular do IBS para substituir o ICMS e o ISS, para todos os produtos e serviços. Nas operações interestaduais, o imposto passa a ser devido no

---

[1] Em relação ao IPI, a EC nº 132/2023 manteve a possibilidade de existência do IPI na Zona Franca de Manaus, como mecanismo de manter a vantagem competitiva da região.

destino, sendo aplicável a alíquota singular dos Estados e Municípios do destino. Para evitar a guerra fiscal, não há, de acordo com o novo Texto Constitucional, qualquer possibilidade de concessão de benefício fiscal no IBS, não restando espaço para extrafiscalidade, em nome da neutralidade, salvo no que se refere à previsão de regimes especiais e diferenciados de tributação.

Em sua formulação original, a proposta não tinha pretensões relacionadas com a equidade do sistema tributário nacional. Ao contrário, sua disciplina apresentava um cunho bastante regressivo, com o fim da seletividade do IPI e do ICMS. Assim, quando a reforma estiver inteiramente em vigor, serão aplicáveis as mesmas alíquotas em relação aos bens de consumo supérfluo e aqueles essenciais ao consumo popular. Afora os regimes especiais e específicos, definidos em lei complementar, a única possibilidade de diferenciação de tributação entre produtos não será efetivada pelo IBS e pela CBS, mas pela instituição do imposto seletivo, nos termos de lei complementar, para desestimular o consumo de bens e serviços que causem danos ao meio ambiente e à saúde.

Não há dúvidas de que os objetivos simplificadores quanto à gestão fiscal das empresas são atingidos pela proposta, o que é altamente louvável para o desenvolvimento econômico nacional. No entanto, a mesma consideração não pode ser dirigida em relação à complexidade da gestão dos tributos e repartição das suas receitas entre os entes federativos. Também a reforma não ataca o principal problema do sistema tributário nacional, que é sua iniquidade, gravando mais os mais pobres, em desatenção ao princípio da capacidade contributiva, o que é exacerbado ainda mais pelo aumento da regressividade representado pelo fim da seletividade baseada na essencialidade dos bens e serviços.

É sobre o aumento da regressividade decorrente da reforma tributária, e as restrições à capacidade contributiva dela decorrentes, o objeto deste estudo.

2 A seletividade como manifestação da capacidade contributiva nos impostos sobre o consumo

O artigo 145, §1º, da CF estabelece que, "sempre que possível, os impostos terão o caráter pessoal e serão graduados segundo a capacidade econômica do contribuinte, facultado à administração tributária, especialmente para conferir efetividade a esses objetivos, identificar, respeitados os direitos individuais e nos termos da lei, o patrimônio, os rendimentos e as atividades econômicas do contribuinte". A expressão "sempre que possível", contida no referido dispositivo constitucional, se refere ao princípio da pessoalidade, não se aplicando ao princípio da capacidade contributiva, cuja consideração sempre será levada em conta.[2]

É o princípio da capacidade contributiva que, baseado na justiça fiscal informada, no Estado Social, pela solidariedade social, dá conteúdo à ideia de isonomia tributária. Capacidade contributiva significa tributar cada um de acordo com a sua manifestação de riqueza. Para que seja atendido o princípio, os fatos geradores dos tributos devem se revelar como signos presuntivos de riqueza.

Dentro da concepção de que o fato gerador se traduz em signo de manifestação de riqueza, o princípio desdobra-se em uma acepção objetiva, em que se apresenta como fundamento da tributação e obrigatoriedade à eleição pelo legislador de um signo presuntivo de riqueza para compor a hipótese de incidência tributária; e outra subjetiva, destinada a graduar a tributação e fixar limites máximos e mínimos ao seu desenvolvimento.[3]

É de acordo com seu primeiro aspecto subjetivo que o princípio se destina a aferir a capacidade de pagamento de cada um, graduando-a de acordo com o signo de manifestação de riqueza escolhido pelo legislador, ao definir o fato gerador de cada tributo. É nesse aspecto que se apresenta a maior dificuldade prática de efetivação da ideia de capacidade contributiva, que, como princípio que é, apresenta grande fluidez em sua definição, constituindo verdadeiro conceito indeterminado, cujo núcleo é revelado pela riqueza disponível.[4] E essa indeterminação conceitual é enfrentada pela regulação legal de cada imposto, levando em consideração não só a definição do fato gerador em seus aspectos subjetivo, material, temporal, espacial e quantitativo, mas também os subprincípios da proporcionalidade, da progressividade, da seletividade

---

[2] MACHADO, Hugo de Brito. *Curso de Direito Tributário*. 30. ed. São Paulo: Malheiros, 2009, p. 40; ZILVETI, Fernando Aurélio. *Princípios de Direito Tributário e a Capacidade Contributiva*. São Paulo: Quartier Latin, 2004, p. 254; ROSA JR., Luiz Emydio da. *Manual de Direito Financeiro e Tributário*. 17. ed. Rio de Janeiro: Renovar, 2003, p. 338.

[3] COSTA, Regina Helena. *Princípio da Capacidade Contributiva*. São Paulo: Malheiros, 1993, p. 29; DERZI, Misabel Abreu Machado. Notas de Atualização de BALEEIRO, Aliomar. *Limitações Constitucionais ao Poder de Tributar*, 7. ed. Rio de Janeiro: Forense, 1997, p. 691.

[4] HERRERA MOLINA, Pedro Manuel. *Capacidad Económica y Sistema Fiscal* – Análisis del ordenamiento español a la luz del Derecho alemán. Barcelona: Marcial Pons, 1998, p. 145.

e da personificação.[5] É desta forma que a riqueza disponível será revelada em atendimento ao aspecto subjetivo do princípio da capacidade contributiva.

A seletividade, que nos interessa neste estudo como índice de capacidade contributiva nos impostos sobre o consumo,[6] se materializa pela variação de alíquotas em função da essencialidade do produto ou da mercadoria, e representa a modalidade mais adequada à aplicação do princípio da capacidade contributiva aos impostos indiretos, como o ICMS e o IPI, pois afere o índice de riqueza do contribuinte de fato, a partir do grau de indispensabilidade do bem consumido. Dentro dessa lógica, o consumo de bens populares é gravado com alíquotas menores, como ocorre com os produtos da cesta básica. Já os bens supérfluos são tributados com base em alíquotas maiores, como se dá com cigarros, bebidas e perfumes. De acordo com Ricardo Lobo Torres,[7] há um uma verdadeira imunidade tributária implícita em relação aos bens necessários à sobrevivência biológica e social do cidadão em condições mínimas de dignidade humana.

Sendo assim, não é difícil perceber que a aplicação da proporcionalidade nos impostos incidentes sobre os bens de consumo popular, como gêneros alimentícios, acaba gerando um efeito regressivo, pois retira das classes menos aquinhoadas, relativamente mais do que é suportado pelos abastados,[8] não se resguardando o mínimo existencial.

Assim, a tributação sobre o consumo, embora dirigida à população por inteiro, atinge mais pesadamente os mais pobres, que gastam todos os seus rendimentos na aquisição de bens e serviços essenciais à sua própria sobrevivência. A esses não é possível amealhar patrimônio.

---

[5] Os quatro subprincípios são elencados por Ricardo Lobo Torres, que restringe a personificação aos limites personalização ou pessoalidade dos impostos pessoais (TORRES, Ricardo Lobo. *Curso de Direito Financeiro e Tributário*. 15. ed. Rio de Janeiro: Renovar, 2008, p. 94). No entanto, em outra obra (TORRES, Ricardo Lobo. *Tratado de Direito Constitucional Financeiro e Tributário – Vol. II – Valores e Princípios Constitucionais Tributários*. Rio de Janeiro: Renovar, 2005, p. 312-343), o autor trouxe outros subprincípios, como generalidade, universalidade, neutralidade, repercussão legal obrigatória, não cumulatividade, país de destino. Preferimos a classificação anterior, exposta no texto, por entendermos serem os quatro princípios aqui elencados especificamente vinculados ao princípio da capacidade contributiva, enquanto os demais, no nosso pensar, se vinculam, de modo mais genérico, ao valor da justiça fiscal.

[6] TORRES, Ricardo Lobo. *Tratado de Direito Constitucional Financeiro e* Tributário – Vol. II – Valores e Princípios Constitucionais Tributários, p. 324-325.

[7] TORRES, Ricardo Lobo. *Tratado de Direito Constitucional Financeiro e Tributário* – Vol. II – Valores e Princípios Constitucionais Tributários, p. 321.

[8] BALEEIRO, Aliomar. *Uma Introdução à Ciência das Finanças*. 14. ed. Rio de Janeiro: Forense, 1987, p. 211.

Já a tributação da renda, em geral dirigida aos extratos que superem o mínimo existencial, atinge em maior grau, em um plano ideal, os rendimentos mais elevados. Por essas razões, a tributação sobre o consumo favorece a acumulação de capital, sendo um meio inferior de promoção da justiça distributiva,[9] tendo quase sempre um efeito regressivo, na medida em que os consumidores suportam a carga tributária sobre os bens e serviços cuja aquisição para os mais pobres, por meio de itens essenciais à própria sobrevivência, esgota inteiramente todos os seus recursos. Essas camadas excluídas também não conseguem poupar o suficiente para formar patrimônio a ser tributado. Em síntese, os tributos sobre consumo, sendo reais e indiretos, quando aplicáveis à generalidade dos produtos sobrecarregam os preços, onerando regressivamente os mais pobres.[10] O princípio da seletividade se destina a minorar os efeitos regressivos da tributação sobre o consumo.

Deste modo, a supressão da seletividade da tributação sobre o consumo, em nome de uma suposta neutralidade tributária promovida pela EC nº 132/23, faz com que a capacidade contributiva deixe de ser aplicada em relação ao IBS e à CBS, uma vez que a tributação proporcional nesse tipo de tributo gera um efeito regressivo, agravando a iniquidade do nosso sistema, já por demais injusto com os mais pobres, violando o princípio da capacidade contributiva.

Não se presta a salvar a validade constitucional da proposta a previsão para que a União institua impostos seletivos para desestimular o consumo de determinados bens, uma vez que tal autorização se relaciona à extrafiscalidade negativa associada aos bens nocivos ao consumidor. Em nenhuma medida é ideia relacionada à capacidade contributiva ou ao implemento de políticas públicas de Estados e Municípios. E se utilizada a ferramenta dos impostos seletivos para tributar bens de consumo amplo da população de baixa renda, também teremos a violação do princípio da capacidade contributiva.

---

[9] MURPHY, Liam e NAGEL, Thomas. *O mito da propriedade* – os impostos e a justiça. Trad. Marcelo Brandão Cipolla. São Paulo: Martins Fontes, 2005, p. 156.
[10] BALEEIRO, Aliomar. *Uma Introdução à Ciência das Finanças*, p. 79.

3 Concessões à justiça fiscal durante a tramitação da reforma tributária

Embora, em sua versão original, a PEC nº 45/2019, que deu origem à EC nº 132/2023, não tivesse assumidamente preocupações vinculadas à Justiça Fiscal, mas apenas na simplificação tributária, a fim de tentar atenuar o fim da seletividade da tributação sobre o consumo, foi prevista a introdução do *cashback*, com a devolução de parte do IBS (§5º do art. 156-A, CF) e da CBS (§18 do art. 195, CF) para pessoas físicas, para reduzir as desigualdades de renda.

Durante a tramitação da proposta de emenda no Congresso Nacional, o constituinte derivado da EC nº 132/23, de certa forma reconhecendo as lesões que o fim da seletividade dos impostos sobre o consumo provocaram no princípio da capacidade contributiva, introduziu outros dispositivos inspirados na justiça fiscal, como a progressividade do ITD (art. 155, §1º, VI, CF) e a incidência de IPVA sobre embarcações e aeronaves (art. 155, §6º, CF), bem como a inserção do princípio da justiça fiscal (art. 145, §3º, CF) e a recomendação de que as alterações na legislação tributária buscarão atenuar os efeitos regressivos (art. 145, §3º, CF).

No entanto, tais mudanças, à luz da justiça fiscal, não tiveram, de *per si*, o condão de tornar o sistema tributário nacional menos iníquo. Senão vejamos.

Em relação à instituição do *cashback*, com a devolução de parte do IBS para os contribuintes pessoas físicas, de acordo com os limites e os beneficiários definidos em lei complementar, com o objetivo de reduzir as desigualdades de renda. Em relação à CBS, a lei ordinária adotará a mesma providência.

Em regulamentação aos referidos dispositivos constitucionais, a LC nº 214/2025, em seu artigo 113, limita o direito à devolução do IBS e da CBS ao responsável por unidade familiar de família de baixa renda cadastrada no Cadastro Único para Programas Sociais do Governo Federal (CadÚnico), que possua renda familiar mensal per capita de até meio salário mínimo nacional.

De acordo com o art. 118 da referida lei complementar, a devolução de IBS será sempre de 20% do valor pago de imposto. Em relação à CBS, a devolução será também de 20% da contribuição paga, salvo nos casos da aquisição de botijão de gás de 13 kg de gás liquefeito de petróleo e das operações de fornecimento de elétrica, água, esgoto e gás natural, em que será integral.

Assim, trocou-se uma garantia constitucional, de seletividade, que dava alguma efetividade ao princípio da capacidade contributiva dos tributos indiretos, por uma devolução de uma pequena parte do tributo pago, e, ainda assim, a uma parcela restrita da população, que atinge apenas os que estão na extrema pobreza, dado o baixo corte econômico adotado. E, ainda assim, não se sabe ao certo como irá funcionar a sistemática cuja efetividade dependerá de definição na lei e no regulamento.

É claro que muitos dos bens e serviços que gozavam de alíquotas menores em razão da seletividade do IPI e do ICMS foram previstos nos regimes específicos, diferenciados ou favorecidos previstos para o IBS e a CBS (art. 156-A, X, CF). No entanto, tendo ficada a definição dos bens e serviços que gozaram desses regimes restrita à própria Constituição Federal, como determina o citado dispositivo constitucional, já fica claro que os critérios de distinção nem sempre levam em consideração a essencialidade dos bens, até porque as regras que foram definidas pelo Texto Constitucional, de modo geral, não fazem distinção dentre os vários bens produzidos pelo mesmo segmento.

No que se refere à progressividade do ITD, o novo texto constitucional positiva posição que já era adotada pela legislação de vários Estados e acolhida pela jurisprudência do Supremo Tribunal Federal, a partir do julgamento do RE nº 562.045/RS,[11] que superou entendimento anterior em sentido contrário.

Em relação ao IPVA, que passou a incidir sobre veículos automotores terrestres, aquáticos e aéreos,[12] houve uma correção legislativa da jurisprudência, que superou o antigo precedente do STF.[13]

---

[11] STF, Pleno, RE nº 562.045/RS, Rel. p/acórdão: Min. Cármen Lúcia, DJe 27/11/2013, que fixou a seguinte tese: "É constitucional a fixação de alíquota progressiva para o Imposto sobre Transmissão Causa Mortis e Doação – ITCD".
[12] "Art. 155, §6º. O imposto previsto no inciso III:
III. incidirá sobre a propriedade de veículos automotores terrestres, aquáticos e aéreos, excetuados:
a) aeronaves agrícolas e de operador certificado para prestar serviços aéreos a terceiros;
b) embarcações de pessoa jurídica que detenha outorga para prestar serviços de transporte aquaviário ou de pessoa física ou jurídica que pratique pesca industrial, artesanal, científica ou de subsistência;
c) plataformas suscetíveis de se locomoverem na água por meios próprios, inclusive aquelas cuja finalidade principal seja a exploração de atividades econômicas em águas territoriais e na zona econômica exclusiva e embarcações que tenham essa mesma finalidade principal;
d) tratores e máquinas agrícolas."
[13] STF, Pleno, RE nº 134.509, Rel. p/acórdão: Min. Sepúlveda Pertence, DJU 13/09/2002, p. 64.

No entanto, as citadas alterações no ITD e no IPVA, por não se tratar de impostos sobre o consumo, mas sobre a propriedade, não influenciam o grau de regressividade da tributação sobre o consumo.

Outras novidades, introduzidas durante a tramitação da proposta de emenda, foram a criação do princípio da justiça fiscal (art. 145, §3º, CF) e da recomendação de que as alterações na legislação tributária buscarão atenuar efeitos regressivos (art. 145, §4º, CF). Embora tais dispositivos tenham sido introduzidos pelo constituinte derivado mais de forma simbólica, para reduzir as críticas quanto aos efeitos regressivos do fim da seletividade da tributação sobre o consumo, não constituem normas meramente programáticas e, embora por si só não sejam capazes de tornar o sistema mais progressivo, repelem as iniciativas legislativas que elevem o seu grau de regressividade.

Não é outra a opinião de Hugo de Brito Machado Segundo[14] a respeito dos dois dispositivos constitucionais:

> Os dois parágrafos ora inseridos na Constituição, com vigência já a partir da promulgação da EC 132/2023, veiculam típicos mandamentos de otimização, ou normas que determinam a promoção de fins, objetivos, propósitos, metas ou um "estado ideal de coisas", sem indicar os meios a tanto necessários. São princípios, na definição de Robert Alexy. Isso não quer dizer que sejam meros enfeites, destinados a adornar o texto constitucional. Devem ser seguidos na máxima medida do que for factualmente e juridicamente possível. Ou seja: apenas limitações relacionadas à impossibilidade, ou à necessidade de se respeitarem outras normas que devam ser conciliadas com essas; não estão neste rol a falta de interesse ou vontade do legislador e das autoridades fazendárias.

A ideia de justiça fiscal já estava inserida no texto original da Constituição de 1988 nos princípios da isonomia (art. 150, II, CF) e da capacidade contributiva (art. 145, §1º, CF), como já tivemos oportunidade de observar em obra anterior:

> É o princípio da Capacidade Contributiva que, baseado na Justiça Fiscal informada, no Estado Social, pela Solidariedade Social, dá conteúdo à

---

[14] MACHADO SEGUNDO, Hugo de Brito. *Reforma Tributária Comentada e Comparada* – Emenda Constitucional 132, de 20 de dezembro de 2023. São Paulo: Atlas, 2024, p. 18.

ideia de Isonomia tributária. Capacidade contributiva significa tributar cada um de acordo com a sua manifestação de riqueza.[15]

Essa articulação entre as ideias de justiça fiscal, isonomia e capacidade contributiva tem como consequência um sistema tributário em que a manifestação de riqueza é o principal motivo para a distinção entre os contribuintes. No entanto, a capacidade contributiva pode entrar em conflito com outros interesses almejados pela tributação, o que resta solucionado pela isonomia, a partir da aplicação do princípio da proporcionalidade, que irá ponderar os interesses arrecadatórios e regulatórios envolvidos.

É que o princípio da isonomia não é atendido com o simples afastamento da capacidade contributiva diante da mera alusão a uma finalidade tutelada constitucionalmente e inserido na competência do ente federativo tributante. Para que o afastamento da capacidade contributiva não viole o princípio da isonomia, é preciso que as outras finalidades almejadas pela tributação, como a extrafiscalidade, a simplificação administrativa e a especial tutela constitucional a determinados grupos,[16] prevaleçam sobre a manifestação de riqueza num juízo de ponderação[17] onde o fiel da balança é justamente a igualdade.

Nesse juízo de ponderação, balizado pelo princípio da proporcionalidade, há que perquirir se o afastamento da tributação de acordo com a capacidade contributiva é necessário para o atendimento da finalidade constitucional almejada pelo legislador. É claro que o atendimento à finalidade constitucional poderá ser perseguido por meios tributários e não tributários. Não há que exigir-se aqui, para reconhecimento do requisito da necessidade, que a solução tributária seja a única capaz de alcançar o objetivo proposto. Mas deve ela dar uma relevante contribuição à finalidade almejada, não sendo um mero pretexto.

Em seguida, verifica-se se há adequação entre a finalidade do privilégio ou da discriminação e o critério de distinção escolhido pelo legislador. Nesse particular é fundamental a aferição da existência de harmonia entre os elementos estruturais da diferenciação. Segundo

---

[15] RIBEIRO, Ricardo Lodi. *Limitações Constitucionais ao Poder de Tributar*. Rio de Janeiro: Lumen Juris, 2010, p. 141.
[16] Sobre a ponderação entre a capacidade contributiva e outros interesses almejados pela norma tributária, vide: RIBEIRO, Ricardo Lodi. *Limitações Constitucionais ao Poder de Tributar*, p. 57-62.
[17] HERRERA MOLINA. *Capacidad Económica y Sistema Fiscal* – Análisis del ordenamiento español a la luz del Derecho alemán, p. 73 a 77.

Humberto Ávila, a comparação à luz da igualdade se verifica pelos seguintes elementos: a) sujeitos; b) a medida de comparação; c) elemento indicativo da medida de comparação; e d) finalidade da diferenciação.[18]

Os sujeitos devem ser cotejados de acordo com uma medida comum de comparação entre tantas disponíveis na realidade fática, de acordo com a finalidade almejada pelo legislador, como, por exemplo, a capacidade para contribuir para o desenvolvimento econômico de determinada região ou de produzir empregos, por exemplo.

A medida de comparação se revela pela escolha do traço distintivo relevante, como a idade, o sexo, a ocupação profissional. Porém, a medida de comparação pode ser verificada por vários critérios, devendo ser escolhido pelo legislador um elemento indicativo dessa medida que seja compatível não só com ela, mas também com a finalidade almejada.[19]

Por fim, a razoabilidade da medida é confirmada por meio do exame da proporcionalidade em sentido estrito, com a verificação se os rasgos na capacidade contributiva são justificados pelo atendimento às outras finalidades da tributação. Nessa seara é fundamental a consideração do caráter ambivalente da lei tributária, que, ao incidir, traz prejuízo ao contribuinte e benefícios aos demais cidadãos. E, ao contrário, ao desonerar alguém, alivia o sujeito passivo e aumenta a carga a ser suportada pelos demais indivíduos. É nesse terceiro elemento da razoabilidade que o valor da igualdade vai ter especial importância, a partir de considerações mais gerais relativas ao conjunto da sociedade e ao princípio da livre concorrência, hoje bastante devedor da isonomia tributária.

Em outra perspectiva, do ponto de vista sistêmico, a justiça fiscal no Estado Social se revela pela justiça distributiva, que se vale da introdução de regras fiscais que possam atender à progressividade em relação aos impostos diretos, e à seletividade, no que se refere aos impostos indiretos, com o intuito de reduzir as desigualdades sociais. Sendo a tributação sobre o consumo, como vimos, eminentemente regressiva, a justiça fiscal se realiza pelo combate aos efeitos regressivos do sistema. É por isso que a norma do §4º do art. 145, CF, complementa, em relação aos tributos circulatórios, o princípio da justiça fiscal, estabelecido pelo §3º do mesmo dispositivo constitucional.

Em se tratando de tributação sobre o consumo, submetida a impostos indiretos, a justiça fiscal também se realiza pelo combate à regressividade, embora esta não esteja limitada a esse tipo de tributação.

---

[18] ÁVILA, Humberto. *Teoria da Igualdade Tributária*. São Paulo: Malheiros, 2008, p. 42-73.
[19] ÁVILA, Humberto. *Teoria da Igualdade Tributária*, p. 48.

Com a promulgação da EC nº 132/2023 e a introdução dos §§3º e 4º ao art. 145, é reforçado com dicção constitucional específica o princípio da justiça fiscal, que articula os princípios da capacidade contributiva e da igualdade e propugna por um sistema tributário menos regressivo.

Se a eficácia ativa dessas normas constitucionais depende da atuação do legislador infraconstitucional, tais dispositivos têm eficácia passiva no sentido de bloquear iniciativas legislativas tendentes a tornar o sistema tributário mais regressivo,[20] ou que violem os princípios da isonomia e da capacidade contributiva.

De outro lado, a tipificação constitucional dessas normas afasta a possibilidade, que era defendida por parte da doutrina,[21] de que a capacidade contributiva era restrita aos impostos, em razão da redação do §1º do art. 145, uma vez que o princípio da justiça fiscal é aplicável a todos os tributos.

Observe-se que o princípio da justiça fiscal não é dirigido apenas ao legislador, que, ao escolher o fato gerador da obrigação tributária, deve eleger um signo presuntivo de riqueza, e ao mensurar a carga tributária por todos os contribuintes deve levar em consideração os subprincípios da capacidade contributiva que dão efetividade a este princípio em sua acepção subjetiva, como a progressividade e a seletividade.

Ao contrário, o referido princípio é dirigido também ao aplicador da lei, seja por meio da atividade regulamentar da administração, seja na interpretação do ordenamento.

Deste modo, entre as opções oferecidas pelo sentido literal possível da norma, deve o intérprete optar pelo resultado que se coadune com a igualdade, com a progressividade e com a capacidade contributiva, a não ser que da própria norma se extraia uma acepção sugerida por outros princípios a ela imanentes, tais como as soluções baseadas na segurança jurídica e as sugeridas pela extrafiscalidade ou pela praticidade administrativa, a partir de um juízo de ponderação entre os

---

[20] FOLLONI, André. FOLLONI, André. "Competência Tributária do Imposto Seletivo: o Texto e seus Contextos". *Revista Direito Tributário Atual*, n. 57, p. 631, 2024: "Esse dispositivo, inserido pela mesma Emenda Constitucional que previu o Imposto Seletivo e trouxe a expressão do princípio da justiça tributária, impede, então, que alterações na legislação tributária agravem efeitos regressivos".

[21] TORRES, Ricardo Lobo. *Tratado de Direito Constitucional, Financeiro e Tributário*. Vol. II, p. 309; ÁVILA, Humberto. *Sistema Constitucional Tributário*. São Paulo: Saraiva, 2004, p. 385; DERZI, Misabel Abreu Machado. Notas de Atualização de BALEEIRO, Aliomar, *Limitações Constitucionais ao Poder de Tributar*, p. 695; COSTA, Regina Helena. *Princípio da Capacidade Contributiva*. São Paulo: Malheiros, 1993, p. 52-60.

princípios fundados na justiça fiscal e aqueles alicerçados nos outros valores objetivados pelo legislador.

4 Conclusão: a regressividade sistêmica da EC nº 132/23

A despeito da introdução das normas comentadas no tópico anterior, baseadas na ideia de justiça fiscal, é forçoso reconhecer que, a par de um reforço à estrutura principiológica já existente, a EC nº 132 não teve o condão de atacar a principal perversidade do nosso sistema tributário: a sua iniquidade. Ao contrário, tratando-se de uma emenda constitucional quase que exclusivamente destinada aos impostos sobre o consumo, é forçoso reconhecer que ela torna o sistema ainda mais injusto.

E essa conclusão é autorizada por três razões:

> a) o aumento de carga tributária incidente na tributação sobre o consumo, notadamente no setor de serviços, que era submetido a uma alíquota menor de ISS, em relação ao IPI e ao ICMS, e que agora suportará o ônus de ser tributado nos mesmos patamares dos que os bens, no IBS e na CBS;
> b) o fim da seletividade da tributação sobre o consumo, em nome da neutralidade fiscal, que faz tábula rasa da essencialidade dos bens, critério adequado à mensuração da capacidade contributiva, o que não é atenuado pelo *cashback* ou pelos regimes específicos e diferenciados, em detrimento da população mais pobre;
> c) a possibilidade de incidência do imposto seletivo sobre bens de consumo da população mais pobre, com base em suposta extrafiscalidade vinculada à saúde e ao meio ambiente, nos termos do art. 153, VIII, CF.

Com o aumento da tributação sobre o consumo, em especial em relação aos mais pobres, a utilização do sistema tributário como mecanismo de combate à desigualdade social fica um objetivo ainda mais distante.

Hoje, a necessidade de combate à desigualdade é indiscutível. De acordo com o relatório da Oxfam Brasil, *A distância que nos une – um retrato das desigualdades brasileiras*,[22] apesar dos avanços dos últimos anos, a desigualdade em nosso país permanece extrema. O efeito geral das transferências e da tributação na redução das desigualdades é

---

[22] OXFAM BRASIL. *A distância que nos une* – um retrato das desigualdades brasileiras, Publicado em 25 de setembro de 2017. Disponível em: https://www.oxfam.org.br/a-distancia-que-nos-une.

estimado em 5,7%, chegando a 21,8% se forem considerados os gastos de saúde e educação. O efeito das transferências diretas sobre a redução da desigualdade é de 7,6%, o que acaba sendo reduzido por um sistema tributário que eleva as desigualdades em 2%, notadamente em função da incidência regressiva dos tributos indiretos.[23] Com o fim da seletividade nos impostos indiretos, a regressividade do sistema tenderá a aumentar sobremaneira, penalizando ainda mais os mais pobres.

Não há dúvida de que o combate à complexidade é um dado positivo da EC nº 132/2023. Mas o atingimento deste objetivo não pode se dar à custa do aumento da regressividade do nosso sistema tributário, com a violação da capacidade contributiva, que, nos tributos sobre o consumo, se materializa no subprincípio da seletividade, suprimido do novo texto constitucional.

Assim, a reforma tributária proposta simplifica a vida das empresas, mas tem efeitos regressivos sobre o sistema tributário, penalizando os mais pobres.

Espera-se que a regulamentação da reforma tributária pelo Congresso Nacional amenize esses efeitos regressivos, como recomenda a própria EC nº 132/2023. No entanto, a proposta aprovada pela Câmara dos Deputados, no PLC nº 68/2023, não parece caminhar nessa direção. Melhor andaria o Congresso Nacional em aprovar uma reforma tributária que contribuísse para a redução das desigualdades sociais, com a maior tributação do patrimônio, da renda e das grandes fortunas, em benefício do consumo e dos salários.

Informação bibliográfica deste livro, conforme a NBR 6023:2018 da Associação Brasileira de Normas Técnicas (ABNT):

RIBEIRO, Ricardo Lodi. Reforma tributária, capacidade contributiva nos impostos sobre o consumo e a regressividade sistêmica da EC nº 132/2023. *In*: SCAFF, Fernando Facury; DERZI, Misabel de Abreu Machado; BATISTA JÚNIOR, Onofre Alves; TORRES, Heleno Taveira (coord.). *Tributação, desigualdade e desenvolvimento*. Belo Horizonte: Fórum, 2025. p. 337-349. ISBN 978-65-5518-100-5.

---

[23] OXFAM BRASIL. *A Distância Que Nos Une* – um retrato das desigualdades brasileiras, p. 21.

IMPOSTOS SOBRE A RENDA GANHA E A RENDA GASTA. REGRESSIVIDADE SISTÊMICA

SACHA CALMON NAVARRO COÊLHO

1- A definição de tributo no Brasil legalmente nos informa que se trata de uma obrigação de dar coisa certa (dinheiro). No entanto, pagamos tributos porque ganhamos salários, lucros e dividendos ou somos consumidores de bens e serviços tributados e incorporados aos preços que nos cobram, nós os contribuintes de fato (consumidores finais de bens e serviços).

Por isso é preferível falar de dois tipos, em sentido próprio, de impostos, os sobre a renda ganha e os sobre a renda gasta para a obtenção de bens e serviços.

Os impostos sobre o patrimônio e suas translações *intervivos* ou *causa mortis*, como IPTU, IPVA, ITR, ganhos de capital etc., não serão considerados neste momento.

No Brasil atualmente há dois impostos com o mesmo fator gerador (IVA DUAL): o IBS dos Estados-membros da Federação e seus municípios e a CBS destinada à União (ambos são impostos sobre as operações relativas a mercadorias e quaisquer serviços).

E são transladáveis economicamente aos consumidores finais de bens e serviços através dos preços praticados por ocasião da incidência, com destaque na nota ou "cupom fiscal".

Supõe-se que o somatório das alíquotas básicas do IBS e da CBS chegue ao patamar de 28% sobre o preço da "mercadoria" *lato sensu* e dos serviços de qualquer natureza.

Ao cabo, após a incidência desses impostos transferíveis ao consumidor final (renda gasta), temos uma média incidental do imposto de renda de 18% (a alíquota máxima está em 27,5%), cujo fator gerador é a renda ganha.

Somando-se as alíquotas, teremos, em plenitude, uma carga tributária sobre a renda gasta e ganha de 45% (27+18), que é uma descarga social de alta monta, contra os princípios constitucionais da capacidade contributiva e a isonomia, pois a renda gasta tributada atinge a todos sem distinção, contra o princípio da "pessoalidade".

2- A grande mídia tem se dedicado a esse tema, incluindo juros e inflação. Em 22 de maio, a Câmara dos Deputados instalou o Grupo de Trabalho que analisará o texto principal de regulamentação da reforma tributária enviado pelo governo federal ao Congresso Nacional, em 24 de abril de 2024.

A reforma tributária foi promovida pela alteração da Constituição Federal com a Emenda Constitucional nº 132/2023 (EC nº 132/23), promulgada em 20 de dezembro do ano passado. Com a alteração proposta, o setor mineral passará a ser onerado principalmente pelos seguintes tributos: i) Imposto sobre Bens e Serviços (IBS); ii) Contribuição Social sobre Bens e Serviços (CBS); iii) Imposto Seletivo (IS); e iv) Compensação Financeira pela Exploração Mineral (CFEM). Minas e Pará são atingidos.

Ponto que tem preocupado o setor e alvo de alerta pela comunidade jurídica é o relacionado ao IS, convencionalmente chamado de 'imposto do pecado', pois a EC nº 132/23 passou a prever a existência de tributo sobre "bens e serviços prejudiciais à saúde ou ao meio ambiente, nos termos da lei complementar...". Esse ponto traz preocupação não apenas em razão dos danos à competitividade de nossa indústria, ao majorar a carga do setor; e, principalmente pela justificativa desse aumento, ao tratar o setor como um grande poluidor, desconsiderando o rigoroso processo de licenciamento a que estão submetidos os empreendimentos minerários, que assumem responsabilidades de compensações ambientais, planos de recuperação de áreas degradadas, sendo o setor que mais preserva florestas no país.

3- Sociedades mais plurais são mais criativas, e o desenvolvimento está intimamente ligado às inovações criativas. Dessa forma, diversas individualidades, agora incluídas, passariam a fazer parte do social, aumentando, assim, o fator de criatividade e, portanto, de inovações. É sabido que sociedades mais plurais, seja pela troca de ideias ou pela diversidade de pontos de vista, são mais criativas e inovadoras. Também é aferível que o motor do desenvolvimento está nas inovações criativas da sociedade. O setor minerário é a base da metalurgia básica (*input* industrial) e da siderurgia.

Maria da Conceição Tavares, portanto, ao restabelecer uma visão analítica da economia, que privilegiava a política e as relações de poder, sempre com vistas ao desenvolvimento nacional (geração de valor aliado à justa distribuição de renda), foi, no Brasil, uma das maiores lutadoras em favor da inclusão social, da construção de estruturas sociais sustentáveis e justas. Ela entendia que uma sociedade justa e inclusiva era fundamental para o crescimento sustentável e o bem-estar coletivo.

4- O BC está se debruçando no pix agendado e no pix automático. "Para aquelas contas que você tem que pagar todo o mês, você pode colocar lá (no pix automático), como Spotify e Netflix". Aliás, ostenta o nosso país o segundo lugar mundial de juros reais (o triplo da inflação).

O chefe da autoridade monetária ressaltou os efeitos do pix sobre a bancarização no Brasil e o aumento da inclusão nos serviços financeiros. Segundo ele, o meio de pagamento instantâneo do BC está substituindo outros produtos bancários mais rapidamente do que se imaginava no início.

Campos Neto mostrou um gráfico comparando a velocidade de adoção do pix entre a população brasileira e o que acontece com os meios de pagamento instantâneo em outros países. No Brasil, há duas transações por dia por pessoa bancarizada, o que representa quase quatro vezes mais do que na Índia. "É muito impressionante o que aconteceu aqui", arrematou!

Segundo Campos Neto, no início, o BC acreditava que em pouco tempo a adesão das pessoas ao pix atingiria um platô, o que não ocorreu. Quase quatro anos depois de sua estreia no Brasil, o número de transações por pessoa não para de crescer. Hoje, são 740 milhões de chaves pix ativas e 201,6 milhões de operações em um único dia. No total, 150 milhões de brasileiros e 14,5 milhões de empresas utilizam o meio de pagamento instantâneo do BC.

O IPCA serve como referência para a meta de inflação perseguida pelo BC, cujo centro é de 3% em 2024. A tolerância é de 1,5 ponto percentual para menos ou para mais. Logo, a meta será cumprida se o IPCA ficar no intervalo de 1,5% (piso) a 4,5% (teto) no acumulado do ano. O mercado financeiro prevê alta de 3,9% para o índice em 2024, conforme a mediana da edição mais recente do boletim Focus, divulgada pelo

BC. A estimativa segue abaixo do teto da meta (4,5%), mas foi revisada para cima pela quinta semana consecutiva.

5- O sistema de impostos diz diretamente com o desenvolvimento dos negócios facilitado pela agilização bancária. O nosso sistema tributário, ao aumentar brutalmente a carga do setor de serviços, gerará uma supertributação do estamento econômico propiciador de serviços (foi o único modo que encontraram para aumentar a tributação). O setor responde por cerca de 70% do PIB. Adeus ao ISS, no máximo de 5% e ao IOF minúsculo!

6- E, não terminou ainda, a regressividade estará completa quando instituírem imposto sobre as meras distribuições de lucros e dividendos.

Ao meu sentir haverá *bis in idem*, pois as pessoas jurídicas são criaturas jurídicas. Quando se tira o véu da abstrata pessoa jurídica, os proprietários são pessoas humanas. Encontramos os cotistas e acionistas donos das pessoas jurídicas. Depois do lucro apurado e do lucro tributável pelo imposto sobre a renda ganha, eventualmente vem a fase da distribuição dos lucros a dividendos. Querem tributar a distribuição. O *bis in idem* é mais do que evidente. A uma apuraram lucros e dividendos e pagaram o imposto de renda. A duas, ao se apropriarem destes pagariam novamente o tal imposto sobre "distribuição de lucros e dividendos...". Quando uma pessoa jurídica é dona de outra, em países diferentes, a situação fica complicada, em que pese o modelo da OCDE.

7- Convenhamos, é demais, a menos se querem o reinvestimento e que morram à míngua os cotistas e acionistas que movimentam o nosso mercado.

8- Aí está a regressividade e o ferimento aos princípios da CF/88 da capacidade contributiva, da pessoalidade e da isonomia, no sentido usado pelo nosso patriarca Rui Barbosa e mais recentemente por Geraldo Ataliba, Rubens Gomes de Sousa, Gilberto de Ulhoa Canto e Misabel Derzi, sem distinções pessoais ou de classe econômica, salvo a cesta básica e o Bolsa Família (IBS e CBS são transferíveis ao povo consumidor).

9- O Presidente Lula predicou que "queria os ricos no imposto de renda e os pobres nos programas de transferência de renda", mas punindo todo e qualquer consumidor de bens e serviços com o UBS e a CBS. Dá-se que os consumidores mais pobres sofrem muito mais porquanto parcos são os seus ganhos, tributados pelos implacáveis impostos sobre a renda gasta na aquisição de bens e serviços. Tiro que lhe saiu pela culatra, num plano gestado antes dele por burocratas insensíveis. No fim das contas são os consumidores de bens e serviços que arcam com a carga tributária das sociedades organizadas em nações. Neste ponto, o país que menos tributa a renda gasta são os EUA... o que explica muitas coisas. A partir de 2016 a inflação de preços será impulsionada pela tributação sobre a renda gasta (na veia)!

10- O Presidente da República, entretanto, pouco se beneficiará do aumento dos impostos sobre o setor de serviços em geral, que entrará em vigor junto com o sistema tributário atual em 2026...

Informação bibliográfica deste livro, conforme a NBR 6023:2018 da Associação Brasileira de Normas Técnicas (ABNT):

COÊLHO, Sacha Calmon Navarro. Impostos sobre a renda ganha e a renda gasta. Regressividade sistêmica. *In*: SCAFF, Fernando Facury; DERZI, Misabel de Abreu Machado; BATISTA JÚNIOR, Onofre Alves; TORRES, Heleno Taveira (coord.). *Tributação, desigualdade e desenvolvimento*. Belo Horizonte: Fórum, 2025. p. 351-355. ISBN 978-65-5518-100-5.

JUSTIÇA TRIBUTÁRIA E CAPACIDADE CONTRIBUTIVA

SOLON SEHN

1 Introdução e delimitação do tema

A Emenda Constitucional nº 132/2023 (Emenda da Reforma Tributária) promoveu uma alteração significativa no sistema tributário brasileiro. Ao final do ano de 2032, após um período de transição com início em 2026,[1] a tributação do consumo será constituída pelo IBS (Imposto sobre Bens e Serviços), de competência compartilhada entre os Estados, o Distrito Federal e os Municípios, e pela CBS (Contribuição sobre Bens e Serviços), de competência da União.[2] Esses tributos substituirão progressivamente a Cofins, o ICMS e o ISS, compreendendo ainda a maior parte do âmbito de incidência do PIS/Pasep[3] e do IPI.[4]

---

[1] Sobre as diferentes fases da transição, cf.: SEHN, Solon. *Curso de direito tributário*. Rio de Janeiro: Forense, 2024. p. 555 e ss.
[2] CF, art. 149-B.
[3] A Emenda nº 132/2023 (art. 20) manteve o PIS/Pasep devido pelas pessoas jurídicas de direito público interno com base no valor mensal das receitas correntes arrecadadas e das transferências correntes e de capital recebidas.
[4] ADCT, art. 126, III.

Também foram realizadas diversas alterações no regime de incidência do IPVA,[5] ITMD,[6] IOF,[7] IPTU[8] e da Cosip,[9] além da previsão de uma futura revisão da tributação da renda.[10] Algumas constituíram verdadeiras inovações, a exemplo do IPVA sobre embarcações e aeronaves. Outras são positivações da Jurisprudência do Supremo Tribunal Federal (STF), como é o caso da possibilidade de atualização da base de cálculo do IPTU por ato do Poder Executivo.[11]

No presente estudo, será analisada a inclusão, no art. 145 da Constituição Federal, de um §3º estabelecendo que: "§3º O Sistema Tributário Nacional deve observar os princípios da simplicidade, da transparência, da justiça tributária, da cooperação e da defesa do meio ambiente". Esse preceito relaciona-se e é complementar, em muitos aspectos, ao princípio da capacidade contributiva (§1º), expressão contemporânea da imposição justa da qual decorrem relevantes garantias fundamentais dos cidadãos em matéria tributária.

2 Princípio da capacidade contributiva como expressão da imposição justa

O princípio da capacidade contributiva pode ser resumido na máxima deve porque pode, constituindo, antes de tudo, uma norma prudencial ou exigência lógica,[12] já que não é razoável pretender arrecadar onde não há o que ser arrecadado.[13] Representa a afirmação de que, para ser tributada, a situação de fato prevista na legislação deve

---

[5] CF, art. 155, §6º, III.
[6] CF, art. 155, §1º; Emenda nº 132/2023, art. 16.
[7] Emenda nº 132/2023, art. 3º.
[8] CF, art. 156, §1º, III.
[9] CF, art. 146-A.
[10] Emenda nº 132/2023, art. 18, I.
[11] O inciso III do §1º do art. 156 da Constituição reflete o entendimento do STF no julgamento do Tema nº 211: "A majoração do valor venal dos imóveis para efeito da cobrança de IPTU não prescinde da edição de lei em sentido formal, exigência que somente se pode afastar quando a atualização não excede os índices inflacionários anuais de correção monetária" (STF, Tribunal Pleno, RE 648.245, Rel. Min. Gilmar Mendes, *DJe* 24.02.2014).
[12] A ideia de *exigência lógica*, como ressalta Molina, é encontrada em decisões do Tribunal Constitucional Espanhol (MOLINA, Pedro M. Herrera. *Capacidad económica y sistema fiscal*: análisis del ordenamiento español a luz del derecho alemán. Madrid: Marcial Pons, 1998. p. 44).
[13] TIPKE, Klaus. *Moral tributaria del Estado y de los contribuyentes*. Madrid: Marcial Pons, 2002. p. 36.

apresentar uma idoneidade ou consistência econômica, também denominada força econômica pela doutrina italiana. Essa serve de pressuposto e limite para o dimensionamento da imposição e, ao mesmo tempo, como medida de repartição isonômica da carga tributária.[14] Da relação de complementaridade entre esses dois princípios decorrem, por um lado, a obrigatoriedade de um sistema tributário progressivo, caracterizado pela predominância de tributos com alíquotas majoradas em razão do aumento da capacidade econômica do obrigado; e, de outro, a vedação de tributos per capita, que gravam da mesma forma todos os indivíduos, independentemente de sua condição financeira.[15]

A afirmação do princípio da capacidade contributiva ocorreu na Declaração Francesa dos Direitos do Homem e do Cidadão de 1789[16] e nas Constituições europeias dos séculos XIX e XX, por influência das concepções jusnaturalistas da filosofia escolástica, em especial de São Tomás de Aquino. Muitos também relacionam a sua origem ao pensamento econômico de Adam Smith. No Direito, contudo, as bases científicas do seu estudo foram iniciadas na Itália, a partir das obras de Ricca Salerno, Santi Romano, Oreste Ranelletti e Benevento Griziotti.[17]

---

[14] MOLINA, Pedro M. Herrera. *Capacidad económica y sistema fiscal*: análisis del ordenamiento español a luz del derecho alemán. Madrid: Marcial Pons, 1998. p. 47; UCKMAR, Victor. *Princípios comuns do direito constitucional tributário*. Trad. Marco Aurelio Greco. 2. ed. São Paulo: Malheiros, 1999. p. 85; MITA, Enrico de. *Interesse fiscale e tutela del contribuente: le garanzie costituzionali*. 4. ed. Milano: Giuffrè, 2000. p. 81 e ss.

[15] TIPKE, Klaus; LANG, Joachim. *Direito tributário (Steuerrecht)*. Porto Alegre: Fabris, 2008. v. I, p. 204.

[16] "Artigo 13º Para a manutenção da força pública e para as despesas de administração é indispensável uma contribuição comum, que deve ser repartida entre os cidadãos de acordo com as suas possibilidades."

[17] A doutrina italiana atribui as origens do princípio às ideias de Tomás de Aquino. Para os autores alemães, por sua vez, a origem do princípio também é relacionada ao pensamento de Adam Smith. Entre nós, a contribuição de ambos os pensadores é reconhecida. Ressalte-se ainda que, para muitos autores, a teorização do princípio no Direito Tributário deve-se a Griziotti. Porém, como demonstra Gaspare Falsitta, as construções de Ricca Salerno, Santi Romano, Oreste Ranelletti foram anteriores, o que, evidentemente, não diminui a importância das teorizações do fundador da Escola de Pavia. Sobre o tema, cf.: FALSITTA, Gaspare. *Il principio della capacità contributiva nel suo svolgimento storico prima e dopo la costituzione repubblicana*: schermaglie dialettiche su "scuole" e "maestri" del passato. Milano: Giuffrè, 2014. p. 88-89; MICHELI, Gian Antonio. *Corso di diritto tributario*. Torino: UTET, 1970. p. 78 e ss.; GAFFURI, Gianfranco. *La nozione della capacità contributiva e un essenziale confronto di idee*. Milano: Giuffrè, 2016. p. 16 e ss.; TABOADA, Carlos Palao. *Capacidad contributiva, no confiscatoriedad y otros estudios de derecho constitucional tributario*. Pamplona: Civitas-Thomson Reuters, 2018. p. 40 e ss., p. 159 e ss.; UCKMAR, Victor. *Princípios comuns do direito constitucional tributário*. Trad. Marco Aurelio Greco. 2. ed. São Paulo: Malheiros, 1999. p. 78 e ss.; BALEEIRO, Aliomar. *Limitações constitucionais ao poder de tributar*. 8. ed. Rio de Janeiro: Forense, 2010. p. 688 e ss.; TIPKE, Klaus; LANG, Joachim. *Direito tributário (Steuerrecht)*. Porto Alegre: Fabris, 2008. v. I, p. 200 e ss.; BIRK, Dieter. *Diritto tributario tedesco*. Trad. Enrico de

A afirmação do princípio da capacidade contributiva teve diversas fases. No início, foi considerado um preceito programático, uma caixa vazia ou simples diretiva ao legislador, a quem caberia o juízo de idoneidade econômica do evento imponível. Com o tempo, sobretudo em razão da atuação construtiva da jurisprudência dos tribunais constitucionais de países da Europa, foi admitido o controle de constitucionalidade de tributos instituídos sem a observância da capacidade econômica do obrigado. Assim, ao longo dos anos, de um princípio abstrato converteu-se em um direito fundamental do contribuinte, vale dizer, um direito público subjetivo de ser tributado de acordo com suas disponibilidades econômicas.[18] Atualmente, como assinalam Klaus Tipke e Joachim Lang, a capacidade contributiva é um princípio fundamental universalmente reconhecido de uma imposição justa, que

---

Mita. Milano: Giuffrè, 2006. p. 12; MITA, Enrico de. *Interesse fiscale e tutela del contribuente: le garanzie costituzionali*. 4. ed. Milano: Giuffrè, 2000. p. 79 e ss.; MITA, Enrico de. *Principi di diritto tributario*. 7. ed. Milano: Giuffrè, 2019. p. 89 e ss.; RUSSO, Pasquele; FRANSONI, Guglielmo; CASTALDI, Laura. *Istituzioni di diritto tributario*. 2. ed. Milano: Giuffrè, 2016. p. 21 e ss.; MEIRELLES, José Ricardo. O princípio da capacidade contributiva. *Revista de Informação Legislativa do Senado Federal*, Brasília, n. 136, p. 333-340, out./dez. 1997; COSTA, Regina Helena. *Princípio da capacidade contributiva*. 2. ed. São Paulo: Malheiros, 1996. p. 15 e ss.; LACOMBE, Américo Lourenço Masset. *Princípios constitucionais tributários*. São Paulo: Malheiros, 1996. p. 9 e ss.; NOBRE JÚNIOR, Edilson Pereira. *Princípio constitucional da capacidade contributiva*. Porto Alegre: Fabris, 2001. p. 17 e ss. Sobre o princípio, cf. ainda: NEUMARK, Fritz. *Principios de la imposición*. Trad. Luis Gutiérrez Andrés. 2. ed. Madrid: Instituto de Estudios Fiscales, 1994. p. 106 e ss.; BECKER, Alfredo Augusto. *Teoria geral do direito tributário*. 3. ed. São Paulo: Lejus, 1998. p. 499 e ss.; HORVATH, Estevão. *O princípio do não confisco no direito tributário*. São Paulo: Dialética, 2002. p. 70 e 137; GOLDSCHMIDT, Fabio Brun. *O princípio do não confisco no direito tributário*. São Paulo: RT, 2003. p. 146; GONÇALVES, José Artur Lima. *Isonomia na norma tributária*. São Paulo: Malheiros, 1993. p. 68; TIPKE, Klaus; YAMASHITA, Douglas. *Justiça fiscal e princípio da capacidade contributiva*. São Paulo: Malheiros, 2002; VIZCAÍNO, Catalina García. *Derecho tributario: considerações económicas y jurídicas*. 2. ed. Buenos Aires: Depalma, 1999. t. I, p. 55-57, p. 277 e ss.; RAYA, Francisco José Carrera. *Manual de derecho financiero*. Madrid: Tecnos, 1994. v. I, p. 91 e ss.; LAPATZA, José Juan Ferreiro. *Curso de derecho financiero español: derecho financiero*. 22. ed. Madrid-Barcelona: Marcial-Pons, 2000. v. I, p. 53 e ss.; VILLEGAS, Héctor B. *Manual de finanzas públicas*: la economía jurídicamente regulada del sector público en el mundo globalizado. Buenos Aires: Depalma, 2000. p. 202 e ss.; KIRCHHOF, Paul. *Tributação no Estado constitucional*. Trad. Pedro Adamy. São Paulo: Quartier Latin, 2016. p. 27 e ss.

[18] Para a compreensão da *crise e da reabilitação* do princípio nos tribunais constitucionais da Alemanha, Espanha e Itália, cf.: MOLINA, Pedro M. Herrera. *Capacidad económica y sistema fiscal*: análisis del ordenamiento español a luz del derecho alemán. Madrid: Marcial Pons, 1998. p. 23-101; Ver ainda: Sobre a evolução doutrinária e jurisprudencial na Itália, cf.: MITA, Enrico de. *Interesse fiscale e tutela del contribuente: le garanzie costituzionali*. 4. ed. Milano: Giuffrè, 2000. p. 86; MITA, Enrico de. *Principi di diritto tributario*. 7. ed. Milano: Giuffrè, 2019. p. 90; TABOADA, Carlos Palao. *Capacidad contributiva, no confiscatoriedad y otros estudios de derecho constitucional tributario*. Pamplona: Civitas-Thomson Reuters, 2018. p. 45-46.

marca o Direito Tributário da mesma forma que o princípio da autonomia privada marca o Direito Civil.[19]

No Direito brasileiro, o §1º do art. 145 da Constituição Federal de 1988 estabelece que: "sempre que possível, os impostos terão caráter pessoal e serão graduados segundo a capacidade econômica do contribuinte, facultado à administração tributária, especialmente para conferir efetividade a esses objetivos, identificar, respeitados os direitos individuais e nos termos da lei, o patrimônio, os rendimentos e as atividades econômicas do contribuinte". Nos primeiros anos da vigência da Constituição Federal de 1988, esse dispositivo foi interpretado de forma literal e isolada por parte da doutrina ("sempre que possível, os impostos [...]"). Alguns autores, assim, sustentaram que, além de facultativo, o princípio teria aplicabilidade restrita aos impostos. Todavia, prevaleceu na doutrina e na jurisprudência o entendimento de que, além de obrigatório e vinculante,[20] deve ser observado por *todos os tributos*.[21]

Essa discussão foi definitivamente afastada pela Emenda nº 132/2023, que incluiu o §3º no art. 145 da Constituição Federal: "§3º O Sistema Tributário Nacional deve observar os princípios da simplicidade, da transparência, da justiça tributária, da cooperação e da defesa do meio ambiente". Portanto, o Sistema Tributário Nacional – todo o sistema, e não uma espécie tributária em particular – *deve observar* o princípio da justiça tributária, que tem na tributação segundo a capacidade contributiva uma de suas dimensões. Logo, não cabe mais nenhuma dúvida acerca da obrigatoriedade e da abrangência do princípio constitucional.

---

[19] TIPKE, Klaus; LANG, Joachim. *Direito tributário (Steuerrecht)*. Porto Alegre: Fabris, 2008. v. I, p. 201. Para uma visão crítica à concepção centralizadora do princípio, TABOADA, Carlos Palao. *Capacidad contributiva, no confiscatoriedad y otros estudios de derecho constitucional tributario*. Pamplona: Civitas-Thomson Reuters, 2018. p. 160-161.

[20] A rigor, a expressão "sempre que possível" é despicienda, porque o direito positivo sempre opera no pressuposto da possibilidade. COSTA, Regina Helena. *Princípio da capacidade contributiva*. 2. ed. São Paulo: Malheiros, 1996. p. 87. No mesmo sentido: NOBRE JÚNIOR, Edilson Pereira. *Princípio constitucional da capacidade contributiva*. Porto Alegre: Fabris, 2001. p. 28-29; CARRAZZA, Roque Antonio. *Curso de direito constitucional tributário*. 16. ed. São Paulo: Malheiros, 2001. p. 90 e ss.; COÊLHO, Sacha Calmon Navarro. *Curso de direito tributário brasileiro*. 4. ed. Rio de Janeiro: Forense, 1999. p. 76.

[21] STF, 2ª T., RE 406.955 AgR, Rel. Min. Joaquim Barbosa, *DJe* 21.10.2011; STF, Tribunal Pleno, ADI 5.374 MC-AgR, Rel. Min. Roberto Barroso, *DJe* 08.07.2020; STF, 2ª T., RE 720.945 AgR, Rel. Min. Ricardo Lewandowski, *DJe* 18.09.2014.

3 Progressividade

O princípio da capacidade contributiva obriga o legislador a implementar um sistema tributário progressivo, caracterizado pela predominância de tributos com alíquotas majoradas em razão do aumento da capacidade econômica do obrigado.[22] Não há, ao contrário do que sustenta parte da doutrina, um dever generalizado de instituir tributos progressivos. A progressividade só é obrigatória quando expressamente exigida pelo texto constitucional, a exemplo do imposto sobre a renda (art. 153, III, §2º, I), que, em sua disciplina infraconstitucional, apresenta alíquotas de 7%, 15%, 22,5% e 27,5%, com parcelas dedutíveis fixas, aplicáveis conforme o aumento do rendimento auferido pelo contribuinte.[23]

A progressividade é uma técnica tradicionalmente associada aos impostos pessoais (art. 145, §1º). Porém, nada impede a sua adoção em relação aos impostos reais,[24] até porque, sob o aspecto jurídico, todos os impostos são pessoais. Esses, portanto, podem ser estruturados considerando as circunstâncias e as características do sujeito passivo, dentro do que, para parte da doutrina, seria uma subjetivação dos impostos reais.[25]

A jurisprudência do STF, em uma primeira fase, entendeu que a *progressividade* não é compatível com os impostos reais, o que, antes da Emenda nº 29/2000, serviu de fundamento para a declaração de inconstitucionalidade da progressividade fiscal do IPTU.[26] Posteriormente, o Tribunal passou a entender que "todos os impostos, repito, estão sujeitos ao princípio da capacidade contributiva, especialmente os diretos,

---

[22] Regina Helena Costa ressalta que a progressividade deve ser do sistema tributário, e não de um tributo em particular, o que torna possível a convivência entre tributos progressivos e apenas proporcionais. A progressividade, ademais, tem como limite a vedação ao confisco e o não cerceamento de outros direitos constitucionais (COSTA, Regina Helena. *Princípio da capacidade contributiva*. 2. ed. São Paulo: Malheiros, 1996. p. 75). No mesmo sentido, cf.: RUSSO, Pasquele; FRANSONI, Guglielmo; CASTALDI, Laura. *Istituzioni di diritto tributario*. 2. ed. Milano: Giuffrè, 2016. p. 29; MOLINA, Pedro M. Herrera. *Capacidad económica y sistema fiscal*: análisis del ordenamiento español a luz del derecho alemán. Madrid: Marcial Pons, 1998. p. 108; RAYA, Francisco José Carrera. *Manual de derecho financiero*. Madrid: Tecnos, 1994. v. I, p. 96-98.

[23] Lei nº 11.482/2007, art. 1º e parágrafo único.

[24] CARRAZZA, Roque Antonio. *Curso de direito constitucional tributário*. 16. ed. São Paulo: Malheiros, 2001. p. 466; JARACH, Dino. *Finanzas públicas y derecho tributario*. 3. ed. Buenos Aires: Abeledo-Perrot, 1996. p. 293.

[25] LAPATZA, José Juan Ferreiro. *Curso de derecho financiero español*: derecho financiero. 22. ed. Madrid-Barcelona: Marcial-Pons, 2000. v. I, p. 199.

[26] STF, 1ª T., AI 534469 AgR, Rel. Min. Marco Aurélio, *DJe* 18.12.2012. No mesmo sentido: STF, Tribunal Pleno, ADI 2.732, Rel. Min. Dias Toffoli, *DJe* 11.12.2015.

independentemente de sua classificação como de caráter real ou pessoal". Essa foi a ratio decidendi do RE 562.045, julgado em regime de repercussão geral, com definição da seguinte tese jurídica: "É constitucional a fixação de alíquota progressiva para o Imposto sobre Transmissão Causa Mortis e Doação – ITCD" (Tema 21).[27]

Essa mesma premissa foi adotada no RE 852.796, quando foi declarada a constitucionalidade do art. 20 da Lei nº 8.212/1991. Na oportunidade, foi ressaltado na ementa do acórdão que "há compatibilidade entre a progressividade e as contribuições previdenciárias devidas pelo empregado – inclusive o doméstico – e pelo trabalhador avulso vinculados ao regime geral de previdência social (RGPS), sendo certo que não existe, no texto constitucional, qualquer restrição quanto ao uso da mencionada técnica de tributação na disciplina dos tributos em questão".[28] Em outro precedente (RE 573.675), o STF admitiu alíquotas progressivas em contribuição para o custeio da iluminação pública.[29]

Também é possível a progressividade extrafiscal, regulatória ou econômica. Em determinados casos, o próprio texto constitucional disciplina os critérios e finalidades da progressão, como no ITR (art. 153, §4º, I), no IPVA (art. 155, §6º, II) e no IPTU (arts. 156, §1º, II, e 182, §4º, II). A diferença é que o aumento da alíquota não ocorre em função da capacidade econômica do obrigado, mas independentemente dessa, para estimular ou para desestimular comportamentos visando à realização de outros valores constitucionais. Há o afastamento da dimensão positiva do princípio da capacidade contributiva, vinculado à observância de outros parâmetros de legitimação constitucional.

4 Mínimo vital

O princípio da capacidade contributiva pressupõe a desoneração do mínimo vital, também chamado mínimo existencial, abrangendo

---

[27] STF, Tribunal Pleno, RE 562.045, Rel. Min. Ricardo Lewandowski, Rel. p/ o Ac. Min. Cármen Lúcia, *DJe* 27.11.2013. Redação da tese aprovada nos termos do item 2 da Ata da 12ª Sessão Administrativa do STF, realizada em 09.12.2015.

[28] STF, Tribunal Pleno, RE 852.796, Rel. Min. Dias Toffoli, *DJe* 17.06.2021 (Tema 833), tese fixada: "É constitucional a expressão 'de forma não cumulativa' constante do *caput* do art. 20 da Lei 8.212/91".

[29] "A progressividade da alíquota, que resulta do rateio do custo da iluminação pública entre os consumidores de energia elétrica, não afronta o princípio da capacidade contributiva." Voto do Min. Ricardo Lewandowski no RE 573.675, p. 13.

não apenas o indivíduo, mas a sua família.[30] A questão, porém, é como valorá-lo apropriadamente e, sobretudo, definir a forma de operacionalização de sua desoneração. Em relação ao primeiro ponto, a doutrina tem considerado como parâmetro o art. 7º, IV, da Constituição Federal, que assegura aos trabalhadores um "salário mínimo, fixado em lei, nacionalmente unificado, capaz de atender a suas necessidades vitais básicas e às de sua família com moradia, alimentação, educação, saúde, lazer, vestuário, higiene, transporte e previdência social, com reajustes periódicos que lhe preservem o poder aquisitivo, sendo vedada sua vinculação para qualquer fim".[31] O problema é que, como se sabe, o salário mínimo definido em lei está longe de atender a todas essas necessidades. Isso não decorre de falta de vontade política, mas dos impactos do aumento no custo das prestações da seguridade social. Ainda assim, porém, parece razoável adotá-lo como parâmetro para a determinação do mínimo vital.

A operacionalização insere-se na esfera de liberdade de conformação legislativa, podendo ser concretizada por meio de isenções de tributos sobre o patrimônio e sobre a renda, a previsão de dedução de despesas vinculadas a uma exigência digna do indivíduo e de sua família e, nos impostos incidentes sobre o consumo, por meio da desoneração dos bens de primeira necessidade ou o pagamento de créditos compensatórios da tributação.[32] Não há como obrigar a implementação de um modelo ou técnica preferencial. Porém, a exigência do mínimo

---

[30] TIPKE, Klaus; LANG, Joachim. *Direito tributário (Steuerrecht)*. Porto Alegre: Fabris, 2008. v. I, p. 203 e ss.; KIRCHHOF, Paul. *Tributação no Estado constitucional*. Trad. Pedro Adamy. São Paulo: Quartier Latin, 2016. p. 71 e ss.; BIRK, Dieter. *Diritto tributario tedesco*. Trad. Enrico de Mita. Milano: Giuffrè, 2006. p. 50-51; MITA, Enrico de. *Interesse fiscale e tutela del contribuente: le garanzie costituzionali*. 4. ed. Milano: Giuffrè, 2000. p. 83; MOLINA, Pedro M. Herrera. *Capacidad económica y sistema fiscal*: análisis del ordenamiento español a luz del derecho alemán. Madrid: Marcial Pons, 1998. p. 120 e ss.; NOBRE JÚNIOR, Edilson Pereira. *Princípio constitucional da capacidade contributiva*. Porto Alegre: Fabris, 2001. p. 41; COSTA, Regina Helena. *Princípio da capacidade contributiva*. 2. ed. São Paulo: Malheiros, 1996. p. 65; RUSSO, Pasquele; FRANSONI, Guglielmo; CASTALDI, Laura. *Istituzioni di diritto tributario*. 2. ed. Milano: Giuffrè, 2016. p. 26.

[31] No Direito Comparado, como assinala Paul Kirchhoh, o Tribunal Constitucional Federal da Alemanha entende que "o mínimo existencial do indivíduo que aufere renda é medido segundo o menor valor que é devido aos que recebem o auxílio da previdência social, para que possam cobrir as despesas com a sua existência. Da mesma forma, as despesas e custos dos filhos devem ser considerados" (KIRCHHOF, Paul. *Tributação no Estado constitucional*. Trad. Pedro Adamy. São Paulo: Quartier Latin, 2016. p. 73).

[32] TIPKE, Klaus; LANG, Joachim. *Direito tributário (Steuerrecht)*. Porto Alegre: Fabris, 2008. v. I, p. 203; MOLINA, Pedro M. Herrera. *Capacidad económica y sistema fiscal*: análisis del ordenamiento español a luz del derecho alemán. Madrid: Marcial Pons, 1998. p. 126.

vital tem uma eficácia jurídica de vinculação que impede a adoção de medidas incompatíveis, tornando inconstitucional a sua tributação.[33] Na Emenda da Reforma Tributária, foi prevista para a CBS e o IBS uma técnica de realização do mínimo vital consistente no pagamento compensatório em dinheiro (cashback ou devolução) para pessoas físicas com o objetivo de reduzir as desigualdades de renda.[34]

5 Dimensão negativa do princípio

5.1 Idoneidade ou consistência econômica do pressuposto de fato

A exigência de idoneidade ou consistência econômica do pressuposto de fato (fato gerador ou hipótese de incidência da norma jurídica tributária) implica a inconstitucionalidade de eventos imponíveis não indiciários de riqueza. É o caso, por exemplo, do imposto sobre o celibato do período fascista na Itália, que foi uma versão nova do antigo imposto sobre senadores solteiros, criado pelo Imperador Augusto em Roma com o objetivo de salvaguardar a família. Da mesma forma, o tributo sobre as pessoas com barbas estabelecido pelo Czar da Rússia, Pedro o Grande em 1682. Também são inconstitucionais os tributos modulados em função de eventos sem relevância econômica, como o número de janelas da residência que existiu na Irlanda no ano de 1696.[35] Mais recentemente, entre nós, o STF invalidou uma lei estadual prevendo o aumento da alíquota do ITCM em razão do grau de parentesco. Isso ocorreu porque, como ressaltado pelo Ministro Edson Fachin, "o critério de grau de parentesco e respectivas presunções da proximidade afetiva, familiar, sanguínea, de dependência econômica

---

[33] Como ressalta Clèmerson Merlin Clève: "[...] as normas constitucionais sempre produzem uma 'eficácia jurídica de vinculação' (decorrente da vinculação dos poderes públicos à Constituição), e, por isso, contam com aptidão para deflagrar, pelo menos, os seguintes resultados: (i) revogam (invalidação decorrente de inconstitucionalidade superveniente) os atos normativos em sentido contrário; (ii) vinculam o legislador, que não pode dispor de modo oposto ao seu conteúdo (servem como parâmetro para a declaração de inconstitucionalidade do ato contrastante)" (CLÈVE, Clèmerson Merlin. *Fiscalização abstrata de constitucionalidade no direito brasileiro*. 2. ed. São Paulo: RT, 2000. p. 320-321).
[34] Art. 156-A, §5º, VIII, §13, e art. 195, §16, §18 e §19.
[35] Disponível em: https://www.jornalcontabil.com.br/muito-imposto-pouca-renda-conheca-os-tributos-mais-doidos-da-historia/; https://super.abril.com.br/historia/por-que-pagamos-impostos/. Acesso em: 17 maio 2022.

com o de cujus ou com o doador, não guarda pertinência com o princípio da capacidade contributiva".[36]

5.2 Capacidade econômica objetiva e subjetiva

Alguns autores interpretam que a capacidade contributiva a ser considerada pelo legislador ao instituir os tributos é apenas a objetiva ou absoluta. Assim, basta que a hipótese de incidência descreva índices ou fatos signo-presuntivos de riqueza para a satisfação da exigência constitucional. Outros sustentam ser necessária a observância das condições econômicas reais dos contribuintes (capacidade econômica relativa ou subjetiva).[37] É certo, por um lado, que o legislador pode basear-se em parâmetros da normalidade média, desde que exista uma necessidade de simplificação e a medida simplificadora mostre-se apropriada e proporcional.[38] Porém, de outro, deve-se ter presente que a capacidade contributiva é um direito fundamental. Dela resulta um direito público subjetivo de ser tributado de acordo com suas disponibilidades econômicas, o que não é atendido se essas são apenas indiciárias, não confirmadas concretamente. Por isso, em situações-limite, considerando, inclusive outros valores constitucionais, notadamente o princípio da dignidade da pessoa humana, deve ser reconhecida uma remissão de equidade obrigatória para evitar injustiças no caso concreto.[39]

5.3 Abuso de presunções legais

As presunções legais justificam-se por razões pragmáticas legítimas de simplificação ou exigências de praticabilidade. Trata-se de uma técnica por meio da qual a existência ou a veracidade de um fato desconhecido e provável (fato presumido ou implicado) é imputada

---

[36] STF, 1ª T., RE 602.256 AgR, Rel. Min. Edson Fachin, *DJe* 1º.03.2016. No mesmo sentido: STF, 1ª T., RE 854.869 AgR, Rel. Min. Cármen Lúcia, *DJe* 04.09.2015; STF, 1ª T., RE 555.511 AgR-Segundo, Rel. Min. Rosa Weber, *DJe* 13.08.2020.

[37] CARRAZZA, Roque Antonio. *Curso de direito constitucional tributário*. 16. ed. São Paulo: Malheiros, 2001. p. 80; VILLEGAS, Héctor B. *Manual de finanzas públicas*: la economía jurídicamente regulada del sector público en el mundo globalizado. Buenos Aires: Depalma, 2000. p. 207. Em sentido contrário, cf.: COÊLHO, Sacha Calmon Navarro. *Curso de direito tributário brasileiro*. 4. ed. Rio de Janeiro: Forense, 1999. p. 79.

[38] TIPKE, Klaus; YAMASHITA, Douglas. *Justiça fiscal e princípio da capacidade contributiva*. São Paulo: Malheiros, 2002. p. 37-38; TIPKE, Klaus; LANG, Joachim. *Direito tributário (Steuerrecht)*. Porto Alegre: Fabris, 2008. v. I, p. 234.

[39] MOLINA, Pedro M. Herrera. *Capacidad económica y sistema fiscal*: análisis del ordenamiento español a luz del derecho alemán. Madrid: Marcial Pons, 1998. p. 116-117.

normativamente em função de fato conhecido e provado (fato presuntivo ou implicante). Pode ser relativa (iuris tantum) ou absoluta (iuris et de iure), conforme admita ou não prova em contrário.

O princípio da capacidade contributiva implica a inconstitucionalidade de presunções iuris et de iure que atribuam ao sujeito passivo uma riqueza apenas provável (abuso de presunções).[40] As presunções, para serem constitucionais, sempre devem ser relativas, inclusive quando tiverem função antifraude.[41]

No julgamento do RE 593.849, o STF decidiu que, mesmo quando assentadas na praticabilidade tributária, as presunções de ocorrência do evento imponível não podem ser absolutas, o que serviu de fundamento para o julgamento do Tema 201. De acordo com a ratio decidendi do julgado: "O princípio da praticidade tributária não prepondera na hipótese de violação de direitos e garantias dos contribuintes, notadamente os princípios da igualdade, capacidade contributiva e vedação ao confisco, bem como a arquitetura de neutralidade fiscal do ICMS".[42] Esse mesmo fundamento foi adotado no RE 596.832 (Tema 228), quando foi fixada a seguinte tese: "É devida a restituição da diferença das contribuições para o Programa de Integração Social – PIS e para o Financiamento da Seguridade Social – Cofins recolhidas a mais, no regime de substituição tributária, se a base de cálculo efetiva das operações for inferior à presumida".[43]

5.4 Mitigação dos efeitos inflacionários

Outra consequência do princípio da capacidade contributiva é a vedação da tributação de riquezas nominais, o que implica a obrigatoriedade da mitigação dos efeitos da inflação, de modo a evitar a tributação de disponibilidades econômicas fictícias.[44] A esse propósito,

---

[40] MOLINA, Pedro M. Herrera. *Capacidad económica y sistema fiscal*: análisis del ordenamiento español a luz del derecho alemán. Madrid: Marcial Pons, 1998. p. 133.

[41] MITA, Enrico de. *Interesse fiscale e tutela del contribuente: le garanzie costituzionali*. 4. ed. Milano: Giuffrè, 2000. p. 95-96; MITA, Enrico de. *Principi di diritto tributario*. 7. ed. Milano: Giuffrè, 2019. p. 98-102; RUSSO, Pasquele; FRANSONI, Guglielmo; CASTALDI, Laura. *Istituzioni di diritto tributario*. 2. ed. Milano: Giuffrè, 2016. p. 25.

[42] STF, Tribunal Pleno, RE 593.849, Rel. Min. Edson Fachin, *DJe* 19.10.2016.

[43] STF, Tribunal Pleno, RE 596.832, Rel. Min. Marco Aurélio, *DJe* 21.10.2020.

[44] MOLINA, Pedro M. Herrera. *Capacidad económica y sistema fiscal*: análisis del ordenamiento español a luz del derecho alemán. Madrid: Marcial Pons, 1998. p. 134; TIPKE, Klaus; LANG, Joachim. *Direito tributário (Steuerrecht)*. Porto Alegre: Fabris, 2008. v. I, p. 214; COSTA, Regina Helena. *Princípio da capacidade contributiva*. 2. ed. São Paulo: Malheiros, 1996. p. 80;

O STF tem precedentes declarando a inconstitucionalidade da substituição de índices legais que não refletem adequadamente inflação. Porém, alegando não poder atuar como legislador positivo, o Tribunal tem negado a pretensão de contribuintes visando à correção monetária de valores nominais relevantes para fins tributários.

É o caso, por exemplo, do limite de dedução de despesas e das tabelas de progressão do imposto de renda devido por pessoas físicas. Nessa matéria, como ressaltado no RE 388.312, a jurisprudência do STF entende que "não cabe ao Poder Judiciário autorizar a correção monetária da tabela progressiva do imposto de renda na ausência de previsão legal nesse sentido. Entendimento cujo fundamento é o uso regular do poder estatal de organizar a vida econômica e financeira do país no espaço próprio das competências dos Poderes Executivo e Legislativo".[45] No RE 221.142, entretanto, foi declarada a inconstitucionalidade do art. 30 da Lei nº 7.799/1989,[46] que estabelecia um novo índice para a correção monetária das demonstrações financeiras das pessoas jurídicas. O Tribunal entendeu que esse, por não refletir apropriadamente a inflação do período, não era compatível com o princípio da capacidade contributiva, porque acarretava a incidência do imposto de renda sobre um lucro fictício. Em decorrência do efeito repristinatório da decisão, houve o restabelecimento do índice de correção monetária anterior.[47]

5.5 Vedação de tributação sancionatória

Os tributos não podem constituir, mesmo indiretamente, uma medida punitiva a um comportamento reprovável contrário à ordem jurídica. Tampouco é possível adotar a ilicitude da conduta como critério de aplicabilidade de uma alíquota, de uma base de cálculo mais elevada ou para vedar deduções. Uma exação com essas características, além

---

TIPKE, Klaus; YAMASHITA, Douglas. *Justiça fiscal e princípio da capacidade contributiva*. São Paulo: Malheiros, 2002. p. 34; NOBRE JÚNIOR, Edilson Pereira. *Princípio constitucional da capacidade contributiva*. Porto Alegre: Fabris, 2001. p. 45-46; RUSSO, Pasquele; FRANSONI, Guglielmo; CASTALDI, Laura. *Istituzioni di diritto tributario*. 2. ed. Milano: Giuffrè, 2016. p. 25.

[45] STF, Tribunal Pleno, RE 388.312, Rel. Min. Marco Aurélio, *DJe* 11.10.2011. No mesmo sentido: STF, 2ª T., ARE 982.682 AgR, Rel. Dias Toffoli, *DJe* 15.02.2017.

[46] "Art. 30. Para efeito da conversão em número de BTN, os saldos das contas sujeitas à correção monetária, existentes em 31 de janeiro de 1989, serão atualizados monetariamente tomando-se por base o valor da OTN de NCz$ 6,92."

[47] STF, Tribunal Pleno, RE 221.142, Rel. Min. Marco Aurélio, *DJe* 30.10.2014 (Tema 311), tese fixada: "São inconstitucionais o §1º do artigo 30 da Lei 7.730/1989 e o artigo 30 da Lei 7.799/1989".

de não se compatibilizar com o conceito de tributo, viola o princípio da capacidade contributiva.

Destarte, a vinculação finalística ao custeio de despesas públicas implica a vedação do uso sancionatório do tributo, o que, de resto, também decorre do próprio perfil constitucional dos fatos geradores previstos nas regras de competência. Essas descrevem atos, fatos e negócios jurídicos de caráter lícito, inclusive atos administrativos, sem sugerir ou mesmo indicar que, por meio da instituição ou do aumento de tributos, o poder público pode promover reações (retribuição ou prevenção) a condutas reprováveis contrárias à ordem jurídica.

No Estado de Direito, o ius puniendi do Estado, para ser validamente exercido, requer a observância de direitos e de garantias fundamentais dos cidadãos, não coincidentes com os exigíveis em matéria tributária. O uso punitivo do tributo não deve ser admitido, porque implica uma violação indireta do regime constitucional sancionatório.[48]

Com efeito, um dos pressupostos para o exercício válido do ius puniendi é o princípio constitucional da culpabilidade, que decorre dos arts. 1º, III, 4º, II, 5º, caput e XLVI, da Constituição Federal. Esse exige que, em matéria sancionatória, a responsabilização dependa da demonstração de culpa ou de dolo. Assim, como ressaltado pelo Ministro Luís Roberto Barroso, em contexto distinto, mas aplicável à hipótese: "sempre que o antecedente de uma norma for um comportamento reprovável e o consequente uma punição, é absolutamente indispensável fazer uma análise do elemento subjetivo da conduta".[49] Como a intenção do agente não tem relevância para o surgimento das obrigações tributárias, um tributo com caráter punitivo viola indiretamente essa e outras garantias constitucionais em matéria sancionatória.

Tributos punitivos tampouco garantem aos cidadãos o devido processo legal, o contraditório e a ampla defesa prévios (art. 5º, LIV e LV). O crédito tributário pode ser constituído de ofício sem um procedimento fiscalizatório antecedente. Há um contraditório diferido, instaurado apenas na fase de impugnação administrativa do auto de lançamento, isto é, depois de formada a convicção do agente fiscal, com o crédito tributário já constituído (Decreto nº 70.235/1972, art. 14[50]).

---

[48] QUERALT, Juan Martín; SERRANO, Carmelo Lozano; OLLERO, Gabriel Casado; LÓPEZ, José M. Tejerizo. *Curso de derecho financiero y tributario*. 9. ed. Madrid: Tecnos, 1998. p. 92; NOVOA, César García. *El concepto de tributo*. Buenos Aires: Marcial Pons, 2012. p. 220.
[49] STF, 1ª T., AI 727.872 AgR, Rel. Min. Roberto Barroso, DJe 18.05.2015.
[50] "Art. 14. A impugnação da exigência instaura a fase litigiosa do procedimento".

Nada disso se compatibiliza com o regime constitucional sancionatório. Nele o contraditório é obrigatório e necessariamente prévio, antes da formação do convencimento da autoridade competente. O acusado tem o direito de influir na formação do juízo decisório, formulando alegações e apresentando documentos que devem ser objeto de consideração pelo órgão competente.[51]

Em síntese, portanto, o tributo sempre deve ser cobrado em função de fatos lícitos praticados pelo sujeito passivo.[52] Não pode constituir, mesmo indiretamente, uma medida punitiva a um comportamento reprovável contrário à ordem jurídica. Isso implica, de um lado, a impossibilidade de definição de um fato ilícito como hipótese de incidência de um tributo; e, de outro, a vedação para adotar a ilicitude da conduta como critério de aplicabilidade de uma alíquota, de uma base de cálculo mais elevada ou para limitar deduções. Essa vedação é igualmente aplicável aos tributos extrafiscais (regulatórios, econômicos ou de ordenamento), que podem ser empregados como instrumento de motivação de comportamentos lícitos dos contribuintes, mas não para punir. Se o aumento de um tributo regulatório constituir uma reação a uma conduta reprovável, haverá um desvio de finalidade, incompatível com os ditames constitucionais.

5.6 Coerência interna

O princípio da capacidade contributiva, como pressuposto e limite para o dimensionamento da imposição, exige coerência lógica ou interna do tributo, ou seja, a aplicação de critérios de valoração compatíveis com a manifestação de disponibilidade econômica que se pretende gravar, no que se inclui a conformidade entre a base de cálculo e a hipótese de incidência. No Direito Comparado, a falta de sintonia entre esses elementos é considerada suficiente para acarretar a inconstitucionalidade do tributo.[53] Entre nós, a doutrina também res-

---

[51] DI PIETRO, Maria Sylvia Zanella. *Direito administrativo*. 33. ed. Rio de Janeiro: Forense, 2020. p. 818. Kindle Edition.
[52] ATALIBA, Geraldo. *Hipótese de incidência tributária*. 5. ed. São Paulo: Malheiros, 1997. p. 34,
[53] A não observância dessa exigência, como já decidiu a Corte Constitucional Italiana em relação ao Imposto Local sobre a Renda, acarreta a inconstitucionalidade do tributo (Sentença 42, de 1980). MITA, Enrico de. *Interesse fiscale e tutela del contribuente: le garanzie costituzionali*. 4. ed. Milano: Giuffrè, 2000. p. 91. Também o Tribunal Constitucional Federal da Alemanha já considerou inconstitucional a aplicação de critérios valoração diferentes ao imposto sobre o património, "incompatíveis entre si e com a manifestação da capacidade económica que se pretende tributar" (Acórdão do BVerfG de 22.06.1995, relativo ao Imposto sobre

salta que deve existir uma relação de correspondência entre a hipótese de incidência e a base de cálculo.[54] Isso significa, por exemplo, que uma taxa pelo registro de uma escritura pública não pode ter como base de cálculo o valor da transação imobiliária. De igual modo, o imposto sobre serviços de qualquer natureza (ISS) não pode ter como base de cálculo a renda do sujeito passivo. Essa exigência aplica-se a todas as espécies tributárias e, no caso das taxas, é prevista no §2º do art. 145 ("as taxas não poderão ter base de cálculo própria de impostos").

A diferença é que, nos demais tributos, a doutrina brasileira entende que, em caso de discrepância, a hipótese de incidência deve ser desconsiderada, com a consequente determinação da natureza jurídica por meio da base imponível. O tributo apenas será considerado inválido quando, a partir desse exercício corretivo ou de infirmação, for constatada a violação de uma regra de competência ou de algum preceito constitucional aplicável ao tributo (v.g., exigência de lei complementar). Trata-se de uma interpretação que pode parecer mais razoável do que, pura e simplesmente, declarar a inconstitucionalidade do tributo. O legislador, afinal, nem sempre tem o domínio da linguagem técnico-jurídica e, em meio a inadequações terminológicas, pode acabar definindo uma base imponível ou critérios de valoração não inteiramente compatíveis com a hipótese de incidência. Contudo, a ordem constitucional impõe limites para esse encaminhamento. É certo, por um lado, que o princípio da interpretação conforme a Constituição implica a exigência de conservação das normas. Assim, uma lei ou um enunciado prescritivo não deve ser declarado inconstitucional quando, observados seus fins, puder ser interpretado de acordo com o texto constitucional. Porém, de outro lado, o Judiciário sempre deve operar dentro dos limites do texto, não podendo promover a correção da lei sem que exista um espaço de interpretação.

Essa exigência, como ensina J. J. Gomes Canotilho, decorre do princípio da separação dos poderes e, mais especificamente, do princípio da «justeza» ou da conformidade funcional, segundo o qual "o

---

a Riqueza). Cf.: MOLINA, Pedro M. Herrera. *Capacidad económica y sistema fiscal*: análisis del ordenamiento español a luz del derecho alemán. Madrid: Marcial Pons, 1998. p. 139; RUSSO, Pasquele; FRANSONI, Guglielmo; CASTALDI, Laura. *Istituzioni di diritto tributario*. 2. ed. Milano: Giuffrè, 2016. p. 26.

[54] No estudo pioneiro de Regina Helena Costa, essa compatibilidade é considerada uma exigência do princípio da capacidade contributiva (COSTA, Regina Helena. *Princípio da capacidade contributiva*. 2. ed. São Paulo: Malheiros, 1996. p. 72-73).

órgão (ou órgãos) encarregado da interpretação da lei constitucional não pode chegar a um resultado que subverta ou perturbe o esquema organizatório-funcional constitucionalmente estabelecido (EHMKE)".[55] O mesmo limite é apontado pelo constitucionalista Jorge Miranda, ao ressaltar que a interpretação conforme está "sujeita a um requisito de razoabilidade: ela terá de se deter aí onde o preceito legal, interpretado conforme à Constituição, fique privado de função útil ou onde, segundo o entendimento comum, seja incontestável que o legislador ordinário acolheu critérios e soluções opostos aos critérios e soluções do legislador constituinte".[56]

Dessa maneira, se os enunciados prescritivos que servem de ponto de partida (e de limite hermenêutico) para a construção da norma jurídica tributária foram expressos ao estabelecer uma base de cálculo incoerente com a hipótese de incidência, não cabe a correção do vício por parte do julgador nem, menos ainda, do fiscal de tributos. Nenhum deles é legislador positivo. Logo, sendo evidente a incompatibilidade dos critérios de valoração com a manifestação de disponibilidade econômica que se pretende gravar, não há outro encaminhamento senão declarar a inconstitucionalidade do tributo.

5.7 Limitação na definição da sujeição passiva

A obrigatoriedade de coerência lógica ou interna do tributo abrange a definição da sujeição passiva da obrigação. Isso significa que o contribuinte deve ser o titular da manifestação de capacidade contributiva tributada. Essa exigência também é aplicável na responsabilidade tributária, técnica na qual o legislador – por razões pragmáticas ligadas à conveniência arrecadatória – imputa a obrigação de pagar o crédito tributário a um terceiro que não realiza o evento imponível. A mais utilizada é a responsabilidade por substituição, que, na modalidade progressiva, está prevista no art. 150, §7º, da Constituição, incluído pela Emenda nº 3/1993.

O princípio da capacidade contributiva requer que, ao definir o responsável tributário, o legislador escolha alguém que mantenha uma relação indireta com a materialidade da hipótese de incidência,

---

[55] CANOTILHO, José Joaquim Gomes. *Direito constitucional e teoria da Constituição*. 7. ed. Coimbra: Almedina, 2003. p. 228.

[56] MIRANDA, Jorge. *Manual de direito constitucional*: constituição e inconstitucionalidade. 3. ed. Coimbra: Coimbra Editora, 1996. t. II, p. 265.

suficiente para permitir a retenção do valor devido ou o seu acréscimo no preço do bem ou do serviço tributado. O responsável exerce a função de sujeito instrumental ou agente colaborador, recolhendo o crédito tributário em razão de um fato jurídico de terceiro, mas sem suportar a carga tributária.[57]

5.8 Neutralidade intertemporal

Outra exigência do princípio da capacidade contributiva é a neutralidade temporal dos tributos, notadamente nos tributos progressivos, como o imposto sobre a renda, sempre que ocorrer uma concentração ou percepção acumulada de rendimentos.[58] Esse problema já foi enfrentado pelo STF no RE 614.406, tendo sido fixada a seguinte tese de repercussão geral: "O Imposto de Renda incidente sobre verbas recebidas acumuladamente deve observar o regime de competência, aplicável a alíquota correspondente ao valor recebido mês a mês, e não a relativa ao total satisfeito de uma única vez" (Tema 368).[59] O caso envolveu recebimentos por pessoas físicas (trabalhadores) que, originariamente, pelo valor reduzido de seus salários, enquadravam-se na faixa de isenção ou estavam sujeitos a alíquotas menores na tabela progressiva do imposto de renda. Porém, em razão de atrasos do empregador, foram obrigados a ingressar em juízo para cobrar o débito em reclamatórias trabalhistas, recebendo os valores devidos de uma única vez ao final do processo. Em decorrência do recebimento acumulado, acabaram submetidos às alíquotas máximas do imposto, como era previsto no art. 12 da Lei nº 7.713/1988.[60] O STF entendeu que isso seria contrário

---

[57] Sobre o tema, cf.: SEHN, Solon. *Curso de direito tributário*. Rio de Janeiro: Forense, 2024. p. 238 e ss.

[58] TIPKE, Klaus; LANG, Joachim. *Direito tributário (Steuerrecht)*. Porto Alegre: Fabris, 2008. v. I, p. 227. Como ressalta Pedro M. Herrera Molina, sob o aspecto temporal, o princípio da capacidade contributiva veda a delimitação dos diversos períodos impositivos ou de liquidação não pode ter caráter estanque. O legislador, assim, não pode ignorar irregularidades no ritmo de produção da renda e submetê-la a tipos muito elevados quando acumulada em um único período ou desconectar ingressos e perdas no tempo. O autor sustenta ainda que devem ser estabelecidas medidas corretivas para reduzir essas disfunções, embora impossíveis eliminá-las (MOLINA, Pedro M. Herrera. *Capacidad económica y sistema fiscal*: análisis del ordenamiento español a luz del derecho alemán. Madrid: Marcial Pons, 1998. p. 118).

[59] STF, Tribunal Pleno, RE 614.406, Rel. Min. Rosa Weber, Rel. p/ ac. Min. Marco Aurélio, DJe 27.11.2014. Redação da tese aprovada nos termos do item 2 da Ata da 12ª Sessão Administrativa do STF, realizada em 09.12.2015.

[60] Esse dispositivo, hoje revogado, estabelecia que: "Art. 12. No caso de rendimentos recebidos acumuladamente, o imposto incidirá, no mês do recebimento ou crédito, sobre o total

ao princípio da isonomia e da capacidade contributiva, conforme se depreende do voto do Ministro Marco Aurélio:

> [...] Haverá, como ressaltado pela doutrina, principalmente a partir de 2003, transgressão ao princípio da isonomia. Aqueles que receberam os valores nas épocas próprias ficaram sujeitos a certa alíquota. O contribuinte que viu resistida a satisfação do direito e teve que ingressar em Juízo será apenado, alfim, mediante a incidência de alíquota maior. Mais do que isso, tem-se o envolvimento da capacidade contributiva, porque não é dado aferi-la, tendo em conta o que apontei como disponibilidade financeira, que diz respeito à posse, mas o estado jurídico notado à época em que o contribuinte teve jus à parcela sujeita ao Imposto de Renda. O desprezo a esses dois princípios conduziria a verdadeiro confisco e, diria, à majoração da alíquota do Imposto de Renda.

A exegese adotada pelo STF mostra-se acertada. A capacidade contributiva de quem auferiu a renda na época própria, sem a necessidade de ingressar em juízo, em nada difere da renda auferida pelo contribuinte que a recebeu acumuladamente por força de decisão judicial ou administrativa. Em ambas as situações, não há qualquer diferença no substrato econômico do fato jurídico tributário. Assim, se o primeiro não foi tributado – ou foi tributado com uma alíquota menor – a mesma solução deve ser aplicada àquele que recebeu a destempo.

6 Vedação ao confisco

A vedação ao confisco representa um limite máximo da tributação que, a rigor, constitui uma das dimensões negativas do princípio da capacidade contributiva. Entre nós, encontra-se prevista no inciso IV do art. 150 da Constituição, que veda à União, aos Estados, ao Distrito Federal e aos Municípios "utilizar tributo com efeito de confisco". O problema é saber a partir de que momento um tributo adquire caráter confiscatório.

No direito comparado, por exemplo, o Tribunal Constitucional Federal da Alemanha entendeu que os tributos sobre a renda e a propriedade não podem superar o limite de 50% dos rendimentos, o que

---

dos rendimentos, diminuídos do valor das despesas com ação judicial necessárias ao seu recebimento, inclusive de advogados, se tiverem sido pagas pelo contribuinte, sem indenização".

foi definido a partir do art. 14.2 da Lei Fundamental de Bonn.⁶¹ Esse dispositivo, ao estabelecer que o uso da propriedade deve servir, ao mesmo tempo, ao bem comum, foi o fundamento para a definição do chamado princípio da divisão pela metade, que, entretanto, tem sido questionado pela doutrina do país.⁶² Na Argentina, a Suprema Corte de Justiça da Nação definiu o limite de 33% para a tributação direta da renda em sentido amplo, descontados os encargos da mora, sem adotá-lo nas sanções tributárias.⁶³

A jurisprudência do STF tem diversos precedentes aplicando o princípio da vedação ao confisco às multas tributárias, para limitá-las ao valor do crédito tributário devido.⁶⁴ Isso faz com que a garantia constitucional tenha um sentido ampliado, sem se limitar a uma obrigação tributária em particular, para compreender a própria atividade tributária do Estado. Já em relação ao crédito tributário, o Tribunal

---

⁶¹ "(2) [...] Gebrauch soll zugleich dem Wohle der Allgemeinheit dienen."
⁶² KIRCHHOF, Paul. *Tributação no Estado constitucional*. Trad. Pedro Adamy. São Paulo: Quartier Latin, 2016. p. 74-75; TIPKE, Klaus. *Moral tributaria del Estado y de los contribuyentes*. Madrid: Marcial Pons, 2002. p. 66; TIPKE, Klaus; LANG, Joachim. *Direito tributário (Steuerrecht)*. Porto Alegre: Fabris, 2008. v. I, p. 273 e ss.; BIRK, Dieter. *Diritto tributario tedesco*. Trad. Enrico de Mita. Milano: Giuffrè, 2006. p. 52-53; MOLINA, Pedro M. Herrera. *Capacidad económica y sistema fiscal*: análisis del ordenamiento español a luz del derecho alemán. Madrid: Marcial Pons, 1998. p. 65 e ss.; TABOADA, Carlos Palao. *Capacidad contributiva, no confiscatoriedad y otros estudios de derecho constitucional tributario*. Pamplona: Civitas-Thomson Reuters, 2018. p. 192; FALSITTA, Gaspare. *Il principio della capacità contributiva nel suo svolgimento storico prima e dopo la costituzione repubblicana*: schermaglie dialettiche su "scuole" e "maestri" del passato. Milano: Giuffrè, 2014. p. 139; GOLDSCHMIDT, Fabio Brun. *O princípio do não confisco no direito tributário*. São Paulo: RT, 2003. p. 225.
⁶³ "[...] el principio de no confiscatoriedad a tomar en cuenta el porcentaje 'cabalístico' del 33% sobre la renta (pese a la alusión al capital), usando la expresión en sentido genérico, que comprende aun los incrementos patrimoniales" (VIZCAÍNO, Catalina García. *Derecho tributario*: consideraciones económicas y jurídicas. 2. ed. Buenos Aires: Depalma, 1999. t. I, p. 282 e ss.). Cf. ainda: COSTA, Regina Helena. *Princípio da capacidade contributiva*. 2. ed. São Paulo: Malheiros, 1996. p. 479 e ss.; NOBRE JÚNIOR, Edilson Pereira. *Princípio constitucional da capacidade contributiva*. Porto Alegre: Fabris, 2001. p. 52-53. Alguns autores observam que, no direito argentino, o princípio não é aplicado aos tributos indiretos. Porém, Goldschmidt cita um caso em que isso ocorreu (GOLDSCHMIDT, Fabio Brun. *O princípio do não confisco no direito tributário*. São Paulo: RT, 2003. p. 239).
⁶⁴ "Quanto ao valor máximo das multas punitivas, esta Corte tem entendido que são confiscatórias aquelas que ultrapassam o percentual de 100% (cem por cento) do valor do tributo devido" (STF, 1ª T., ARE 1.058.987 AgR, Rel. Min. Roberto Barroso, *DJe* 15.12.2017). No mesmo sentido: STF, 1ª T., RE 833.106 AgR, Rel. Min. Marco Aurélio, *DJe* 12.12.2014). Ressalte-se que, de acordo com a Tese III do julgamento do Tema 214: "[...] não é confiscatória a multa moratória no importe de 20%" (STF, Tribunal Pleno, RE 582.461, Rel. Min. Gilmar Mendes, *DJe* 18.08.2011). Além disso, no julgamento do Tema 872, foi fixado que: "Revela-se constitucional a sanção prevista no artigo 7º, inciso II, da Lei 10.426/2002, ante a ausência de ofensa aos princípios da proporcionalidade e da vedação de tributo com efeito confiscatório" (STF, Tribunal Pleno, RE 606.010, Rel. Min. Marco Aurélio, *DJe* 13.11.2020).

definiu alguns parâmetros relevantes para a aplicação da vedação ao confisco no julgamento da ADI nº 2.010 MC, quando foi declarada a inconstitucionalidade da contribuição previdenciária progressiva da Lei nº 9.783/1999, revogada pela Lei nº 9.988/2000:[65]

> *A tributação confiscatória é vedada pela Constituição da República.*
> – A *jurisprudência* do Supremo Tribunal Federal entende cabível, em sede de controle normativo abstrato, a *possibilidade* de a Corte examinar se determinado tributo *ofende*, ou não, o princípio constitucional da não confiscatoriedade consagrado no art. 150, IV, da Constituição. Precedente: *ADI 1.075-DF,* Rel. Min. Celso de Mello (o Relator ficou *vencido,* no precedente mencionado, por entender que o exame do efeito confiscatório do tributo *depende* da apreciação individual de *cada* caso concreto).
> – A *proibição constitucional do confisco* em matéria tributária nada mais representa senão a *interdição,* pela Carta Política, de *qualquer* pretensão governamental que possa conduzir, no campo *da fiscalidade,* à *injusta* apropriação estatal, no todo ou em parte, do patrimônio ou dos rendimentos dos contribuintes, *comprometendo-lhes,* pela *insuportabilidade* da carga tributária, o exercício do direito a uma existência digna, ou a prática de atividade profissional lícita *ou,* ainda, a regular satisfação de suas necessidades vitais (educação, saúde e habitação, *por exemplo). A identificação do efeito confiscatório* deve ser feita em função da *totalidade* da carga tributária, *mediante* verificação da capacidade de que dispõe o contribuinte – *considerado* o montante de sua riqueza (renda e capital) – para suportar e sofrer a incidência de todos os tributos que ele deverá pagar, dentro de determinado período, à *mesma* pessoa política que os houver instituído (a União Federal, no caso), *condicionando-se,* ainda, a *aferição* do grau de insuportabilidade econômico-financeira, à observância, pelo legislador, de *padrões de razoabilidade* destinados a neutralizar *excessos* de ordem fiscal eventualmente praticados pelo Poder Público. Resulta configurado o caráter confiscatório de determinado tributo, *sempre* que o *efeito cumulativo* – resultante das múltiplas incidências tributárias

---

[65] "Art. 2º A contribuição de que trata o artigo anterior fica acrescida dos seguintes adicionais: Vide ADIN 2010, de 1999 (Revogado pela Lei 9.988, de 2000)
I - nove pontos percentuais incidentes sobre a parcela da remuneração, do provento ou da pensão que exceder a R$ 1.200,00 (um mil e duzentos reais), até o limite de R$ 2.500,00 (dois mil e quinhentos reais); (Revogado pela Lei 9.988, de 2000)
II - catorze pontos percentuais incidentes sobre a parcela da remuneração, do provento ou da pensão que exceder a R$ 2.500,00 (dois mil e quinhentos reais). (Revogado pela Lei 9.988, de 2000)
Parágrafo único. Os adicionais de que trata o *caput* têm caráter temporário, vigorando até 31 de dezembro de 2002. (Revogado pela Lei 9.988, de 2000.)"

estabelecidas pela *mesma* entidade estatal – *afetar*, substancialmente, *de maneira irrazoável*, o patrimônio e/ou os rendimentos do contribuinte.
– O Poder Público, *especialmente* em sede de tributação (as contribuições de seguridade social *revestem-se* de caráter tributário), *não* pode agir *imoderadamente*, pois a atividade estatal acha-se essencialmente *condicionada* pelo princípio da razoabilidade.[66]

No caso concreto, o STF entendeu que a contribuição progressiva apresentava natureza confiscatória, porque, somada ao imposto de renda, representava 47% dos rendimentos mensais auferidos, como ressaltado no voto do Ministro Maurício Corrêa:

> Em suma, o que caracteriza o confisco é a redução substancial do patrimônio do contribuinte, impedindo-o de realizar sua manutenção, com interferência negativa no sustento da sua própria pessoa e da *família*, que, segundo artigo 226 da Carta de 1988, é a base da sociedade e tem especial proteção do Estado. Vale ressaltar a observação feita pelo Ministro Themístocles Cavalcanti, in RTJ 44/322, no sentido de que "tornar impossível o exercício de uma atividade indispensável que permita ao indivíduo obter os meios de subsistência, é tirar-lhe um pouco de sua vida, porque esta não prescinde dos meios materiais para sua proteção". [...]
> Estou em que se se somar o imposto de renda com a contribuição de que ora se cuida, o servidor terá de pagar, aproximadamente, 47% (quarenta e sete por cento) do que recebe. É por isso que o caráter. Confiscatório transparece no conjunto formado por essas duas taxações. Se o imposto de renda fosse objeto de julgamento agora, ter-se-ia que levar em conta a contribuição, visto que os dois tipos compõem o total que alcança o confisco, que me parece ser a hipótese em exame.[67]

O confisco é a perda da propriedade de um bem sem o recebimento de indenização. Não há dúvidas de que todo tributo que produzir esse efeito, direta ou indiretamente, não é compatível com o art. 150, IV, da Constituição. Porém, a garantia constitucional não se limita a isso. O princípio visa à preservação da manifestação de capacidade contributiva tributada e o respeito aos direitos fundamentais de seu titular. Assim, ao instituir um tributo, o poder público não pode promover o esgotamento da manifestação de riqueza gravada nem a absorver de

---

[66] STF, Tribunal Pleno, ADI nº 2.010 MC, Rel. Min. Celso de Mello, *DJ* 12.04.2002.
[67] Voto do Min. Maurício Corrêa na ADI nº 2.010 MC.

maneira desmedida, por meio de uma carga tributária sufocante.⁶⁸ Isso ocorre sempre que o cidadão tem a sua dignidade aviltada, não apenas porque o peso do tributo implica um sacrifício dos meios necessários ao próprio sustento e de sua família, mas pelo desrespeito ao seu direito de exercer uma profissão ou de empreender, auferindo renda, acumulando um patrimônio, enfim, atingindo seus objetivos de vida.

Esse breaking point⁶⁹ não pode ser determinado abstratamente nem, menos ainda, por meio de um número percentual comparado ao adotado em outros países com sistemas tributários e prestacionais diferentes. Nos países escandinavos, a tributação da renda pode chegar a 75,5% (Suécia), 73,5% (Dinamarca) e 67,6% (Finlândia).⁷⁰ Porém, os critérios de determinação da base de cálculo são inteiramente distintos, assim como não se equiparam – nem de perto – as prestações públicas em benefício dos cidadãos. No Brasil, percentuais como esses, assim como o próprio princípio da divisão pela metade adotado no Direito alemão, seriam absolutamente irrazoáveis, em razão das limitações de dedutibilidade de despesas e à elevada tributação sobre o consumo. Isso sem mencionar a precariedade dos serviços públicos prestados pelo Estado brasileiro, a despeito da elevada carga tributária vigente entre nós, o que obriga os cidadãos a realizar gastos expressivos para ter acesso a serviços essenciais, como a segurança, a saúde, a previdência e a educação privada. Por isso, o efeito confiscatório deve ser determinado concretamente, considerando o sistema tributário como um todo e os tributos individualmente,⁷¹ mas sem jamais desconsiderar a realidade do país e o sistema prestacional vigente.

Referências

ATALIBA, Geraldo. *Hipótese de incidência tributária.* 5. ed. São Paulo: Malheiros, 1997. p. 34.

---

68 Imposto-estrangulamento (*Erdrosselungssteuer*) ou imposto-sufocante (TIPKE, Klaus; LANG, Joachim. *Direito tributário (Steuerrecht).* Porto Alegre: Fabris, 2008. v. I, p. 272; TABOADA, Carlos Palao. *Capacidad contributiva, no confiscatoriedad y otros estudios de derecho constitucional tributario.* Pamplona: Civitas-Thomson Reuters, 2018. p. 142.
69 TIPKE, Klaus. *Moral tributaria del Estado y de los contribuyentes.* Madrid: Marcial Pons, 2002. p. 65.
70 TIPKE, Klaus. *Moral tributaria del Estado y de los contribuyentes.* Madrid: Marcial Pons, 2002. p. 70.
71 MOLINA, Pedro M. Herrera. *Capacidad económica y sistema fiscal*: análisis del ordenamiento español a la luz del derecho alemán. Madrid: Marcial Pons, 1998. p. 133.

BALEEIRO, Aliomar. *Limitações constitucionais ao poder de tributar*. 8. ed. Rio de Janeiro: Forense, 2010.

BECKER, Alfredo Augusto. *Teoria geral do direito tributário*. 3. ed. São Paulo: Lejus, 1998.

BIRK, Dieter. *Diritto tributario tedesco*. Trad. Enrico de Mita. Milano: Giuffrè, 2006.

CANOTILHO, José Joaquim Gomes. *Direito constitucional e teoria da Constituição*. 7. ed. Coimbra: Almedina, 2003.

CARRAZZA, Roque Antonio. *Curso de direito constitucional tributário*. 16. ed. São Paulo: Malheiros, 2001.

CLÈVE, Clèmerson Merlin. *Fiscalização abstrata de constitucionalidade no direito brasileiro*. 2. ed. São Paulo: RT, 2000.

COÊLHO, Sacha Calmon Navarro. *Curso de direito tributário brasileiro*. 4. ed. Rio de Janeiro: Forense, 1999.

COSTA, Regina Helena. *Princípio da capacidade contributiva*. 2. ed. São Paulo: Malheiros, 1996.

DI PIETRO, Maria Sylvia Zanella. *Direito administrativo*. 33. ed. Rio de Janeiro: Forense, 2020. p. 818. Kindle Edition.

FALSITTA, Gaspare. *Il principio della capacità contributiva nel suo svolgimento storico prima e dopo la costituzione repubblicana: schermaglie dialettiche su "scuole" e "maestri" del passato*. Milano: Giuffrè, 2014.

GAFFURI, Gianfranco. *La nozione della capacità contributiva e un essenziale confronto di idee*. Milano: Giuffrè, 2016.

GOLDSCHMIDT, Fabio Brun. *O princípio do não confisco no direito tributário*. São Paulo: RT, 2003.

GONÇALVES, José Artur Lima. *Isonomia na norma tributária*. São Paulo: Malheiros, 1993.

HORVATH, Estevão. *O princípio do não confisco no direito tributário*. São Paulo: Dialética, 2002.

JARACH, Dino. *Finanzas públicas y derecho tributario*. 3. ed. Buenos Aires: Abeledo-Perrot, 1996.

KIRCHHOF, Paul. *Tributação no Estado constitucional*. Trad. Pedro Adamy. São Paulo: Quartier Latin, 2016.

LACOMBE, Américo Lourenço Masset. *Princípios constitucionais tributários*. São Paulo: Malheiros, 1996.

LAPATZA, José Juan Ferreiro. *Curso de derecho financiero español: derecho financiero*. 22. ed. Madrid-Barcelona: Marcial Pons, 2000. v. I.

MEIRELLES, José Ricardo. O princípio da capacidade contributiva. *Revista de Informação Legislativa do Senado Federal*, Brasília, n. 136, p. 333-340, out./dez. 1997.

MICHELI, Gian Antonio. *Corso di diritto tributario*. Torino: UTET, 1970.

MIRANDA, Jorge. *Manual de direito constitucional: constituição e inconstitucionalidade*. 3. ed. Coimbra: Coimbra Editora, 1996. t. II.

MITA, Enrico de. *Interesse fiscale e tutela del contribuente*: le garanzie costituzionali. 4. ed. Milano: Giuffrè, 2000.

MITA, Enrico de. *Principi di diritto tributario*. 7. ed. Milano: Giuffrè, 2019.

MOLINA, Pedro M. Herrera. *Capacidad económica y sistema fiscal*: análisis del ordenamiento español a luz del derecho alemán. Madrid: Marcial Pons, 1998.

NEUMARK, Fritz. *Principios de la imposición*. Trad. Luis Gutiérrez Andrés. 2. ed. Madrid: Instituto de Estudios Fiscales, 1994.

NOBRE JÚNIOR, Edilson Pereira. *Princípio constitucional da capacidade contributiva*. Porto Alegre: Fabris, 2001.

RAYA, Francisco José Carrera. *Manual de derecho financiero*. Madrid: Tecnos, 1994. v. I.

RUSSO, Pasquele; FRANSONI, Guglielmo; CASTALDI, Laura. *Istituzioni di diritto tributario*. 2. ed. Milano: Giuffrè, 2016.

SEHN, Solon. *Curso de direito tributário*. Rio de Janeiro: Forense, 2024. p. 555 e ss.

TABOADA, Carlos Palao. *Capacidad contributiva, no confiscatoriedad y otros estudios de derecho constitucional tributario*. Pamplona: Civitas-Thomson Reuters, 2018.

TIPKE, Klaus. *Moral tributaria del Estado y de los contribuyentes*. Madrid: Marcial Pons, 2002.

TIPKE, Klaus; LANG, Joachim. *Direito tributário (Steuerrecht)*. Porto Alegre: Fabris, 2008. v. I.

TIPKE, Klaus; YAMASHITA, Douglas. *Justiça fiscal e princípio da capacidade contributiva*. São Paulo: Malheiros, 2002.

UCKMAR, Victor. *Princípios comuns do direito constitucional tributário*. Trad. Marco Aurelio Greco. 2. ed. São Paulo: Malheiros, 1999.

VILLEGAS, Héctor B. *Manual de finanzas públicas*: la economía juridicamente regulada del sector público en el mundo globalizado. Buenos Aires: Depalma, 2000.

VIZCAÍNO, Catalina García. *Derecho tributario*: consideraciones económicas y jurídicas. 2. ed. Buenos Aires: Depalma, 1999. t. I.

Informação bibliográfica deste livro, conforme a NBR 6023:2018 da Associação Brasileira de Normas Técnicas (ABNT):

SEHN, Solon. Justiça tributária e capacidade contributiva. *In*: SCAFF, Fernando Facury; DERZI, Misabel de Abreu Machado; BATISTA JÚNIOR, Onofre Alves; TORRES, Heleno Taveira (coord.). *Tributação, desigualdade e desenvolvimento*. Belo Horizonte: Fórum, 2025. p. 357-380. ISBN 978-65-5518-100-5.

REFORMA TRIBUTÁRIA E OS AVANÇOS NA MITIGAÇÃO DA DESIGUALDADE DE GÊNERO

TARSILA RIBEIRO MARQUES FERNANDES,
LUIZA SOUZA DANTAS MARTINS TORRES

1 Introdução

Há décadas se discute a necessidade de uma reforma tributária no Brasil. Em dezembro de 2023, após mais de 40 anos de acalorados debates, enfim foi promulgada a Emenda Constitucional nº 132, originada na PEC nº 45/2019, que, entre diversas mudanças, substituiu os tributos PIS, Cofins, IPI, ICMS e ISS, por um IVA (Imposto sobre Valor Agregado) Dual, composto pela Contribuição sobre Bens e Serviços (CBS) no âmbito federal e pelo Imposto sobre Bens e Serviços (IBS) no âmbito dos estados e municípios.[1]

A reforma se propôs a estimular um crescimento sustentável da economia brasileira, tornar o sistema tributário mais justo e reduzir a complexidade da tributação, aumentando assim a transparência do sistema.

---

[1] Reforma tributária: para o Brasil crescer, ela precisa acontecer. Secretária Extraordinária da Reforma Tributária. Ministério da Fazenda. Disponível em: https://www.gov.br/fazenda/pt-br/acesso-a-informacao/acoes-e-programas/reforma-tributaria/apresentacoes/2023-11-14_cartilha_reforma-tributaria_atualizada-pos-senado.pdf. Acesso em: 20 maio 2024.

Diante de tais objetivos e tendo em vista que o sistema tributário por sua própria natureza tem o poder tanto de gerar quanto de mitigar desigualdades, o contexto da reforma se mostrou cenário profícuo para discutir a relação entre tributação e gênero.

Diversas propostas de alteração do texto constitucional para a observância do viés de gênero foram elaboradas por atores políticos, grupos de estudo e instituições, durante a tramitação da PEC nº 45/2019, tanto na Câmara quanto no Senado. Algumas delas passaram a integrar o texto final da Emenda Constitucional nº 132/2023.

No entanto, compreender se o novo modelo de sistema tributário tal qual promulgado efetivamente representa um avanço na mitigação das desigualdades de gênero requer uma análise, inicialmente, do papel exercido pelo sistema até então vigente, das principais propostas formuladas na academia sobre o tema e, por fim, do texto em si da Emenda Constitucional nº 132/2023.

Diante desse contexto, na primeira parte do desenvolvimento do presente artigo, será feita a análise para elucidar se o sistema tributário brasileiro contribui para o agravamento da desigualdade de gênero, qual o panorama de desigualdade no Brasil e quais os fatores que influenciam esse cenário. Após o estabelecimento dessas premissas, serão discutidas então as propostas e soluções adotadas na reforma tributária para a mitigação da desigualdade de gênero.

2 O sistema tributário brasileiro: como ele impacta (e amplia) a desigualdade de gênero?

A Constituição Federal de 1988 consagrou, em seu art. 3º, como objetivos fundamentais da República Federativa do Brasil a construção de uma sociedade livre, justa e solidária; a garantia do desenvolvimento nacional; a erradicação da pobreza e da marginalização e redução das desigualdades sociais e regionais; bem como a promoção do bem de todos, sem preconceitos de origem, raça, sexo, cor, idade e quaisquer outras formas de discriminação.[2]

A realização dos objetivos do Estado Democrático de Direito e a promoção dos valores a ele inerentes dependem, entre outros fatores, da adequação do sistema tributário nacional a esses princípios. Afinal,

---

[2] BRASIL. *Constituição da Republica Federativa do Brasil, 1988*. Disponível em: https://www.planalto.gov.br/ccivil_03/Constituicao/Constituicao.htm. Acesso em: 18 abr. 2024.

é por meio desse sistema que o Estado obtém as receitas necessárias para financiar as demandas públicas.[3]

A tributação pode ser considerada o preço que se paga pela liberdade em um Estado de Direito.[4] A existência do Estado e as garantias por ele asseguradas estão umbilicalmente atreladas à busca de recursos financeiros para a sua manutenção. Entretanto, cumpre contextualizar que a liberdade para os estados modernos ganha nova feição, pois é compreendida de maneira coletiva como instrumento para inclusão social.[5]

Nesse sentido, a redução das desigualdades exige uma consideração cuidadosa dos aspectos sociais, étnicos e de gênero. Uma abordagem neutra do Direito Tributário, que ignore o contexto socioeconômico do país e a divisão sexual do trabalho, tende a gerar distorções e a impor uma carga desproporcional sobre os grupos vulneráveis.

Afinal, o papel do sistema tributário na realização dos objetivos públicos vai além da simples arrecadação de recursos para o Estado; ele possui também uma função distributiva.[6] Nessa perspectiva, em uma sociedade fundada na dignidade da pessoa humana, os princípios da capacidade contributiva, da isonomia, da vedação ao confisco e da seletividade alinham-se ao imperativo constitucional de tratar desigualmente os desiguais, na medida de suas desigualdades.[7]

Assim, para avaliar se o sistema tributário nacional, tal como é hoje, contribui ou representa um obstáculo aos objetivos constitucionais, é fundamental primeiro contextualizar a distribuição de renda no Brasil.

Segundo dados do IBGE de 2023, embora o rendimento médio domiciliar per capita tenha aumentado, a desigualdade ainda é elevada. O 1% mais rico da população (com rendimento médio domiciliar de R$ 20.664) ganha, em média, 39,2 vezes mais que os 40% de menor renda (cujo rendimento médio é de R$ 527 mensais). Além disso, os 10% mais

---

[3] PISCITELLI, T. et al. *Reforma tributária e desigualdade de gênero*. São Paulo: Núcleo de Direito Tributário do Mestrado Profissional em Direito, 2020.
[4] HOLMES, Sthepen; SUSTEIN, Cass. *The cost of rights:* why liberty depends on taxes. New York: W.W. Norton & Company, 1999, p. 44.
[5] SCHOUERI, Luís E. *Direito tributário*. São Paulo: SRV Editora Ltda., 2023. E-book. ISBN 9786553626041. Disponível em: https://integrada.minhabiblioteca.com.br/#/books/9786553626041/. Acesso em: 18 maio 2024.
[6] PISCITELLI, T. et al. *Reforma tributária e desigualdade de gênero*. São Paulo: Núcleo de Direito Tributário do Mestrado Profissional em Direito, 2020.
[7] PISCITELLI, T. et al. *Reforma tributária e desigualdade de gênero*. São Paulo: Núcleo de Direito Tributário do Mestrado Profissional em Direito, 2020.

ricos (com rendimento médio de R$ 7.580) recebem, em média, 14,4 vezes o rendimento dos 40% mais pobres, o que evidencia a disparidade significativa na distribuição de renda.[8]

O Índice de Gini, que mede a concentração da distribuição de renda na população, varia de zero, consistente em perfeita igualdade, a um, que representa a máxima desigualdade. Em 2023, o indicador no Brasil foi de 0,518.[9]

Ao realizar o recorte de gênero, verifica-se que as mulheres recebem em média 79% do rendimento dos homens. A disparidade é ainda mais evidente ao realizar o recorte por raça, tendo em vista que mulheres negras recebem 48% dos rendimentos dos homens brancos.

Partindo de uma lógica de mitigação das desigualdades social e de gênero, o ideal é que os grupos que compõem o extrato mais baixo de distribuição de renda do país fossem menos onerados pelo sistema tributário, como medida de justiça fiscal. No entanto, não é o que se verifica na prática. De acordo com Luiza Menezes, a discriminação do sistema tributário brasileiro em relação às mulheres, especialmente às mulheres negras, ocorre por pelo menos três motivos: a regressividade do sistema; a relação entre tributação e a divisão sexual do trabalho; e a tributação específica sobre produtos ligados ao cuidado e à fisiologia feminina.[10]

Para ilustrar a regressividade do sistema, a autora analisou de forma conjunta duas pesquisas do Centro de Pesquisa em Macroeconomia das Desigualdades da USP (Made/USP) baseadas nos dados POF

---

[8] PNAD CONTÍNUA: Em 2023, massa de rendimentos e rendimento domiciliar per capita atingem recorde, *Agência IBGE Notícias*, [S.l.], 19 abr. 2024. Disponível em: https://agenciadenoticias.ibge.gov.br/agencia-noticias/2012-agencia-de-noticias/noticias/39809-em-2023-massa-de-rendimentos-e-rendimento-domiciliar-per-capita-atingem-recorde. Acesso em: 24 abr. 2024.

[9] PNAD CONTÍNUA: Em 2023, massa de rendimentos e rendimento domiciliar per capita atingem recorde, *Agência IBGE Notícias*, [S.I.], 19 abr. 2024. Disponível em: https://agenciadenoticias.ibge.gov.br/agencia-noticias/2012-agencia-de-noticias/noticias/39809-em-2023-massa-de-rendimentos-e-rendimento-domiciliar-per-capita-atingem-recorde. Acesso em: 24 abr. 2024.

[10] MENEZES, Luiza Machado de O. *Tributação e desigualdades de gênero e raça*: vieses de gênero na tributação sobre produtos ligados ao trabalho de cuidado e à fisiologia feminina. 2023. 135 f. Dissertação (Mestrado em Direito) – Faculdade de Direito, Universidade Federal de Minas Gerais, Belo Horizonte, 2023.

2017/2018,[11] [12] segundo as quais 26,4% da carga tributária total incide sobre os 10% mais pobres da população, compostos por 42% de mulheres negras e 11% de homens brancos. Em contraste, 19,2% da carga tributária recai sobre os 10% mais ricos, grupo composto por 10% de mulheres negras e 42% de homens brancos.[13]

Assim, pode-se afirmar que, em vez de promover a igualdade social, o sistema tributário nacional acaba por assumir o papel de verdadeiro catalizador da concentração de renda.

A ocupação feminina da parcela mais onerada de uma perspectiva fiscal é reflexo também da divisão sexual do trabalho. Historicamente, busca-se limitar as mulheres aos espaços privados e às atividades não remuneradas. Quando em espaço público, elas são geralmente relegadas às atividades de menor remuneração. Tal divisão é ligada às relações de poder e reflexo da narrativa de séculos de marginalização, subordinação e apagamento das mulheres, justificado por um determinismo biológico arrazoado na anatomia feminina e na sua capacidade de gerar filhos.[14] Nesse sentido:

> O trabalho de cuidado é exemplar das desigualdades imbricadas de gênero, de classe e de raça, pois os cuidadores são majoritariamente mulheres, pobres, negras, muitas vezes migrantes (provenientes de migração interna ou externa). Por ser "um conjunto de práticas materiais e psicológicas que consiste em trazer respostas concretas às necessidades dos outros", o trabalho de cuidado de idosos, crianças, doentes, deficientes físicos e mentais foi exercido durante muito tempo por mulheres, no interior do espaço doméstico, na esfera dita "privada",

---

[11] SILVEIRA, Fernando Gaiger *et al.* Previdência e assistências sociais, auxílios laborais e tributos: características redistributivas do Estado brasileiro no século XXI. *Working Paper*, São Paulo, n. 7, 2022.

[12] BOTTEGA, Ana *et al.* *Quanto fica com as mulheres negras? Uma análise da distribuição de renda no Brasil.* Nota de Política Econômica n. 018, 2021. Disponível em: https://made usp.com.br/publicacoes/artigos/quanto-fica-com-as-mulheres-negras-uma-analise-da-distribuicao-de-renda-no-brasil/. Acesso em: 19 maio 2024.

[13] MENEZES, Luiza Machado de O. Memória, Afeto e Esperança: nossa História de Luta pela Inclusão da Perspectiva de Gênero na Reforma Tributária (Emenda Constitucional n. 132/2023). *Revista Direito Tributário Atual*, [S.l.], n. 56, p. 731-751, 2024. DOI: 10.46801/2595-6280.56.32.2024.2535. Disponível em: https://revista.ibdt.org.br/index.php/RDTA/article/view/2535. Acesso em: 19 maio 2024.

[14] CÂMARA, Andalessia Lana Borges et. al. *Tributação e gênero*: desigualdades e o necessário fomento do mercado de trabalho da mulher. Disponível em: https://portalrevistas.ucb.br/index.php/repats/article/view/13725. Acesso em: 2 maio 2024.

de forma gratuita e realizado por amor, cuidando de idosos, crianças, doentes e deficientes físicos e mentais.[15]

Os diferentes papéis de gênero socialmente impostos e as disparidades nos gastos entre homens e mulheres contribuem para a discriminação de gênero na tributação. Conforme dados do IBGE, em 2022, enquanto homens dedicaram em média 11,7 horas semanais a trabalhos domésticos e/ou cuidado de pessoas, a média feminina foi de 21,3 horas semanais. Já as mulheres pretas ou pardas dispenderam 1,6 hora a mais por semana em tais tarefas do que as brancas.[16]

Assim, além do tempo dispendido nos cuidados com o lar, mulheres alocam seus recursos em itens de primeira necessidade, ligados ao cuidado e à manutenção da vida humana. Por essa razão, a imposição de uma carga tributária elevada sobre o consumo em detrimento da tributação de renda e patrimônio acaba por gerar discriminação de gênero e raça.

No que se refere aos produtos ligados ao cuidado e à fisiologia, verifica-se, por exemplo, uma carga tributária excessiva[17] em produtos ligados à saúde menstrual, que impacta diretamente a dignidade, a saúde e a qualidade de vida de mulheres e pessoas com útero.

Mas não só. Luiza Menezes,[18] para ilustrar de forma didática a discriminação de gênero promovida pelo sistema tributário, faz uma comparação da incidência de tributos indiretos sobre produtos

---

[15] HIRATA, Helena. *O trabalho de cuidado*, SUR 24, [S.l.], [s.d.]. Disponível em: https://sur.conectas.org/o-trabalho-de-cuidado/. Acesso em: 15 abr. 2024.

[16] ESTATÍSTICAS DE GÊNERO: Mulheres pretas ou pardas gastam mais tempo em tarefas domésticas, participam menos do mercado de trabalho e são mais afetadas pela pobreza. Agência IBGE Notícias, [S.l.], 8 mar 2024. Disponível em: https://agenciadenoticias.ibge.gov.br/agencia-noticias/2012-agencia-de-noticias/noticias/39358-mulheres-pretas-ou-pardas-gastam-mais-tempo-em-tarefas-domesticas-participam-menos-do-mercado-de-trabalho-e-sao-mais-afetadas-pela-pobreza. Acesso em: 12 maio 2024.

[17] "O Brasil é um dos países do mundo que mais tributa absorventes (PISCITELLI, 2019) 2. Apesar de possuírem alíquota zero de Impostos sobre Produtos Industrializados (IPI), estes itens têm se sujeitado a uma tributação média de 34,48%, de acordo como Impostômetro da Associação Comercial de São Paulo - sendo considerada uma alíquota entre 18% e 25% referente ao Imposto sobre Circulação de Mercadorias e Serviços (ICMS), 1,65% do Programa de Integração Social (PIS) e de 7,6% da Contribuição para Financiamento da Seguridade Social (Cofins)." MARÇAL, Michele Cristina V. et al. *A tributação excessiva do ICMS sobre os absorventes como forma de discriminação de gênero*. Disponível em: https://www.migalhas.com.br/depeso/389255/tributacao-do-icms-sobre-os-absorventes-e-a-discriminacao-de-genero. Acesso em: 20 maio 2024.

[18] MENEZES, Luiza Machado de O. Memória, Afeto e Esperança: nossa História de Luta pela Inclusão da Perspectiva de Gênero na Reforma Tributária (Emenda Constitucional n. 132/2023). *Revista Direito Tributário Atual*, [S.l.], n. 56, p. 731-751, 2024. DOI:

selecionados, destacando aqueles que são mais consumidos por homens e mulheres. Enquanto a tributação de pílulas anticoncepcionais e DIU hormonal é de 30%, a de preservativos masculinos é de apenas 9,25% e a do Viagra é 18%. Ao passo que a tributação de compressores de ar é de 9,25%, a tributação que recai sobre bomba de amamentação é de 27,25%. A mesma carga excessiva pode ser verificada em pomadas para mamilos e creme de assadura para bebês (31,4%), talco (45,3%), lenço umedecido para bebês (33,75%), dentre outros.[19]

Resta evidente, portanto, que o modelo tributário vigente atua como um fator que agrava ainda mais a desigualdade entre homens e mulheres.

3 Propostas e soluções adotadas na reforma tributária para a mitigação da desigualdade de gênero

Embora recente e ainda insipiente no contexto brasileiro, a discussão sobre tributação e gênero já possui contornos mais maduros em outros países. As origens do vínculo entre tributação e gênero remontam ao movimento sufragista inglês em busca de igualdade entre homens e mulheres no século XVII.

Dentro do referido movimento, inclusive, houve oposição ao pagamento de impostos, denominada "Liga feminina de resistência ao imposto", cujo mote era *"no taxation without representation"*. Assim, tendo em vista a ausência de direitos de participação política e, portanto, de representação quanto à instituição e cobrança de tributos, mulheres do movimento sufragista recusaram-se a adimplir suas dívidas tributárias como forma de protesto.[20]

Um exemplo notável é o de Dora Montefiore, uma das líderes do movimento sufragista inglês. Em 1906, ela se recusou a pagar tributos como forma de protesto contra a falta de representação política das

---

10.46801/2595-6280.56.32.2024.2535. Disponível em: https://revista.ibdt.org.br/index.php/RDTA/article/view/2535. Acesso em: 19 maio 2024.

[19] MENEZES, Luiza Machado de O. *Tributação e desigualdades de gênero e raça*: vieses de gênero na tributação sobre produtos ligados ao trabalho de cuidado e à fisiologia feminina. 2023. 135 f. Dissertação (Mestrado em Direito) – Faculdade de Direito, Universidade Federal de Minas Gerais, Belo Horizonte, 2023.

[20] CÂMARA, Andalessia Lana Borges et al. *Tributação e gênero*: desigualdades e o necessário fomento do mercado de trabalho da mulher. Disponível em: https://portalrevistas.ucb.br/index.php/repats/article/view/13725. Acesso em: 2 maio 2024.

mulheres e, para evitar que seus bens fossem penhorados, permaneceu em sua casa por mais de 45 dias.[21]

Embora a discussão sobre tributação e gênero no Brasil seja recente, a promulgação da Emenda Constitucional nº 132, em 20 de dezembro de 2023, que deu início à reforma tributária, ressalta a importância de abordar esse tema tanto no âmbito acadêmico quanto na representação política.

Durante o processo de elaboração da PEC nº 45/2019, aprovada como Emenda Constitucional nº 132/2023, diversos atores políticos, sociais, acadêmicos e institucionais contribuíram para a inclusão no texto constitucional de dispositivos que buscam a equidade fiscal. Este trabalho abordará, especialmente, as sugestões enviadas pelo Grupo de Pesquisa Tributação e Gênero da FGV Direito SP.

Artigo publicado em 2020 e elaborado a partir das discussões ocorridas no âmbito do grupo de pesquisa Tributação e Gênero da FGV Direito SP sobre a reforma tributária e a desigualdade de gênero trouxe, dentre outras, as seguintes propostas para a mitigação da inequidade: isenção de tributos federais sobre absorventes, fraldas e anticoncepcionais; políticas tributárias a trabalhadores e trabalhadoras domésticas; dedução da pensão alimentícia de ajuste anual do responsável não alimentante;[22] dedução do IRPJ por políticas de recursos humanos; programas nacionais de apoio ao afroempreendedorismo feminino.[23]

Apesar da extensa abordagem acadêmica sobre o tema e das várias propostas para reduzir a desigualdade, poucas questões foram efetivamente incorporadas ao texto constitucional, mesmo após um esforço considerável de diversos atores.

Quando surge o Grupo de Trabalho sobre o Sistema Tributário Nacional (PEC nº 45/19), a sua composição inicial é integralmente masculina.[24] A perspectiva de gênero foi abordada pela primeira vez na

---

[21] MONTEFIORE. Dora. *From a Victorian to a Modern*. 1925. Disponível em https://www.marxists.org/archive/montefiore/1925/autobiography/index.htm. Acesso em: 17 maio 2024.

[22] Recomenda-se a leitura do artigo sobre o tema: ROCHA, Isabelle. *A pensão imposta e o custo reverso*. Jota. 2022. Disponível em: https://www.jota.info/opiniao-e-analise/colunas/women-in-tax-brazil/a-pensao-imposta-e-o-custo-reverso-25022022 . Acesso em: 15 maio 2024.

[23] PISCITELLI, T. *et al. Reforma tributária e desigualdade de gênero*. São Paulo: Núcleo de Direito Tributário do Mestrado Profissional em Direito, 2020.

[24] SILVA, Zileide. Lira cria grupo de trabalho para debater reforma tributária; deputado do PT será coordenador. G1, 15 fev. 2023. Disponível em: https://g1.globo.com/politica/noticia/2023/02/15/lira-cria-grupo-de-trabalho-para-debater-reforma-tributaria-deputado-do-pt-sera-coordenador.ghtml. Acesso em: 7 abr. 2024.

audiência pública "Perspectiva distributiva: aspectos sociais, gênero, raça, *cashback*", em 18 de abril de 2023,[25] sem, no entanto, provocar qualquer mudança relacionada à equidade de gênero e raça na primeira proposta de substitutivo (Parecer Preliminar de Plenário – PRLP 1 => PEC nº 45/2019), de junho de 2023.[26]

Diante desse cenário, o grupo da FGV enviou o primeiro ofício à Secretaria da Mulher da Câmara dos Deputados[27] com as seguintes propostas: alteração do inciso IV do parágrafo 1º do artigo 8º para contemplar produtos relacionados à higiene menstrual e à economia do cuidado; inclusão de parágrafo no artigo 150 da Constituição para prever o dever de se considerar, na formulação de políticas tributárias, os impactos na desigualdade de gênero e raça; alteração dos objetivos relacionados ao Fundo Nacional de Desenvolvimento Regional, para a inserção das dimensões de gênero e raça; inclusão dos alimentos *in natura* na possibilidade de redução de alíquotas de até 100% e previsão de revisão, em 180 dias, da lista contida no artigo 1º da Lei nº 10.925/2004 e, assim, dos produtos sujeitos à redução de alíquotas do IBS e da CBS.

O texto da PEC sofreu ainda diversas alterações e, durante todo o processo legislativo, várias foram as atuações e propostas para que o viés da desigualdade de gênero e raça fosse contemplado. Ainda que a maioria das sugestões tenha sido descartada, a versão final, que resultou na promulgação da Emenda Constitucional nº 132/2020, trouxe duas vitórias substanciais: a inclusão no texto constitucional de artigos que garantem a redução de tributos para produtos de higiene menstrual e a exigência da ponderação acerca da perspectiva de gênero em medidas tributárias.[28]

---

[25] BRASIL. Câmara dos Deputados. Grupo de Trabalho sobre o Sistema Tributário Nacional (PEC 45/19): Audiência Pública e Deliberação. Perspectiva distributiva: aspectos sociais, gênero, raça, *cashback*. Brasília, 18 abr. 2023b. Disponível em: https://www.camara.leg.br/evento-legislativo/67453. Acesso em: 7 abr. 2024.

[26] PRLP 1 => PEC n. 45/2019. Disponível em: https://www.camara.leg.br/proposicoesWeb/prop_mostrarintegra?codteor=2292813&filename=PRLP+1+%3D%3E+PEC+45/2019. Acesso em: 27 mar. 2024 (BRASIL, 2023c).

[27] FGV DIREITO SP. Ofício à Secretaria da Mulher da Câmara dos Deputados. 2023. Disponível em: https://direitosp.fgv.br/sites/default/files/2023-06/texto-das-propostas-3-1.pdf. Acesso em: 25 mar. 2024.

[28] MENEZES, Luiza Machado de O. Memória, Afeto e Esperança: nossa História de Luta pela Inclusão da Perspectiva de Gênero na Reforma Tributária (Emenda Constitucional n. 132/2023). *Revista Direito Tributário Atual*, [S.l.], n. 56, p. 731-751, 2024. DOI: 10.46801/2595-6280.56.32.2024.2535. Disponível em: https://revista.ibdt.org.br/index.php/RDTA/article/view/2535. Acesso em: 19 maio 2024.

Nesse sentido, o artigo 9º, §1º, inciso VI, da EC nº 132 prevê que a lei complementar definirá as operações beneficiadas com redução de 60% (sessenta por cento) das alíquotas do IBS (Imposto sobre Bens e Serviços) e do CBS (Contribuição sobre Bens e Serviços) em relação aos produtos de cuidados básicos à saúde menstrual. Já o §3º, inciso II, alínea "a", do mesmo artigo dispõe que a mesma lei complementar de que trata o *caput* preverá hipóteses de redução em 100% (cem por cento) das alíquotas dos tributos referidos no *caput* para produtos de cuidados básicos à saúde menstrual:

> Art. 9º A lei complementar que instituir o imposto de que trata o art. 156-A e a contribuição de que trata o art. 195, V, ambos da Constituição Federal, poderá prever os regimes diferenciados de tributação de que trata este artigo, desde que sejam uniformes em todo o território nacional e sejam realizados os respectivos ajustes nas alíquotas de referência com vistas a reequilibrar a arrecadação da esfera federativa.
> §1º A lei complementar definirá as operações beneficiadas com redução de 60% (sessenta por cento) das alíquotas dos tributos de que trata o *caput* entre as relativas aos seguintes bens e serviços:
> I - serviços de educação;
> II - serviços de saúde;
> III - dispositivos médicos;
> IV - dispositivos de acessibilidade para pessoas com deficiência;
> V - medicamentos;
> VI - *produtos de cuidados básicos à saúde menstrual;*
> [...]
> §3º A lei complementar a que se refere o *caput* preverá hipóteses de:
> I - isenção, em relação aos serviços de que trata o § 1º, VII;
> II - redução em 100% (cem por cento) das alíquotas dos tributos referidos no *caput* para:
> bens de que trata o § 1º, III a VI;[29]

A inserção da expressão "saúde menstrual" na Constituição Federal é, entre outras características, simbolicamente relevante. Por ser um processo fisiológico inafastável da anatomia feminina, é de especial importância que a aquisição de produtos ligados à saúde menstrual não seja onerosa, especialmente quando se considera que, conforme dados

---

[29] BRASIL. Emenda Constitucional n. 132, de 20 de dezembro de 2023. Altera o Sistema Tributário Nacional. Brasília: Presidência da República, 2023h. Disponível em: https://www.planalto.gov.br/ccivil_03/constituicao/emendas/emc/emc132.htm. Acesso em: 25 mar. 2024.

da ONU, uma a cada quatro estudantes no Brasil já deixaram de ir à escola por não terem absorventes.[30]

É preciso enfatizar que a alteração na Constituição Federal simplesmente *permite* uma redução de até 100% das alíquotas sobre esses produtos. No entanto, sua implementação deverá ser feita por meio de lei complementar. Nesse sentido, embora importante a vitória, o papel das instituições, atores políticos, comunidade acadêmica e todos os demais interessados na mitigação das desigualdades de gênero ainda não se encerrou, devendo ser especial a atenção à elaboração da legislação infraconstitucional.

É importante ressaltar que, embora a Lei nº 14.214/2021,[31] que instituiu o Programa de Proteção e Promoção da Saúde Menstrual e alterou a Lei nº 11.346, de 15 de setembro de 2006, estabeleça que as cestas básicas do Sistema Nacional de Segurança Alimentar e Nutricional (Sisan) devem incluir o absorvente higiênico feminino como item essencial, essa medida, apesar de crucial para combater os efeitos negativos da pobreza menstrual,[32] ainda pode ser aprimorada. A possível redução de 100% das alíquotas sobre esses produtos beneficiaria inúmeras famílias, já que os gastos com itens relacionados à saúde menstrual têm um grande impacto econômico.

No dia 24.04.2024 o Governo Federal enviou ao Congresso Nacional o Projeto de Lei Complementar (PLP) nº 68/2024,[33] que institui o Imposto sobre Bens e Serviços (IBS), a Contribuição Social sobre Bens e Serviços (CBS) e o Imposto Seletivo (IS) e dá outras providências.

---

[30] O que é pobreza menstrual e por que ela afasta estudantes das escolas, *Agência Senado*, 29 jul. 2021. Disponível em: https://www12.senado.leg.br/noticias/infomaterias/2021/07/o-que-e-pobreza-menstrual-e-por-que-ela-afasta-estudantes-das-escolas. Acesso em: 18 maio 2024.

[31] BRASIL. Lei nº 14.214, de 6 de outubro de 2021. Institui o Programa de Proteção e Promoção da Saúde Menstrual; e altera a Lei nº 11.346, de 15 de setembro de 2006, para determinar que as cestas básicas entregues no âmbito do Sistema Nacional de Segurança Alimentar e Nutricional (Sisan) deverão conter como item essencial o absorvente higiênico feminino. Disponível em: https://www.planalto.gov.br/ccivil_03/_ato2019-2022/2021/lei/l14214.htm. Acesso em: 20 maio 2024.

[32] "Pobreza menstrual é um conceito que reúne em duas palavras um fenômeno complexo, transdisciplinar e multidimensional, vivenciado por meninas e mulheres devido à falta de acesso a recursos, infraestrutura e conhecimento para que tenham plena capacidade de cuidar da sua menstruação." Pobreza menstrual no Brasil: desigualdades e violações de direitos. Disponível em: https://www.unicef.org/brazil/media/14456/file/dignidade-menstrual_relatorio-unicef-unfpa_maio2021.pdf. Acesso em: 18 maio 2024.

[33] PLP nº 68/2024. Projeto de lei que institui o Imposto sobre Bens e Serviços – IBS, a Contribuição Social sobre Bens e Serviços – CBS e o Imposto Seletivo – IS e dá outras providências. Disponível em: https://www.camara.leg.br/proposicoesWeb/fichadetramitacao?idProposicao=2430143&fichaAmigavel=nao . Acesso em: 20 maio 2024.

O art. 123 e incisos do PLP nº 68 preveem que ficam reduzidas em 60% (sessenta por cento) as alíquotas do IBS e da CBS incidentes sobre a venda dos seguintes produtos de cuidados básicos à saúde menstrual: I - tampões higiênicos classificados no código 9619.00.00 da NCM/SH; II - absorventes higiênicos internos ou externos, descartáveis ou reutilizáveis, e calcinhas absorventes classificadas no código 9619.00.00 da NCM/SH; e III - coletores menstruais classificados no código 9619.00.00 da NCM/SH.

Já o art. 136 do projeto institui que ficam reduzidas a zero as alíquotas do IBS e da CBS incidentes sobre operações com produtos de cuidados básicos à saúde menstrual, incidentes sobre a venda à administração pública direta, autarquias e fundações públicas dos produtos de cuidados básicos à saúde menstrual de que trata o art. 123.

Vê-se, assim, que há espaço para a melhoria do referido projeto de lei, com a possibilidade de inclusão dos produtos de cuidados básicos à saúde menstrual na alíquota reduzida de 100%.

De seu turno, a segunda importante vitória é a inserção no texto constitucional de artigo que prevê expressamente a necessidade de sopesar os impactos sobre a perspectiva de gênero ao se elaborar medidas tributárias. Assim dispõe o §11 do art. 9º da EC nº 132/2023:

> §10. Os regimes diferenciados de que trata este artigo serão submetidos a avaliação quinquenal de custo-benefício, podendo a lei fixar regime de transição para a alíquota padrão, não observado o disposto no §2º, garantidos os respectivos ajustes nas alíquotas de referência.
> §11. A avaliação de que trata o § 10 deverá examinar o impacto da legislação dos tributos a que se refere o *caput* deste artigo na promoção da igualdade entre homens e mulheres.[34]

Dessa maneira, é especialmente relevante que haja dispositivo constitucional expresso no sentido de que a igualdade entre homens e mulheres é um objetivo a ser atingido, também, por meio da tributação. Afinal, além de ser uma obrigação a ser seguida pelo legislador infraconstitucional quando da elaboração de políticas públicas, essa previsão constitucional permite que o Judiciário, inclusive a jurisdição

---

[34] BRASIL. Emenda Constitucional nº 132, de 20 de dezembro de 2023. Altera o Sistema Tributário Nacional. Brasília: Presidência da República, 2023. Disponível em: https://www.planalto.gov.br/ccivil_03/constituicao/emendas/emc/emc132.htm. Acesso em: 25 mar. 2024.

constitucional, examine a constitucionalidade e a efetividade dos regimes diferenciados também sob a perspectiva da igualdade de gênero.

4 Considerações finais

Após mais de 40 anos de discussões acerca da reforma tributária, a concretização de sua primeira fase com a promulgação da Emenda Constitucional nº 132, em 20 de dezembro de 2023, com artigos que contemplam a inequidade de gênero, representa verdadeira vitória. No entanto, as mudanças são ainda ínfimas diante de todas as políticas tributárias que poderiam ser adotadas para a mitigação das desigualdades de gênero e raça.

Ademais, ainda que o texto constitucional agora preveja um regime diferenciado de tributação da alíquota base do IBS e do CBS para os produtos de cuidados básicos à saúde menstrual, este somente será concretizado por meio da edição da lei complementar que instituirá tais tributos.

Futuros estudos devem focar nas fases seguintes da reforma tributária, que envolvem a regulamentação e a efetiva implementação dos tributos sobre o consumo. A esse respeito, o PLP nº 68/2024, em seu artigo 123, prevê uma redução de 60% nas alíquotas do IBS e da CBS sobre produtos de cuidados básicos à saúde menstrual, o que pode ser objeto de aprimoramento a fim de que tais produtos alcancem a redução de 100%. Além disso, o artigo 136 estabelece a isenção total das alíquotas do IBS e da CBS para operações com esses produtos vendidos à administração pública direta e a entidades públicas.

Resta analisar, em estudos futuros, se o rol dos produtos e o percentual de redução das alíquotas cumprem de maneira satisfatória o papel de promoção da igualdade de gênero. Fica a necessidade de investigar em estudos futuros se a lista de produtos e os percentuais de redução das alíquotas efetivamente promovem a igualdade de gênero de maneira satisfatória. O que se evidencia é que a disputa político-acadêmica pela visibilidade e pela mitigação das desigualdades de gênero e raça no contexto da reforma tributária ainda está longe de ser concluída, mas já começa a gerar frutos substanciais.

Referências

BOTTEGA, Ana *et al*. *Quanto fica com as mulheres negras?* Uma análise da distribuição de renda no Brasil. Nota de Política Econômica n. 018, 2021. Disponível em: https://made usp.com.br/publicacoes/artigos/quanto-fica-com-as-mulheres-negras-uma-analise-da-distribuicao-de-renda-no-brasil/. Acesso em: 19 maio 2024.

BRASIL. Câmara dos Deputados. Grupo de Trabalho sobre o Sistema Tributário Nacional (PEC 45/19): Audiência Pública e Deliberação. Perspectiva distributiva: aspectos sociais, gênero, raça, cashback. Brasília, 18 abr. 2023. Disponível em: https://www.camara.leg.br/evento-legislativo/67453. Acesso em: 7 abr. 2024.

BRASIL. Constituição da República Federativa do Brasil, 1988. Disponível em: https://www.planalto.gov.br/ccivil_03/Constituicao/Constituicao.htm. Acesso em: 18 abr. 2024.

BRASIL. Emenda Constitucional nº 132, de 20 de dezembro de 2023. Altera o Sistema Tributário Nacional. Brasília: Presidência da República, 2023h. Disponível em: https://www.planalto.gov.br/ccivil_03/constituicao/emendas/emc/emc132.htm. Acesso em: 25 mar. 2024.

BRASIL. Lei nº 14.214, de 6 de outubro de 2021. Institui o Programa de Proteção e Promoção da Saúde Menstrual; e altera a Lei nº 11.346, de 15 de setembro de 2006, para determinar que as cestas básicas entregues no âmbito do Sistema Nacional de Segurança Alimentar e Nutricional (Sisan) deverão conter como item essencial o absorvente higiênico feminino. Disponível em: https://www.planalto.gov.br/ccivil_03/_ato2019-2022/2021/lei/l14214.htm. Acesso em: 20 maio 2024.

CÂMARA, Andalessia Lana Borges *et al*. *Tributação e gênero*: desigualdades e o necessário fomento do mercado de trabalho da mulher. Disponível em: https://portalrevistas.ucb.br/index.php/repats/article/view/13725. Acesso em: 2 maio 2024.

ESTATÍSTICAS DE GÊNERO: Mulheres pretas ou pardas gastam mais tempo em tarefas domésticas, participam menos do mercado de trabalho e são mais afetadas pela pobreza. Agência IBGE Notícias, [S.l.], 8 mar. 2024. Disponível em: https://agenciadenoticias.ibge.gov.br/agencia-noticias/2012-agencia-de-noticias/noticias/39358-mulheres-pretas-ou-pardas-gastam-mais-tempo-em-tarefas-domesticas-participam-menos-do-mercado-de-trabalho-e-sao-mais-afetadas-pela-pobreza. Acesso em: 12 maio 2024.

FGV DIREITO SP. Ofício à Secretaria da Mulher da Câmara dos Deputados. 2023. Disponível em: https://direitosp.fgv.br/sites/default/files/2023-06/texto-das-propostas-3-1.pdf. Acesso em: 25 mar. 2024.

HIRATA, Helena. *O trabalho de cuidado*, SUR 24, [S.l.], [s.d.]. Disponível em: https://sur.conectas.org/o-trabalho-de-cuidado/. Acesso em: 15 abr. 2024.

HOLMES, Sthepen; SUSTEIN, Cass. *The cost of rights:* why liberty depends on taxes. New York: W.W. Norton & Company, 1999.

MENEZES, Luiza Machado de O. Memória, Afeto e Esperança: nossa História de Luta pela Inclusão da Perspectiva de Gênero na Reforma Tributária (Emenda Constitucional n. 132/2023). *Revista Direito Tributário Atual*, [S.l.], n. 56, p. 731-751, 2024. DOI: 10.46801/2595-6280.56.32.2024.2535. Disponível em: https://revista.ibdt.org.br/index.php/RDTA/article/view/2535. Acesso em: 19 maio 2024.

MENEZES, Luiza Machado de O. *Tributação e desigualdades de gênero e raça*: vieses de gênero na tributação sobre produtos ligados ao trabalho de cuidado e à fisiologia feminina. 2023. 135 f. Dissertação (Mestrado em Direito) – Faculdade de Direito, Universidade Federal de Minas Gerais, Belo Horizonte, 2023.

MONTEFIORE. Dora. From a Victorian to a Modern. 1925. Disponível em https://www.marxists.org/archive/montefiore/1925/autobiography/index.htm. Acesso em: 17 maio 2024.

O que é pobreza menstrual e por que ela afasta estudantes das escolas, *Agência Senado*, 29 jul. 2021. Disponível em: https://www12.senado.leg.br/noticias/infomaterias/2021/07/o--que-e-pobreza-menstrual-e-por-que-ela-afasta-estudantes-das-escolas. Acesso em: 18 maio 2024.

PISCITELLI, T. et al. *Reforma tributária e desigualdade de gênero*. São Paulo: Núcleo de Direito Tributário do Mestrado Profissional em Direito, 2020.

PLP 68/2024. Projeto de lei que institui o Imposto sobre Bens e Serviços – IBS, a Contribuição Social sobre Bens e Serviços – CBS e o Imposto Seletivo – IS e dá outras providências. Disponível em: https://www.camara.leg.br/proposicoesWeb/fichadetramitacao?idProposicao=2430143&fichaAmigavel=nao . Acesso em 20 maio 2024.

PNAD CONTÍNUA: Em 2023, massa de rendimentos e rendimento domiciliar per capita atingem recorde, *Agência IBGE Notícias*, [S.I.], 19 abr. 2024. Disponível em: https://agenciadenoticias.ibge.gov.br/agencia-noticias/2012-agencia-de-noticias/noticias/39809-em-2023-massa-de-rendimentos-e-rendimento-domiciliar-per-capita-atingem-recorde. Acesso em: 24 abr. 2024.

PRLP 1 => PEC nº 45/2019. Disponível em: https://www.camara.leg.br/proposicoesWeb/prop_mostrarintegra?codteor=2292813&filename=PRLP+1+%3D%3E+PEC+45/2019. Acesso em: 27 mar. 2024 (BRASIL, 2023c).

Reforma tributária: para o Brasil crescer, ela precisa acontecer. Secretária Extraordinária da Reforma Tributária. Ministério da Fazenda. Disponível em: https://www.gov.br/fazenda/pt-br/acesso-a-informacao/acoes-e-programas/reforma-tributaria/apresentacoes/2023-11-14_cartilha_reforma-tributaria_atualizada-pos-senado.pdf. Acesso em: 20 maio 2024.

SCHOUERI, Luís E. *Direito tributário*. São Paulo: SRV Editora LTDA, 2023. E-book. ISBN 9786553626041. Disponível em: https://integrada.minhabiblioteca.com.br/#/books/9786553626041/. Acesso em: 18 maio 2024.

SILVA, Zileide. Lira cria grupo de trabalho para debater reforma tributária; deputado do PT será coordenador. G1, 15 fev. 2023. Disponível em: https://g1.globo.com/politica/noticia/2023/02/15/lira-cria-grupo-de-trabalho-para-debater-reforma-tributaria-deputado-do-pt-sera-coordenador.ghtml. Acesso em: 7 abr. 2024.

SILVEIRA, Fernando Gaiger *et al*. Previdência e assistências sociais, auxílios laborais e tributos: características redistributivas do Estado brasileiro no século XXI. *Working Paper*, São Paulo, n. 7, 2022.

Informação bibliográfica deste livro, conforme a NBR 6023:2018 da Associação Brasileira de Normas Técnicas (ABNT):

FERNANDES, Tarsila Ribeiro Marques; TORRES, Luiza Souza Dantas Martins. Reforma tributária e os avanços na mitigação da desigualdade de gênero. *In*: SCAFF, Fernando Facury; DERZI, Misabel de Abreu Machado; BATISTA JÚNIOR, Onofre Alves; TORRES, Heleno Taveira (coord.). *Tributação, desigualdade e desenvolvimento*. Belo Horizonte: Fórum, 2025. p. 381-396. ISBN 978-65-5518-100-5.

TEORIA DOS SISTEMAS E A FUNÇÃO *EXTRAFISCAL* DA TRIBUTAÇÃO: PERSPECTIVA DE REDUÇÃO DE INTERCONEXÕES COMPLEXAS NA REFORMA TRIBUTÁRIA

ULISSES SCHWARZ VIANA

1 Introdução

O propósito do presente texto é trazer para o debate sobre a função do sistema tributário, colocando a questão: a única função da tributação é arrecadar?

Cuida-se de indagação cheia de possíveis significações que podem conduzir a diferentes respostas. Portanto, o texto se apresenta como um ensaio jurídico conduzido pela perspectiva da teoria dos sistemas, na forma concebida pelo sociólogo Niklas Luhmann (1927-1998), o qual ao longo de vida acadêmica elaborou uma teoria da sociedade de caráter bastante peculiar e inovador, dentro de sua perspectiva interdisciplinar, utilizando-se de conceitos obtidos da biologia, da epistemologia cibernética, da matemática, dentre outros. A partir daí lançou-se ao trabalho de observar e demonstrar que a sociedade moderna está baseada na existência de sistemas sociais operacionalmente fechados, mas cognitivamente abertos.

Nessa moldura teórica se colocam conceitos relevantes, tais como a diferenciação funcional, autorreferência/heterorreferência, função sistêmica, prestação sistêmica e programações sistêmicas, dentre outros correlatos. Contudo, de modo central, será explorada a ideia dos acoplamentos estruturais (*strukturelle Kopplungen*), observados como possibilidades de interconexões sistêmicas complexas, apontando para a complexidade mesma do conceito de tributação. Explorando, assim, as possíveis repostas resultantes da indagação em torno da relação entre tributar e arrecadar. O que perpassa pelo questionamento sobre a funcionalidade do Direito Tributário e de seus reflexos econômico-sociais para o Direito e para além do Direito.

Coloca-se em questão aqui, portanto, uma visão estritamente arrecadatória ao mesmo tempo em que se vislumbra seu alcance jussociológico (VIANA, 2011), percebendo suas limitações diante das possibilidades de abertura e ampliação dos horizontes convencionais do Direito Tributário, pensando nas consequências de um novo modelo de tributação introduzido pela recente Reforma Tributária (EC nº 132/2023) e seu foco na tributação sobre o consumo.

2 A tributação como fenômeno inserido em conexões intersistêmicas complexas (*komplexe strukturelle Kopplungen*)

Para compreender a observação aqui proposta da relação entre a *tributação* e *arrecadação* e de suas possíveis perspectivas funcionais para o sistema tributário e das influências recíprocas entre sistema jurídico, sistema político e econômico, utilizaremos para o delineamento das ideias no texto o conceito de acoplamento estrutural, cujo conteúdo deve ser devidamente exposto, ainda que no contexto das limitações da proposta de um ensaio jurídico.

A análise da ideia de acoplamento estrutural (*strukturelle Kopplung*) é explorada por Niklas Luhmann[1] (2006: 269), em sua peculiar teoria dos sistemas, que delineia seu conceito do seguinte modo:

---

[1] Pensador alemão Niklas Luhmann (1927-1998), professor de sociologia na Universidade de Bielefeld (Alemanha), ao longo de sua vida acadêmica elaborou uma teoria da sociedade de caráter bastante peculiar e inovadora. Dentro de sua perspectiva interdisciplinar, utilizando-se de conceitos obtidos da biologia, da epistemologia cibernética, da matemática e outras áreas do conhecimento, Luhmann se lançou ao trabalho de observar e demonstrar que a sociedade moderna está baseada na existência de sistemas sociais operacionalmente fechados (*operative Schließung*), mas cognitivamente abertos (*kognitive Öffnung*) e, ainda, nesta relação dual e paradoxal, faz aplicar o conceito de acoplamento estrutural (*strukturelle Kopplungen*).

O conceito de acoplamento estrutural [...] se deve a que dois sistemas se contemplam e se perguntam como estão eles ligados entre si: como é absolutamente possível que um sistema, apesar de autopoiético – o que quer dizer, apesar de ele se produzir em suas próprias operações e determinar aquelas que devem cessar de existir ou, consequentemente, deixar de operacionalizar-se – possam funcionar em um ambiente.[2]

Na elaboração teórica do *acoplamento estrutural*,[3] Luhmann (1987: 286-344) utiliza o conceito de *interpenetration* (interpenetração) para apresentar a possibilidade/necessidade de relação interconectiva entre dois subsistemas e, na nossa perspectiva,[4] até mesmo com a interação de dois ou mais sistemas sociais, como resultado da circunstância de que ocasionalmente executam operações referenciadas a elementos de sentido com estruturas complementares, que em certas situações fazem que um ou mais sistemas sociais eventualmente operem de modo 'unificado'.

Um célebre exemplo estudado pelo próprio Luhmann está no artefato semântico da *Constituição (Verfassung)* (2000: 391), observada como *acoplamento estrutural* entre a política e o direito. O texto constitucional, desse modo, surge em sua origem como produto político, o qual se operacionaliza e se desenvolve interpretativamente por meio de decisões jurídicas sobre temas de Direito Constitucional.[5]

---

[2] Tradução livre do autor.

[3] Em outra ocasião, Luhmann (1987: 302) esclarece: "Conceitos como *'coupling'* e *'bonding'* vêm à superfície como outros contextos de pesquisa. Eles indicam uma integração temporária de unidades independentes. A perspectiva do observador, portanto, se coloca de frente. Ela não penetra as unidades, mas pode estabelecer que elas se combinem ocasionalmente e, assim, adotem os mesmos valores ou valores complementares diante de muitas variáveis, ou até operem como sistema unificado em ocasiões específicas" [tradução livre do autor].

[4] Importante registrar os exemplos de *acoplamentos estruturais* dados por Luhmann; suas obras e textos sempre apresentam *acoplamentos duplos* (entre dois subsistemas funcionais da sociedade), como no caso da Constituição, como acoplamento entre política e direito, ou mesmo, o *contrato*, como acoplamento entre economia e direito. Contudo, trabalhamos neste texto nossa ideia de *acoplamentos complexos* entre mais de dois subsistemas funcionais.

[5] Esclarecedora a interpretação de Baraldi, Corsi e Esposito (1997: 188-189) sobre os acoplamentos estruturais: "Uma e a mesma comunicação pode ser elementos de vários sistemas sociais, sem que estes abram de diferenciação; uma doação na igreja é, por exemplo, uma operação no sistema da economia e no sistema da religião igualmente – tem, contudo, diferentes consequências nos referidos sistemas envolvidos; seu significado religioso não se coaduna com seu significado econômico de modo algum. A correspondência de um evento é extraída internamente do sistema, do qual ele é elemento, e é em todo caso o resultado de uma seleção que a separação do sistema estabelece e elabora que convergem em eventos correspondentes. O que ela comumente tem é somente o evento e não um elemento. Assim entendido, o acoplamento estrutural é plenamente compatível com a hipótese do fechamento autopoiético dos sistemas de sentido (*Sinnsysteme*), porque ela somente entra

Como se pode ver desse exemplo, o acoplamento estrutural deriva da circunstância de que, em dados momentos, ao serem observados de fora, os sistemas se apresentem unificados e em interconexões que compartilharem elementos estruturais mútuos ou complementares.

Em nossa compreensão, esse modelo teórico torna possível observar a tributação a partir de acoplamentos estruturais ou na terminologia que passamos a adotar como interconexão sistêmica complexa.

A moldura das interconexões nos faz refletir sobre a tributação, em um ponto de partida, como fenômeno econômico que produz reflexos nas operações do sistema jurídico, com efeitos sociais nos recursos necessários ao custeio de políticas públicas e nas relações de consumo e composição de preços (custo de vida). Já para a economia a tributação se apresenta como custo, como carga que onera o sistema produtivo, com reflexos percebidos como negativos no meio de reprodução do sistema econômico, o *dinheiro*.

O contexto das interconexões sistêmicas complexas se torna mais compreensível quando verificamos que a tributação também emerge como *perturbação*, como ponto de contato, entre a *política* e o sistema econômico. Para o sistema político, por sua vez, a arrecadação tributária se afigura indispensável à realização dos *fins e das finalidades* do próprio Estado social, o que apresenta *custos elevados* para as finanças públicas.

A política como sistema social se estrutura em torno da realização de seus programas finalísticos (atividades ligadas aos fins do Estado) e se vê diante da necessidade de captar recursos, ou seja, *dinheiro* que é produzido nas operações do sistema econômico, mas permanece aí um terceiro sistema que observa essas interconexões pelas lentes de óculos *normativos*, as quais amplificam as percepções e estimulam o sistema jurídico para autodescrever a tributação como uma *relação jurídica* entre sujeito ativo e sujeito passivo, *ao mesmo tempo como dever de entregar dinheiro ao Estado e como proteção jurídica do contribuinte*.[6]

A tributação para o sistema jurídico se apresenta como possível (na verdade, inevitável) *fonte de conflitos* de natureza tributária, como, por

---

em jogo e pode ser observada no nível das estruturas – e não no nível da autorreprodução. A independência do sistema na constituição dos próprios elementos e no estabelecimento das correspondências permanece intocada, enquanto ao mesmo tempo pode ser observada uma coordenação das estruturas" [tradução livre do autor].

[6] Exemplo disso são as garantias constitucionais da *vedação do confisco* (inciso IV, art. 150, CF) e da *anterioridade* (alíneas "b" e "c", inciso III, art. 150, CF).

exemplo, no confronto entre o denominado *poder de tributar* e as *garantias constitucionais do contribuinte* (estatuto constitucional do contribuinte).

Dos estudos dos textos de Niklas Luhmann, constata-se que ele não assumiu explicitamente o contexto de conexões sistêmicas entre mais de dois sistemas em torno de cada conceito ou valor operacional, mas nós observamos a percepção de ocorrência de um acoplamento estrutural *triplo*, entre direito, economia e política, que nos leva a conceber a *tributação* como um fenômeno social inserido em *conexões intersistêmicas complexas e multilaterais*.

Por outro lado, não se pode deixar de ter em foco para Niklas Luhmann que os sistemas sociais se desenvolvem dentro de uma autorreferência (autoprodutora de sentidos internos) que produz um fechamento *operacional*, como elemento da denominada autopoiese sistêmica, *como faz o Direito em torno da ideia de sua positividade, que coloca em textos os pontos de partida de sua normatividade*, permitindo assim um processo dotado de alguma plasticidade para a criação e recriação (estabilização congruente de expectativas normativas) por meio de *programações decisórias* (*modelos decisórios* judicialmente estabelecidos a partir de princípios e de regras *jurídicas*).

Mas essa perspectiva se mostra *autológica/tautológica* quando se observa que em torno do conceito de *tributação* surgem situações em que, apesar das diferenças de racionalidades envolvidas (jurídicas, econômicas ou políticas), os sistemas se veem na contingência de operarem por meio de observações recíprocas e intensas que os levam a 'se interpenetrarem', com o estabelecimento de interconexões.

O estabelecimento de interconexões (acoplamentos estruturais, na linguagem luhmanniana) resulta, poderíamos dizer, da necessidade de 'sobrevivência' funcional dos sistemas sociais interconectados (diferenciadamente) por fenômenos sociais que os interligam *operativamente*, tomando elementos que geram sentidos próprios dentro de cada um eles (operação econômica; decisão política; decisão jurídica), mas a partir de expectativas comportamentais e comunicativas minimamente coordenadas.

Vejamos como exemplo o caso dos contratos, os quais, não obstante originariamente operações de fundo econômico, induziram a formação de uma *teoria das obrigações e dos contratos* dentro do sistema jurídico. Hoje a economia não seria capaz de assumir o grau elevado de complexidade que atinge sem a cooperação da estabilização jurídica de expectativas normativas relacionadas com o cumprimento de obrigações contratuais.

Observar uma operação ou fenômeno social por meio do elemento conceitual luhmanniano do 'fechamento operativo' (*operative Geschlossenheit*) não significa observá-los por meio de *solipsismo* (fechamento cego e insensível) para outras 'realidades' construídas em estruturas de sistemas diferenciados, por racionalidades operativas distintas, mas que envolvem sentidos *mútuos e complementares*, os quais são canalizados como estímulos produzidos pelo contato/atrito/irritação entre os subsistemas sociais de função das interconexões sistêmicas.

O paradoxo dessas interconexões reside, contudo, na necessidade *simultânea* de reprodução autopoiética (autorreferente, autodescritiva, autoestruturante) de suas próprias operações regidas por uma lógica *interna* – como, por ex., no caso do Direito pela ideia de sua *normatividade* voltada para a regulação do poder de tributar e a preservação da proteção do sujeito passivo (contribuinte e responsável tributário) –, os sistemas funcionais parciais (no caso, a Economia, o Direito e a Política). Em outros termos, do sentido produzido pela lógica (racionalidade) binária que organiza a comunicação dos sentidos em cada sistema *diferenciação das dimensões de sentido* (LUHMANN, 1987: 127-135), no Direito, as dualidades, tais como *lícito vs. ilícito, válido vs. inválido*, e ainda pelo metacódigo *constitucional vs. inconstitucional* (TEUBNER, 2012).

Aponta-se para a ideia de que as interconexões sistêmicas (acoplamentos estruturais) se colocam a serviço da concretização da *eficiência social* dos sistemas funcionais diferenciados (LUHMANN, 1987: 256-285). É dizer, a ideia da *tributação* funcionaria como elemento de atração gravitacional entre os sistemas do Direito, da Economia e da Política.

Os 'arrastamentos estruturais' (*structural drift*[7]) gerados por fenômenos sociais complexos, como a *tributação*, demandam a formação de estruturas sociais funcionalmente diferenciadas, mas, ao mesmo tempo, *coordenadas* e *adaptativas* em benefício do sistema geral da sociedade por tornar possível a inclusão de novas formas de operações econômicas com reflexos inovadores na tributação, tal como se deu, exemplificativamente, com o desenvolvimento e consolidação do *e-commerce* por meio da *internet*.

---

[7] Expressão adotada por Luhmann, mas cunhada por Humberto Maturana no campo da Biologia, a qual se aplica à ideia dos desenvolvimentos estruturais coordenados.

A atividade econômica, que está na base da tributação como fonte de seus recursos financeiros, para seu saudável e equilibrado desenvolvimento necessita obter o mínimo de *segurança condicionada pelo Direito* (*segurança e previsibilidade jurídicas*), no que se manifesta um bom grau de dependência da função do sistema social do direito jurídico de estabilização de expectativas normativas (expectativas jurídicas), por meio de sua função decisória e de seus programas condicionais que estão centrados na função do *subsistema processual*, inseridos na diferenciação funcional do sistema jurídico,[8] com a construção de modelos decisórios que se reflitam em uma jurisprudência adequada e sem oscilações de sentido frequentes e perturbadoras.

Importante pensar, a partir do que foi até aqui exposto, que o fenômeno social da *tributação* produz sentidos diferenciados funcionalmente, ou seja, sua operacionalização *não se realiza unicamente no interior do sistema jurídico ou do econômico ou do político*.

Daí se pode ver o valor heurístico da pergunta: *tributação e arrecadação* são unidades de sentido? Ou podemos pensar em *conexões* e *desconexões* entre eles que permitam considerar a tributação para além da estreita perspectiva da 'arrecadação'?

---

[8] Bastante elucidativa é a leitura das palavras do próprio Luhmann (1995: 494-495), quando ele assevera: "Evidentemente, o sistema da sociedade se realiza com o auxílio da diferenciação entre sistemas funcionais autopoiéticos e acoplamentos estruturais. Com isso se delimita o ambiente, com relação ao qual outros acoplamentos estruturais inteiramente diferentes (de modo concreto: os acoplamentos estruturais com sistemas de consciência) se realizam. Como consequência, não se pode afirmar nem que a sociedade se reproduz como um somatório de seus sistemas funcionais, nem se vislumbrar cada uma das formas em que se dão os acoplamentos estruturais (como no caso de que agora nos ocupamos: a Constituição ou mesmo a propriedade privada e o contrato ou, na terminologia do século XIX: Estado e Sociedade) como algo representativo da ordem social. O que é muito mais decisivo aqui, é que a realização do sistema dos sistemas funcionais autopoiéticos e a ocorrência de acoplamentos estruturais, que exacerbem as irritações, dirigindo-as e excluindo-as, podem evoluir somente em conjunto. Destarte, chegamos ao que Maturana denomina de *structural drift*, isto é, a desenvolvimentos estruturais coordenados – como, por exemplo, no que tange ao nosso tema: tendências no sentido do Estado do bem-estar, no rumo da positividade do Direito e ao desenvolvimento dirigido e descentralizado da economia com a ajuda das finanças e orçamentos. Em todo caso, os sistemas funcionais da política, do direito e da economia – para não falarmos de outros – irritam suas possibilidades, enquanto a irritação recíproca e intensiva assegura a manutenção de uma compatibilidade satisfatória" [tradução livre do autor].

3 A função social da tributação para além da *arrecadação*: políticas fiscais e desenvolvimento econômico como interconexões sistêmicas

O fenômeno da tributação tradicionalmente tem sido vislumbrado como um conceito *complexo* que apresentava as faces de sua função a partir das ideias da *fiscalidade e da extrafiscalidade*,[9] desenvolvidas no âmbito da doutrina tributária, além da parafiscalidade que não será desenvolvida com o intuito de delimitar a exploração ao tema das possíveis interconexões sistêmicas.

Passemos à observação de que a *extrafiscalidade* se traduz na concepção de que a tributação pode adotar perspectivas que transcendem a estreita ideia de que o tributo deva estar sempre centrado em expectativas *fiscais* (arrecadatórias, ingresso de receitas tributárias).

Trabalhamos aqui com o horizonte de que o conceito da *extrafiscalidade* resulta de uma construção conceitual que se consolidou na doutrina tributária, desde há muito, como se depreende da leitura, tanto de clássicos quanto de obras contemporâneas, da dogmática jurídico-tributária brasileira.

Vejamos alguns exemplos do tratamento que o tema da *extrafiscalidade*[10] foi recebendo ao longo do tempo, como temos na lição de Roque Antonio Carrazza (2010, 116 [nota 68]) de que:

> Há extrafiscalidade quando o legislador, em nome do interesse comum, aumenta ou diminui as alíquotas e/ou as bases de cálculo dos tributos, com o objetivo principal de induzir os contribuintes a fazer ou deixar de fazer alguma coisa.

Já nas preleções de Luís Eduardo Choueri (2021: 44), temos a função extrafiscal dos tributos inserida de uma terminologia que reflete muito bem a perspectiva sistêmica de nosso presente texto, as normas de extrafiscalidade são compreendidas como *normas com função indutora de comportamentos*, função essa que se relaciona *com efeitos distributivos, alocativos ou estabilizadores na economia*. Horizonte teórico que

---

[9] Além, certamente, da parafiscalidade, a qual não será objeto do presente ensaio jurídico.

[10] Importante definição de extrafiscalidade encontramos na doutrina de Ricardo Lobo Torres (2004: 185): "A extrafiscalidade, como forma de intervenção estatal na economia, apresenta uma dupla configuração: de um lado, a extrafiscalidade se deixa absorver pela fiscalidade, constituindo dimensão finalista do tributo: de outro, permanece como categoria autônoma de ingressos públicos, a gerar prestações não-tributárias".

bem coloca, em primeiro plano, a interconexão sistêmica entre Direito (teoria do Direito Tributário) e o sistema da Economia, para não dizer também do sistema político.

Sem dúvida, não necessitamos de grandes esforços argumentativos e demonstrativos para colocarmo-nos diante da relação estreita entre tributação e economia, sem deixar de observar o mesmo mecanismo da *extrafiscalidade* como interação intersistêmica também com o sistema da política, como se depreende da expressão *política econômica*, na qual a tributação e seus efeitos econômicos são objeto de consideração e análise.

A *tributação* também se apresenta por meio da formulação de *políticas públicas* de fomento de atividades econômicas e sociais, dentro da ideia dos programas finalísticos típicos da política como um subsistema social, regido pela ideia de manutenção e de perda do poder, de governo *vs.* oposição. Obviamente, uma *política* econômica bem-sucedida com a alocação dos elementos propulsores do sucesso da economia, com geração de novos mercados e de novos empregos, significa no processo eleitoral vantagens políticas que podem representar a manutenção de um grupo político (partido) no lado positivo da relação, como detentor do poder (governo).

As normas tributárias com função (social) *extrafiscal* (indutoras de comportamentos) são instrumentos e mecanismos de interconexões sistêmicas (Direito – Economia – Política) que, por meio de *acoplamentos estruturais* (Luhmann), podem gerar ganhos coordenados em *interconexões sistêmicas*, mediante perspectivas coordenadas e interpenetrações de racionalidades sistêmicas voltadas a ganhos sociais, coordenados pela função estabilizadora de expectativas exercida pelo Direito.

Isso é relevante? Certamente, a reposta há de ser afirmativa.

Contudo, a utilização da *extrafiscalidade* fora da moldura constitucional, com a instituição unilateral de benefícios fiscais por entes federativos, como por exemplo, na área do ICMS pelos Estados-membros, acabou por gerar distúrbios no federalismo fiscal com a denominada 'guerra fiscal', conhecida por todos nós que nos dedicamos ao Direito Tributário brasileiro.

Ao lado, então, das perspectivas positivas do *extrafiscalidade*, como produtivo mecanismo indutor de bons comportamentos, estava o lado conflitivo e negativo de sua utilização (guerra fiscal).

Mas, indaga-se aqui, seria isso razão suficiente para suprimir essa importante *função indutora de (benéficos) comportamentos*, dentre eles aqueles voltados à concretização das regras voltadas à efetivação dos *objetivos fundamentais da República Federativa do Brasil* (art. 3º da CF), como vetores de orientação da atuação do Estado (sistema político) na promoção de uma sociedade livre, justa e solidária, na erradicação da pobreza e das desigualdades, na garantia dos direitos sociais e no combate à discriminação?

Parece-nos, contudo, que a recente Reforma Tributária (introduzida pela EC nº 123/2024) adota uma perspectiva *tendente* a reduzir significativamente a função da extrafiscalidade no sistema constitucional brasileiro, criando barreiras estruturais e pontuais para a concessão de benefícios fiscais no plano regional, o que pode gerar implicações na função redutora das desigualdades regionais preconizada como objetivo fundamental da República Federativa do Brasil (art. 3º da CF). *E o faz sob o argumento ou slogan da simplificação do sistema tributário nacional.*

4 EC nº 123/2023 e reflexões sistêmicas sobre seus efeitos na *extrafiscalidade* como instrumento de desenvolvimento regional e de redução de desigualdades regionais

De uma análise global do texto introduzido na Constituição de 1988 pela EC nº 123/2023 (Reforma Tributária), chega-se à conclusão de que seu fio condutor se voltou, como bem apontam todos os debates no processo legislativo e na mídia especializada, para uma ideia ou propósito de *simplificação do sistema*, com a redução do número de tributos e o estabelecimento fundamental de um sistema de *competência compartilhada* (art. 156-A) para a instituição de tributos sobre bens e serviços.

No primeiro momento, indaga-se se tal moldura adotada pelo poder constituinte reformador não implica uma redução grave do espaço da autonomia federativa, principalmente dos Estados, Distrito federal e Municípios? Insistimos, nesse especial aspecto, em uma possível ofensa ao inciso I do §4º do art. 60 da Constituição. Bem, certamente caberá ao Supremo Tribunal Federal, eventualmente, dar a última palavra sobre a questão, talvez quando percebermos o potencial gerador de dificuldades de operação diária de tal sistema 'simplificado' (ou mais complexo, operacionalmente?).

Note-se que ainda, na data de elaboração deste texto, não temos sequer aprovada em caráter definitivo a regulamentação infraconstitucional dos pontos ligados ao funcionamento do sistema administrativo tributário pós-reforma. Talvez, esperamos que não, veremos novas formas de questionamentos e novos horizontes para a nova "guerra fiscal".

Mas o combate à 'guerra fiscal, se permanecemos no contexto de justificação da reforma tributária aprovada, gera implicações colaterais quanto à redução da *funcionalidade* do instrumento da *extrafiscalidade*, como norma indutora de comportamentos, inclusive aqueles necessários à superação das desigualdades regionais e do combate à pobreza, localizada em certos bolsões de nosso território.

Vejamos que a EC nº 123/2023, no plano normativo constitucional, produz os seguintes efeitos: (i) extinção de benefícios fiscais concedidos pelos Estados-membros; (ii) ressalvou somente os benefícios fiscais expressa e formalmente previstos na própria Constituição, sob o argumento de uniformizar a tributação e de reduzir a competição 'desleal' entre os Estados; (ii) a regra da definição das alíquotas pela União na Contribuição sobre Bens e Serviços (CBS); (iii) a regra da definição de alíquotas pelos Estados-membros (incluído o Distrito Federal), no caso do Imposto sobre bens e serviços (IBS); (iv) a adoção do modelo da tributação no destino, no qual os produtos e serviços serão, abandonando o modelo da tributação na origem, local de localização das empresas prestadoras e produtoras.

Cuida-se, como se pode aferir, de um sistema, em grande medida, *centralizador* que se confronta com um modelo de Estado que é *federativo*, uma federação que pressupõe um salutar grau de descentralização e de *flexibilidade de soluções* que sejam *customizadas a certas realidades regionais e locais*.

Talvez, refletimos neste texto, em vez de adotarmos uma perspectiva de solução aparentemente *simplificadora*, deveríamos ter adotado uma postura de criarmos mecanismos para lidar com a complexidade inerente ao funcionamento do modelo federativo.

Ao contrário disso, na EC nº 123/2023, deu-se a eliminação do poder de os Estados-membros instituírem e utilizarem benefícios fiscais, vistos neste ensaio jurídico como instrumento *sistêmico*, efetivado por meio de *interconexões sistêmicas*, denominadas por Niklas Luhmann de 'acoplamentos estruturais', que sejam capazes de coordenar as perspectivas jurídicas, políticas e econômicas voltadas à ampliação regionalizada de atividade econômica, com o resultado político-financeiro do aumento da arrecadação, com a captação de recursos advindos da economia (tributação) para promover a redução das desigualdades regionais e a redução dos bolsões de pobreza dentro de seus territórios.

Resta indagar sobre a *funcionalidade*, por essa mesma perspectiva, do Fundo Nacional de Desenvolvimento Regional (FNDR), que, segundo os autores da proposta da reforma, apresentaria uma estrutura mais apta e eficiente no sentido da promoção do desenvolvimento social e econômico dos Estados-membros e ainda eliminar os mecanismos da denominada 'guerra fiscal' (conflitos federativos tributários).

Contudo, indagamos aqui se essa concepção bastante idealizada e abstrata não induzirá ao aumento de alíquotas do ICMS para 'prevenir' as perdas de arrecadação que certamente ocorrerão em futuro não muito distante. Uma nova versão da 'guerra fiscal'?

A partir de todo esse horizonte de possibilidades, preocupa-nos sobremodo a eventual redução – ou quase eliminação – do espectro de *funcionalidade* tradicionalmente concebido para a *extrafiscalidade*, quando se observa, como vimos, que essa ideia na doutrina transcendia o estreito espaço do mecanismo da seletividade do produto, no caso do IPI, sendo que a partir da EC nº 123/2023 acaba, na prática, ficando bastante restrito a essa função, apontando claramente para a redução do alcance do instituto.

Sem dúvida, estamos diante de incertezas, tal como a de saber como será operacionalizado esse novo sistema *centralizado* e redutor da capacidade dos Estados-membros de promoverem a partir das interconexões de perspectivas jurídicas, políticas e econômicas (*interconexões sistêmicas complexas*) modelos tributários capazes de promover, para além da função estritamente arrecadatória (fiscal), o desenvolvimento econômico em setores estratégicos nos planos regional e local.

A EC nº 123/2023, a partir do horizonte da teoria dos sistemas, aponta para uma tendência de *unidimensionalidade* da função que a tributação pode exercer no sistema social, voltando-se primacialmente para a função fiscal, centrada em uma visão *arrecadatória* do imposto sobre serviços e bens de consumo.

5 Notas conclusivas

No presente texto a introdução do conceito de *acoplamento estrutural complexo* como elemento haurido da sociologia jurídica se justifica pelo escopo de permitir ao observador da questão tributária uma sistematização conceitual da função *extrafiscal* da do fenômeno social da *tributação*, observando-a a partir das possibilidades das *interconexões sistêmicas complexas*.

No decorrer do presente ensaio jurídico, buscamos demonstrar que a remodelagem do sistema tributário nacional trazida pela EC nº 123/2023, mormente na ideia de sua simplificação de modo a evitar o estado de 'conflitos federativos tributários (guerra fiscal), tenha, na verdade, reduzido as possibilidades de produção de *interconexões sistêmicas*, entre Direito, Economia e Política, que sejam frutíferas para o atingimento dos objetivos fundamentais da República Federativa do Brasil (art. 3º da CF), mais diretamente no projeto constitucional de reduzir as desigualdades regionais e da redução dos focos de pobreza, por meio da promoção do desenvolvimento econômico *regionalizado*, sob os auspícios da política por meio de políticas públicas regionais redistributivas e de fomento econômico e social, da função estabilizadora de expectativas normativas do sistema jurídico e da função econômica de gerar riquezas.

Chegamos à conclusão de que a *tributação* envolve uma alta complexidade por seus efeitos intersistêmicos, envolvendo o Direito Tributário, a política fiscal e econômica (eficiência econômica), para além de uma perspectiva centralizadora que desconsidera as diferenças regionais, vendo o Brasil como uma 'uniformidade' que se fecha para a dimensão das diferenças e disparidades da realidade nacional.

Cabe resgatar o ponto de que, não sem razão, a doutrina tributária pré-reforma (EC nº 123/2023) vislumbrava a *extrafiscalidade* não como um mal, apesar de suas históricas distorções pontuais, mas sim como um importante mecanismo de flexibilidade *funcional* da tributação, para além de sua função arrecadatória. A redução das possibilidades *intersistêmicas de conexão* entre Política, Direito e Economia pode deixar uma lacuna que nos colocará diante de um alto preço federativo e econômico.

Referências

BARALDI, Claudio; CORSI, Giancarlo; ESPOSITO; Elena. *GLU*: Glossar zu Niklas Luhmanns Theorie sozialer Systeme. 1. ed. Frankfur: Suhrkamp, 1997.

CARRAZA, Roque Antonio. *Curso de Direito Constitucional Tributário*. 26. ed. São Paulo: Malheiros Editores.

LUHMANN, Niklas. *Die soziologische Beobachtung des Rechts*. Frankfurt: Alfred Metzner Verlag, 1986.

LUHMANN, Niklas. *Soziale Systeme*: Grundriß einer allgemeinen Theorie. 1. ed. Frankfurt: Suhrkamp, 1987.

LUHMANN, Niklas. *Das Recht der Gesellschaft*. 1. ed. Frankfurt: Suhrkamp, 1995.

LUHMANN, Niklas. *Die Politik der Gesellschaft*. 1. ed. Frankfurt sobre o Meno: Suhrkamp, 2000.

LUHMANN, Niklas. *Soziologische Aufklärung 2*. 5. ed. Wiesbaden: VS Verlag, 2005.

LUHMANN, Niklas. *Einführung in die Systemtheorie*. 3. ed. Heidelberg: Carl-Auer Verlag, 2006.

SCHOUERI, Luís Eduardo. *Direito Tributário*. 10. ed. São Paulo: Saraiva Jur, 2021.

TEUBNER, Gunther. *Constitutional Fragments*: societal constitutionalism and globalization. Trad. de Gareth Norbury. Oxford: Oxford University Press, 2012.

TORRES, Ricardo Lobo *Curso de Direito Financeiro e Tributário*. Rio de Janeiro: Renovar, 2004.

VIANA, Ulisses Schwarz. *Repercussão geral sob a ótica da teoria dos sistemas de Niklas Luhmann*. São Paulo: Saraiva, 2011.

Informação bibliográfica deste livro, conforme a NBR 6023:2018 da Associação Brasileira de Normas Técnicas (ABNT):

VIANA, Ulisses Schwarz. Teoria dos sistemas e a função extrafiscal da tributação: perspectiva de redução de interconexões complexas na reforma tributária. *In*: SCAFF, Fernando Facury; DERZI, Misabel de Abreu Machado; BATISTA JÚNIOR, Onofre Alves; TORRES, Heleno Taveira (coord.). *Tributação, desigualdade e desenvolvimento*. Belo Horizonte: Fórum, 2025. p. 397-410. ISBN 978-65-5518-100-5.

FORMALISMO E REALISMO NA MATRIZ TRIBUTÁRIA BRASILEIRA: TRIBUTAÇÃO, DESIGUALDADE E DESENVOLVIMENTO

FRANCISCO GASSEN,
MARCIO AUGUSTO CAMPOS,
VALCIR GASSEN

1 Introdução

O campo justributário brasileiro possui uma trajetória singular que se distingue de outras tradições, sejam as associadas à cultura europeia continental, sejam as relativas ao universo do pensamento anglo-saxão. Enquanto em alguns países o debate sobre a tributação é fortemente caracterizado pela interação entre juristas e economistas, o Brasil historicamente cultivou um debate tributário estritamente jurídico. E não se trata de uma perspectiva jurídica qualquer, mas de uma visão formalista associada a categorias excessivamente abstratas e distanciadas da realidade social.

Embora esse formalismo tenha se tornado mais permeável às contribuições de outras ciências sociais, ele permanece ancorado em elaborações teóricas que priorizam sua consistência interna, em detrimento de uma postura realista que contemple as discussões entre tributação, desigualdade e desenvolvimento na matriz tributária brasileira.

Neste contexto temático, do formalismo e do realismo no Direito Tributário brasileiro, com a preponderância no meio acadêmico e profissional da primeira perspectiva, surge na presente pesquisa a indagação acerca da contribuição do formalismo no processo de obliteração cognitiva das funções da tributação e sua relação com a desigualdade.

Para tanto, por primeiro, sugere-se uma série de elementos que possam ter contribuído para moldar essa prática e explicar como o formalismo se consolidou como a abordagem justributária dominante. O exame dessa sequência de acontecimentos busca entender as razões pelas quais a experiência brasileira se distanciou de uma perspectiva realista sobre a tributação, abrindo espaço para uma crítica que promova uma matriz tributária mais progressiva.

Com a análise dos elementos que contribuíram para a consolidação de uma abordagem formalista dominante cabe, em seguida, verificar e explicitar que o fenômeno da tributação, em uma perspectiva realista, exerce um papel relevante nas sociedades contemporâneas. A tributação exerce funções, como *v.g.* alocativa, distributiva e estabilizadora.

Por terceiro, com as evidências de que a tributação tem funções importantes no plano econômico, político e social, procurar-se-á conhecer os dados acerca da concentração de renda no Brasil como resultado de uma matriz tributária regressiva e tecer algumas considerações finais acerca das escolhas que são feitas, ou seja, qual será a carga tributária familiar proporcionalmente atribuída, no plano da arrecadação, e com quem é que proporcionalmente se gasta, no que diz respeito ao gasto do produto da arrecadação.

Não poderíamos deixar de agradecer aos(às) professores(as) Misabel Abreu Machado Derzi, Fernando Facury Scaff, Heleno Taveira Torres e Onofre Alves Batista Júnior, pela iniciativa e pelo convite para participar da presente obra, bem como agradecer ao(à) leitor(a) pela possibilidade de interlocução, para que possamos melhor compreender o fenômeno da tributação no Brasil e sua matriz tributária.

2 Formalismo e realismo no Direito Tributário brasileiro

As razões que levaram à prevalência do formalismo no campo tributário nacional estão associadas às suas origens, ao modo como este campo se desenvolveu e ao contexto da emergência do Direito Tributário enquanto disciplina autônoma. Esses fatores conferem ao Direito Tributário brasileiro um caráter bastante marcante quando comparado às experiências de outros países. As origens desse debate remetem a um ambiente exclusivamente jurídico, fortemente influenciado pela tradição tributária portuguesa e que permaneceu inalterado ao longo do século

XIX. Além desse começo exclusivamente jurídico, o desenvolvimento do debate tributário no Brasil ocorreu sem a participação do discurso econômico, contrastando com outras culturas tributárias. A ausência da dualidade com a economia contribuiu para a hegemonia da perspectiva jurídica, retardando a fragmentação da Ciência das Finanças no país. Estes fatores resultaram em um discurso tributário centrado em uma perspectiva jurídica caracterizada por uma abordagem formalista e excessivamente abstrata, como será exposto a seguir.

2.1 Origens exclusivamente jurídicas do debate tributário no Brasil

A primeira razão que contribui para o predomínio do formalismo no campo justributário brasileiro está relacionada com as origens eminentemente jurídicas do debate tributário nacional. Desde o período colonial, o debate sobre tributação no Brasil foi quase inteiramente importado de Portugal, refletindo a forte influência da Faculdade de Direito da Universidade de Coimbra, principal centro intelectual da colônia. No final do século XVIII, enquanto surgiam os primeiros movimentos de construção de uma identidade brasileira e de resistência a interesses portugueses, o debate tributário ainda era bastante superficial e não tinha raízes locais.[11] Sem um espaço próprio para desenvolver reflexões autônomas sobre a tributação, o pensamento brasileiro seguia o da agenda portuguesa, o que contribuiu para a estruturação de um debate desconectado da realidade da colônia. A ausência de um centro de pensamento independente em solo brasileiro nessa época limitou o desenvolvimento de perspectivas críticas sobre o tema, sobretudo abordagens orientadas para as particularidades locais. O processo de conversão do pensamento jurídico português em sua versão brasileira se deu paulatinamente, sendo marcado pela emergência de uma ideologia de orientação liberal, porém com fortes traços conservadores, através da união de um individualismo político com um formalismo legalista.[12]

A consolidação de uma identidade brasileira e de um pensamento jurídico nacional são eventos simultâneos, contrastando com a

---

[11] Sobre a escassez de obras e estudos sobre o fenômeno da tributação no Brasil até o fim do século XIX, ver BALTHAZAR, Ubaldo Cesar. *História do Tributo no Brasil*. Florianópolis: Fundação Boiteux, 2005. p. 119.

[12] WOLKMER, Antonio Carlos. *História do direito no Brasil*. 5. ed. Rio de Janeiro: Forense, 2009, p. 100 e 101.

América Espanhola, que teve suas primeiras universidades fundadas logo no início da colonização. No Brasil, os cursos jurídicos só foram estabelecidos em 1827, após a independência e em um contexto de construção do Estado nacional. Esses cursos foram implantados em Olinda (posteriormente transferidos para Recife) e em São Paulo, lançando as bases para a formação da chamada cultura jurídica nacional.[13] Foi este ambiente institucional que acolheu e deu continuidade ao pensamento tributário desenvolvido pelos economistas europeus, sobretudo franceses e ingleses. Inicialmente, a Lei Imperial de 11 de agosto de 1827, que marcou a criação dos primeiros cursos de ciências jurídicas e sociais no Brasil, incluiu uma cadeira de Economia Política, prevista para o quinto ano do curso. Esse formato se manteve até o Decreto nº 7.247, de 19 de abril de 1879, que reorganizou o curso em duas áreas: ciências jurídicas e ciências sociais. Com essa mudança, a disciplina Economia Política foi transferida para o quarto ano e, oficialmente, foi introduzida a cadeira de Sciência das Finanças e Contabilidade do Estado. Assim, a Ciência das Finanças, desdobramento da Economia Política, sobretudo no continente europeu, passou a fazer parte do universo acadêmico dos juristas de forma oficial.[14] [15]

Além das razões institucionais mencionadas, o processo de apropriação do discurso tributário pelo campo jurídico também envolve elementos teóricos, relacionados ao modo como o debate chegou ao Brasil. A primeira obra conhecida em língua portuguesa a tratar sobre finanças e, consequentemente, tributação é o livro "Principios de syntelologia: comprehendendo em geral a theoria do tributo, e em particular observaçoens sobre a administração, e despezas de Portugal, em grande parte applicaveis ao Brazil", de José Ferreira Borges, um juscomercialista português. Indo nesta mesma linha, os primeiros livros produzidos no Brasil sobre o tema assumiram uma perspectiva jurídica, contrastando

---

[13] HOLANDA, Sérgio Buarque de. *História geral da civilização brasileira*. 6. ed. São Paulo: Difel, v. 3, 1960, p. 363 e 364.

[14] UNIVERSIDADE DO RIO DE JANEIRO. *Livro do centenario dos cursos juridicos: (1827-1927)*. Rio de Janeiro: Imprensa Nacional, 1928, p. 435, 444-447.

[15] Convém observar que é prática reiterada no Brasil Colônia, Império e República a destruição de documentos públicos que poderiam ser objeto de pesquisa, tanto de economistas quanto de juristas. Rui Barbosa, na condição de Ministro da Fazenda, em decisão de 14 de dezembro de 1890, assim determina: "Manda queimar todos os papéis, livros de matrícula e documentos relativos à escravidão, existentes nas repartições do Ministério da Fazenda. (...) procederá à queima e destruição imediata deles, que se fará na casa de máquina da Alfândega desta Capital (...)". LACOMBE, Américo Jacobina. *Rui Barbosa e a queima dos arquivos*. Brasília, Ministério da Justiça: Rio de Janeiro, Fundação Casa de Rui Barbosa, 1988, p. 114.

com o que acontecia em diversas outras culturas tributárias: "Compêndio de Direito Financeiro", escrita por José Antônio da Silva Maia (1841) e "Apontamentos do Direito Financeiro Brasileiro", de autoria de José Maurício Fernandes Pereira de Barros (1855).[16] Estes fatores resultaram na hegemonia da perspectiva jurídica relacionada à análise da tributação, sobretudo em razão da ausência de uma tensão entre Direito e Economia, bastante comum em outras culturas tributárias.[17]

2.2 Efeitos da ausência de uma dualidade entre Direito e Economia

A falta de desenvolvimento de estudos econômicos especializados no Brasil contribuiu para que a Ciência das Finanças fosse apropriada predominantemente pelos juristas durante o período imperial. Vale destacar que, ao longo de todo o século XIX, os aspectos gerais da economia foram estudados, sem o *status* de nível superior, nos cursos de comércio, ocorrendo a criação dos cursos de economia, no Brasil, somente no século XX.[18] Dessa forma, o estudo da tributação no Brasil, inserido como um dos focos da Ciência das Finanças, adquiriu uma orientação jurídica que prevaleceu sobre as abordagens econômica e política. Isso contrastava com outros países, onde os aspectos econômicos, especialmente da Economia Política, dominavam o estudo das finanças públicas. O primeiro efeito da ausência de uma perspectiva econômica sólida sobre a tributação foi a preservação da disciplina da Ciência das Finanças diante do processo de fragmentação ocasionado pela emergência do positivismo científico. O segundo foi o impacto pouco significativo que a Análise Econômica do Direito teve no campo tributário brasileiro, quando comparado com outras culturas jurídicas.

O positivismo científico, o principal movimento intelectual do século XIX, teve como premissa o afastamento de considerações morais e políticas das ciências, promovendo a busca de um conhecimento

---

[16] BALEEIRO, Aliomar. *Uma introdução à Ciência das Finanças*. 2. ed. Rio de Janeiro: Forense, 1958, p. 33.

[17] Mais do que jurídica, essa perspectiva é bastante centrada nos interesses da advocacia, em razão da fraca participação de servidores da burocracia fiscal no processo de formação do campo. Neste sentido, ver CAMPOS, Marcio Augusto. Técnica e Política: Estado, contribuintes e academia na construção do discurso tributário brasileiro. *In*: Macedo, Alberto; Aguirrezábal, Rafael (org.). *Gestão Fiscal Municipal*: tributação, orçamento e gasto público. São Paulo: Quartier Latin, 2021, v. 8, p. 317-339.

[18] LIMA, Heitor Ferreira. *História do pensamento econômico no Brasil*. São Paulo: Companhia Editora Nacional, 1976, p. 108.

considerado rigorosamente objetivo. Esse movimento influenciou profundamente a Ciência das Finanças, afetando tanto a abordagem jurídica quanto a econômica no estudo da tributação.[19] O positivismo impulsionou a revolução marginalista, tornando a Economia mais matematizada e distante de análises normativas, enquanto, no Direito, fomentou o desenvolvimento do positivismo jurídico e daquilo que se tornaria o realismo jurídico. No entanto, embora ligado ao movimento republicano do final do século XIX, o positivismo não provocou, no Brasil, o esfacelamento da Ciência das Finanças, como ocorreu na Europa. Enquanto Alemanha e França enfrentaram um intenso debate sobre a viabilidade de uma visão exclusivamente jurídica para a tributação, a tensão entre Economia e Direito não se manifestou da mesma forma no Brasil. O debate tributário brasileiro foi, desde o início, dominado pelos juristas, de modo que a busca por uma abordagem jurídica autônoma ocorreu sem oposição significativa e se consolidou apenas na segunda metade do século XX.

A Análise Econômica do Direito (AED), vertente do realismo jurídico americano que utiliza ferramentas econômicas matemáticas para interpretar fenômenos jurídicos, quase não teve impacto no campo tributário brasileiro. Em países onde prevaleceu o realismo jurídico, a AED chegou a colocar em questão a própria autonomia do Direito enquanto disciplina, argumentando que as categorias jurídicas poderiam ser resumidas a suas dimensões econômicas.[20] No entanto, no Brasil, essa tensão entre Economia e Direito nunca se consolidou, o que fez com que o campo tributário não se preocupasse com uma possível dominância da Economia sobre o Direito. A ausência de um diálogo significativo entre juristas e economistas impediu que a AED tivesse influência relevante. O debate tributário nacional sempre foi estritamente formalista e pouco permeável a questões de substância econômica e sua relação íntima com o doutrinalismo reforçou essa barreira. Isso fez com que as discussões justributárias nacionais se restringissem aos aspectos formais da norma jurídica, sem abrir espaço para a abordagem econômica proposta pela AED, ao contrário do que ocorreu em outras culturas jurídicas.

---

[19] CAMPOS, Marcio Augusto. *Direito tributário Internacional*: a emergência de um discurso jurídico transnacional sobre a tributação. São Paulo: Dialética, 2024, p. 133 e 138.

[20] POSNER, Richard. The Decline of Law as an Autonomous Discipline: 1962-1987. *Harvard Law Review*, v. 100, p. 761, 1987.

2.3 O contexto da segunda metade do século XX

Na segunda metade do século XX, o cenário intelectual brasileiro no campo justributário foi marcado por um afastamento de elementos de substância, centrando-se exclusivamente na análise da norma jurídica. Ninguém simboliza melhor essa transformação do que Geraldo Ataliba e sua obra "Hipótese de Incidência Tributária", que se tornou um marco fundacional do Direito Tributário brasileiro.[21] A obra rompe com as bases epistemológicas da Ciência das Finanças, redefinindo o objeto do jurista como a norma jurídica em si, e não quaisquer considerações econômicas ou sociais. Para ele, a função do justributarista se restringe à análise e interpretação das normas que regulam as relações tributárias, verificando a ocorrência de certos fatos e estabelecendo uma relação obrigacional entre os sujeitos ativo e passivo. Categorias como "obrigação" e "crédito tributário" passaram a dominar o discurso, delimitando as funções e responsabilidades de cada parte nessa relação formal. A proposta de Ataliba consolidou uma visão que influenciaria gerações de estudiosos do Direito Tributário no Brasil, limitando o fenômeno tributário a aspectos formais e desconsiderando elementos econômicos e sociais.

O contexto legislativo também contribuiu para o isolamento do discurso justributário brasileiro em suas categorias puramente formais, sobretudo em razão da publicação da Lei nº 5.172, de 25 de outubro de 1966 – Código Tributário Nacional (CTN). O impacto do CTN na cultura tributária brasileira foi comparável ao dos grandes processos de codificação europeus do século XIX. A existência de um corpo normativo específico para a tributação forneceu a ancoragem que a abordagem formalista precisava para consolidar sua agenda, não havendo necessidade de lidar com questões substantivas. O código apresentava uma estrutura completa de categorias e conceitos que passaram a fundamentar o discurso justributário. Esse corpus normativo forneceu um objeto complexo e com grande potencial sistemático, reforçando a ideia de que o papel do jurista se restringiria à análise e interpretação da norma jurídica. Com isso, o campo justributário nacional passou a orbitar em torno de categorias abstratas introduzidas pelo próprio CTN, construindo uma prática jurídica centrada em aspectos meramente

---

[21] ATALIBA, Geraldo. *Hipótese de Incidência Tributária*. 6. ed. São Paulo: Malheiros, 2000.

formais e consolidando a autonomia do Direito Tributário enquanto disciplina independente no Brasil.[22]

Por fim, é necessário considerar o impacto do panorama político brasileiro no período em espeque sobre o processo de consolidação da perspectiva formalista no Direito Tributário nacional. O regime autoritário instaurado em 1964 não apenas facilitou a aprovação do Código Tributário Nacional (CTN) em 1966, mas também moldou a agenda tributária dele resultante. Esse projeto de lei, que por muitos anos não alcançou consenso, finalmente foi promulgado em meio a um ambiente repressivo resistente a discussões de substância, especialmente as de potencial impacto social. A conjuntura marcada por censura e limitação da produção intelectual reforçou uma postura justributária focada em categorias abstratas e formais, evitando qualquer abordagem crítica ou realista da tributação.[23] Assim, nesse contexto hostil, os estudiosos da tributação restringiram-se à análise da norma jurídica, afastando-se de questões que pudessem pôr em causa o sistema vigente. Entretanto, desde a redemocratização, esse ambiente político já não persiste, não havendo razão para o campo justributário evitar abordagens mais substantivas e socialmente comprometidas, visto que o fenômeno da tributação exerce funções no plano econômico, político e social.

3 As funções da tributação: sua importância no campo tributário

Esse fenômeno, do formalismo exacerbado, com o isolamento do discurso justributário brasileiro em suas categorias formais, contribuiu para obliterar, em considerável medida, a discussão de que existem escolhas no campo da tributação e que estas escolhas implicam a construção de uma determinada matriz tributária considerando que a tributação tem, por óbvio, funções econômicas, políticas e sociais.[24]

---

[22] INSTITUTO BRASILEIRO DE DIREITO FINANCEIRO. *Codificação do Direito Tributário*. Rio de Janeiro, 1955. p. 117.

[23] Esse argumento pode ser visto em GRECO, Marco Aurélio. Crise do formalismo no direito tributário brasileiro. *Revista da PGFN*, Procuradoria da Fazenda Nacional, v. 1, n. 1, jan./jun. 2011, p. 9-18.

[24] "A importância de perceber e compreender as diversas funções da tributação viabiliza análises sobre o fenômeno tributário em vários aspectos como por exemplo as bases de incidência escolhidas e a participação de cada uma delas na arrecadação de tributos; a questão das despesas e receitas na composição do orçamento público; o viés alocativo e ou distributivo do orçamento etc." *In*: GASSEN, Francisco. *A judicialização da política e a*

O debate tributário estritamente jurídico, com o afastamento proposital entre juristas e economistas, faz com que o(a) jurista tenha um distanciamento da realidade social na qual está inserido(a). Este distanciamento é ideológico, no sentido forte para Bobbio,[25] ao ponto de não compreender que o regime autoritário de 1964, com a aprovação do Código Tributário Nacional (CTN) em 1966, moldou uma agenda tributária formalista, com a conivência ideológica dos intelectuais do Direito, que contribuiu para afastar as discussões acerca do autoritarismo e a crise fiscal no período de 1964 a 1984[26] e que a reforma tributária de 1966 construiu uma forte concentração de capital no Brasil.[27]

A tributação é um dos principais instrumentos nas mãos do Estado para interferir na dinâmica de um país. Longe de ser apenas uma máquina de arrecadação, ela é apresentada como uma ferramenta de ajuste, moldando a forma como os recursos são direcionados, supostamente promovendo uma distribuição mais justa de riqueza que nem sempre parece tão garantida.

3.1 Função alocativa

O entendimento dessas funções da tributação,[28] conforme delineado por Richard e Peggy Musgrave, é fundamental para compreender como a política tributária pode contribuir para o desenvolvimento econômico e social de um país. Suas contribuições se destacam ao definir as funções alocativa, estabilizadora e distributiva dos tributos, que juntas

---

matriz tributária brasileira: quando o Poder Judiciário atua como fiador da regressividade tributária. Londrina: Thoth Editora, 2024. p. 30.

[25] "O significado forte de Ideologia sofreu, por sua vez, singular evolução. Em Marx, Ideologia denotava ideias e teorias que são socialmente determinadas pelas relações de dominação entre as classes e que determinam tais relações, dando-lhes uma falsa consciência". BOBBIO, Norberto; MATTEUCI, Nicola; PASQUINO, Gianfranco. Dicionário de Política. 4. ed. Trad. Carmen C. Varriaille *et al.* Brasília: Editora Universidade de Brasília, 1992, p. 585.

[26] OLIVEIRA, Fabrício Augusto de. *Autoritarismo e crise fiscal no Brasil (1964-1984)*. São Paulo: Hucitec, 1995. 196 p.

[27] OLIVEIRA, Fabrício Augusto de. *A reforma tributária de 1966 e a acumulação de capital no Brasil*. 2. ed. Belo Horizonte: Oficina de Livros, 1991. 192 p.

[28] Cabe observar que existe mais de uma forma de classificar as funções que o fenômeno da tributação pode e deve ter em uma sociedade, como, por exemplo, Manfred Rose, que divide essas funções em administrativa, distributiva, política e econômica. ROSE, M. *Pladoyer fure in konsumbasiertes Steuersystem*. Heidelberg Kongress – Konsumbasiertes Steuersystem. Heidelberg, 1990. p. 10 a 26. *Apud.* LAGEMANN, E. Tributação: seu universo, condicionantes, objetivos, funções e princípios. GASSEN, V. (org.). *Equidade e eficiência da matriz tributária brasileira*. Belo Horizonte: Arraes Editores, 2016. p. 21.

fornecem o arcabouço teórico necessário para refletir sobre os objetivos que uma matriz tributária moderna deve perseguir.

A função alocativa da tributação, segundo Musgrave, está diretamente relacionada à maneira como o Estado busca corrigir falhas de mercado, especialmente em relação à provisão de bens públicos. Em uma economia de mercado, a alocação de recursos geralmente é regida pelas forças da oferta e da demanda, mas certos bens, como segurança, defesa e infraestrutura, não podem ser adequadamente fornecidos por meio do sistema de mercado tradicional.[29]

Esses bens são caracterizados pelo que se conhece como "não rivalidade" (*nonrival goods*),[30] ou seja, uma vez produzidos, não podem ser limitados a quem paga por eles e o seu consumo por um indivíduo não impede o consumo por outro. Isso significa que o mercado não possui incentivos suficientes para ofertar tais bens de maneira eficiente, sendo necessária a intervenção do Estado. A arrecadação de tributos, portanto, torna-se um mecanismo fundamental para garantir a provisão desses bens, assegurando que a sociedade como um todo tenha acesso a eles. O governo define, através de suas políticas fiscais, quais bens públicos devem ser oferecidos e de que maneira os cidadãos devem contribuir para sua produção e manutenção, levando em consideração a capacidade contributiva de cada um.[31]

---

[29] *"The provision for social goods, or the process by which total resource use is divided between private and social goods and by which the mix of social goods is chosen. This provision may be termed the allocation function of budget policy. Regulator policies, which may also be considered a part of the allocation function, are not included here because they are not primarily a problem of budget policy."* MUSGRAVE, P. B.; MUSGRAVE, R. A. *Public finance in theory and practice*. 5. ed. Singapura: McGraw-Hill International Editions, 1989. p. 6.

[30] *"If I consume a hamburger or wear a pair of shoes, these particular products will not be available to other individuals. My and their consumption stand in a rival relationship. But now consider measures to reduce air pollution. If a given improvement in air quality is obtained, the resulting gain will be available to all who breathe. In other words, consumption of such products by various individuals is "nonrival" in the sense that one person's partaking of benefits does not reduce the benefits available to others. This has important implications for how consumers behave and how the two types of goods are to be provided."* Idem. p. 7.

[31] *"Private goods may be produced and sold to private buyers either by private firms, as is normally done, or by public enterprises, such as public power and transportation authorities or the nationalized British coal industry. Social goods, such as spaceships or military hardware, similarly may be produced by private firms and sold to government; or they may be produced directly under public management, as are services rendered by civil servants or municipal enterprises. If we say that social goods are provided publicly, we mean that they are financed through the budget and made available free of direct charge. How they are produced does not matter. When looking at the public sector in the national accounts, we will see that the cost of such provision is divided about equally between compensation paid to public employees (whose output may be viewed as public production) and outputs purchased from private firms. Public production of private goods which are then sold in the market plays only a very limited role in the U.S. system."* MUSGRAVE, P. B.; MUSGRAVE, R.

Em outras palavras, a função alocativa da tributação possibilita que o Estado direcione os recursos arrecadados para corrigir as imperfeições do mercado e garantir que todos os cidadãos possam usufruir de bens essenciais, algo que não seria possível se esses bens fossem deixados à mercê das regras de mercado.

3.2 Função estabilizadora

Em adição à função alocativa, há também que se referir a função estabilizadora dos tributos que diz respeito ao papel que a política fiscal desempenha na manutenção da estabilidade econômica. Musgrave argumenta que a tributação pode ser utilizada como uma ferramenta para regular o nível de demanda agregada na economia, contribuindo para evitar flutuações excessivas que poderiam resultar em crises econômicas, como recessões ou inflação descontrolada.[32]

A política tributária pode ser ajustada de acordo com as necessidades macroeconômicas de um país, aumentando os impostos em momentos de expansão econômica para evitar o superaquecimento e controlando a inflação, ou reduzindo-os em períodos de recessão, para estimular o consumo e o investimento. Dessa forma, o governo pode influenciar diretamente o nível de emprego, o crescimento econômico e a estabilidade dos preços. Essa função estabilizadora é particularmente importante em economias sujeitas a ciclos econômicos intensos, onde as variações no nível de atividade podem gerar desemprego e instabilidade social.[33]

3.3 Função distributiva

Por fim, a tributação também desempenha um papel essencial na redistribuição de renda, uma preocupação central para Musgrave. A função distributiva dos tributos refere-se à forma como o Estado pode

---

A. *Public finance in theory and practice*. 5. ed. Singapura: McGraw-Hill International Editions, 1989. p. 9.

[32] *"The use of budget policy as a means of maintaining high employment, a reasonable degree of price level stability, and an appropriate rate of economic growth, with allowances for effects on trade and on the balance of payments. We refer to all these objectives as the stabilization function"*. Idem. p. 6.

[33] *"Achievement of these targets does not come about automatically but requires politic guidance. Without it, the economy tends to be subject to substantial fluctuations and may suffer from sustained periods of unemployment or inflation."* Idem. p. 12.

utilizar a arrecadação fiscal para promover uma maior igualdade na distribuição de renda e riquezas.[34]

Em economias de mercado, a renda tende a ser distribuída de forma desigual, resultando em acúmulos significativos de riqueza para alguns e em exclusão e pobreza para outros. Essa desigualdade pode ser exacerbada por fatores como a posse desigual de capital, trabalho e terra, além das próprias estruturas do mercado que muitas vezes beneficiam aqueles que já possuem mais recursos.[35]

Por meio da função distributiva, a tributação atua como um meio de compensar essas desigualdades inerentes ao sistema de mercado. O uso de impostos progressivos, onde a alíquota aumenta conforme a renda ou o patrimônio do contribuinte, é um exemplo de como o Estado pode reduzir as disparidades econômicas e promover uma distribuição mais justa da renda. Ao arrecadar mais dos que têm mais capacidade de pagar, o Estado pode financiar políticas públicas que beneficiem as camadas mais pobres da sociedade, como programas sociais, educação e saúde.[36]

Além disso, essa redistribuição de recursos não apenas reduz as desigualdades de renda, mas também contribui para a construção de uma sociedade mais coesa e equitativa, onde todos os cidadãos, independentemente de sua condição econômica, têm acesso às mesmas oportunidades e direitos. Para Musgrave, essa função distributiva é uma das mais importantes, pois garante que a política tributária contribua diretamente para a criação de um Estado mais justo, onde a riqueza gerada pela economia seja mais amplamente compartilhada entre seus membros, ou nas palavras dele, "(...) questões de distribuição são um ponto central (frequentemente o principal) de controvérsia no debate

---

[34] *"Adjustment of the distribution of income and wealth to ensure conformance with what society considers a 'fair' or 'just' state of distribution, here referred to as the distribution function"*. Idem. p. 6.

[35] PIKETTY, T. *Uma breve história da igualdade*. Rio de Janeiro: Intrínseca, 2022. p. 46 e 47.

[36] *Among various fiscal devices, redistribution is implemented most directly by (1) a tax-transfer scheme, combining progressive taxation of high-income with a subsidy to low-income households. 3 Alternatively, redistribution may be implemented by (2) progressive taxes used to finance public services, especially those such as public housing, which particularly benefit low-income households. Finally, redistribution may be achieved by (3) a combination of taxes on goods purchased largely by high-income consumers with subsidies to other goods which are used chiefly by low-income consumers.* MUSGRAVE, P. B.; MUSGRAVE, R. A. *Public finance in theory and practice*. 5. ed. Singapura: McGraw-Hill International Editions, 1989. p. 11.

orçamentário. Em especial, elas desempenham um papel crucial na determinação das políticas fiscais e de transferência" (tradução nossa).[37]

Nesse sentido, as três funções da tributação – alocativa, estabilizadora e distributiva – possuem objetivos distintos, mas estão interligados, já que uma política fiscal frequentemente afeta mais de uma função simultaneamente. O objetivo central deste trabalho é demonstrar que a tributação desempenha uma função distributiva essencial dentro da teoria econômica liberal relacionada com a questão da desigualdade e desenvolvimento e que tal assertiva, em um contexto de formalismo exacerbado, é obliterada cognitivamente.[38]

4 Tributação, desigualdade e desenvolvimento: os desafios em face de uma matriz tributária regressiva

O predomínio de um discurso jurídico formalista, no campo justributário brasileiro, afastando as discussões da relação entre Economia e Direito, diferentemente do pensamento anglo-saxão e da cultura europeia continental, fez com que as discussões teóricas tratassem de categorias excessivamente abstratas, distanciando-se, propositadamente, da realidade social e das funções da tributação envolvendo a questão da desigualdade e do desenvolvimento.

Assim, no Brasil, o equilíbrio entre as funções da tributação, pouco estudado e debatido, é constantemente colocado à prova pela profunda desigualdade social, evidenciando a complexidade de harmonizar tais funções de forma eficaz. A matriz tributária, nesse contexto, vai além de um simples instrumento técnico de arrecadação: ela reflete escolhas políticas cujas prioridades influenciam diretamente a distribuição de recursos.[39]

---

[37] No original: *"The issue of distribution is more difficult to handle. Yet, distribution issues are a major (frequently the major) point of controversy in the budget debate. In particular, they play a key role in determining tax and transfer policies"*. MUSGRAVE, P. B.; MUSGRAVE, R. A. *Public finance in theory and practice.* 5. ed. Singapura: McGraw-Hill International Editions, 1989. p. 9.

[38] Para melhor compreender o tema da obliteração cognitiva e da ilusão fiscal vide: D'ARAÚJO, Pedro Júlio Sales. *Entre a transparência e a ilusão*: a regressividade cognitiva da matriz tributária brasileira. São Paulo: USP, 2021. Disponível em: https://www.teses.usp.br/teses/disponiveis/2/2133/tde-15082022-085421/pt-br.php. Acesso em: 31 out. 2024.

[39] Para melhor compreensão do conceito de matriz tributária, vide: GASSEN, Valcir. Matriz tributária brasileira: uma perspectiva para pensar o Estado, a Constituição e a Tributação no Brasil. *In*: GASSEN, Valcir (org.). *Equidade e eficiência da matriz tributária brasileira*: diálogos sobre Estado, Constituição e Direito Tributário. Brasília-DF: Consulex. 2012. p. 27-50.

A eficácia desse sistema depende, portanto, de uma integração cuidadosa entre as funções da tributação, com vistas à construção de uma sociedade mais justa e inclusiva. Para compreender melhor o impacto da tributação na promoção/redução das desigualdades, é fundamental analisar os dados que ilustram a gravidade desse problema no Brasil.

O tema da concentração de renda no Brasil é um fenômeno complexo, profundamente enraizado na estrutura social, econômica e política do país. As desigualdades econômicas no Brasil são marcadas por um desequilíbrio gritante na distribuição da riqueza, que tem sido documentado em inúmeros estudos, relatórios e análises ao longo dos anos. Para entender o cenário atual, é fundamental compreender a inter-relação entre a tributação, a distribuição de renda e a formação de políticas públicas que refletem escolhas políticas sobre quais grupos sociais devem ser tributados de forma mais intensa e como os recursos arrecadados serão distribuídos no campo das funções da tributação.

4.1 Concentração de renda no Brasil

O predomínio de uma perspectiva formalista no campo do Direito Tributário contribuiu para que a maioria dos justributaristas não percebesse que a concentração de renda no Brasil em 1989 atingiu situação vexatória, depois de Serra Leoa, o Brasil ocupava a segunda posição de maior concentração de renda no mundo.[40] Isto, em considerável medida, devido às escolhas que se fez no campo da tributação brasileira.

Ao examinar dados comparativos, percebemos que a concentração de renda no Brasil está entre as mais elevadas do mundo. Por exemplo, o centésimo mais rico da população brasileira detém aproximadamente 23,2% da renda nacional, enquanto no Reino Unido, esse mesmo centésimo concentra cerca de 12,8%. Essa disparidade se torna ainda mais acentuada à medida que analisamos grupos ainda mais restritos. O meio milésimo mais rico da população brasileira concentra 8,5% da renda total do país, um número significativamente maior do que os 3,4% registrados para esse grupo no Reino Unido. Esses dados ilustram de forma clara como a concentração de renda no Brasil é extremamente

---

[40] HIGGINS, Sean; PEREIRA, Claudiney. *The effects of Brazil's hight taxation and social spending on the distribution of household income*. Tulane University, January 2013, p. 3.

elevada, afetando diretamente a construção de uma sociedade mais equitativa e democrática.[41]

Salienta-se que é fundamental na análise da disparidade de renda no Brasil, considerando os diversos grupos socioeconômicos, que se leve em consideração, *v.g.*, as regiões do Brasil, a questão de gênero, bem como a questão racial.[42] A análise da desigualdade de renda, sem essas particularidades, oferta uma perspectiva incompleta da realidade socioeconômica no país.

Além disso, a pobreza também continua sendo um problema crítico no Brasil. Em 2018, 6,5% da população vivia com menos de US$ 1,90 por dia, o que os coloca abaixo da linha de pobreza absoluta estabelecida pelo Banco Mundial. No entanto, quando se utiliza a linha de pobreza de US$ 5,50 por dia, adequada para países de renda média-alta como o Brasil, esse número sobe para 25,3% da população ou, aproximadamente, 52,5 milhões de pessoas. Esses dados revelam a extensão da pobreza no país e a dificuldade de criar políticas eficazes que possam abordar de maneira adequada esse problema.[43]

---

[41] Cabe apontar o que Gobeti, Orair e Octavio afirmam sobre o tema: "O nível de concentração de renda no topo no Brasil é significativamente maior que o que vem sendo estimado com as usuais pesquisas domiciliares, corroborando os resultados de Medeiros, Souza e Castro (2015). O décimo mais rico concentra cerca de metade da renda, o centésimo mais rico detém algo próximo a um quarto e o milésimo mais rico chega a um décimo, ultrapassando os limites máximos considerados toleráveis para as sociedades democráticas, segundo Piketty (2014). Nossa contribuição adicional é mostrar que a concentração é ainda mais impressionante no meio milésimo mais rico que se apropria de 8,5 por cento de toda a renda. Patamar que não encontra paralelo no mundo, ao menos de acordo com as informações atualmente disponíveis na The World Top Income Database". GOBETTI, S. W.; ORAIR; OCTÁVIO, R. *Tributação e distribuição da renda no Brasil:* novas evidências a partir das declarações tributárias das pessoas físicas. Centro Internacional de Políticas para o Crescimento Inclusivo (IPC-IG), 2016. p. 16. Disponível em: https://www.ipcundp.org/pub/port/WP136PT_Tributacao_e_distribuicao_da_renda_no_Brasil.pdf. Acesso em: 30 out. 2022.

[42] "Argumenta-se que a estrutura da Matriz Tributária brasileira foi concebida e, subsequentemente, mantida por meio de decisões que favorecem a perpetuação da concentração de poder em um grupo reduzido. Tal configuração propicia a preservação do acúmulo de capital, predominantemente entre homens brancos. De maneira mais específica, observa-se que a tributação foi desenhada de modo a dificultar a acumulação de capital por parte das pessoas negras, além de obstaculizar, em sua maioria, o aumento do poder econômico e a ascensão social da população negra, frequentemente situada em estratos socioeconômicos desfavorecidos." ALMEIDA, Carlos Leonardo Queiroz. *Matriz tributária e relações raciais no Brasil:* a tributação como instrumento de manutenção da casa grande e senzala. Universidade de Brasília (UnB): Brasília, 2024. Dissertação de Mestrado em Direito. Disponível em: http://repositorio.unb.br/handle/10482/48644. p. 130.

[43] Dados recolhidos no site do Instituto Brasileiro de Geografia e Estatística (IBGE). Disponível em: https://agenciadenoticias.ibge.gov.br/agencia-sala-de-imprensa/2013-agencia-de-noticias/

Deve-se observar, também, que a concentração de renda no Brasil não se limita apenas à questão da renda disponível, mas também afeta o consumo e o acesso a serviços essenciais, como saúde, educação e saneamento básico. A desigualdade social reflete-se nas condições de vida da população, sendo que os mais pobres têm acesso limitado a bens e serviços que são essenciais para uma vida digna. Segundo o relatório do Programa das Nações Unidas para o Desenvolvimento (PNUD) de 2018, o Brasil ocupava a 79ª posição no *ranking* do Índice de Desenvolvimento Humano (IDH) entre 189 países. No entanto, ao ajustar o IDH para levar em consideração as desigualdades socioeconômicas, o Brasil cairia 23 posições, demonstrando como a heterogeneidade social afeta o desenvolvimento do país.[44]

Estudos, como os realizados por Medeiros, Souza e Castro,[45] apontam que a desigualdade no Brasil é ainda mais pronunciada do que os dados oficiais sugerem. Segundo suas análises, o Índice de Gini, quando ajustado para incluir dados fiscais, atingiria valores ainda mais elevados, como 0,696 em 2006, 0,698 em 2009 e 0,690 em 2012. Essa diferença se deve, em grande parte, à subestimação da renda das classes mais altas nas pesquisas domiciliares. A análise de dados fiscais também revela que o crescimento econômico observado nos últimos anos foi desproporcionalmente absorvido pelos 10% mais ricos, que capturaram cerca de 40% do crescimento total, enquanto os 50% mais pobres ficaram com apenas 32,6%.[46]

---

releases/29431-sintese-de-indicadores-sociais-em-2019-proporcao-de-pobres-cai-para-24-7-e-extrema-pobreza-se-mantem-em-6-5-da-populacao. Acesso em: 25 out. 2024.

[44] PNUD, *Human Development Report: Beyond income, beyond averages, beyond today: Inequalities in human development in the 21st century*, 2019. http://hdr.undp.org/sites/default/files/hdr2019.pdf. Acesso em: 10 dez. 2019.

[45] MEDEIROS, Marcelo; SOUZA, Pedro; CASTRO, Fabio Avila. *A estabilidade da desigualdade de renda no Brasil, 2006 a 2012*. 2014a e Id. O topo da distribuição de renda no Brasil: primeiras estimativas com dados tributários e comparação com pesquisas domiciliares, 2006-2012. 2014.

[46] MORGAN, Marc. Desigualdade de renda e crescimento e tributação da elite no Brasil: novas evidências reunindo dados de pesquisas domiciliares e fiscais. *In*: AFONSO, José Roberto de et al. *Tributação e Desigualdade*. Belo Horizonte: Casa do Direito, 2017 e MEDEIROS, Marcelo; SOUZA, Pedro; CASTRO, Fabio Avila. *A estabilidade da desigualdade de renda no Brasil, 2006 a 2012*. 2014a e Id. O topo da distribuição de renda no Brasil: primeiras estimativas com dados tributários e comparação com pesquisas domiciliares, 2006-2012. 2014.

4.2 Matriz tributária regressiva

Essa desigualdade de renda parece ser um reflexo direto das políticas tributárias regressivas adotadas no Brasil, onde aquelas famílias com menor renda acabam tendo uma carga tributária proporcionalmente maior do que aquelas com maior renda.

De acordo com dados da Pesquisa de Orçamentos Familiares (POF) de 2017-2018, as famílias mais pobres destinam 92,6% de suas despesas ao consumo corrente, enquanto entre os mais ricos esse percentual é de 66,3%. Além disso, para as famílias mais pobres, alimentos e habitação representam os maiores gastos, absorvendo 22% e 39,2% do orçamento, respectivamente. Já as famílias mais ricas gastam proporcionalmente menos com esses itens, destinando 7,6% e 22,6% de sua renda a alimentos e habitação.[47]

Neste sentido, considerando os orçamentos familiares, verifica-se que a regressividade da tributação é resultado de um maior ônus tributário considerando a renda das famílias na tributação indireta. Vejam-se os gráficos com a incidência da tributação direta e indireta e o percentual da carga tributária em relação à renda familiar:[48]

---

[47] Pesquisa de orçamentos familiares 2017-2018: primeiros resultados / IBGE, Coordenação de Trabalho e Rendimento. Rio de Janeiro: IBGE, 2019. 69 p.

[48] BRASIL. Presidência da República, Observatório da Equidade. *Indicadores de Iniquidade do Sistema Tributário Nacional*. Brasília: Presidência da República, Conselho de Desenvolvimento Econômico e Social – CDES, 2. ed., 2011. p. 22.

Gráfico 2 – Carga Tributária Direta e Indireta sobre a Renda Total das Famílias: 2004
Em % da Renda Mensal Familiar

Fonte: Zockun (2007). Cálculos efetuados com base na POF 2002/2003.

A constatação de que a matriz tributária brasileira é regressiva se dá quando se faz a soma do ônus tributário direto e indireto considerando a renda familiar:[49]

Gráfico 1 - Carga Tributária sobre a Renda Total das Famílias: 2004
Em % da Renda Mensal Familiar

Fonte: ZOCKUN (2007). Cálculos efetuados com base na POF 2002/2003.

---

[49] *Idem.* p. 21.

Essa configuração da matriz tributária brasileira contribui para perpetuar a concentração de renda no país. O Índice de Gini, que mede a desigualdade de renda, é uma das principais ferramentas para avaliar essa disparidade. Em 2018, o Brasil atingiu um Índice de Gini de 0,545, o maior valor registrado desde o início das medições. Esse aumento na desigualdade de renda a partir de 2016 reflete um crescimento da renda dos estratos mais ricos da sociedade, enquanto as camadas mais pobres viram sua participação na renda total diminuir. Como resultado, em 2018, o decil mais rico da população concentrava 43,1% da renda total, enquanto os 70% mais pobres tinham apenas 41,2%.[50]

4.3 Tributação, desigualdade e desenvolvimento

Para enfrentar esse desafio, em uma perspectiva realista, é necessário repensar a matriz tributária brasileira, promovendo uma maior progressividade na tributação, na qual as pessoas com maior renda contribuam proporcionalmente mais para o financiamento do Estado. Atualmente, como visto no gráfico anterior, as famílias com menor renda pagam proporcionalmente mais em face da maior parte da arrecadação estar centrada na base de incidência "consumo".

A perspectiva formalista do justributarista dificulta a percepção histórica da regressividade da matriz tributária, como o que ocorreu de 1967 a 1974, *v.g.*, período da aprovação do Código Tributário Nacional em que o sistema tributário manteve uma relação direta com o processo de acumulação de capital:

> Nosso objetivo se prende, nesta seção, a analisar de que forma o sistema tributário foi adequado como peça ancilar deste processo (...). Em 1968, entretanto seriam elevadas as alíquotas de vários produtos alimentares (...) numa evidente demonstração de que as preocupações com a regressividade do sistema tributário praticamente inexistiam, e este apenas confirmava o caráter concentrado do modelo de crescimento. O sistema era assim remanejado para suprir os draconianos vazamentos de recursos canalizados, quer para o capital, quer para as camadas média e alta da sociedade.[51]

---

[50] Síntese de indicadores sociais: uma análise das condições de vida da população brasileira: 2018 / IBGE, Coordenação de População e Indicadores Sociais. Rio de Janeiro: IBGE, 2018. 151 p. (Estudos e pesquisas. Informação demográfica e socioeconômica, ISSN 1516-3296; n. 39).

[51] OLIVEIRA, Fabrício Augusto de. *A reforma tributária de 1966 e a acumulação de capital no Brasil*. 2. ed. Belo Horizonte: Oficina de Livros, 1991. p. 97 e 106.

Neste sentido, reforçando a questão da não percepção histórica da realidade socioeconômica brasileira e sua relação com a tributação e atualizando para os dados sobre a renda em 2022, cabe observar que:

> O Brasil é um país de renda média-baixa, e, por tal razão, é comum que muitas pessoas que se encontram no topo da distribuição de renda não se vejam como ricas. De fato, pertencer ao estrato dos denominados 10% mais ricos do Brasil, por exemplo, não implica ter um padrão de vida alto ou luxuoso, como podemos verificar pelos dados dos IRPFs. A tabela 1 mostra que a renda inicial para pertencer ao grupo de 15 milhões de declarantes mais ricos (10% da população adulta) se situa em torno de R$ 71 mil anuais ou R$ 6 mil mensais, e metade desse grupo tem renda inferior a R$ 128 mil anuais ou R$ 10,6 mil mensais (limite inferior para pertencer aos 5% mais ricos).[52]

Como vimos, a concentração de renda no Brasil não se limita apenas à questão da renda disponível, afeta também o consumo e acesso aos serviços essenciais. Neste sentido estudos do Fundo Monetário Internacional verificaram que elevar em um (1) ponto percentual a parcela de renda dos pobres e da classe média implica um crescimento do Produto Interno Bruto (PIB) de até 0,38 ponto percentual no período de cinco anos. Se optamos por uma função não distributiva, mas concentradora de renda, por intermédio, *v.g.*, da tributação de um (1) ponto percentual, a parcela de renda das pessoas ricas reduz o crescimento do PIB em 0,08 ponto percentual no período de cinco anos.[53]

A concentração de renda tem implicações profundas para a estabilidade econômica e social do Estado contemporâneo. Autores como Thomas Piketty argumentam que desigualdades econômicas extremas

---

[52] GOBETTI, Sérgio Wulff. *Progressividade tributária: diagnóstico para uma proposta de reforma.* IPEA. Carta de Conjuntura. Número 65. Nota de Conjuntura 8. 4º trimestre de 2024. Divulgado em 29 de outubro de 2024. Brasília-DF.

[53] "8. *Income distribution matters for growth. (...) More importantly, we find an inverse relationship between the income share accruing to the rich (top 20 percent) and economic growth. If the income share of the top 20 percent increases by 1 percentage point, GDP growth is actually 0.08 percentage point lower in the following five years, suggesting that the benefits do not trickle down. Instead, a similar increase in the income share of the bottom 20 percent (the poor) is associated with 0.38 percentage point higher growth. This positive relationship between disposable income shares and higher growth continues to hold for the second and third quintiles (the middle class).*" INTERNATIONAL MONETARY FUND. Strategy, Policy, and Review Department. *Causes and Consequences of Income Inequality: A Global Perspective.* Prepared by Era Dabla-Norris, Kalpana Kochhar, Frantisek Ricka, Nujin Suphaphiphat, and Evridiki Tsounta (with contributions from Preya Sharma and Veronique Salins). June 2015. SDN/15/13, p. 6-7.

podem levar o capitalismo a uma "espiral desigualadora sem fim",[54] onde a riqueza se concentra cada vez mais nas mãos de uma pequena elite, resultando em uma divergência cada vez maior nas desigualdades patrimoniais. Esse processo não apenas ameaça a democracia, ao concentrar o poder econômico e político nas mãos de poucos, mas também coloca em risco a sustentabilidade do próprio sistema capitalista, que depende de uma certa distribuição de renda para manter o consumo e o crescimento econômico.

Em síntese, a concentração de renda no Brasil é um problema estrutural que afeta profundamente a vida social, econômica e política do país, comprometendo não apenas o desenvolvimento econômico, mas também a coesão social e a estabilidade democrática. A tributação, ao cumprir suas funções clássicas – alocativa, estabilizadora e distributiva –, deve ser central na correção dessas desigualdades, conforme estabelecido no artigo 3º da Constituição Federal, que define como objetivos fundamentais da República Federativa do Brasil a construção de uma sociedade livre, justa e solidária; a erradicação da pobreza e da marginalização; a redução das desigualdades sociais e regionais; e a promoção do bem de todos.

5 Considerações finais

O predomínio do formalismo no Direito Tributário brasileiro, historicamente desvinculado de abordagens econômicas e políticas, compromete a perspectiva de que a tributação exerce um papel importante como instrumento para o desenvolvimento social e redução de desigualdades. Desde as influências coloniais, o modelo tributário no Brasil foi construído com forte dependência da tradição jurídica portuguesa, impondo uma barreira ao diálogo entre direito e economia. Esse distanciamento retardou o desenvolvimento de uma perspectiva mais crítica e social da tributação, alimentando uma cultura jurídica que se centra em categorias abstratas e pouco se relaciona com as reais demandas de justiça fiscal e redistribuição de renda.

Em comparação com outras tradições, como a anglo-saxã e a europeia continental, o debate tributário brasileiro permaneceu encapsulado em um formalismo jurídico que favorece a manutenção de uma

---

[54] PIKETTY, T. *O Capital no século XXI*. Rio de Janeiro: Intrínseca, 2014. p. 504.

matriz tributária regressiva, que incide fortemente sobre o consumo. Esse modelo concentra a carga tributária sobre as famílias de baixa renda, ampliando a desigualdade e reforçando um sistema onde a classe mais vulnerável é a que proporcionalmente arca com a maior carga fiscal. Ao manter o foco na interpretação estritamente jurídica das normas, o sistema tributário se distancia de questões como a concentração de riqueza e os impactos socioeconômicos de uma política fiscal regressiva.

O Brasil apresenta um dos mais altos índices de desigualdade do mundo, com a parcela mais rica da população detendo uma fatia desproporcional da renda nacional. O modelo tributário, ao concentrar a carga sobre o consumo, reflete escolhas políticas que favorecem a manutenção da estrutura socioeconômica atual, caracterizada por uma elevada concentração de renda e limitada mobilidade social. Em contextos onde a tributação é progressiva, há maior equilíbrio na distribuição da carga tributária, permitindo que os mais ricos contribuam proporcionalmente mais e promovendo uma arrecadação capaz de sustentar políticas públicas que beneficiem as camadas mais vulneráveis.

A redemocratização trouxe novas perspectivas, mas a matriz tributária brasileira ainda resiste a transformações substanciais, mantendo a herança de um discurso jurídico centrado no formalismo e pouco comprometido com a realidade socioeconômica do país. Esse modelo perpetua uma abordagem onde a tributação é vista apenas como um meio de arrecadação, desprezando seu potencial redistributivo.

Nesse sentido, a adoção de uma abordagem mais realista e socialmente engajada na formulação de políticas tributárias permitiria que o sistema fiscal contribuísse para uma sociedade mais justa e equilibrada. Além disso, ao integrar as perspectivas jurídicas e econômicas, cria-se um modelo fiscal que responde melhor aos desafios sociais e promove um desenvolvimento mais sustentável e inclusivo.

A trajetória do Direito Tributário no Brasil evidencia que as mudanças estruturais são urgentes para romper com o predomínio do formalismo que permeia o campo justributário, sem desmerecer a sua importância. Ao adotar uma abordagem multidisciplinar e realista, que leve em conta as implicações sociais, econômicas e políticas da tributação, a matriz tributária brasileira poderá se tornar mais progressiva e capaz de promover a justiça social. Reorientar o foco do discurso tributário para além da arrecadação estritamente técnica implica compreender a tributação como um instrumento de transformação social, essencial para a construção de uma sociedade mais equitativa e democrática, capaz de integrar de forma inclusiva todas as suas camadas e reduzir as profundas desigualdades sociais e econômicas que historicamente caracterizam o país.

Referências

ALMEIDA, Carlos Leonardo Queiroz. *Matriz tributária e relações raciais no Brasil*: a tributação como instrumento de manutenção da casa grande e senzala. Universidade de Brasília (UnB): Brasília, 2024. Dissertação de Mestrado em Direito. Disponível em: http://repositorio.unb.br/handle/10482/48644.

ATALIBA, Geraldo. *Hipótese de Incidência Tributária*. 6. ed. São Paulo: Malheiros, 2000.

BALEEIRO, Aliomar. *Uma introdução à Ciência das Finanças*. 2. ed. Rio de Janeiro: Forense, 1958.

BALTHAZAR, Ubaldo Cesar. *História do Tributo no Brasil*. Florianópolis: Fundação Boiteux, 2005.

BOBBIO, Norberto; MATTEUCI, Nicola; PASQUINO, Gianfranco. *Dicionário de Política*. 4. ed. Trad. Carmen C. Varrialle *et al*. Brasília: Editora Universidade de Brasília, 1992.

BRASIL. Presidência da República, Observatório da Equidade. *Indicadores de Iniquidade do Sistema Tributário Nacional*. Brasília: Presidência da República, Conselho de Desenvolvimento Econômico e Social – CDES, 2. ed., 2011.

CAMPOS, Marcio Augusto. *Direito tributário Internacional*: a emergência de um discurso jurídico transnacional sobre a tributação. São Paulo: Dialética, 2024.

CAMPOS, Marcio Augusto. Técnica e Política: Estado, contribuintes e academia na construção do discurso tributário brasileiro. *In*: MACEDO, Alberto; AGUIRREZÁBAL, Rafael (org.). *Gestão Fiscal Municipal*: tributação, orçamento e gasto público. São Paulo: Quartier Latin, 2021.

D'ARAÚJO, Pedro Júlio Sales. *Entre a transparência e a ilusão*: a regressividade cognitiva da matriz tributária brasileira. São Paulo: USP, 2021. Disponível em: https://www.teses.usp.br/teses/disponiveis/2/2133/tde-15082022-085421/pt-br.php. Acesso: 31 out. 2024.

GASSEN, Francisco. *A judicialização da política e a matriz tributária brasileira*: quando o Poder Judiciário atua como fiador da regressividade tributária. Londrina: Thoth Editora, 2024.

GASSEN, Valcir. Matriz tributária brasileira: uma perspectiva para pensar o Estado, a Constituição e a Tributação no Brasil. *In*: GASSEN, Valcir (org.). *Equidade e eficiência da matriz tributária brasileira*: diálogos sobre Estado, Constituição e Direito tributário. Brasília-DF: Consulex. 2012.

GOBETTI, S. W.; ORAIR; OCTÁVIO, R. *Tributação e distribuição da renda no Brasil*: novas evidências a partir das declarações tributárias das pessoas físicas. Centro Internacional de Políticas para o Crescimento Inclusivo (IPC-IG), 2016. Disponível em: https://www.ipcundp.org/pub/port/WP136PT_Tributacao_e_distribuicao_da_renda_no_Brasil.pdf. Acesso em: 30 out. 2022.

GOBETTI, Sérgio Wulff. *Progressividade tributária*: diagnóstico para uma proposta de reforma. IPEA. Carta de Conjuntura, n. 65. Nota de Conjuntura 8, 4º trimestre de 2024. Divulgado em 29 de outubro de 2024. Brasília-DF.

GRECO, Marco Aurélio. Crise do formalismo no direito tributário brasileiro. *Revista da PGFN*, Procuradoria da Fazenda Nacional, v. 1, n. 1, jan./jun. 2011.

HIGGINS, Sean; PEREIRA, Claudiney. *The effects of Brazil's hight taxation and social spending on the distribution of household income*. Tulane University, January 2013.

HOLANDA, Sérgio Buarque de. *História geral da civilização brasileira*. 6. ed. São Paulo: Difel, v. 3, 1960.

INSTITUTO BRASILEIRO DE GEOGRAFIA E ESTATÍSTICA – IBGE. *Síntese de indicadores sociais em 2019*: proporção de pobres cai para 24,7% e extrema pobreza se mantém em 6,5% da população. Agência de Notícias IBGE, 06 nov. 2019. Disponível em: https://agenciadenoticias.ibge.gov.br/agencia-sala-de-imprensa/2013-agencia-de-noticias/releases/29431-sintese-de-indicadores-sociais-em-2019-proporcao-de-pobres-cai-para-24-7-e-extrema-pobreza-se-mantem-em-6-5-da-populacao. Acesso em: 25 out. 2024.

INSTITUTO BRASILEIRO DE DIREITO FINANCEIRO. *Codificação do Direito Tributário*. Rio de Janeiro, 1955.

INTERNATIONAL MONETARY FUND. Strategy, Policy, and Review Department. *Causes and Consequences of Income Inequality:* A Global Perspective. Prepared by Era Dabla-Norris, Kalpana Kochhar, Frantisek Ricka, Nujin Suphaphiphat, and Evridiki Tsounta (with contributions from Preya Sharma and Veronique Salins). June 2015.

LACOMBE, Américo Jacobina. *Rui Barbosa e a queima dos arquivos*. Brasília, Ministério da Justiça: Rio de Janeiro, Fundação Casa de Rui Barbosa, 1988.

LIMA, Heitor Ferreira. *História do pensamento econômico no Brasil*. São Paulo: Companhia Editora Nacional, 1976.

MEDEIROS, Marcelo; SOUZA, Pedro; CASTRO, Fabio Avila. *A estabilidade da desigualdade de renda no Brasil, 2006 a 2012*. 2014a e Id. O topo da distribuição de renda no Brasil: primeiras estimativas com dados tributários e comparação com pesquisas domiciliares, 2006-2012. 2014.

MORGAN, Marc. Desigualdade de renda e crescimento e tributação da elite no Brasil: novas evidências reunindo dados de pesquisas domiciliares e fiscais. *In*: AFONSO, José Roberto de et al. *Tributação e Desigualdade*. Belo Horizonte: Casa do Direito, 2017.

MUSGRAVE, P. B.; MUSGRAVE, R. A. *Public finance in theory and practice*. 5. ed. Singapura: McGraw-Hill International Editions, 1989.

OLIVEIRA, Fabrício Augusto de. *A reforma tributária de 1966 e a acumulação de capital no Brasil*. 2. ed. Belo Horizonte: Oficina de Livros, 1991.

OLIVEIRA, Fabrício Augusto de. *Autoritarismo e crise fiscal no Brasil (1964-1984)*. São Paulo: Hucitec, 1995.

Pesquisa de orçamentos familiares 2017-2018: primeiros resultados / IBGE, Coordenação de Trabalho e Rendimento. Rio de Janeiro: IBGE, 2019.

PIKETTY, T. *O Capital no século XXI*. Rio de Janeiro: Intrínseca, 2014.

PIKETTY, T. *Uma breve história da igualdade*. Rio de Janeiro: Intrínseca, 2022.

PNUD, *Human Development Report*: Beyond income, beyond averages, beyond today: Inequalities in human development in the 21st century, 2019. http://hdr.undp.org/sites/default/files/hdr2019.pdf. Acesso em: 10 dez. 2019.

POSNER, Richard. *The Decline of Law as an Autonomous Discipline: 1962-1987*. Harvard Law Review, v. 100, 1987.

ROSE, M. *Pladoyer fure in konsumbasiertes Steuersystem*. Heidelberg Kongress – Konsumbasiertes Steuersystem. Heidelberg, 1990. p. 10 a 26. *Apud* LAGEMANN, E. Tributação: seu universo, condicionantes, objetivos, funções e princípios. GASSEN, V. (org.). *Equidade e eficiência da matriz tributária brasileira*. Belo Horizonte: Arraes Editores, 2016.

Síntese de indicadores sociais: uma análise das condições de vida da população brasileira: 2018 / IBGE, Coordenação de População e Indicadores Sociais. Rio de Janeiro: IBGE, 2018.

UNIVERSIDADE DO RIO DE JANEIRO. *Livro do centenario dos cursos juridicos: (1827-1927)*. Rio de Janeiro: Imprensa Nacional, 1928.

WOLKMER, Antonio Carlos. *História do direito no Brasil*. 5. ed. Rio de Janeiro: Forense, 2009.

Informação bibliográfica deste livro, conforme a NBR 6023:2018 da Associação Brasileira de Normas Técnicas (ABNT):

GASSEN, Francisco; CAMPOS, Marcio Augusto; GASSEN, Valcir. Formalismo e realismo na matriz tributária brasileira: tributação, desigualdade e desenvolvimento. *In*: SCAFF, Fernando Facury; DERZI, Misabel de Abreu Machado; BATISTA JÚNIOR, Onofre Alves; TORRES, Heleno Taveira (coord.). *Tributação, desigualdade e desenvolvimento*. Belo Horizonte: Fórum, 2025. p. 411-435. ISBN 978-65-5518-100-5.

SOBRE OS AUTORES

Ana Regina Campos De Sica
Advogada assistente do Dr. Ives Gandra da Silva Martins, desde 2007. Especialista em Direito Tributário, em Processo Civil e em direitos humanos. Pós-graduada em Direito Público. Mediadora de conflitos e psicanalista.

Bruno Bastos de Oliveira
Doutor e mestre em Direito pela Universidade Federal da Paraíba (UFPB). Professor de Direito Tributário e Financeiro, na graduação, mestrado e doutorado em Direito da Universidade Estadual Paulista (UNESP). Professor permanente do PPG Direito UNESP e professor colaborador do PPGD UNIMAR. Pesquisador e coordenador do Núcleo de Estudos e Pesquisa em Tributação, Cidadania e Desenvolvimento (NETCD) da UNESP.

Caio de Souza Leão
Mestre em Direito pela Universidade Católica de Pernambuco (UNICAP). Professor de Direito Tributário na UNINASSAU (Campus Olinda). Advogado. *E-mail*: caiosouzaleao@gmail.com.

Fernando Facury Scaff
Professor titular de Direito Financeiro da Universidade de São Paulo, advogado sócio de Silveira, Athias, Soriano de Mello, Bentes, Lobato & Scaff – Advogados. *E-mail*: fernando.facury.scaff@usp.br.

Francisco Gassen
Advogado. Professor da Escola Superior de Tributação de Brasília (ESTB). Especialista em Direito Público na Faculdade CESUSC, mestre em Direito e doutorando na Universidade Federal de Santa Catarina (UFSC). Membro do Grupo de Pesquisa Estado, Constituição e Tributação (GETRIB).

Grace Mendonça
Advogada. Mestra em Direito Constitucional. Pós-graduada em Direito Processual Civil. Membra da Comissão Nacional de Estudos Constitucionais do Conselho Federal da Ordem dos Advogados do Brasil. Presidente do Conselho de Administração da Rede Sarah Hospitais de Reabilitação. Presidente do Conselho Temático de Assuntos Jurídicos da Confederação Nacional da Indústria. Advogada pública (2001-2019). Advogada-Geral da União (2016-2018).

Gustavo da Gama Vital de Oliveira

Professor associado de Direito Financeiro e Direito Tributário pela Universidade do Estado do Rio de Janeiro (UERJ). Mestre e doutor em Direito Público pela UERJ. Procurador do Município do Rio de Janeiro. Advogado.

Hugo de Brito Machado Segundo

Advogado. Professor associado da Faculdade de Direito da Universidade Federal do Ceará. Professor do Centro Universitário Christus. Membro do Instituto Cearense de Estudos Tributários (ICET) e do Instituto Brasileiro de Direito Tributário (IBDT). *Visiting Scholar* da Wirtschaftsuniversität, Viena, Áustria (2012/2013 – 2015/2016 - 2018).

Ives Gandra da Silva Martins

Professor emérito das Universidades Mackenzie, UNIP, UNIFIEO, UNIFMU, do CIEE/O ESTADO DE SÃO PAULO, das Escolas de Comando e Estado-Maior do Exército (ECEME), Superior de Guerra (ESG) e da Magistratura do Tribunal Regional Federal — 1ª Região. Professor honorário das Universidades Austral (Argentina), San Martin de Porres (Peru) e Vasili Goldis (Romênia). Doutor Honoris Causa das Universidades de Craiova (Romênia) e da PUC-Paraná, catedrático da Universidade do Minho (Portugal); Presidente do Conselho Superior de Direito da FECOMERCIO-SP.

José Antonio Dias Toffoli

Ministro do Supremo Tribunal Federal. Presidente do Supremo Tribunal Federal e do Conselho Nacional de Justiça (2018-2020), Presidente do Tribunal Superior Eleitoral (2014-2016), Ministro de Estado Chefe da Advocacia-Geral da União (2007-2009).

José Antonino Marinho Neto

Professor do curso de especialização em Direito Tributário da PUC Minas. Mestre em Direito pela Universidade Federal de Minas Gerais (UFMG). Especialista em Direito Constitucional pelo IDP. Pesquisador do Observatório da Macrolitigância Fiscal (IDP). Membro e assessor especial da Presidência da Comissão de Direito Tributário do Conselho Federal da OAB. Membro da Comissão de Direito de Tributário da OAB/MG. Advogado e consultor.

Luciana Grassano de Gouvêa Melo

Doutora em Direito pela UFPE (2006), com estágio doutoral (2006) na Universidade Lusíada em Lisboa e pós-doutoral (2014) na Universidade de Bologna, na Itália (ambos pela CAPES). Professora titular da graduação, mestrado e doutorado em Direito da UFPE, ex-diretora da Faculdade de Direito do Recife/UFPE (2007 a 2015) e Procuradora do Estado de Pernambuco.

Lucilene Rodrigues Santos
Chefe do Gabinete do Ministro Dias Toffoli no Supremo Tribunal Federal. Especialista em Direito Tributário pela PUC/COGEAE. Mestra em Direito Empresarial pela Uninove.

Luiz Edson Fachin
Ministro do Supremo Tribunal Federal. Professor do UNICEUB. Alma Mater: Universidade Federal do Paraná. Mestre e doutor em Direito das Relações Sociais pela PUC-SP, autor de diversas obras e artigos.

Luiza Souza Dantas Martins Torres
Especialista em Ordem Jurídica e Ministério Público pela Fundação Escola Superior do Ministério Público do Distrito Federal e Territórios (FESMPDFT). Especialista em Direito Tributário pelo Instituto Brasileiro de Ensino, Desenvolvimento e Pesquisa (IDP). Assessora de Promotoria no Ministério Público do Estado de Goiás.

Luma Cavaleiro de Macedo Scaff
Advogada. Doutora em Direito Financeiro pela Universidade de São Paulo. Mestra em Direitos Humanos pela Universidade de São Paulo. Graduada em Direito pela Universidade Federal do Pará (2005). Advogada. Professora no curso de graduação em Direito. Professora na pós-graduação em Direito da Universidade Federal do Pará. Professora no mestrado profissional em Direito e Desenvolvimento da Universidade Federal do Pará. Ex-pesquisadora bolsista da Fundação Ford. Membra da Rede de Pesquisa Junction Amazonian Biodiversity Units Research Network Program (JAMBU-RNP). Coordenadora do projeto de pesquisa Financiando Direitos @financiandodireitosgp. Tem experiência na área jurídica com ênfase em Direito Financeiro, Direito Tributário e Direitos Humanos. Atua também com Direito Empresarial e direitos humanos, alinhando o terceiro setor com responsabilidade social. *E-mail*: lumascaff@yahoo.com.br.

Marcio Augusto Campos
Coordenador acadêmico e professor da Escola Superior de Tributação de Brasília (ESTB). Mestre e doutor em Direito, Estado e Constituição pela Universidade de Brasília (UnB) e doutor em Ciências Jurídicas pela Université Paris 1 Panthéon-Sorbonne. Auditor fiscal lotado na Divisão de Tributação Internacional da Receita Federal do Brasil.

Mariana Corrêa de Andrade Pinho
Mestre em Direito Tributário pela PUC-SP. Doutora em Direito Financeiro pela USP. Procuradora da Fazenda Nacional.

Marcos Cintra
Doutor em Economia pela Harvard University (EUA), professor titular e vice-presidente da Fundação Getulio Vargas (FGV) e foi Secretário Especial da Receita Federal.

Marciano Seabra de Godoi
Doutor em Direito Financeiro e Tributário pela Universidade Complutense de Madri e mestre em Direito Tributário pela UFMG. Pós-doutorado (com bolsa da Capes) na Universidade Autônoma de Madri. Professor da PUC Minas. Vice-presidente do Instituto de Estudos Fiscais (IEFi). Coordenador do Grupo de Pesquisa (CNPq) Finanças Públicas, Igualdade e Democracia. Advogado.

Misabel de Abreu Machado Derzi
Professora emérita da Universidade Federal de Minas Gerais (UFMG). Presidente da Associação Brasileira de Direito Tributário (ABRADT). Presidente da Comissão de Direito Tributário do Conselho Federal da OAB. Ex-Procuradora-Geral do Estado de Minas Gerais e ex-Procuradora-Geral do Município de Belo Horizonte. Advogada e consultora.

Onofre Alves Batista Júnior
Pós-doutoramento em democracia e direitos humanos pela Faculdade de Direito da Universidade de Coimbra. Doutor em Direito pela Universidade Federal de Minas Gerais (UFMG). Mestre em Ciências Jurídico-Políticas pela Faculdade de Direito da Universidade de Lisboa. Graduado em Direito, Administração e Engenharia Civil. Professor associado de Direito Público da graduação, mestrado e doutorado na Universidade Federal de Minas Gerais (UFMG). Advogado.

Paulo Rosenblatt
Doutor em Direito Tributário pelo Institute of Advanced Legal Studies (IALS), Universidade de Londres. Mestre em Direito Público pela Universidade Federal de Pernambuco (UFPE). Professor de Direito Financeiro e Tributário na Universidade Católica de Pernambuco (UNICAP). Procurador do Estado de Pernambuco. Advogado. *E-mail*: paulo.rosenblatt@unicap.com.br.

Rafael Campos Soares da Fonseca
Doutor em Direito Econômico, Financeiro e Tributário pela Universidade de São Paulo. Pós-doutor, mestre e bacharel em Direito pela Universidade de Brasília. Professor titular (graduação, mestrado e doutorado) da Faculdade Autônoma de Direito (FADISP). Coordenador-Geral do curso de Direito do Centro Universitário UNIEURO/DF. Assessor de Ministro do Supremo Tribunal Federal.

Renato Ramalho
Doutor em Direito Econômico, Financeiro e Tributário pela Universidade de São Paulo (USP). Mestre em Direito do Estado, Regulação e Tributação Indutora pela

Universidade Federal da Paraíba (UFPE). Procurador do Estado de Pernambuco. Assessor de Ministra no Superior Tribunal de Justiça.

Reynaldo Soares da Fonseca
Pós-doutorado em Democracia e Direitos Humanos pelo *Ius Gentium Conimbrigae* — Centro de Direitos Humanos (IGC) da Universidade de Coimbra, Portugal. Doutorado em Direito Constitucional pela FADISP-SP, com pesquisa realizada na Universidade de Siena, Itália. Mestre em Direito Público (PUC-SP). Professor adjunto da Universidade de Brasília (UnB). Professor do Mestrado Profissional em Direito, Regulação e Políticas Públicas (UnB). Professor do Doutorado e Mestrado da Uninove. Ministro do Superior Tribunal de Justiça.

Ricardo Lodi Ribeiro
Professor associado de Direito Financeiro da UERJ. Ex-reitor e ex-diretor da Faculdade de Direito da UERJ. Presidente da Sociedade Brasileira de Direito Tributário (SBDT). Sócio de Ricardo Lodi Advogados.

Roberta Zumblick Martins da Silva
Mestre em Direito pela Universidade de Brasília (UnB). Especialista em Direito Processual e graduada em Direito pela CESUSC. Pesquisadora do Projeto Victor em parceria da UnB com o STF. Coautora do livro Inteligência Artificial e Direito e integrante do Grupo de Pesquisa Direito, Racionalidade e Inteligência Artificial (DR.IA-UnB).

Sacha Calmon Navarro Coêlho
Advogado, coordenador do curso de especialização em Direito Tributário das Faculdades Milton Campos. Ex-professor titular das Faculdades de Direito da Universidade Federal de Minas Gerais (UFMG) e da Universidade Federal do Rio de Janeiro (UFRJ). Ex-juiz federal. Ex-procurador chefe da Procuradoria Fiscal de Minas Gerais. Ex-Presidente da Associação Brasileira de Direito Financeiro (ABDF) no Rio de Janeiro. Autor do "Curso de Direito Tributário Brasileiro" (Forense). *E-mail*: scalmon@sachacalmon.com.br.

Samuel Giovannini Cruz Guimarães
Mestrando e graduado em Direito pela Universidade Federal de Minas Gerais (UFMG). Ganhador do Prêmio Barão do Rio Branco. Estagiário docente nas disciplinas Direito Tributário I e II da Faculdade de Direito da UFMG. Advogado.

Solon Sehn
Professor de Direito Aduaneiro e Tributário, doutor e mestre em Direito Tributário pela Pontifícia Universidade Católica de São Paulo (PUC-SP). Advogado, graduado em Direito pela Universidade Federal do Paraná (UFPR), ex-conselheiro do Conselho Administrativo Federal de Recursos Fiscais (CARF), representante da Confederação Nacional da Indústria (CNI). Currículo completo em: https://linktr.ee/ssehn.

Suzana Mendonça

Advogada. Doutoranda em Ciências Jurídico-Políticas e mestra em Direitos Fundamentais pela Faculdade de Direito da Universidade de Lisboa. Pós-graduada em Direito Constitucional. Pós-graduada em Bioética.

Tarsila Ribeiro Marques Fernandes

Doutora em Direito Tributário pela Radboud University, em Nijmegen (Holanda), mestre em Direito Tributário pela Universidade Católica de Brasília, professora do doutorado, mestrado profissional e da especialização do Instituto Brasileiro de Ensino, Desenvolvimento e Pesquisa (IDP). Procuradora Federal, assessora de Ministro do Supremo Tribunal Federal. Coordenadora do Grupo de Pesquisa Reforma Tributária e Jurisdição Constitucional do IDP. Integrante do Grupo de Pesquisa Tributação e Gênero da FGV Direito SP.

Ulisses Schwarz Viana

Doutor em Filosofia e Teoria Geral do Direito pela Universidade de São Paulo (USP). Mestre em Direito Constitucional pelo Instituto Brasiliense de Direito Público (IDP). Professor da graduação em Direito do Instituto Brasileiro de Desenvolvimento, Ensino e Pesquisa (IDP/Brasília), professor da pós-graduação em Direito Constitucional do Instituto Brasileiro de Desenvolvimento, Ensino e Pesquisa (IDP/Brasília). Professor do programa de mestrado acadêmico e doutorado em Direito do Instituto Brasileiro de Desenvolvimento, Ensino e Pesquisa (IDP/Brasília). Membro da Comissão Especial de Defesa da Federação do Conselho Federal da OAB. Procurador do Estado de Mato Grosso do Sul. *E-mail*: ulisses.schwarz@idp.edu.br.

Valcir Gassen

Professor da Universidade Federal de Santa Catarina (UFSC). Mestre e doutor pela UFSC, com estudos de pós-doutorado na Universidade de Alicante, na Espanha, e na Thomas Jefferson School of Law nos EUA (estágio sênior CAPES 2013/14). Coordenador do Grupo de Pesquisa Estado, Constituição e Tributação (GETRIB).

Valter de Souza Lobato

Professor da Universidade Federal de Minas Gerais. Presidente honorário da Associação Brasileira de Direito Tributário (ABRADT). Mestre e doutor pela UFMG. Advogado e consultor.

Esta obra foi composta em fonte Palatino Linotype, corpo 10
e impressa em papel Pólen Bold 70g (miolo) e Supremo 250g (capa)
pela Gráfica Star7.